時兆文化

奇妙造物主

從渺小生命觀天父世界

GOD OF WONDERS

A DAILY DEVOTIONAL

致謝

謹以此書獻給林恩，我忠貞的愛侶，

攜手相伴、恩愛逾恆四十五載。

她無私奉獻的生活，對於我和身邊的密友來說，

都是與奇妙上帝每日同行共話的有力見證。

在我從事研究、寫作這段漫長而孤單的時光裡，

她的啟迪、鼓勵和無窮的支持給了我莫大的勇氣。

有了她，我就是這世界上最幸福的人。

她正是箴言31章29節中所描述的賢妻，

「才德的女子很多，唯獨你超過一切。」

自序

　　《奇妙造物主》是一本短篇見證集，是我作為一名生物學家累積多年的心血之作。正如先知但以理所說：「我樂意將至高上帝⋯⋯的神蹟奇事宣揚出來。祂的神蹟何其大！祂的奇事何其盛！」（但以理書4：2－3）就像詩人大衛一樣，我也不禁「稱謝萬主之主」，「稱謝那獨行大奇事的」（詩篇136：3－4）。「主我的上帝啊，你多次為我們施行奇事，又顧念我們，有誰能與你相比呢？你奇妙的作為實在是不能勝數啊。」

（詩篇40：5）

　　因此，我只是「稱謝耶和華，求告祂的名，在萬民中傳揚祂的作為」，「談論祂一切奇妙的作為。要以祂的聖名誇耀；尋求耶和華的人，心中應當歡喜。要尋求耶和華與祂的能力，時常尋求祂的面。你們要記念祂奇妙的作為和祂的奇事，並祂口中的判語⋯⋯在列邦中述說祂的榮耀，在萬民中述說祂的奇事。因耶和華為大，當受極大的讚美；祂在萬神之上，當受敬畏。外邦的神都屬虛無，唯獨耶和華創造諸天。有尊榮和威嚴在祂面前，有能力和喜樂在祂聖所⋯⋯當以聖潔的妝飾敬拜耶和華⋯⋯應當稱謝耶和華，因祂本為善，祂的慈愛永遠長存⋯⋯耶和華以色列的上帝，從亙古到永遠，是應當稱頌的！眾民都說：『阿們！』並且讚美耶和華。」（歷代志上16：8-36）

我們的主，我們的上帝，

你是配得榮耀、尊貴、權柄的；

因為你創造了萬物，

並且萬物是因你的旨意被創造而有的。

——啟示錄4:11

1月 **JANUARY**

太初

太初有道，道與上帝同在，道就是上帝。這道太初與上帝同在。萬物是藉著祂造的；凡被造的，沒有一樣不是藉著祂造的。生命在祂裡頭，這生命就是人的光。光照在黑暗裡，黑暗卻不接受光。約翰福音1：1－5

我猜你和我一樣，我們都喜歡新的開始。春天整理花園、拿出一張白紙寫下新的想法或構思新計劃、安排新學期的課表、或者（像今天一樣）跨入新一年的門檻——這些都是新的開始，它們給予我們希冀、激發盼望、帶來興奮與期待，惟願新的開始帶來更加美好的未來。

要知道我們是按著上帝的形像造的，那麼想必祂也喜愛新的開始。可以想像當上帝精心設計並創造天地和其中萬物時，那熱切的興奮與期盼在祂心中激蕩不已——只有上帝才能從無中生有，創造一切。萬物是因祂的旨意被創造而有的（啟示錄4：11）。既然有上帝的形像，當我們探索並研究祂所創造的世界時，同樣會獲得巨大的樂趣。即便在永生中，它也將會成為我們永不枯竭的快樂之源。接下來每日的靈修小品，皆會透過短篇故事和有趣的發現來講述上帝諸般的創造，並將榮耀歸給祂。在學習和寫作的過程中，我無法抑制對於創造主——上帝——的敬畏之情。我邀請你與我攜手，共同領略祂所造之物的美妙絕倫，探索其奧秘之處。使徒保羅在歌羅西書1：15－16中，將耶穌描述為「不能看見之上帝的像，是首生的，在一切被造的以先。因為萬有都是靠著祂造的，無論是天上的，地上的；能看見的，不能看見的，或是有位的，主治的，執政的，掌權的；一概都是藉著祂造的，又是為祂造的。」接著，保羅又將創造與人和上帝之間和好相提並論：「因為父喜歡叫一切的豐盛在祂裡面居住。既然藉著祂在十字架上所流的血成就了和平，便藉著祂叫萬有—無論是地上的、天上的—都與自己和好了。」

我祈願，當我們探索這大千世界的奧秘時，會將敬拜歸於那位創造宇宙萬物、付上貴重贖價、全然可愛且奇妙無比的上帝。

主耶穌，謝謝你，讓新的開始飽含滿滿的祝福。當我跨入新年之際，求你為我造新的心，使我裡面重新有正直的靈。

一隻「死去的」蜂鳥

你出你入，耶和華要保護你，從今時直到永遠。詩篇121：8

身為一名生物老師，經常會有人帶著早已死掉的、奄奄一息的動物來找我。但我永遠不會忘記在一個春寒料峭的明媚早晨，一位淚流滿面的學生帶著一隻蜂鳥出現在我的辦公室門口。這個小女孩說她在路旁的人行道上發現了這隻死掉的小鳥。

她將這可憐的小不點兒放在我的手心，我看著牠，心裡嘀咕著：「牠真的死了嗎？還是這春季的遷徙之旅讓牠累得上氣不接下氣？」那是個寒冷的早晨，許多花尚未開放。那麼現在只剩下一個辦法了。

懷著僅存的希望，我將小鳥交還給學生，並請她和我一起去實驗室。我們很幸運地找到了一包糖，於是趕快做出一茶匙糖配四茶匙水的混合溶液。接著，我們小心翼翼地將蜂鳥放在溫暖的掌心，將牠的喙插入溶解的糖水中。就這樣過了好幾分鐘，小鳥那好似軍刀的長長的喙就浸泡在剛剛做好的人造花蜜池中。

不久，奇蹟發生了，這是我親眼所見。那長長的喙裂開了一條縫兒，一條細細的紅舌頭瞬間閃了一下，後來，牠的舌頭又動了幾次，雖然小鳥依然躺在女學生溫暖的手心裡，眼睛也緊緊合著，但牠的舌頭卻快速地吸吮那賦予牠生命的玉液瓊漿。

沒過多久，小蜂鳥睜開了眼睛，掙扎著立起身子，在她手指上休息。等牠吃飽喝足之後，我們便將這隻小鳥放回大自然中，在那裡，牠展翅飛翔，繼續牠的春日之旅。

學生離開時，臉上掛著甜甜的笑容，她知道自己作了上帝的使者，去幫助祂一個小小的被造之物。她原本可以輕易地將這「死去的」小鳥扔進樹叢，因為從外表上看，這本就微弱的生命火苗早已熄滅了。但她在乎這微小的生命，盡其所能地尋找幫助，重新點燃將殘的生命火星。對於那隻小鳥來說，她的愛心是關乎生死的。

 主啊，請幫助我謹記，在每一天每一刻，我出我入，你都看顧我。無論我做什麼，你都在我身邊。你深知我的需要，你引領他人來到我的生命中，使我得著供應。你的關懷無微不至。

按時的供應

這都仰望你按時給它食物。詩篇104：27

看著五彩斑斕的蜂鳥圍著百加得花蜜餵鳥器上下翻飛的情景，著實令人著迷，特別是住在美國西部的人，運氣好時甚至可以觀察到幾十種不同的蜂鳥，色澤猶如彩虹般絢麗。住在東部的人就沒有那麼幸運了，只能看到紅喉北蜂鳥或偶爾出現的棕煌蜂鳥，不過能成功吸引並餵養這些小傢伙仍是美事一樁。那麼，餵鳥器裡該放什麼呢？

答案很簡單。為什麼不看看花蜜餵鳥器最常用哪些花做造型呢？你可以取一些相應的花蜜，親自嘗嘗味道。它是一種稀釋的溶液，蔗糖含量約在8%－43%之間，並含有微量的礦物質和氨基酸。蔗糖含量之所以相差甚遠，與花的種類、季節，甚至一天中開花的時間都有關係。一項針對蜂鳥授粉的植物研究表明，其花蜜的蔗糖含量在16%－28%之間，因此大多數餵食蜂鳥的花蜜配方，是用1：4的比例將白糖溶於清水中，這樣溶液的蔗糖含量約在20%。在花蜜種類繁多的情況下，棕煌蜂鳥會像愛吃糖的小孩子一樣，選擇比較甜的花蜜，蔗糖含量高達50%。

千萬不要使用含有果糖或葡萄糖的蜂蜜，也要避免用糖漿或人工甜味劑。蜂鳥所需的就是蔗糖和水。1：4的配方才是牠們所需要的，不但有清水，還有提供熱量的卡路里。牠們的消化系統被設計為只能代謝蔗糖，人工甜味劑無法提供能量，蜂鳥也無法消化蜂蜜，反而會促使真菌生長，引起致命的舌頭感染。你也不需要加入任何人工色素，這對牠們有害無益。

有一些配方要求將糖水混合物煮沸，以消滅真菌並使糖充分溶解（投放之前請確保溶液冷卻）。其實你需要做的是，每隔幾天將餵鳥器裡裡外外進行清潔，防止細菌和真菌滋生，沒有必要將溶液煮沸。因為只要有一隻蜂鳥將牠的長舌頭伸進溶液中，就已經污染溶液了。為何多此一舉呢？只要用清潔的水即可。

正如水果和蔬菜為人類提供了完善均衡的營養一樣，蜂鳥那長長的喙和輕軟的舌頭也是收集和吸食花蜜的絕佳工具。創造主是多麼有智慧！

主啊，你的供應完美無瑕。我要敬拜你，你是我奇妙的創造主，是我永恆的供應者。

精心設計的宇宙

因我——耶和華是不改變的，所以你們雅各之子沒有滅亡。瑪拉基書3：6

你有沒有想過，當你為安息日預備的時候，假如重力突然消失了，會出現什麼情景呢？房間裡的所有東西都漂浮在空中，亂作一團。灰塵不會老老實實待在地上，等著你用吸塵器把它們吸走，而燉鍋裡的食物也會不安分地溜出來。

就連你洗手用的水也會到處亂竄，弄得滿屋飄著肥皂泡。真是一團糟！主啊，我們要因重力感謝你，事實上，我們還應該因著更多的物理定律和常數而心懷感恩。據我所知，科學家們如今已認識到，至少有二十幾個無量綱（又稱無因次）常數是經過微調、而使生命存在變為可能，例如電子中電荷的大小，以及質子與電子的質量比。大多數人從不會為幾個物理常數而煩惱，認為它們的存在是理所當然的。但如果這些常數發生了一點點、哪怕是微乎其微的改變，那麼整個宇宙將不會有生命存在，也就是說，我們不可能還安然待在這裡，為安息日做準備。可否允許我再為你介紹兩個常數？物理上有精細結構常數、強耦合常數和宇宙學常數（好吧！是三個常數）。依照我的理解，精細結構常數表示粒子間的電磁相互作用力。強耦合常數表示兩種或兩種以上物體間相互作用的強度。宇宙學常數則是探究重力的重要因素，就是它能使得水能夠乖乖流入排水管而不是在房間中肆意地飄來蕩去。這樣的例子不勝枚舉，不過我想你已經能夠理解它們有多重要了。

我所要傳達的信息，就是物理學家們早已發現許多係數，它們可以為宇宙是被「精妙設計」以供生命繁衍的說法提供有力佐證，正如我們所堅信的一樣。倘若這些因素中的任何一個出現問題，那麼生命也將岌岌可危。我們就必須急切地呼喚天上的修理工前來撥亂反正。了解這些知識，使我受益匪淺。上帝用祂無限的愛與智慧，以不變更的物理法則為根基，為我們創造了一處在祂看來「甚好」的佳美之地。雖然這些物理法則和常數看不見也摸不著，但它們對於我們所眼見、欣賞的一切至關重要。祂還為我們創立了安息日，來慶祝這創造的大工。多麼偉大的上帝！

主啊，感謝你賜下充滿創造大能的聖言，感謝你為我們的生存精心微調了這個世界。當我們預備心靈進入安息日之際，滿懷著對上帝的頌讚與感謝。

安息日的頌揚

我們的主，我們的神，你是配得榮耀、尊貴、權柄的；因為你創造了萬物，並且萬物是因你的旨意被創造而有的。啟示錄4：11

對於信靠、認識並尊敬萬有的創造主的我們來說，安息日是一座存在於時間中的寶貴聖所。試著想一想，難道還有比每週設立特別的一天更好的辦法來「記念造你的主」嗎？當我仔細查考創造主的作為時，心裡不禁迸發出無限的感恩與敬畏。就如摩西、大衛和約翰一般，我情不自禁地要向祂唱出讚歌：「因你——耶和華藉著你的作為叫我高興，我要因你手的工作歡呼。耶和華啊，你的工作何其大！你的心思極其深！」（詩篇92：4－5）。主啊！當我看到人所居住，由岩石、泥土和水源覆蓋著的巨大圓球時，心中就充滿驚歎。當我在地球上行走、駕車、乘飛機，從一地到另一地時，總覺得這世界如此龐大、堅固、安全。但當我從外太空眺望這顆披戴著綠色植物、藍色水源、棕褐色岩石的球體時，它又顯得那麼微小脆弱。研究天體的科學家們告訴我，與上帝所安置我們的銀河系相比，地球僅如一粒微塵。他們說，僅在人類目光之所及的遠方，就有數以萬億計的星系，宇宙似乎廣袤無垠。主啊！我的心根本無法測度你所主宰的空間、時間與能力，然而《聖經》的作者告訴我們，你所創造的，你都認識，並且——稱其名，甚至我的頭髮你都數算過！

我的主，這個世界上沒有任何人、任何事能與你相提並論。你是無與倫比的上帝，你的權能，不僅高至天際，就連在高速旋轉、精妙如太陽系的微小原子中也能彰顯，那繞核旋轉的電子和所有組成原子核的部分都是造物主管轄的範圍。面對這至大與微小的和諧對稱，我心裡充滿敬畏。天下之大，沒有一處地方不彰顯你創造的權能。「你豈不曾知道嗎？你豈不曾聽見嗎？永在的神耶和華，創造地極的主，並不疲乏，也不困倦；祂的智慧無法測度。疲乏的，祂賜能力；軟弱的，祂加力量。」（以賽亞書40：28－29）「你不要害怕，因為我與你同在；不要驚惶，因為我是你的上帝。我必堅固你，我必幫助你；我必用我公義的右手扶持你。」（以賽亞書41：10）「地極的人都當仰望我，就必得救；因為我是上帝，再沒有別神。」（以賽亞書45：22）

耶和華啊，我在你的聖日敬拜你，因你吩咐我，當紀念你是我的創造主。因我深愛你，你的旨意就是我的命定。

超級散光器

我還要使你作外邦人的光，叫你施行我的救恩，直到地極。以賽亞書49：6

說不清為什麼，我認為人類對於黑暗中發光的事物總有一種迷戀。我還記得，童年時我就曾經有一個貝殼式的小夜燈，從貝殼中透出的微光，會讓那些暗夜中的妖怪慌忙逃竄。生物學家對於那些自己會發光的小動物總是興致盎然，大多數此類生物都長著半透明的皮膚或透明的細胞膜，這樣光線才能照射出來，幫助牠們尋找食物，吸引同類，或是嚇跑掠食者等等。

在斯克利普斯海洋科學研究所的兩位海洋生物學家——迪米特理·德哈因（Dimitri Deheyn）和奈利達·威爾遜（Nerida Wilson）近年來專注於海蝸牛的研究。他們從澳大利亞的潮間帶搜集到會發光的蝸牛。這種名叫clusterwink的海蝸牛，體型頗小，之所以得名是因為它們常聚集成群，所射出的光也不停閃爍。當它發光時，整個發出螢光綠的蝸牛殼就呈現在人們眼前。這種蝸牛可以快速地將光源打開、關閉，與現代汽車的最新LED尾燈極為相似。德哈因和威爾遜透過研究發現，海蝸牛所發出的光來自於它們微小身體上的一小塊區域，總是深藏在那不透光且淺黃色的硬殼里。究竟在什麼情況下牠們會將燈打開？而這光又是如何穿透那層堅硬的保護殼照射出來呢？

各項實驗證明，當被其他生物撞到或觸碰到的時候，海蝸牛所發出的光最強烈——這項發現無疑令人驚喜，因為此種類型的開關機制在其他發光生物中極為罕見。難道這是海蝸牛尋求幫助的方式——透過吸引掠食者前來，而將那些打擾它的小東西消滅掉？

不過，最大的謎團還是在於這微弱的光源為何能照亮整個蝸牛殼。德哈因和威爾遜將各種顏色的燈光照在殼上，最後發現其他顏色都能暢行無阻地穿透這硬殼，唯獨藍綠色光不行。但當這種藍綠色發射到整個蝸牛殼時，卻使它發出分外明亮的光輝。研究人員還發現，原本淡黃色的外殼並沒有以任何方式改變這種藍綠色或使它產生偏色。它以特定的光頻投射，其效果要比任何在市面上出售的投射器高八倍，所照射的範圍是其十倍有餘。毋庸置疑，科學家們一定在仔細研究這種蝸牛殼的分子特性，以期改進商用散光器的性能。

主啊，我如何才能成為一個超級散光器，用你話語和慈愛中的明光照亮世人？我的期望是使你的光更加有效地照亮他人。

從未被人騎過的驢駒

他們把驢駒牽到耶穌那裡，把自己的衣服搭在上面，耶穌就騎上。 馬可福音11：7

我在衣索比亞長大，那裡驢子處處可見。我經常會聽到踢踢踏踏的蹄聲，只見一個人駕著驢車，前面有六隻驢，拉著滿滿一車柴火或煤炭到市場上去販賣。偶爾也能看到大人們騎著驢，不過他們的兩隻腳幾乎都會一直蹭到地面，因為這些生性馴良的小動物肩高不過三英呎多一點。不過驢子的體型相差很多，有些驢子的肩高可達四英呎半，幾乎和小馬一般大小。牠們那大大的耳朵可以幫助牠們敏銳地捕捉到掠食者的動靜，還能使牠們在炎熱乾旱的氣候中保持涼爽。驢子的消化系統肯定特別發達，因為牠們幾乎什麼都吃，而且能極為有效地從中吸收水分與營養。所以，牠們在食物相對較少，或是沒有水的情況下，也能維持一段很長時間。

所有驢子的背部中間都有一條深色的條紋。有些在肩膀上還有一條橫貫左右的深色條紋，看起來好像十字架的標記。牠們長著白色鼻子，眼圈也是白色的，耳內有白色的長毛，四肢內側也是白色的。

人們一度認為擁有驢子是財富的象徵，但在基督的時代，驢子很可能是窮人的交通工具。當馬利亞懷著耶穌的時候，正是騎著驢子來到伯利恆的。很可能在耶穌孩提時代，祂就經常騎驢子，所以當祂選擇騎著驢如王者凱旋般進入耶路撒冷時，也就不是什麼奇怪的事了。祂選擇騎一隻驢駒，代表祂來是溫柔而平安的。若是戰士，則要騎馬揚鞭奔赴戰場。雖然猶太人所期盼的是一位征服四方的英雄，但耶穌所建立的卻是一個全然不同的王國，祂出現的形象象徵著溫柔、平凡、低調與和平。

雖然驢子渾然不覺，但是能夠被揀選去馱著整個世界的造物主，是多麼榮耀的一件事啊！而且不是一次，是兩次——第一次是耶穌即將誕生的時候，第二次是耶穌榮耀地進入耶路撒冷，不久後就被釘十架，為人受死。

🙏 *我的主，即使我因成為你的追隨者而備受嘲弄，我也堅持以我的心馱著你的愛，以我的舌傳揚你的話，正如我今日因你度溫柔而和平的生活。*

瓦韋亞

我且對你說：你是我的僕人；我揀選你，並不棄絕你。 **以賽亞書41：9**

從我剛記事起，就知道瓦韋亞，他總是站在那裡，咧開嘴巴衝著我笑，猜出我的每一個需求，並迅速地予以滿足。我的父母是傳教士，因此我在衣索比亞長大。瓦韋亞在我家工作，說白了就是我家的僕人，我的父母雇用他為我們工作。他當時肯定還是個少年人，目不識丁，一貧如洗，身體羸弱，衣衫襤褸，但異常聰慧，心胸寬闊，他似乎天生就知道什麼叫做服侍。當這個傳教士家庭來到金比鎮，走進他的生活時，他的生活就開始改變。在他看來，他所服侍的傳教士家庭和所關注的我們這兩個男孩，以及維持風度翩翩的服務態度才是生活的重心。他似乎永遠在我們周圍，時刻準備著滿足我們的需求。我還記得他總是專注地看著我們，仔細聆聽的樣子，哪怕是小小的願望在他聽來都如同軍令，會立刻執行。顯然，瓦韋亞在服侍中收穫了巨大的快樂，他也完全勝任這份工作，這成了他的生命。他與我們之間的關係，不僅使他的生活，也使我們的生活發生巨大的變化。

我們全家都待瓦韋亞很好，他不用再擔心衣食來源或無家可歸。不久之後，他已經煥然一新，衣著得體，身體健壯，按當地標準可算是成功人士了。因著他盡心盡力的服侍，我的父母自然也投桃報李。

根據以賽亞書的教訓，上帝已經揀選了我服侍祂。在這一點上，我心中有深切的共鳴，在上帝走進我的生活之前，我是貧窮、失喪、淒慘、靈命盲目且赤裸，上帝揀選我作祂的僕人，在我看來這是無比珍貴的特權和榮譽。轉眼之間，我的生活不再只關乎我，而是關乎我作為僕人，該如何盡心盡力服事我的主。我從瓦韋亞身上學到的，就是我應該要時刻注意我主人一切的指示和呼召，要保持警醒，隨時待命。祂的話語，祂在我心中微小的聲音，就是我的任務指令，緊接著就是我要主動答覆：「是的，我的主——只要您願意，我的主——如您所願，我的主。」（以賽亞書41：10）祂會對我說：「你不要害怕，因為我與你同在；不要驚惶，因為我是你的上帝。我必堅固你，我必幫助你；我必用我公義的右手扶持你。」

🙏 我的創造主，我的君王，謝謝你選擇我來服事你。謝謝你在我服事的一生中堅固我、幫助我、扶持我。

任君選擇

你們心持兩意要到幾時呢？若耶和華是上帝，就當順從耶和華；若巴力是上帝，就當順從巴力。列王記上18：21

你們這些淫亂的人哪，豈不知與世俗為友就是與上帝為敵嗎？所以凡想要與世俗為友的，就是與上帝為敵了。雅各書4：4

當我靜下心，深入地思考創造主選擇與你我互動的方式時，總是讓我驚歎不已。這位生命之源的創造主，祂全能、全知、全愛，且無所不在。祂賜予我們生命，並且無條件地愛著你我，祂定意要與祂所愛的人建立親密的關係，但祂從不用逼迫、哄騙或強制的手段，讓我們去了解祂，雖然祂切切地盼望我們了解祂。相反的，祂給予我們完全的自由去選擇——除非我們願意去做。正因為祂是生命之源，選擇與祂成為密友會使人的生命更加豐滿，但若是將祂拒之門外，其實便是選擇了死亡。在我們每個人的心中都有一個平靜而微小的聲音（人生道德的指南針），它會幫助我們選擇生命而非死亡。只要我們藉著讀經和禱告定期維護更新，這指南針便會指向可靠的方向。如果我們選擇從不更新，或是忽視它所指的方向，那麼這聲音就會漸漸淡出，不再來打擾我們了。

有時候，我會幻想為什麼上帝不直接給我們一張DVD，讓我們看到祂在何時，以何種方式創造了這個世界。毋庸置疑，祂的無線技術一定比人類的要高明許多，所以祂可以輕鬆地向我們每個人呈現一部全彩3D超重低音環繞立體聲的電影，展現祂創造世界時的壯舉。看哪，在第五天電閃雷鳴之際，我幾乎可以感受到地板在震顫。當然，這部電影會包含全備的資料，這樣人們對於創造主上帝就再無任何疑惑可言了。魔鬼設計的自然起源理論將蕩然無存，所有人都會對造物主的真實存在而心服口服，他們將圍繞在祂身邊，願意與祂建立個人的關係。

但後來我認識到，這種證明的方式會剝奪發自內心的選擇，我將會被迫作出決定，但一個真正懂愛的人從不會採取強迫的手段。如果我願意，上帝會給我足夠的證據顯示選擇祂是沒有錯的，但祂不會抹去所有的懷疑，這是何等美妙的事。我需要自己作出決定。這就是上帝的愛。

主耶穌，當我意識到我可以自由地選擇相信或不相信，這是多麼偉大的自由。就在今天，就在此刻，我選擇相信你。

快樂的呼嚕聲

耶和華喜愛敬畏祂和盼望祂慈愛的人。詩篇147：11

你一定曾經聽過貓咪在心滿意足時會發出輕快的打呼聲，並想弄明白牠們是如何發出這種聲音的。這種低沉的顫音究竟是從何而來呢？鑑於家貓約有70種不同品種，世界上估計有超過五億戶人家養貓科動物，因此針對貓的科學研究應該很容易實行。而且，許多人在大學的解剖課上就曾經解剖過浸泡在福馬林溶液中的貓。所以如果真的是由專門的器官發出這種呼聲，我們應該能夠發現，不是嗎？但究竟貓咪的呼聲從哪裡發出來，以及牠發出呼聲的真正原因，至今仍是個謎。

當貓咪咕嚕咕嚕叫時，你可以把耳朵貼近，當牠吸氣呼氣時，就可以聽到呼嚕的聲響。有些貓咪會發出響亮的呼聲，即使在房間的另一邊都可以聽到（獵豹打呼時能夠響徹整個院子）。現在我們不但不知道貓如何發出這種響聲——就連哪些品種的貓能夠打呼也不清楚。

關於貓咪為何會打呼，人們提出許多假設，但鑑於我們不能直接詢問牠們為何如此，也不能進入牠們的腦袋中一探究竟，所以一切理論都基於猜測。這是不是小貓與母貓之間的溝通方式，亦或是受傷的貓咪被逼到角落時發出的停戰信號？當然，愛貓的人認為貓發出呼嚕聲是因為牠們感到滿足，他們發現貓咪非常喜歡人撓撓牠們的耳朵，愛撫牠們的頭和背部，輕揉牠們的小肚皮。至於我，那依偎在我膝頭滿足地打著呼嚕的貓咪會帶給我極大的快樂。

有時我會思考，我所表現出的驕傲的克己與緘默不語的虔誠是否剝奪了上帝的樂趣？瑪拉基書3：7─12寫到：「現在你們要轉向我，我就轉向你們……萬國必稱你們為有福的，因你們的地必成為喜樂之地。」顯然，主希望我喜樂幸福。約翰福音17：13表示，上帝要我們「心裡充滿祂的喜樂」，讓我們發出響亮而滿足的呼嚕聲來敬拜那位賜下百般福氣的主。懷著無比的感激與無愧的熱情，因那以祂的愛與仁慈沛降於我們的主而歡喜快樂吧！

主，我全然信靠你，深知你已滿足我一切所需，你為我所預備的，超乎我的所求所想。請聽我心中發出滿足的聲音，那是對你深深的敬拜。

婚姻成為典範

因此，人要離開父母，與妻子連合，二人成為一體。創世記2：24

在創造的故事中講述了世界上第一樁婚姻。就在上帝造完了「野地的各樣走獸」和各樣「空中飛鳥」後（創世記2：20），就將牠們帶到亞當跟前，看他起什麼名字。亞當怎樣稱呼各樣的活物，那就是牠的名字。在這過程中，亞當不禁注意到所有的鳥兒和走獸都是雌雄相伴同行，那麼他的另一半在哪裡呢？於是上帝實施了有史以來、世界首例麻醉、第一個器官移植手術，祂取出亞當的一根肋骨，接著將皮肉不留痕跡地合起來，上帝用肋骨創造了第一個女人，將她領到他面前。

我試著去想像這世間第一對夫妻，在他們的蜜月期是如何柔情蜜意，如膠似漆。在他們傾心吐意的時候，是多麼留心對方的言語？他們會不會彼此分享最深切的感情？他們是否密切關注並極力滿足對方的需要？他們直接受命於上帝嗎？我幾乎可以聽到，主正告訴亞當他的任務就是要愛夏娃。祂使亞當明白，想要了解對於夏娃來說何為愛可不是件容易的事，但這是一項會為他帶來快樂的任務。先去想明白，然後深愛著她。上帝一定也說過：「你要為我而愛她。」上帝對夏娃解釋說，亞當最需要的就是尊重。這就是夏娃的任務，要明白在亞當心中何為尊重，然後給予他加倍的尊重。「你要為我而尊重他。」

這樣，婚姻就成了典範。滿懷愛意的丈夫和敬重恭順的妻子（以弗所書5：33）之間奧秘的結合，正是基督與祂子民之間愛的聯繫的最佳例證。我試著去發掘其中的含義，當我和妻子在婚姻中體驗、享受著親密關係帶來的喜悅時，耶穌基督向我指出這正是祂所希望與我建立的關係。「新郎怎樣喜悅新婦，你的神也要照樣喜悅你。」（以賽亞書62：5）婚姻的確是創造中一件珍貴的禮物。

上帝厭惡離婚有什麼可奇怪的呢？魔鬼豈不正在挖空心思、盡其所能地破壞每一樁婚姻嗎？

愛與婚姻的主，求你幫助我用心地遵循你婚姻的教訓，使我的婚姻成為典範，來榮耀你的聖名。

塵歸塵

你必汗流滿面才得糊口，直到你歸了土，因為你是從土而出的。你本是塵土，仍要歸于塵土。 創世記3：19

我們知道上帝用塵土造了亞當——希伯來文的「塵土」一詞也有「泥土」的含義。在人死後，軀體會再度變為塵土，這人人都知道，不過最近我了解到一些令人難以置信的事實。雖然各方數據差距很大，但保守說來，我房間裡那些漂浮在陽光中、落在家具上的大部分灰塵（約80%）是從我身上脫落的皮膚細胞，這就意味著，每一天我都在一點一點地回歸塵土。要知道，人體的皮膚表層只需幾天時間就可以全部脫落，每天產生近30克灰塵。房間中的灰塵包含大量死皮細胞，具體情況要按在房屋裡居住的人及寵物數量而論。

接下來要說到可怕的地方了，塵蟎——一種你只能透過顯微鏡才能觀察到的微小生物——靠攝取脫落的皮膚細胞生存。對於大多數人來說，塵蟎是完全無害的，因為它們並不攜帶細菌。人們通常感覺不到牠們的存在。然而當塵蟎生長時，它們的皮膚也會脫落，而且它們不是訓練有素的寵物，所以會到處排便。有一部分人對於微生物的排洩物和皮膚細胞過敏，所以塵蟎對於他們來說可謂心頭大患，而且這些人可以敏銳地察覺出有沒有塵蟎存在。他們的眼睛會發癢，鼻子也會瘙癢流鼻涕，甚至可能會呼吸困難，也許你就有這些過敏症狀。

無論如何，過敏真的使人頗為困擾，如同生活中的許多挑戰和失敗。你有沒有發現自己正在與人爭執？也許有親人正在鬧離婚？是否有朋友背叛你？很多時候，困難、問題和煩惱會使我們跌倒，幾乎歸於塵土（見詩篇119：25）。但詩人接著說（26-32節），雖然他的靈魂愁苦，上帝的話也能使他得著力量與勇氣。最重要的是，祂的話使我心靈得自由，我希望這經文能夠鼓勵你，正如它能鼓勵我一樣。

 耶穌，謝謝你的話語，使我充滿力量，使我的心靈得釋放。

痲瘋病的教訓

有一個長大痲瘋的來拜祂，說：「主若肯，必能叫我潔淨了。」耶穌伸手摸他，說：「我肯，你潔淨了吧！」他的大痲瘋立刻就潔淨了。馬太福音8：2-3

《**聖**經》譯者顯然並不了解白斑症，這是一種自體免疫性疾病，由於表皮色素脫失，而使得身體出現局部白斑。如果譯者清楚這種病情，那麼耶穌所治癒的、米利暗和乃縵所患上的「痲瘋病」，本該有不同的《聖經》醫學診斷。痲瘋病，又叫漢生病，並不會使患者皮膚發白，但它卻能造成可怕的身體畸形。你也許從未見過漢生病的患者，我曾經見過，那情形真是觸目驚心。第一次見到那人時，他正痛苦地拄著拐杖，步履蹣跚，因他殘缺的手幾乎扶不住拐杖。他的臉上長滿大大的水泡，那失明的雙目彷彿將這猙獰的鬼臉永遠定格，他的腳趾缺失，連嘴唇也不見了，看著他，我的心如同被撕裂一般。這種病會讓他成為被整個社會摒棄之人。

漢生病是最古老的疾病之一，最早的書面記載可追溯到主前600年。挪威醫師格哈德・阿瑪爾・漢生（Gerhard Henrik Armauer Hansen）首先描述了引發此症的細菌——痲瘋分枝桿菌。如今該細菌眾所周知，人們對它進行了深入研究，已經排出3,268,203對鹼基序列，也研製出能有效治癒此病的抗生素。若是置之不理，這種細菌將會引起神經損傷，最終導致可怕的缺陷。

相比之下，全球大約有2%的人患有白癜風（又稱白斑症），患者皮膚生有白斑，往往因此感到羞恥，除此之外，並無其他害處。大家還記得《聖經》故事中古代社會是如何對待痲瘋病人的嗎？直到今日，人們看到長有白斑的人，依舊指指點點，盡顯嫌棄之意。那麼我們從中能夠得到什麼教訓呢？耶穌甚願醫治每一種疾病。祂伸出雙手，以大有能力的愛觸摸我們，醫治這破碎世界上的傷病，療癒每一份恥辱帶來的心靈痛苦，甚至能夠將我們從違背祂神聖律法的執念中全然釋放。

主耶穌，如今你是否仍願觸摸我生命中的每一次傷痛，使我得以潔淨？你醫治的能力是否依然充沛而及時？主，我信賴你！幫助我除去不信的心。

消除憤怒的解藥

大衛就甚惱怒那人，對拿單說：「我指著永生的耶和華起誓，行這事的人該死！」撒母耳記下12：5

你最後一次大發脾氣是什麼時候？有沒有恨不得一拳打在牆上——或是打在某人的臉上？你是否像大衛王一樣，恨不得將某人除之而後快？我記得有一次對哥哥發脾氣，撿起石頭就砸向他，幸好他躲得快。還有一次，我抄起枕頭作勢要砸他，沒想到手肘卻硬生生地撞到門的邊緣，恰好碰到麻骨（肘部尺骨神經），箇中滋味如今想來仍不寒而慄。每次當我感覺手肘隱隱作痛，都會提醒自己要冷靜下來，放鬆一點。

你在讀書時是否曾經為了完成一項重要的作業而埋頭苦幹？你字斟句酌，反覆推敲，希望能夠盡善盡美。而且你提前一天就將來之不易的大作放在老師的辦公桌上，堅信成績準能得到A（優）。誰知過了幾天，論文發回來，你才知道原來是「某個學生」批改你的文章，而不是老師，並且一個大大的紅字F（不及格）赫然出現在紙上。第一頁上還被人用鮮紅色的筆潦草地寫著：「這是我讀過最爛的文章之一。」你會不會感到大受傷害……且火冒三丈？

有700名大學生就經歷過同樣的事情，他們事先並不知道自己參與了一項有關憤怒的研究試驗。研究人員引導一半學生藉由打沙袋來發洩情緒，而另一半則採用讀書或聽音樂的方式來轉移注意力。接下來他們會與那位負責打分的「學生」溝通，結果那些打沙袋消氣的學生，比安靜讀書、聽音樂的學生更易大喊大叫或產生言語衝突。

今天也許就曾發生一些事挑起了你的怒氣。生活本不公平，這世界最有智慧的所羅門王曾經說過：「回答柔和，使怒消退；言語暴戾，觸動怒氣。」這不僅僅是《聖經》的教訓，科學研究也證實行之有效。所以，讓自己冷靜下來，以柔和的言語回答，就會察覺到怒氣正漸漸消退。

溫柔的耶穌，請你今日就將溫柔的言語放在我口中。憑我自己的力量，無法勒住憤怒的舌。

黑頭森鶯

你們看那天上的飛鳥，也不種，也不收，也不積蓄在倉裡，你們的天父尚且養活牠。你們不比飛鳥貴重得多嗎？馬太福音6：26

飛越了風雨交加的伊利湖後，這隻小小的黑頭森鶯精疲力竭地停在岩石嶙峋的沙地中一小片空地上。至少皮利角是牠安全的棲息地，這裡是加拿大的最南端，成千上萬的候鳥如同巨大的漏斗，湧入這狹窄卻重要無比的歇腳之地，為牠們漫長的北遷積蓄力量，可以飛抵夏季築巢地。黑頭森鶯因其頭頂的黑色羽毛而得名，牠們在南美過冬，當春暖花開時又飛回加拿大北部的雲杉林，在那裡哺育幼鳥。

若是碰上狂風暴雨，要逆風穿越伊利湖對這些小鳥來說，著實是極大的困難。雖然艱難重重，但牠們每年從南美洲北部海岸飛往佛羅里達，跨越大西洋，飛行近2千公里。這趟行程並不簡單，因為黑頭森鶯在飛行時幾乎消耗掉一半的體重，因此牠們會利用各種機會，比如搭上盛行風的順風車，以減輕飛行的疲累。

在各類鳴禽中，黑頭森鶯算是數一數二的高音歌者了。牠們能快速發出吱、吱、吱的高頻叫聲，因此有些人是無法聽到的，當這些鳥兒捕捉昆蟲、蜘蛛時，經常會用這種叫聲彼此呼喚。

不用說你也知道，候鳥在遷徙時會面臨許多危險。有些猛禽在哺育幼鳥期間，若是發現有候鳥飛過牠們的領空，是絕不會放過這大好機會的，牠們會伺機獵捕其他鳥類。在大霧瀰漫的情況下，明亮的燈光反而會使候鳥失去方向，迷迷糊糊地撞上建築物、高塔或紀念碑。

沿途能否獲取足夠的食物或許也是個大難題，但鳥兒們卻從不擔心——牠們單單依靠上帝的供應來滿足所有的需要。《聖經》清楚地說到——即使是一文不值的小鳥，上帝也關顧，更何況是我們呢？祂豈不是將我們的一舉一動都看在祂眼裡嗎？我生命中的每一個細節祂都曉得，祂只願我得到最好的。

造物主，我的上帝，你真的連我的頭髮都數算過了嗎？我真的相信，我所有的一切你都明瞭，我也相信，你能照顧我每日的需要。

超高里程

是向一切有生命的眼目隱藏，向空中的飛鳥掩蔽。約伯記28：21

你猜得出整個地球上有多少種鳥嗎？我可以毫不猶豫地說，每個人的回答都不相同，還是是去問鳥類學家吧！他們已經詳細記錄了近9千種不同種類的鳥，其中有大約一半的鳥類每年會遷徙到較為溫暖的地方過冬，那裡的食物也較豐富。

小小的黑頭森鶯是加拿大北部北風林區最為常見的鳥類之一。夏季的時候，在阿拉斯加大部分地區，加拿大北部所有省份，直至美國中西部，以及美國和加拿大的東部地區，都能發現牠們的蹤影。待到天氣轉涼，這種體重不超過半盎司（約15公克）的小鳥，除了捕食蜘蛛和昆蟲之外，還吃些野果和漿果，以便為即將到來的旅程補充能量。

牠們就這樣不停地進食，直到風向合適，就這樣，牠們踏上了橫跨太平洋的征途。不管是靠著越過星星，還是腦內細胞中的磁場感應器，亦或是日落時紫外線的角度，這群小鳥總能以某種方式不間斷地導航80到90個小時。在整個過程中，牠們是怎麼知道在飛越安提瓜島時，何時應爬升至兩萬英呎的高空？是誰告訴牠們在飛行的開始和最後的兩段路程要始終保持在兩千五百英呎的高度？顯然，這一路上，牠們不斷藉助風力改變飛行高度，並且以每小時25英里的速度向南飛行，這樣可以最大程度地保存體力。

鳥類學家曾經以人為參照物計算過黑頭森鶯的等效運動量，你可以試試4分鐘跑一英里，連跑80小時，這基本與黑頭森鶯在飛行時的新陳代謝一致。若是對比汽油消耗，牠們的燃油效率相當於每加侖跑72萬英里。

不管我們對哪種候鳥進行研究，最終只能被牠們在旅途中所表現出的精準度與美感深深折服。究竟是什麼力量決定了牠們開始預備、儲存能量以及出發的關鍵日程？這些小鳥是如何做到如此精確地導航？在這長距離的飛行中，牠們怎樣才能做到如此有效地使用能量？看到最後一個問題，我也陷入思考，我如何才能學會更有效地服事上帝？我在何處能尋得這種智慧？我怎樣才能欣然接受這種變化？（參見羅馬書12：1—2）

主啊，如同這小鳥，我不知該如何才能盡心盡力服事你。求主親自使我的心意更新變化。

追日的鳥兒

上帝就造出大魚和水中所滋生各樣有生命的動物，各從其類；又造出各樣飛鳥，各從其類。上帝看著是好的。創世記1：21

北極燕鷗是一種漂亮的鳥兒，牠的一生大半都在海上飛翔，尋找食物。按著鳥類的體型，牠算是中等身材，羽毛主要呈白色，背部淺灰，有「一頂拉低的黑帽」遮住烏溜溜的眼睛，頗為醒目，牠有著亮紅色的喙、紅色的細腿，以及紅色的蹼足。由於牠總是在空中翱翔，你一定不會錯過欣賞牠的「燕尾服」。你若想用天平稱出普通北極燕鷗的重量，只需在天平的另一邊放上四十分硬幣即可，你可以用手掂量掂量四十分硬幣，只有3.5盎司（約100公克）。

北極燕鷗最愛永恆的夏季。牠們沐浴在北方極地的夏日陽光中，在格陵蘭北部或冰島的多礁海灘上哺育幼鳥。當夏暑消退，牠們便帶上孩子們向著南極洲的威德爾海遷徙，大約需往南飛行1萬2千英里。從綁在牠們腿上的小型記錄儀得出的數據顯示，牠們選擇了一條大大的曲折S形路線來飛越海洋。當牠們飛抵南極洲的棲息地時，夏季也已飄然而至，於是牠們就在永不消逝的日光中飛翔、捕食。北極燕鷗的這一習性使牠們獨享一項殊榮，就是地球上享受日光最長的生物。而且由於必須遠距離遷徙，因此牠們獲得的第二項桂冠就是：北極燕鷗年度遷徙距離最遠紀錄。研究人員認為，為了完成每年從北極飛往南極再飛回北極的追日之旅，北極燕鷗至少要飛行2萬4千到3萬英里，但數據記錄儀顯示，牠們每年要飛行4萬到5萬英里。這種鳥的平均壽命大概30年，所以一生當中牠們大約飛行150萬英里——這對於一隻只有四十分硬幣那麼重的小鳥來說，是多麼驚人的數字。不僅如此，研究人員還發現，北極燕鷗雖然並不集體行動，但牠們都在幾天之內相繼離開越冬之地，飛越赤道，飛離海洋中的覓食區和休息地，最終達到夏季聖地——既能單獨分開行動，又能集體整齊劃一。

 造萬物的主，北極燕鷗的創造者，你是如何為這些令人讚歎的鳥兒設計行程，讓牠們在恰好的時間出現在恰當的地點？那麼今天，你希望引領我去何處？求你指教我時間和地點。我也要切切地尋求聖子，渴望沐浴在祂榮耀的光中。

吼叫的獅子

務要謹守，警醒。因為你們的仇敵魔鬼，如同吼叫的獅子，遍地遊行，尋找可吞吃的人。彼得前書5：8

直至今日，我依舊清清楚楚地記得，當我還是小孩子的時候，夜晚蹐縮在被子裡，聽著獅子在屋外吼叫的情形。我的父母是在衣索比亞工作的傳教士。父親在叢林深處的金比鎮設立了醫院，在20世紀40年代晚期，那地方的人們偶爾還能在夜晚聽到獅子的吼叫。

獅子的吼叫通常以一陣低沉的吼聲作為開始，接著叫聲越吼越高，越吼越大。有時那吼聲一次又一次地刺透寂靜的夜空，那是一隻雄獅在徘徊覓食，或是捍衛自己的領土。獅子的吼聲震耳欲聾，若在順風處，3到6英里之外都可以聽到，由於獅子的聽力比人類高許多，所以雄獅和雌獅即便相隔很遠，也能藉著吼聲互相交流。

獅子是第二大貓科動物，老虎在體型上略勝一籌，獅子是非常樂於群居的動物，通常以獅群的形式生活。我記得曾經躲在車裡，觀察一群獅子懶洋洋地躺在非洲樹叢的蔭下。幸運的話，還可以看到牠們親暱地舔舔彼此的毛，或是蹭蹭對方的頭，你若是養過貓，一定知道貓咪也喜歡這樣用頭來蹭你。

獅子捕獵技術之高明，令人驚歎。母獅捕獵的次數多過公獅，因為牠們往往要為整個獅群提供食物，雖然牠們經常單獨狩獵，但母獅在晚上也會成群結隊地出去尋找獵物，當牠們發現羚羊、瞪羚或是斑馬時，就會悄悄散開並設下陷阱。藉著精妙的佈置，無間的合作和聲聲獅吼，牠們便將嚇得魂飛魄散的獵物逼進靜靜等候且早已垂涎三尺的獅群利爪之下。

魔鬼和他墮落的天使也如獅子一般，遍地巡行，伺機伏擊倒霉的獵物。雖然有時我們已經聞到牠們濕熱沉重的呼吸，看到那閃著幽光的尖牙利齒，牠們正張開血口向我們怒吼（詩篇22：13），但我們也不必害怕。「耶和華是我的力量……救我脫離獅子的口……因為國權是耶和華的。」（參見19-28節）

 謝謝你，主，因你是我的力量，我的保障。我今日信靠你。

鬃毛的故事

所以，你們既是上帝的選民，聖潔蒙愛的人，就要存憐憫、恩慈、謙虛、溫柔、忍耐的心。**歌羅西書3：12**

除非你知道正確的方法，否則你很難一眼就辨別出一隻貓是公的還是母的。但獅子卻不同，牠是唯一一種我們僅從外部特徵就能辨別雄性與雌性的貓科動物。你能猜中是什麼特徵嗎？

看那華貴的金色鬃毛，毛的尖端是深沉的黑色，這無疑加增了雄獅那令人生畏的王者風範。我們彷彿看到，夕陽西下，獅王佇立於岩端，傲然睥睨，俯視大地，那如緞般發亮的鬃毛在微風中輕輕拂動。難怪人們將獅子封為百獸之王！

但在科學家心裡不免生出疑問：「為何雄獅的頭部和頸部要生出這樣一圈厚厚的鬃毛呢？它有什麼作用呢？」顯然，這並不是為了保暖，因為獅子生活的地方氣候炎熱。在一年中最熱的時候，這樣一圈長長的黑色鬃毛會吸收更多的熱量，使獅子燥熱難耐（在氣候涼爽的時候，獅子的鬃毛長得更長）。那麼在獅子打架的時候，鬃毛是否能起到保護頸部的作用呢？科學家認為應該不能。因為所有的貓科動物都以尖牙利爪當作致命武器，唯有獅子生有一圈鬃毛，顯然不是起保護作用。況且研究人員也沒有證據表明，沒有鬃毛的獅子，牠們的頭部和頸部有更多的傷痕，這樣看來，鬃毛並不是戰鬥中的保護傘。那麼它的功能到底是什麼呢？

經過多年的潛心研究，生物學家現在相信雄獅的鬃毛是在給其他獅子傳遞信息。當雄獅展現出一頭長長的濃黑鬃毛時，是在告訴母獅牠既強壯又健康，這樣不但吸引母獅，也能使其他雄獅望而卻步。雄獅若是看到對手鬃毛濃密黝黑，寧願退避三舍，因為這是一個清楚的信號，對方實力遠勝於牠。

你是如何向他人傳遞自己是基督徒的信息呢？是你的穿衣打扮，所吃的食物，還是你走到哪裡都帶著《聖經》？也許有些人會贊同這樣的方式。其實最清晰的信號是我們待人接物的方式。

萬王之王，萬主之主，願我對待他人的愛、恩賜與憐憫，能像雄獅的鬃毛一樣明顯。求賜我力量，使我今日就成為你親善的使者。

自然界中的出淤泥而不染

求你將我的罪孽洗除淨盡，並潔除我的罪！詩篇51：2

為什麼我剛剛洗完車，偏偏一場大雨不期而至？為什麼這雨就能在剎那間使我的愛車面目全非？你一定明白我的感受，你剛剛把車（或是房間裡的窗戶，或是戶外的家具，或者……隨便什麼，例子多得不勝枚舉）擦得乾乾淨淨，閃閃發光，一場大雨就打得你措手不及。豆大的雨滴劈頭蓋臉地打在車上，彷彿施了什麼妖術，如果你想讓愛車看起來漂漂亮亮，就不得不自認倒楣，重新裡裡外外再洗一遍。

我想我們都需要從生在熱帶濕地、長於泥濘窪地中，那始終放低姿態的蓮花身上學得一些教訓。雖然那裡經常下雨，以致泥巴四處飛濺，但蓮花無論葉片或花瓣，皆不沾塵、不染俗，清麗非凡。事實上，蓮花（常被稱為「神聖」的蓮花）因其高潔的美麗而成為印度和越南的國花。那麼為什麼暴雨肆虐後，無論是車、窗戶或是在戶外的家具都灰頭土臉、泥濘不堪，唯獨蓮花能出淤泥而不染呢？

這是一個人們經常問起，科學家也在不斷研究的問題。當雨滴落到大部分物體的表面時，雨滴呈扁平狀攤開，而物體表面被打濕，但在蠟質植物的葉片上（或是剛打了蠟的汽車），雨滴仍呈珠狀挺立，接著大部分的雨滴會從葉子上滾落。但即便是蠟質葉和汽車表面也會變濕，就容易藏污納垢，並留下明顯水漬。蓮花的葉子在質感上雖不像蠟質葉，但水珠會在其表面呈珠狀挺立很久，並且在蓮葉上的水珠如同玻璃珠一般滾來滾去，絲毫不會散開或是打濕葉片。當水珠最終從葉子上滑落，順道帶走了灰塵、污泥或花粉，而蓮葉則總是乾燥清潔，人們稱其為「蓮花效應」。

秘密就在於蓮葉表面的結構，我們只能藉助高倍電子顯微鏡來一探真貌。透過顯微鏡我們發現蓮葉的表面實際上相當粗糙，附著無數直立、且極小的乳突結構，正是這些奈米級的乳突結構使得水珠集中並滾落，以保持蓮葉的清潔。

主啊，求你使我也能出淤泥而不染，謹慎謙卑，熱切祈禱，誠摯地尋求你的面，堅定地轉離邪惡的道路。我需要你潔淨我的身心。

不斷移動的細胞

因為我在人的權下，也有兵在我以下；對這個說「去！」他就去；對那個說「來！」他就來；對我的僕人說「你做這事！」他就去做。馬太福音8：9

我在大學教一門課，叫做組織培養。我帶著學生們在特別設計的培養瓶中培養各種細胞，提供完美的生長環境使其快樂地生長。觀察細胞是件極其有趣的事情，因為它們不斷移動，並能對我們提供的環境的變化作出回應。

　　細胞在移動及活動中展現出的美感與複雜性，無疑能使研究者為之目眩神迷。許多細胞是在不斷移動的，或慢慢蠕動，或左右搖擺，有的拼命擠進新的地方，有的則在追逐細菌。這並不是什麼新鮮事，早在十七世紀，荷蘭人列文虎克（Antonie van Leeuwenhoek）就記錄下他的發現，當他瞇起眼睛透過自製的顯微鏡觀察時，看到一些小不點「相當優美且靈活」的動作（你可用Google引擎搜索「細胞運動」，點擊「影片」觀看）。不過最近，我們的實驗室裡添置了幾樣新設備，藉此我們可以揭開細胞運動的奧秘了。

　　在一個小小細胞內的景象可謂緊張忙亂，就彷彿在一個人來人往的建築工地上，一座巨大的高樓要在一夕之間建造完畢。或者可以將它比作一個蜜蜂不斷進出卻又高度協調的蜂巢，即便用熙熙攘攘的繁華城市來比較也不為過。細胞內部與這些複雜的形態頗為神似，但不同之處在於，它小得令人難以置信，活動起來又快到無法想像，這一切精心安排的活動其幕後主使就是長長的線狀DNA分子。在DNA的指導下，細胞合成並分解成千上萬的蛋白質，並將其輸送各處以完成細胞的各樣功能。正是因為細胞中準確而有序移動的蛋白質，我們才會擁有生命，才能思考生命，並向生命的創造者獻上敬拜。

　　當我的生命變得混亂不堪，或是顯得死氣沉沉、毫無生氣時，通常是因為我不聽從也不順服那位深知我心所願的造物主引領。耶穌因百夫長的信心而感到「希奇」，因為他明白命令是要被遵守的。

　　主啊，當我聽從你微小聲音的教訓時，求你使我的心充滿信心，使我的生命現在就在你所指示道路上向前奔走。

裂唇魚

各人要照所得的恩賜彼此服事，作上帝百般恩賜的好管家。彼得前書4：10

我在紅海中浮潛時，曾經幸運地近距離觀察過裂唇魚（又稱魚醫生，cleaner wrasse）。當我看到一條大石斑魚慢吞吞地游進「清潔站」，而幾條色彩斑爛的裂唇魚正在那裡等候時，心裡別提有多驚訝了！只見那石斑魚張開嘴，打開腮，裂唇魚便坦然游入那可怕的大嘴中，開始幫這條比牠們大得多的魚清潔牙縫、唇、鰓、鰭上的死皮和黏液。石斑魚游起來很慢，所以通常並不追逐獵物。相反的，牠只需要靜靜地潛伏好，等待其他小魚、螃蟹或章魚游近了，猛地張開大嘴，一股強大的吸力便將這些倒楣的獵物送入口中。所以當我看到這些體態輕盈的小裂唇魚在石斑魚的嘴中和鰓中自由出入，怡然自得地為這龐然大物服務，不禁深深地被迷住了。作為回報，石斑魚並沒有吃掉牠們，也沒有把牠們當點心吞進肚中，像是知道這些裂唇魚是在幫牠保持健康。生物學家將兩種不同物種間相互幫助的關係稱之為「互利共生」。

事實上，人類被創造也是為了服事他人。當我們不求自己益處地去幫助其他人時，就會感受到人生最大的快樂。我們將這種無私的服務稱為利他行為。從表面上看，裂唇魚為游入「清潔站」的石斑魚或其他魚類提供無私的清潔服務，但實際上，牠們是可以從中獲益的。清潔其他的魚類是牠們賴以生存的方式——從那些極待清潔的魚身上，牠們能夠找到寄生蟲，大魚牙縫裡的食物殘渣以及魚身上的死皮和黏液。

馬丁‧路德‧金恩（Martin Luther King, Jr.）曾說過：「每個人都能成為偉大的人……因為任何人都可以服務他人。你不需要有大學學位才能服務，也不需要了解句子文法才能服務。只需一顆充滿恩典的心、一個由愛而生的靈魂足矣。」

我們在天上的父，請賜給我一個為他人無私服務的機會。幫助我抓住這個機會，快樂地服事他人，如同服事你一樣。

歡唱的樹木

願田和其中所有的都歡樂！那時，林中的樹木都要在耶和華面前歡呼。因為祂來了。詩篇96：12-13

只要讀了詩篇96篇，即便再苦惱的心情也會煙消雲散。這首獻給我們造物主上帝的讚歌，是多麼奇妙，多麼鼓舞人心！作為一名植物生物學家，我總是想弄清楚林中的樹木是如何歡呼（另見歷代志上16：33）、如何鼓掌的（以賽亞書15：22）。傳統科學完全不接受樹木會表現任何情緒，例如喜樂或悲傷。樹沒有肌肉也沒有手，也沒有大腦來控制行為，所以顯然它們沒辦法拍掌。但不要急著下結論。有沒有其他的方法可以解釋《聖經》中這種不同尋常的樹木的行為方式呢？當然，在詩意的語境中，可以將風拂過樹葉的沙沙聲，作為樹木的掌聲，或是將風吹樹梢的聲音，當作沉重的歎息。所以，唱歌或拍掌都是可能的。

從另一個角度來說，若是沒有思想或情感的生物都能夠讚美上帝，那麼作為被賦予了比樹木擁有更豐富情感能力的我們，更是找不著任何不向上帝發出讚美之聲的理由。

還有另外一種思考的角度：每個實體都可以透過實現其被創造之目的來讚美上帝。無論有生命或無生命，都能以此方式榮耀造物主。按照這種邏輯，當一個水分子做了上帝定意水分子要做的事後，它就是在歡呼拍掌讚美上帝了。上帝創造了樹木，是要它們奉獻自己的樹葉、木材和果實。樹木可以使空氣淨化、濕潤和冷卻，它的落葉還可以使土壤更加肥沃。它們不但餵養了各種動物，還為數不清的物種提供了安居之所。人類也需要用木材搭建房屋，除此之外，還有不可勝數的木製、纖維和化學製品，都需要從樹木中獲取。這樣的例子不勝枚舉。所以，當樹木達成了它們被創造的目的，就是在以它們的方式歡呼鼓掌，將榮耀歸給主。

那麼你被創造的目的是什麼？若是創造主走到你面前，與你傾心交談，你認為祂會請你去為祂做什麼事呢？我想，若你現在正在順服祂的旨意，那麼你的心靈、你的聲音並你的行動都會向上帝發出讚美。

主啊，求你現在就將你的心意向我指明。你希望我為你做什麼？無論你對我的計劃如何，請讓我欣然接受，向你溫柔安靜的靈全然敞開。

分享福分

你若和我們同去，將來耶和華有什麼好處待我們，我們也必以什麼好處待你。民數記10：32

天早晨，我在餵鳥器旁看到一隻絨毛啄木鳥媽媽正給她的幼鳥餵食，而雛鳥正像那些十來歲的小夥子，雖然個頭明顯大過母親，卻是一副懶洋洋的樣子。只見那隻瘦弱的啄木鳥媽媽不停地在一大塊牛肉上啄來啄去，直到嘴巴裡塞滿了營養豐富的牛脂，接著就轉過身，嘴對嘴地餵那隻不停抗議、胖嘟嘟的小傢伙。雖然大塊的牛肉近在咫尺，可是雛鳥卻是不動如山，只張著小嘴等待母親來來回回、不辭辛勞地將肉送上門。看來這隻小啄木鳥若非太懶惰，就是太沒經驗，無法專心投入地與母親共享這饕餮盛宴。過了幾天，似曾相識的一幕又發生了，不過開始有些微的變化——雛鳥開始在鳥媽媽身邊轉來轉去，張開嘴巴求媽媽將食物放進來。又過了幾天，雖然小鳥還是像個甩不掉的小尾巴似的跟著媽媽四處找食物，但牠已經學會和媽媽一起飽餐一頓了。這隻鳥媽媽沒有像其他的啄木鳥一樣將小鳥趕走，而是歡迎牠和自己一起，享受辛苦尋到的食物。

在我們今天所讀的經文中，摩西邀請他的內兄何巴和他一起去迦南，好似那隻啄木鳥媽媽一樣，摩西會將耶和華所賜給他們的好處與何巴分享。你看，就好像放在餵鳥器上的大塊牛肉——足以餵飽附近樹林裡所有的啄木鳥——上帝也為那些不辭辛苦前去迦南的兒女們預備各樣佳美的祝福。上帝的供應極為豐富，能讓每一個人全然滿足。我想我應該要學習摩西，邀請並鼓勵更多的親朋好友和我一起追求天國，那裡會有主所預備的無限恩賜。分享這些禮物不會使快樂有任何減少，因為上帝的供應是無窮無盡的。

主啊，有時分享對於我來說是很為難的，直到我意識到是你給予我們各樣美善和完美的禮物。求你現在使我的眼睛明亮，能看到他人的需要，求你賜我溫柔的心腸，可以甘心將你所賜予我的福分歡喜快樂地分享他人。

假卵迷局

禍哉！那些稱惡為善，稱善為惡，以暗為光，以光為暗，以苦為甜，以甜為苦的人。以賽亞書5：20

今天的故事有些複雜，所以你要集中精神。世界上大約有500種不同的西番蓮屬。其中少數種類是草本植物，有一些是灌木，而大部分是藤蔓，開著碩大美麗的花朵，果實可供人們摘下做成風味獨特的熱帶果汁。西番蓮屬的葉片含有許多有趣而複雜的有機化學成分，例如類黃酮，生物鹼、黃酮，甚至含有一些有毒的糖苷。這些致命的毒素無疑是保護葉子不被昆蟲和食草動物吃掉的利器。但天下之大無奇不有，有一些長翼蝴蝶幼蟲（袖蝶屬）卻能中和毒素，輕鬆突破植物的防禦機制——也許它們還能將毒素儲存下來以保護自己。

下面精彩的部分來了。不僅長翼蝶的幼蟲不會被毒葉毒死，就連成蟲也特別喜歡在西番蓮的葉片上產卵（卵就在帶有長長絲柄的卵殼裡）。令人驚訝的是，第一批孵化的長翼蝶幼蟲會殘忍地將尚未孵化的蟲卵吃掉。這一行為可以減少競爭，對植物保護也略有貢獻。但西番蓮卻能抓住這一點奮起反擊，它能「利用」自身基因在葉子上「偽造」出一種假卵，長翼蝶見此情形後，會以為同類已然光顧過這裡便離開了。不僅如此，這假卵實際上是植物的腺體，可以製造分泌出一種化學物質，以吸引胡蜂將長翼蝶的幼蟲吃掉。由此可見，西番蓮為了對付這些不速之客預備了兩種招數：招來殺手胡蜂將這些啃食葉片的傢伙消滅掉，並且偽造出入侵者的卵來迷惑它們，使它們認為這片地方已經有主了。

你覺得這一幕複雜嗎？裡面的騙術是否高明？也許是。但有一件事我敢肯定，就是我希望我的生活是真實而透明的。我不想要欺騙任何人。

主，我正切切地尋求你的幫助，願在我生命的每時每刻都能保持真實和正直。願你的甜蜜、你的良善和你的光明貫徹我整個生命。

無法數算

祂數點星宿的數目，一一稱它的名。詩篇147：4。

我曾經在《聖經》中找到了55處提到星星的經文——就是在如水的夜色中閃爍的星星，其中13處經文提到了天空中星星的數量。它們大多採用了與創世記22：17相似的對比：「論子孫，我必叫你的子孫多起來，如同天上的星，海邊的沙。」那麼到底天上的星星有多少顆？海邊的沙又有多少粒呢？事實上，沒有人曾經或是能夠準確數算出它們的數量。因為在數的過程中，免不了少算了一顆星或一粒沙，或是有的星星或沙子被算了兩次，關鍵是我們根本無法算清上帝所有的祝福。不過，對宇宙中我們已知的星星數量和地球上沙子的數量進行估計，似乎是許多人喜聞樂見的腦力訓練。

目前科學家估計人類所處的銀河系中恆星數量為2千億。假設你有一部機器，能夠以每秒數一顆星的速度，一天24小時連續不間斷工作，那麼要數完銀河系裡的所有恆星需要多久呢？來——讓我們動動筆來計算一下。先寫一個2，後面跟著11個0，這就是恆星總數2千億（2×10^{11}）。接著用2千億除以一年的總秒數。記住一年有365.25天——這就是為什麼每4年會有一閏年的原因。如果你算得沒錯，你會算出一年有31,557,600秒。這麼大的數字，我想你得藉助計算機的幫助了。當你用2千億除以31,557,600，得到的卻是6,337.62年。機器僅僅數算最靠近我們的星星所需要的時間，就已經和有文字記載的人類歷史一樣漫長了。這項任務任重而道遠，因為還有成百上千億的星系還沒數。目前科學家估計宇宙中星星的總數為7百垓，也就是7後面加22個0（7×10^{22}）。若是讓這小小的機器接著數，即使數到天荒地老也還差得遠。多麼奇妙的上帝！

我的主，我的救主，那創造星辰並為它們命名的，不正是你嗎？你是多麼奇妙，多麼偉大！我俯伏敬拜讚美你，因你的偉大，你的創造與你的威嚴，我無法測度。我要高舉你，在你的腳凳前下拜。

暗夜中的「空白」

耶和華——我們的主啊，你的名在全地何其美！你將你的榮耀彰顯於天。
詩篇8：1

經過15年漫長的夢想、設計與計劃，哈伯空間望遠鏡終於在1990年4月24日被美國發現號太空梭成功送入太空軌道。雖然它只配備了一面口徑95英吋相對較小的鏡片（只有幾間山頂天文台配有鏡片口徑超過4百英吋的天文望遠鏡），但哈伯望遠鏡佔優勢之處在於它能夠擺脫地球大氣層的干擾，並獲得更清晰穩定的觀測圖像。哈伯望遠鏡以每秒5英里的速度運行，繞地球一圈也只需一個半小時多一點。每轉一圈，哈伯約有45分鐘處於地球的陰影中，這樣的暗夜對於科學家來說，是收集觀測目標所發出光線的最佳時機。

在研究過成千上萬張星系和超新星的美照後，科學家決定要挑選一處相對空白的天空來一探究竟。於是，他們選擇了天爐星座中一點小小的暗斑。這黑點實在太小了，就像是透過一根8英呎長的吸管看到的結果，或者你可以想像在75英呎外盯著一角硬幣看的情形。於是，在哈伯圍著地球繞了400圈後，對於這個「空空如也」的暗斑，科學家終於收集到足夠的光線資料。從2003年9月24日到2004年1月16日，哈伯拍攝了800張照片，曝光長達11.3天。這張哈伯太空深空影像簡直美得令人窒息。儘管我們的技術還不完善，但這張圖揭示了人類未知的近萬個星系。其中許多星系之間相互作用，有些甚至因星系碰撞而發生扭曲。數以億計看起來形態正常，未受其他星系影響的星星構成宏大的螺旋星系。對於這個宇宙，我們所知道的真是少得可憐！

我迫不及待地想去拜訪那些遙遠的星系，看看其他的世界，那裡的居民從未受疾病、死亡的威脅，也沒有犯過欺騙或不誠實的罪。如果能和他們談談生活，談談他們與創造主的互動，不是件很有趣的事嗎？

主耶穌，我渴望能透過你的眼睛探尋這個世界，我渴望能真真切切地認識你。

重力的十倍

按我們所得的恩賜，各有不同。羅馬書12：6。

克里斯·克拉克（Chris Clark）在加州大學柏克萊分校研究蜂鳥的飛行。在使用了高速攝像機、假鳥和籠中鳥等一系列方法後，他成功地用攝影機拍下了雄性安氏蜂鳥專為求愛而表演的高空俯衝。攝影機以每秒500幀的速度進行拍攝，如此一來，克里斯便可以逐步分析蜂鳥的這一精彩特技。

你也許知道雌鳥在選擇與之交配的雄鳥時，眼光是頗為挑剔的。基於不同的物種，雄性在求愛時也許需要用一曲愛情之歌一訴衷腸，或是要「精心裝扮」，以絢麗的羽毛來博取芳心，或是要跳一段中規中矩的求愛舞，要麼就得建造一個有模有樣的鳥巢。而雄性的安氏蜂鳥，則需要拼上性命來完成一次精彩絕倫的飛行表演，以期獲得愛侶的心。不知你是否看過雄性蜂鳥的求愛表演。通常雌鳥會在高高的枝頭，邊看邊歇息，雄鳥則會收緊身體，一飛沖天，接著向著雌鳥直直地俯衝下來，就在快要撞上的時候猛然拉升，呈現一個漂亮的J型。陽光照射下雄鳥頸部如彩虹閃耀的羽毛，和那穿過羽翼颯颯的風聲，不禁使雌鳥一見傾心。雄鳥就這樣一遍又一遍地俯衝到雌鳥身旁，向她展示自己是多麼優秀的伴侶。

克里斯發現安氏蜂鳥俯衝時的速度高達每秒90英呎，這一距離是牠們體長的近400倍。相對於牠們的體態，這一速度比安裝了後燃器的噴氣式戰鬥機、或是返回大氣層的大空梭還要快。當蜂鳥在終止俯衝迅速拉升時，牠的身體所承受的重力為10G（重力乘以10）。若是戰鬥機飛行員和太空人沒有穿戴特製的抗荷服，那麼在身體狀況良好的情況下，也只能在非常短的時間內承受3G到5G的重力。若是配備了現代頂尖抗荷服和特製飛機，飛行員能夠承受9G的重力，但要經過專門的抗暈眩訓練和調節。顯然，雄性安氏蜂鳥在這一點上天賦異稟，遠遠超出了人類的極限。克里斯指出，這種鳥所產生的加速度力量是「任何現有生命體所無法匹敵的」。

主，你賜給我何種天賦，使我可以用以榮耀你的名？求你使受傷的人走入我的生命，我將用你的愛與同情來安慰他們的心靈。

聲音識別

上帝發出奇妙的雷聲；祂行大事，我們不能測透。約伯記37：5

電話鈴響了，我接起來。不用一秒，我就可以判斷出這是我的孫子打來的，還是同事打來的，我經常與他們在一起，所以是絕不會聽錯的。我聽到有人在我身後，邊說話邊向這邊走來，甚至不用轉身，我就知道這個人是誰，因為他的聲音我很熟悉，是一位朋友。你現在知道我所要談論的是什麼了吧！當你的密友給你寄來照片或郵件時，你看著他們，腦海裡都會迴響著朋友的聲音，就好像你能聽到他們正在朗讀你所看到短信或筆跡潦草的字條。

聲音識別技術如今正快速擴張發展，它以高科技的方式將數學、物理、聲學與電腦科學的相關領域結合起來。這是一種優雅而複雜的非侵入式生物識別技術，可用於因安全目的識別個人身分或在法庭取證工作中鑒定身分。如今電腦能夠快速對聲紋進行分析，以極高的精確度斷定某種聲音是否屬於某人。不過當你非常熟悉一個人的時候，耳朵和大腦共同協作，就能給出令人咋舌的精確判斷。

亞伯拉罕一定是花了大量的時間與上帝交談。這位德高望重的族長勢必非常熟悉上帝的聲音，因為當上帝要求他帶上他唯一的寶貝兒子——就是他那一生夢寐以求的兒子；那個他為之切心祈禱的兒子；那個按著上帝的應許降生的兒子——當上帝命令亞伯拉罕將他帶到山上，當作祭物獻給祂的時候⋯⋯是聲音識別技術派上用場的時候了。這事若是發生在我身上，我可能會要求上帝出示身份證。但這說明，我與上帝相處的時間遠遠不足，因為我還認不出祂的聲音。若是我們每一天都能與上帝同行共話該有多好，就好像牧羊人向他的羊群喃喃細語。

主啊，我今日就想要聽到你的聲音。我熱切地盼望能更深入地了解你，當你對我說話時，我憑著聲音就能認出是你，而不是魔鬼或騙子。無論你所發出的是細微的聲音還是奇妙壯麗的雷鳴，我都願聽從並回應。求你打開我的耳朵，使我聽到你聲音中無與倫比的美麗。

閃光密碼

你們要謹慎，恐怕有人用他的理學和虛空的妄言……就把你們擄去。
歌羅西書2：8

你是否曾像我一樣，在酷夏的夜晚，被螢火蟲 (firefly) 那一閃一閃的神秘亮光迷住了？在暗夜的映襯下，那閃爍的螢光時而盤旋，時而前行，沿著陰暗樹林的邊緣輕快地劃出靚麗的波紋，這一切都是那麼靜謐美好，引人入勝。當然，我那幾個頑皮的孩子也忍不住誘惑，總要抓幾隻螢火蟲來放在瓶子裡，擺在床頭伴著他們入夢。每每待到他們睡著後，我便入迷地凝視著這些小甲蟲半透明的下腹部，想知道它們如何發出這般美麗的光，以及為何這光會一閃一閃的。在明天1月31日的課文中，我們會討論它們如何發光，今天先來研究它們為什麼發光。

生物學家研究了超過2千種螢火蟲 (編按：雖英文為firefly，但它們和蒼蠅英文名fly毫無關係——實際上它們屬於甲蟲類)，他們發現在一些會飛的種類中，通常雄性螢火蟲會在飛行的過程中閃燈，很顯然，他想要通過這種方式與正在地面上觀察或在樹枝上棲息的同種雌性螢火蟲打招呼。若雄性螢火蟲閃燈的方式完全符合她「嚴苛的擇偶標準」，那麼她也會以一種特定的方式予以閃燈回應，邀請她的如意郎君前來幽會。這套閃燈的代碼非常精確，會因螢火蟲的種群不同而發生改變。雄性螢火蟲的閃燈與飛行方式必須完全符合標準，才會有同種的雌蟲予以回應，而她回應的時機也很關鍵。若雌性螢火蟲沒能抓住雄性螢火蟲閃光的間隙，或是沒能予以正確的回應，那麼他會認為她並非自己的同類，於是會繼續尋找其他的雌蟲。他必須要作出正確的選擇，否則可能會因此喪命。

危險來自於一種掠食性螢火蟲，名為妖婦螢火蟲。這一種類的雌蟲會通過模仿其他種類雄性螢火蟲的閃燈模式來捕獵。這危險的掠食者所要做的就是閃燈回應，假裝與他是同一種群。當雄性蟲受騙飛來準備交配時，她便出其不意地攻擊他，這樣就可以飽餐一頓了。至少有12種妖婦螢火蟲掌握了2－8種其他種群的閃燈代碼，但其中有一種特別厲害，她們能夠吸引11種其他種類的雄性螢火蟲。真可謂是掌握閃燈編碼界的大魔王了。

是否有時我也會被自己所深信的事物迷惑或吸引？——那看起來好似光明與真理的事物，是否最終只是騙子的陷阱，企圖讓我掉入死亡的利爪之中？主啊，只有憑藉你的智慧與恩典，我才能避開欺騙者的網羅，從那曾經陷入的死亡之境逃脫。沒有你，我只能任人宰割。求你今日幫助我。

生物螢光

光明的居所從何而至？黑暗的本位在於何處？約伯記38：19。

「哎喲！這燈泡還這麼燙！」亮著的燈泡溫度是很高的，因為通常只有很少的電能用於發光。大部分的電能被浪費，轉化為熱量，所以手指若是碰到了，很容易被灼傷。但當生物活細胞發光時，能量幾乎百分之百轉化為光能，由於不會產生任何熱量，因此人們稱這種光為冷光。螢火蟲（和成百上千的其他生物）能夠發出冷光，因為熱量會對活細胞造成損害，因此生物體若是發光，必是這種冷光，我們稱這種活細胞產生的光為「生物螢光」。那麼螢火蟲是如何發光的呢？

螢火蟲發光需要一種名叫螢光素的簡單生物色素產生化學反應。螢光素有兩種形態，一種是充滿能量的激發態，人稱氧化螢光素；另一種則是基態，即簡單螢光素。螢光素酶利用細胞內的化學能量迫使氧氣與螢光素結合，產生激發態的氧化螢光素。接著氧化螢光素回到基態，以光子的形式將所存的能量釋放出來。實際上，螢光素是泛指所有在生物中發現，能發出生物光的化合物。不同的發光生物體內，小到細菌和菌類，大到魚類，都含有不同的螢光素。有些科學家認為，所有的細胞都會產生生物螢光，類別不同而已。雖然科學家已經對螢光素進行了長達70年的深入研究，可是人類對動物體內如何產生這種神奇的化合物依然所知甚少，還有很多謎團極待解開。

雖然我們不明白生物體如何產生螢光素，但這對於製造人工螢光素並無影響，人們也極富創意地將其應用於各個領域。例如，我們可以用它來檢測犯罪現場的血跡，人體器官中的癌細胞，或是食物中的致病細菌。若是檢測樣本發光，則結果呈陽性。

讓我們來仔細思考，在這個黑暗的世界中，我們的使命就是要閃耀出真理之光。當我們發光時，人便將榮耀歸於上帝，上帝的面容就是整個宇宙光的終極來源。我畢生最大的盼望就是親眼見祂的聖容所發出的榮光。

主啊，求你的臉光照我，求你今日恩待我。義人在他們父的國裡，要發出光來，好像日頭。

2 月 **FEBRUARY**

學無止境

誰用無知的言語使你的旨意隱藏呢？我所說的是我不明白的；這些事太奇妙，是我不知道的。約伯記42：3

我們的一位研究生克里斯汀娜，帶著一個拋物線定點收音麥克風、耳機和錄音設備，在田野和實驗室裡花了幾百個小時錄下了三種不同種類的雄性蟋蟀的叫聲。為了研究之便，她還將蟋蟀高唱情歌的地點、時間、溫度、濕度和許多環境數據一一記錄下來。除此之外，她還與其他科學家就一系列的試驗進行合作，選擇同一天分別在距離她南北數百英里的地方記錄同種蟋蟀的叫聲。那麼，克里斯汀娜發現了什麼呢？她的研究報告顯示雄性蟋蟀用來吸引雌性的求偶情歌受到影響時會呈現巨大的變化，其影響因素包括蟋蟀的壽命、習性、環境因素，甚至蟋蟀發聲器官的構造。

你也許會說：「呃，誰會在乎蟋蟀的叫聲怎麼變化呢？」我來告訴你誰在乎——在美國和歐洲近千位研究極端複雜神經系統的科學家們，他們數十年努力不懈，就是為了弄明白神經細胞之間如何傳遞信息，這群人非常在乎。由於人類和老鼠的神經系統太過複雜，於是科學家們選擇蟋蟀作為研究對象。數十年來的研究都基於雌性蟋蟀如何回應雄性蟋蟀的求偶情歌。很久以前，有一兩位科學家曾錄下雄性蟋蟀的求偶情歌，總結其特點，並在著作中加以論述，如今這首求偶情歌已由電腦生成，在全世界數十個實驗室循環播放上千萬遍，以研究雌性蟋蟀的神經系統如何被這首所謂的完美情歌打動，並作出何種回應。克里斯蒂娜的研究表明我們的研究還有許多空白要填滿，我們對神經系統的了解實在淺薄得很。

如同上帝奇妙的創造，生命在我們眼中雖然尋常，但實則充滿奧秘。生命的真相真是複雜到令人難以置信。

主耶穌，你今天為我預備了什麼樣的驚喜？請用你豐富無盡的知識教導我。我越了解你所創造的萬物，我就越發敬拜、榮耀你。

美物

求你保護我，如同保護眼中的瞳仁；將我隱藏在你翅膀的蔭下。詩篇17：8

這絕對是一場令人難忘的講座。事情雖然發生在很久之前，可在我記憶中，喬治‧沃爾德（George Wald）講述那個奇妙的巧合，就是質子與電子具有互為正負的等量電子時的情景還恍如昨日。沃爾德發現了維生素A對視網膜的功效，並因此獲得1967年諾貝爾生理學暨醫學獎。而如今，作為一名生物學家，我也做了幾十年的研究工作，也聽過其他諾貝爾獎得主的演講，但是再也沒有任何人的演講能超越喬治‧沃爾德帶給我的震撼。

那麼為什麼沃爾德對質子和電子所攜帶的電荷興趣這麼濃厚呢？這有什麼值得大驚小怪呢？那麼，作為初出茅廬的科學家，首先要了解的一件事就是任何事物都是由非常微小的粒子所構成，即質子、中子和電子。質子攜帶正電荷而電子攜帶負電荷。如您所料，中子是中性的。原子在不帶電的情況下，其質子與電子的數量相同。電荷相互抵消。不過質子的大小幾乎是電子的2千倍。就好像一顆玻璃珠面對保齡球這樣的龐然大物。不過令人驚訝的是，在這兩種大小迴異的微粒上卻有數量相同、極數相反的電子。二者差距極其微小，事實上沃爾特在黑板上寫了一個數字，代表互為正負的等量電子之間的差異。他寫的是0.000,000,000,000,000,000,000,160,217,648,7庫倫（電量單位），這數字小到完全可以忽略不計，但你一定看得出，這是相當精確的計算。沃爾德告訴我們，如果電荷不是像這樣等量且相反，那麼基本粒子就會帶電，也就無法結合在一起。這樣的話，所有的一切都不存在了——太陽系、行星、岩石、泥土或任何東西。若是沒有這些，生命自然也就不存在了。沃爾德驚歎於這令人咋舌的巧合，直到現在我仍記得當他談到這「千載難逢」的機率時，所表現出的驚奇。我願將它視作上帝在創造之初所留下的指紋。創造主完全了解祂的創造之工，祂從無中造出萬有，這一切難道不令你感到歡喜快樂嗎？植物、動物、人類——我們都是由質子、中子、電子這些基本微粒構成的。

 謝謝你，主，謝謝你按著精準的規格造出巨大的質子和微小的電子，使它們能夠完美結合，構成世間萬物——小鳥、大樹、青草、鑽石、晨星，還有我。今天求你保護我，如同保護你眼中的瞳仁。

生活本不公平

主人說：「這是仇敵做的。」馬太福音13：28

天清晨，我在散步的時候看見一隻野麻雀媽媽，後面緊緊跟著一隻棕色的大鳥，體形是前者的兩三倍。可是這隻大鳥的一舉一動就好像自己是母麻雀的寶寶，當媽媽找到一丁點兒食物的時候，這隻碩大的寶寶便像雛鳥般揮動翅膀，向自己小得可憐的「媽媽」乞食。雖然這寶寶的體型顯然高出她一大截，可是麻雀媽媽依然會把食物餵給牠，然後繼續尋找吃的。這便是褐頭牛鸝的托卵（又稱巢寄生）行為造成的後果。

有兩種牛鸝會選擇在較小的鳥類的巢中下蛋，其中之一就是較為常見的褐頭牛鸝，廣泛分佈於北美洲。從五月下旬到七月上旬，雌性牛鸝幾乎可以每天產一個蛋。事實上，牛鸝在每季所產的卵比其他任何野生鳥類都要多，不過牛鸝卻是非常不負責任的父母，牠們既不築巢，也不照料雛鳥。雌性牛鸝會棲在高枝上，這樣就可以觀察到樹林中的灌木叢，憑藉其絕佳的視力，牠可以輕易發現正在築巢的、其他較小的鳥類，比如林鶯、綠鵑或是麻雀。牛鸝可選擇托卵的鳥類超過200種。找到正在建設中的鳥巢後，牠就會密切關注築巢的進度，然後，就在宿主剛剛在新落成的小窩中下蛋以後，牛鸝就將一個或幾個蛋從鳥巢中擠出去，將自己的卵產在其中。

接下來會發生什麼，你基本猜得到了。牛鸝的蛋最先孵出，成了一窩當中頭生的。牠的個頭遠遠超過宿主的雛鳥，所以餵食的時候誰也搶不過牠，因此宿主的鳥寶寶們最終只能餓死。所以最終的結果是，一隻雌性的牛鸝一季之內就可以生出三四十隻幼鳥，因為有這麼多不明真相的養父母辛辛苦苦為牠養育幼鳥。所以在我們這個罪惡的世界上，生活本就不公平。

想到將來會有審判的日子，我心才得安慰，那一日公義的審判者將主持公道。在那日未到以先，我需要向那小小的麻雀媽媽學習，無論待人或是接物，皆報以滿滿的愛與恩典。

主啊，我不明白為什麼有時我會被人利用。我需要你的幫助，使我面對他們時仍能夠心懷良善與恩典。唯有你的愛才能如此包容忍耐。

強力膠

也要堅守我們所承認的指望，不至搖動，因為那應許我們的是信實的。
希伯來書10：23

愛德華‧穆特（Edward Mote）原本是一位年輕的木匠，後來開始創作讚美詩。他有一句著名的歌詞寫道：「我心所望別無依靠，只有基督公義寶血。」還有比這話更能一針見血地指出我盼望的核心嗎？耶穌為我的罪受罰受死，使我得稱公義，這便是福音。但若我不默想福音的本質，心存感恩地接受它，並且緊緊把握住，那麼我一定會與福音失之交臂。這就是為什麼保羅懇請我們要堅守這指望不動搖。英王欽定版《聖經》與許多其他版本的《聖經》則寫道：「讓我們堅定不移地持守我們所承認的指望。」

20世紀40年代，當柯達實驗室無意中發現一種能夠快速黏合且黏性驚人的氰基丙烯酸酯黏合劑時，一項嶄新的產業隨之迅速崛起。許多公司自主研製出不同的該黏合劑配方，來生產滿足各種特殊用途的膠水。現在膠水可能有上千種用途。從手術後用於黏合皮膚和其他身體器官，到模型建築，再到海洋館為建珊瑚礁而需要將活體珊瑚黏在水下岩石上，全都離不開它。你是否曾像我一樣，偶爾一不小心會把手指黏在一起？有一次我的手指黏得太緊，最後不得不用刀片小心翼翼地將它們割開。不過在那之後，我才知道指甲油的去光水可以溶解強力膠中的黏合劑。但該黏合劑有個缺點，它所釋放出的氣體會對眼睛、鼻子和喉嚨造成刺激，有些人會對它有過敏反應。

如今科學家正忙於研究大自然中的黏合劑，因為對於藤壺和牡蠣來說，緊緊地黏在海中岩石或其他堅固的東西上毫不動搖，是它們的拿手好戲。它們的膠可比任何人造的膠水不知強了多少倍。而且這種膠無毒，可在水中固化，連暴風雨都拿它沒辦法。如果我們可以研究出這種膠質的化學成分，那麼也許有一天當我們需要一種超強且快速固化的黏合劑的時候，就可以從小瓶子裡擠出一滴藤壺膠來用。好消息是，當我們決心堅持我們的信仰的時候，從天父那裡而來的終極強力膠將會發揮作用，使我們緊緊地守在祂身邊。祂不會任憑我們離開，沒有任何力量能夠將我們從祂慈愛的手中奪去。

 主啊，知道你慈愛的強力膠永遠不會失效，是多麼安慰人心的事啊！

蝙蝠帶來的祝福

我要照耶和華一切所賜給我們的,提起祂的慈愛和美德,並祂向以色列家所施的大恩。以賽亞書63:7

我要因蝙蝠讚美上帝。大多數人都認為蝙蝠是醜陋又危險的動物——令人毛骨悚然。在英文版的《聖經》中雖曾經3次提到蝙蝠(利未記11:19;申命記14:18;和以賽亞書2:20),但只有以賽亞書中明確指的是蝙蝠。前兩節經文所用的希伯來詞語焉不詳,學者推測可能是指蝙蝠。所以整本《聖經》中只有一處真正提到了這個上帝奇妙且重要的創造物。讓我們來仔細研究一下蝙蝠。

科學家已知的蝙蝠種類超過1,100種。顯然,牠們是唯一可以連續自由飛行幾個小時的哺乳動物。作為哺乳動物能有這樣的技能,不是很奇妙的一件事嗎?大部分蝙蝠會捕食對莊稼造成損害的夜行昆蟲,或是捕食玉米棉鈴蟲或蚊子等害蟲。在德克薩斯州中部的布蘭肯洞穴中棲息著數以千萬計的墨西哥游離尾蝠,夏季的時候,牠們每晚能吃掉重約200頓的昆蟲,可謂極有效的滅蟲服務。每個夏夜,我們在密西根州的家中觀察那幾隻棕色小蝙蝠在房前屋後來來去去,真是樂事一樁。牠們捕食起來可謂狂風掃落葉,每小時可有約1,000隻蚊子落肚。

體型最小的大黃蜂蝠重不過兩克——比一分錢還輕。牠們生活在泰國和緬甸。而最大的蝙蝠則棲息在菲律賓的雨林中,體重約為3磅,雙翼展開長達五六英呎,人稱巨型金冠飛狐。這是因為牠的面孔看起來好像狐狸。這種大型的水果蝙蝠屬於瀕危物種,因為沿河的棲息地不斷遭到破壞。作為沉默的播種者,牠們的糞便中含有種子,所以牠們能對雨林的再造作出重大貢獻。

歡迎您瀏覽batcon.org,這是保護蝙蝠國際組織的網站,透過這網站你能更了解蝙蝠,並且明白為什麼牠們的數量在世界各地都在下降。上帝所創造的每一種生物都有其重要目的,甚至吸血蝙蝠也有所貢獻。牠所產生的唾液酶是一種功效強大的血栓溶劑,如今人們正對其加以研究,希望能夠藉此為中風的患者帶來福音。

主,我們越了解你的創造,就越發敬畏你。你是良善的上帝,配受一切尊榮與讚美。

危險的滑坡

但你這屬神的人要逃避這些事，追求公義、敬虔、信心、愛心、忍耐、溫柔。你要為真道打那美好的仗，持定永生。你為此被召，也在許多見證人面前，已經作了那美好的見證。**提摩太前書6：11-12**

你有沒有見過昆蟲在豬籠草邊會倉皇逃竄？世界各地數以百計的豬籠草均隸屬於六種不同的科。不約而同的是牠們都有一個儲存雨水的器官，這樣就可以貯起一籠水，以便誘捕、淹死獵物。豬籠草用花蜜作為誘餌，輔以鮮艷奪目的斑點，一步步將昆蟲誘入陷阱。當昆蟲吃掉那一點點的蜜後，就能看到向下生長的硬硬的細毛，彷彿前方有豐盛美味在等著牠。向下的斜坡非常陡峭，所以昆蟲自然會轉身想要爬到高處一看究竟，但為時已晚，因為覆蓋斜坡的是一層鬆散滑膩的蠟質鱗片。想攀上一座鬆散的碎石坡完全是白費力氣的事情。試想你自己努力地想要爬上非常陡峭的懸崖，卻找不到任何堅實的立足點。在你腳下的全是鬆軟的蠟板。而且成千上萬尖利的長矛都指向崖底，把你向上爬的路阻得水洩不通。難怪這些昆蟲總會突然失腳，滑落到捕蟲籠中。就在昆蟲依舊苦苦掙扎的時候，這黑暗水坑中的微生物就已經開始吞吃並撕裂牠的身體了。豬籠草所分泌出的消化酶開始消化這可憐的受害者。細菌分解昆蟲體內的高能化學成分，以供豬籠草本身使用。對於昆蟲，唯一生存的希望就是馬上逃離現場。探險對它們來說無疑是一場劫數。豬籠草的陷阱就是如此高超。

　　使你站立不住的滑坡是什麼？是不是提摩太所說的貪愛錢財？亦或是追求聲望、勢力和安逸？提摩太的勸勉是務要逃避這些事，追求公義、敬虔、信心、愛心、忍耐、溫柔。持定上帝所呼召你追求的永生。

　　主啊，求你使我的腳踏在堅實的基礎上。幫助我逃離偶像所設下的種種使人失腳、以致滅亡的滑坡。求使我持定你所賜下的永生。

蜂王漿

因為你歸耶和華——你上帝為聖潔的民；耶和華——你上帝從地上的萬民中揀選你，特作自己的子民。申命記7：6

蜜蜂，可算是上帝最為有趣的創造之一，幾年前我養了幾箱蜂的時候就知道這一點。這些神奇的小傢伙是高度社會化的群居昆蟲，通常一個蜂群中只有一隻蜂后，零到數百隻雄蜂，和幾千隻工蜂。蜂后在其中一個蜂巢中產下所有的卵，幾隻工蜂細心地照料她，它們成天圍著她打轉，給她餵食，幫她清潔，並為她產下的卵預備小隔室。這樣蜂后什麼都不用做，只管產卵（在春天的產卵高峰期，蜂后一天可以產下幾千顆卵）。與蜂后一樣，工蜂也是雌性，但它們的生殖器官並沒有發育完全，因此無法產卵，蜂后是唯一具有成熟卵巢的雌性蜜蜂。

而當蜂后逐漸衰老或突然死亡時，工蜂就會選擇幾隻年齡適中的幼蟲，開始用一種特別的物質源源不斷地餵養它們，這就是人們常說的蜂王漿。其實所有的幼蟲都吃過少量的蜂王漿，這是保育工蜂的頭部咽頭腺的分泌物。但對於被選擇成為王位繼承人的幼蟲，這種物質的供應就相當充足，在她們發育成熟的過程中，實際上都可以在這種清透的黃色分泌物中暢游。所以在這樣大量供給的情況下，即使工蜂幼蟲與蜂王幼蟲有著完全相同的遺傳基因，但發育中的蜂后和其蜂王漿卻能使原本在工蜂幼蟲體內關閉某些基因的生物酶失效，隨著這些「蜂王」基因再度活躍，蜂后發育完全，具有生殖能力。因此蜂王與工蜂的區別，在於所吃的食物。

這是生物學中的典型範例，證明兩個擁有相同基因的個體由於發展環境的不同，產生的結果天差地別。

讓我們好好思考一下，如果你閱讀靈修書籍，經常讀經，也有每天花時間禱告的習慣，那麼你正處於一種濃厚的氛圍之中，足以使你成為君尊的祭司，成為彰顯上帝榮耀的人。

偉大的耶和華，求你指引我，我是軟弱無力的，但你確是強而有力的。請你用大能的手扶持我。求你用天上的糧餵養我，直至我得飽足。

獨居的蜂

耶和華對我說：「人子啊，我對你所說耶和華殿中的一切典章法則，你要放在心上，用眼看，用耳聽，並要留心殿宇和聖地一切出入之處。」以西結書44：5

我們通常認為蜜蜂群居在寬敞的、組織嚴密的蜂巢中，而且我們所熟知的蜜蜂大多如此。你可能猜到我接下來要說什麼，沒錯！除了南極洲之外，在世界各大洲分佈著近兩萬種蜜蜂，它們都過著獨居生活。其實，大約85%的蜂種都是獨自生活的。

最近有一項研究由兩組科學家共同參與，一組在土耳其，另一組在伊朗附近。他們發現了幾個蜂巢並將其畫下來，這是鮮為人知的、獨居壁蜂的家。最令這些科學家感興趣的是牠們精心打造、色彩斑斕的安樂窩，是由新鮮採摘的花瓣一層層鋪設而成，並用細細的黏土將其黏合。從前科學家並沒有描繪過壁蜂的巢，是因為它們屬於地下建築，只在最上面留一個小小的洞口，想找到它們都十分困難。

經過數日的仔細觀察，科學家們發現雌性壁蜂會將巢選在北面的斜坡上特別鬆軟的泥土中。接著它會去剪下一片花瓣，將它緊緊地捲起來，拖入挖好的洞中，然後展開，將修剪成圓形的一端朝上固定。就這樣，雌性壁蜂收集更多的花瓣，以同樣的方式運進巢中，仔細地將它們一一排列，好像瓦片一樣從下到上擺放整齊。然後它將細細的黏土打濕（也許用水、花蜜、唾液分泌物——科學家也不能肯定是什麼物質），用這「膠水」將預備好的另一層花瓣黏在第一層的裡面。當它搭好窩後，就會在食物上產一枚卵。最後，將內層花瓣的上半部分向裡折疊，將蜂巢封起來。在折好的花瓣頂端鋪上一層濕潤的細泥，然後將最外層的花瓣折過來蓋住，這樣就大功告成了。那麼壁蜂媽媽從哪裡學會做這些複雜而精準的工程呢？

你有沒有注意到，廣袤宇宙的創造者是如何在最小的細節上傾注心血？科學家研究結果顯示，壁蜂媽媽所搭建的花瓣巢之溫度和濕度必須恰好適合幼蟲生長。壁蜂媽媽的成功取決於精確的遺傳規劃。

 主啊，難道這些細節對你來說都如此重要嗎？那麼你對我生命中的點點滴滴是否同樣感興趣呢？過一種有秩序有組織的生活是否對我來說很重要？主啊，求你將你的道路指示我。

桑椹

我是葡萄樹，你們是枝子。常在我裡面的，我也常在他裡面，這人就多結果子；因為離了我，你們就不能做什麼。約翰福音15：5

每逢晚春和初夏，我們家附近的樹林和街道就迎來了持續數週的桑椹季。當我想到「多結果子」的時候，就會想起桑椹。人們絕不會錯過桑椹成熟的時候，因為桑樹的果實極易掉落，在路旁、車頂和街面上留下一片片深紫色的污漬。鳥兒和其他小動物很喜歡吃這種水果，所以牠們的糞便加上污漬會將整潔的環境弄得一團糟。不過當我在清晨散步的時候，經常忍不住會在碩果累累的樹枝下停一停，摘一把香甜的桑椹來吃，真是難得的美味。只需一小把桑椹，就能將我的雙手和嘴巴染黑。不過不必擔心，這是水溶性的花青素，用水就能輕鬆洗掉。

雖然《聖經》中植物的名字有所不同，但的確提到了桑樹，我們知道它們遍佈整個巴勒斯坦地區，時至今日仍舊如此。桑樹一開始生長速度極快，之後便以龜速生長，這就是為什麼你幾乎見不到高大的桑樹。桑椹除了黑色之外，還有紅色和白色的品種。白色桑椹可做蠶蛾的食物，因為它們的葉子是蠶寶寶唯一可以吃的東西。

有一次，我們在一棵桑樹下鋪了一大塊帆布，然後用力搖晃樹枝，一場桑椹雨便傾降下來，其壯觀景象令人難忘。後來為了安全地摘到更高枝子上的桑椹，我將伸縮式的玻璃纖維樹木修剪器也用上了。這工具太鋒利了，我一不留神便連桑椹帶枝子一起剪了下來，樹枝掉在了帆布上。我將枝子上的桑椹摘個乾乾淨淨，便將禿枝隨手扔到草叢中。幾天後，我經過那裡時發現這被剪下的樹枝上原本鮮嫩的葉子變得乾枯發黑。我立刻就想到今日的經文。我聯想到當我與生命之源的聯繫中斷時，我的屬靈生命也在極速流逝。約翰福音中的這節經文告訴我們要常與基督保持聯繫，意味著無論發生什麼樣的結局，都取決於我的選擇。

主，今日我選擇在你裡面，這樣我的屬靈生命就不會枯萎，也不會死亡。我願成為一根枝子，結著累累果實。

高級時裝

何必為衣裳憂慮呢？你想野地裡的百合花怎麼長起來；它也不勞苦，也不紡線。然而我告訴你們，就是所羅門極榮華的時候，他所穿戴的，還不如這花一朵呢！馬太福音6：28－29

如果有機會，請你用放大鏡或是立體顯微鏡來仔細觀察一朵小花。我發現，即使是一朵看上去非常不起眼的小花，在高倍放大鏡下也會展示出精妙絕倫的美麗。若能將一朵花放在掃描電子顯微鏡樣品臺上，研究其花瓣上複雜而細緻的美感與結構，那是再好不過了（但我猜，你沒有使用這種顯微鏡的機會，只能將就著欣賞一下周圍的花了）。

從電子顯微鏡的成像中觀察花瓣，就會發現其上表皮細胞好似拼圖遊戲般精妙地結合在一起。在花瓣的下表皮上有一種專門的保衛細胞，控制二氧化碳和氧氣進出葉片的氣室。花藥產生巨量的花粉粒，個個精雕細琢，當它們在柱頭著陸時，便開始萌發。細細的花粉管隨之生長，以便尋找卵細胞。如果你有機會看到花瓣細胞中的糖分和水被有條不紊地運輸至各處，你就知道上帝真是全知全能的上帝。祂明白祂所創造的事物，也關心每一個細小的部分。

雖然，田野中百合花的一身華服令人讚歎，但耶穌在馬太福音六章中的教訓對人來說卻是莫大的挑戰。貧窮的人看到富人錦衣玉食，便拼命賺錢。富人所有的遠比所需的更豐厚，卻還是處心積慮想要獲取更多財富，或是設法保護、貯藏他們一切所有的。耶穌說，錦衣玉食不值得追求，相反的，祂說：「你們要先求祂的國和祂的義，這些東西都要加給你們了。」（馬太福音6：33）耶穌所教導的是摒除以自我為中心的策略，包括要確實認識到上帝對我的愛是真實的，祂擁有無限的資源，而且祂關心我。

主，為何我要花這麼多時間為世俗的生活而擔憂？教我在你的愛中得平安，確知你一定會照料我所有的需要。

食物

於是地發生了青草和結種子的菜蔬，各從其類；並結果子的樹木，各從其類；果子都包著核。上帝看著是好的。創世記1：12

你有沒有想過，食物其實是最重要的藥物？我看到最新的世界統計數據顯示，每年有近1,100萬兒童死亡，而約半數的死亡原因是營養不良。因此在我的觀念中，食物與藥物是緊密連繫在一起的。不僅如此，當兒童缺少食物或是缺乏某種營養的時候，某些對兒童來說原本兇險的疾病（腹瀉、瘧疾、肺炎和麻疹）就變得更加致命，所以，食物真的是我們最重要的藥物。

我每每看到藍莓、葡萄、番茄、香蕉、馬鈴薯，或是水稻或小麥，總是忍不住發出讚歎，敬畏之情油然而生。讓我們先來看看它們的「外衣」。它們大多具有蠟質的薄膜或特殊的表皮，以減緩水分的蒸發。其中有些成熟的時候，顏色會發生改變，告訴人們已經可以吃了。成熟意味著原本的酸澀已經變為香甜，而那堅硬的果實也已經變得柔嫩可口。接著來了解一下它們的化學成分，到目前為止，食品科學家和化學家們已經在水果、蔬菜、堅果和穀物中檢測出9百多種複雜的化合物。這些植物化學物質（植物化學成分）的名字都很複雜，例如β-胡蘿蔔素、番茄紅素和異黃酮。當然，還有許多物質尚未被人發現。我們越細緻地研究這些物質，就越發現正是它們保護人們遠離重大疾病的傷害，諸如糖尿病、高血壓、高膽固醇、動脈硬化、心血管疾病、夜盲症、癌症等。如今在我眼中，那甜蜜光亮的漿果，美味的堅果，紅通通的蘋果和那清脆的穀粒，都是我親愛的造物主送給我充滿愛意的健康大禮包。祂造了我，也知道我吃什麼樣的食物才能保持健康的身體。維持我生命與健康所需的，就是大量的清淡簡單的健康飲食。更重要的是，祂沒有將這些營養素製成苦苦的藥丸餵給我們。在我看來，最美好的食物不僅外表吸引人，吃起來更是回味無窮，散發著令人愉悅的香甜，最重要的一點是它使疾病離我遠遠的。怪不得上帝看到所創造的植物，便說「甚好」。

主，我經常將「謝謝你賜我飲食」掛在嘴邊，卻沒有真正體會到你傾注在食物中的心思。請你原諒我一直這麼粗心大意。

蚜蟲：尋求（上）

但尋求耶和華的什麼好處都不缺。詩篇34：10

雖然聽上去有些難以置信，但有些人真的喜歡蚜蟲。不過大多數人還是認為蚜蟲會使植物生病，會把他們精心培育在花園中的花花草草折磨得「形容枯槁」。大多數蚜蟲都是小小的、軟綿綿的身子，心無旁騖專顧著自己的事——進食與繁衍。蚜蟲的繁衍能力超強，甚至剛出生的蚜蟲寶寶肚子裡可能還有個寶寶。這些留待下次再談，今天我們先來看看蚜蟲如何進食。

蚜蟲有一根微小的進食管，叫做口針。它並不像皮下注射器的針頭那樣、只是一個簡單的帶有尖頭的管子，而是由兩條複雜的管道組成。其中一條管道具有閥門般的構造，這樣蚜蟲可以用一條管道將唾液注入植物體內，並用另一條吸食植物汁液。蚜蟲會挑選植物最柔嫩的地方進行穿刺，它們的刺吸式口器不斷深入，刺穿了一層又一層的細胞，就這樣左嘗嘗，右嘗嘗，直至找到美味佳餚。科學家已經發現，別看蚜蟲的身形那麼微小，但它們身上有接近100個細胞是專門負責辨別植物細胞味道的。它們苦苦尋找的是植物韌皮部的篩管細胞。這是高度特製化的植物細胞，其作用就是在高壓作用下、將光合細胞所產生的高糖分有機物運送到植物各部分或儲存起來。因此蚜蟲就是要在植物的能量供應線上打一個洞，以攝取營養物質。由於篩管細胞特別稀少，所以蚜蟲要花很大功夫來探測這種細胞究竟在什麼位置。但是韌皮部能量供給線上的篩管細胞，同樣也具備保護機制以防止有機物洩漏。若是篩管細胞被刺穿或切斷，壓力的降低會引起植物分子膨脹，彼此相連堵住破口，這樣營養成分才不會源源不斷地漏出。

奇妙的是，蚜蟲口針中的閥門結構可以防止壓力下降，這樣破口就不會被堵住。當它們最終鎖定了篩管細胞的精確位置，並且根據味道測試的結果使口針正確刺入，就會先注入幾小滴蚜蟲的唾液，裡面富含防止堵塞的化學物質。接著它們便可以放心地打開閥門，藉著植物細胞內部的壓力，痛痛快快地暢飲這瓊漿玉露。

主啊，那小小的蚜蟲都知道要尋找甜蜜的營養液，我也要像它那般專注勤奮，來尋求你和你生命的話語。

蚜蟲：豐富（下）

又要囑咐他們行善，在好事上富足，甘心施捨，樂意供給人。提摩太前書6：18

蚜蟲是繁殖的高手。一隻蚜蟲只需短短幾週時間就可以產下約100隻小蚜蟲。若你使用顯微鏡來觀察成年蚜蟲半透明的身體，你會看到有些更微小的蚜蟲正在母體內發育準備誕生。大多數昆蟲都是卵生，但蚜蟲直接生小寶寶。它們能夠在一個月左右的時間內每天生出5個蚜蟲寶寶。令人驚訝的是，這些「新生兒」只需約一週時間就可以生出自己的寶寶了。它們之所以可以繁殖得如此迅速，是因為蚜蟲出生時，下一代就已經在其體內發育成長了。這讓我想起了俄羅斯套娃。你也許見過一套色彩絢麗、精雕細琢的俄羅斯套娃，打開一個，裡頭還有一個。蚜蟲也是如此，成蟲懷著幼蟲，幼蟲又帶著更小的蟲兒，如此至少3代，這項技能使牠們在繁殖領域獨佔鰲頭。

這究竟是如何做到的？學術上稱此現象為孤雌生殖，是一種無需受精的繁殖方式。雄性不會以這種方式出生——只有雌性。所以所有雌性蚜蟲的基因都完全相同。不過當你翻開葉片看到一群聚在一處的蚜蟲時，會看到除了許多小小的無翅蚜蟲（複製的雌性蚜蟲），還有一些體型較大的蚜蟲，有一兩隻甚至長有翅膀。這樣你就知道並不是所有的蚜蟲都是一模一樣的。蚜蟲會根據氣候和植物狀況實施不同的繁殖策略。若是在酷暑時節或是植物瀕臨死亡，一些雌性蚜蟲會生出翅膀，去尋找健康的植物棲息。而到了寒冬，一些雌性會變性為雄性，她們不再使用直接生幼蟲的方式，而是改為產卵，這樣就能夠保護下一代安然過冬。到了第二年春季，蟲卵孵化，一群雌性蚜蟲破殼而出，開始又一遍地上演俄羅斯套娃模式的技能。

因為蚜蟲天生身體柔嫩，毫無防禦且動作緩慢，所以許多昆蟲以捕食它們為生。它們之所以能作為一個物種延續下來，得益於其無與倫比的繁殖能力，盡心盡力發揮這一技能——繁殖——今天蚜蟲才能夠廣泛存在。

主，雖然我本性偏狹，但我願意學著以慷慨、寬宏、豐盛的方式使用你所給予我的恩賜。

畫眉鳥

我的舌頭要終日論說你的公義，時常讚美你。詩篇35：28

在二月初，寒意襲人，我便會想起在密西根州西南部、一個普通初夏的清晨。在我們所住的地方，有成片的山毛櫸/楓樹林，將黎明前一個小時的第一道晨曦遮得嚴嚴實實。空氣中充滿著東林綠霸鶲尖利的鳴叫，但每天清晨我醒來聽到最多的是畫眉鳥那令人難忘的美妙歌聲。雖然畫眉行事低調，我極少能夠見到，但我卻深深愛上了這早晚從黑暗幽密的樹林中傳來、好似長笛般婉轉悠長的約德爾調。如果你在清晨或傍晚，到密西西比河以東幽暗的叢林深處或邊緣散步，你也許找不到這隻知更鳥大小的鳥兒，但很可能會聽到牠唱著曲調優美的歌，那麼嘹亮、清晰，如笛聲悠揚。

去年秋天，世界鳥鳴專家唐納·柯魯茲馬 (Don Kroodsma) 來密西根州西南部訪問，並舉行了幾場引人入勝的講座。那時我才知道，畫眉鳥與許多鳥類一樣，有成雙的鳴管。當專家在不改變音高的情況下，以極慢的速度播放畫眉鳥那熟悉的鳴叫聲時，我著實大吃一驚。所有參與講座的觀眾都聽到了在嘹亮的鳴叫聲結束後，沙啞顫音變成了旋律優美的二重唱。原來畫眉鳥可以同時使用兩邊的鳴管，對其發出的聲音也可以分別進行調節。一邊是逐漸升高的音符，另一邊是降低的曲調，二者相互融合、協調，給人以精緻奇妙的美感。聽著上帝所創造的小傢伙發出讚美之音，我恨不得也放開嗓子加入到讚美的行列中。

我們知道，鳥兒的視力比人類強得多。也就是說，牠們的眼睛在辨別更微妙的細節（分辨率）方面比人類的肉眼更勝一籌。顯然，牠們的聽力也遠超過我們。柯魯茲馬展示的證據表明，鳥類可以感受到牠們歌聲中錯綜複雜的情感。他先播放了一隻幼鳥鳴叫的錄音，與其在同一季節較晚時的鳴叫聲相比，這隻小鳥唱出的歌聲有很大的變化。早期的錄音更像是嬰兒牙牙學語中胡亂唱出的糟糕曲子，後期的錄音則婉轉許多，的確是熟能生巧。這時候的鳴叫聲已經與精通歌唱技巧的成年鳥類並無二致了。

主，如果鳥兒尚且花這麼多時間來練習牠們的歌唱，那麼若我不斷操練愛人如己，是不是就更能完美地彰顯出你的愛了呢？

鳴管

主耶和華賜我受教者的舌頭，使我知道怎樣用言語扶助疲乏的人。以賽亞書50：4

我經常聽到人們用英文說人的喉頭（larynx）或咽頭（pharynx）的時候會多發一個子音n，其實這兩個經常被讀錯的生物學名詞與鳴管（syrinx）一詞押韻，鳴管是指鳥類的發聲器官。人的咽頭是指口腔後部、呼吸道與口腔的匯合之處。喉結則是你能在頸部摸到的一小塊隆起物，當你做吞嚥或說話的動作時，它也會跟著上下跳動。除此之外，喉結被稱為「亞當的蘋果」，位於氣管的最頂部，包含聲帶，這可是一個能讓你發聲的美妙構造。

鳥類也有喉部，其作用僅限於保護氣管的開口。牠們唱歌是用鳴管，位於氣管底部，在那裡氣管分為兩條支氣管。哺乳動物的喉頭和鳥類的鳴管都是令人讚歎不已、結構複雜的發聲器官。我們說話或唱歌時，只用了2%的氣流來震動聲帶，發出聲音。但小鳥唱歌時，卻用了幾近全部的氣流來發聲。就發聲而言，這種能力可以說效率非凡。我經常絞盡腦汁想要明白從這毛茸茸的小小身體中，如何能迸發出如此巨大的聲音，也許這就是其中一個原因吧！

鳥類的鳴管雖是一對，卻是可以獨立控制的，這就是為什麼一些鳥可以同時唱出兩種不同的曲調，諸如褐鶇鳥、鴨子、風鈴鳥、鸚鵡、鷦鷯還有畫眉鳥，在此僅舉數例。還有一些鳥類，例如金絲雀，牠們可以只用左邊的鳴管來唱歌。褐頭牛鸝則是兩邊鳴管輪流使用，發出連續的音調，歌聲可謂複雜精妙。你一定也聽過常見的北美紅雀洪亮而反覆的鳴叫聲，以低音開始，以高音落幕。研究紅雀叫聲的科學家們表示，雄性紅雀唱低音時會使用左側鳴管，隨著音調逐漸升高，牠便使用右側鳴管，整個切換過程天衣無縫。想讓歌聲毫無瑕疵，牠們也需要下一番功夫的。那麼我呢？今天我需要操練什麼話語或歌曲呢？

 主，願你安慰與鼓勵的話語，今日時時在我心中迴響。

乳香

因為我們在神面前，無論在得救的人身上或滅亡的人身上，都有基督馨香之氣。哥林多後書2：15

我還清楚地記得年輕時去亞丁（阿拉伯半島上的一個城市），接著去了南端一個塵土飛揚的葉門小鎮。就在南邊不遠，跨過亞丁灣，就是擁抱著海灣的索馬利亞，呈一條狹長的帶狀圍繞著非洲角。從亞丁沿著阿拉伯半島海岸線向東北方向前進，就到了阿曼的佐法爾地區。亞丁灣附近的國家多為乾燥沙漠地區，雨量稀少。植物的生存環境異常艱苦，它們通常要在短暫的季風季節拼命補充水分，以便開出幾朵花，或是長大一些，使它們能夠捱過一個炎熱乾旱的季節。

在乾燥而佈滿鈣質岩的峽谷中，只有少數的植物能夠生存。但是如同根出於乾地，一種名為乳香木的矮小喬木卻在海灣沿岸的三個地區，抵擋了酷熱氣候的折磨堅強地生長。乳香木是複葉植物，生著淡黃色的小花。葉片被割開的時候，會有乳白色的樹液流出。但若是切開或刮掉樹幹上薄如紙片的樹皮，一種有黏性、可食用的汁液便慢慢滲出，在炎熱的沙漠氣候中凝固，像一粒粒的珠子。乳香因其散發的香氣而備受珍愛，是各種香料或民間藥物的重要成分。乳香被銷售到世界各國，深得人們的喜愛，點燃後可以殺滅細菌，驅走蚊蠅，或是用於宗教敬拜場所。純乳香可以作為口香糖咀嚼，乳香精油也可以用來按摩。數千年來，人們利用乳香治療各種疾病，從關節炎到消化系統問題，無一不能。

來自東方的博士們千里迢迢來拜見聖嬰耶穌，並且獻上所預備的珍貴禮物，黃金、乳香和沒藥。上帝曾指示摩西一種香料的配方，用樹膠脂、施喜列、喜利比拿（香料名）和純乳香為基底，調和出聖潔的香，專為會幕內使用。乳香，是賜予人類珍貴且特別的餽贈，誰能想到它竟是出自於在惡劣環境中掙扎生存的矮小乳香木呢？它是聖香的關鍵成分之一，這配方是上帝親自製成，並且特別規定嚴禁製作此香供個人使用。

主，有時候面對困境我不免惱怒。我的生命是否能發出在你看來聖潔而特別的馨香之氣呢？謝謝你藉著乳香給我帶來的安慰。

牛膝草

求你用牛膝草潔淨我，我就乾淨；求你洗滌我，我就比雪更白。詩篇51：7

古往今來最有智慧的人當屬所羅門王。列王記上第四章中寫到，他知識淵博，精通自然歷史，講論草木，談論動物，其中就提到牛膝草。我相信在天國的視聽中心裡，一定是以全彩加環繞立體聲並3D影像的方式記錄了所羅門王的講論。我真心希望有一天能夠聽到所羅門本人是如何描述牛膝草這種唇形科草本或半灌木植物的。

原產於地中海和中亞地區的海索草屬已經被種植了數千年，其下包含十幾種植物。也許其中最為重要的一員——神香草——能夠作為該屬的代表。神香草能長到及膝高，這種草本植物能從一個出芽點抽出許多翠綠筆直的枝條，大多不分叉。它帶有強烈的薄荷味道。到了開花的季節，每一根長而筆直的枝條上都開出一簇簇淡藍色的花朵，有時是粉色，極少為白色。藍色和紫色的花最為常見。養蜂人特別喜愛將蜜蜂放到神香草附近，這樣蜜蜂可以釀出金黃清透的蜂蜜，香氣濃郁，價值極高。種植神香草的農人通常在花開繁盛的時節將莖採下，新鮮時可用於烹飪，或是用來製作香水、香皂、乳液或其他化妝品所用的精油。更為常見的用法是將乾燥的莖細細切碎用於烹調，以增加食物風味，或是用於泡茶，亦或是作為草藥中的一味。

《聖經》中多次提到牛膝草，但我們還無法確定到底是哪一種牛膝草。在海索草屬之外，也有許多植物被稱為牛膝草。《聖經》提到牛膝草，經常將它與潔淨的儀式聯繫起來。人們用牛膝草蘸上血，灑在各樣物品上或是用來做標記——所有這一切代表耶穌基督寶血的潔淨功效。當耶穌被釘在十字架上，為我們流出生命的寶血。那時有人就拿海絨蘸了醋，綁在堅挺的牛膝草上，遞到耶穌乾裂的唇邊。

毫無疑問，牛膝草有著悠久而重要的歷史。我們可以盡情想像，是否有一天，創造這奇妙牛膝草的造物主會親自口述它的生長歷程呢？如果真能有這個機會，我十分渴望聽見。

主，感謝你創造了無數有用且有趣的植物和動物。但願我照顧它們或使用它們去服務人的方式能夠使你得尊敬、得榮耀。

藏身之處

你們要思念上面的事，不要思念地上的事。因為你們已經死了，你們的生命與基督一同藏在上帝裡面。歌羅西書3：2-3

說起隱藏，有件事我永遠忘不了。那是為了生物系舉辦的一次長達數週的展覽，我將一條成年的雄性美洲銅頭蝮蛇放入小型玻璃生態缸，以便能夠安全地放置在展廳中。小玻璃缸上面用紗窗封得密密實實，整個不過一立方英呎大小，裡面還鋪了一層薄薄的落葉遮住底層的玻璃，使這條小蛇能有像是在自己窩裡一樣的感覺。過了大概一小時後，我去查看情況，卻怎麼也找不到那條銅頭蝮蛇！幸運的是，我之前是將生態缸鎖在一個玻璃櫃裡，而鎖還好好的呢！紗窗也是嚴嚴實實的——可就是看不到蛇！牠能跑到哪裡去呢？銅頭蝮蛇屬於毒蛇，感到威脅時會表現出攻擊性，我可不想因為牠四處亂竄，而給那些毫無戒備的師生帶來一場浩劫。我必須要找到牠，種種跡象顯示，牠只能在那個小型生態缸裡。不過牠到底在哪裡呢？

於是我就一點一點地找，仔細地將這個密閉容器中的每一片枯葉都進行了系統性的檢查。每片葉子看起來都是那麼正常。不過，經過一兩分鐘的仔細搜索，我發現牠了，牠就在那裡死死地盯著我。牠長得粗粗的，約一英呎長的身體大部分掩藏在樹葉下，只露出頭和頸，對於可能傷害牠的任何事物都表現得異常警惕。

我始終認為，那些提醒你在森林遠足時注意腳下的建議根本是徒勞無益。因為即使我知道牠在那裡，也幾乎找不到這個淘氣鬼。在展覽的那幾週裡，每當經過生態箱時，我們總會停下來找一找牠躲在那裡，久而久之，竟成為樂趣。每一次都要費一番功夫才找得到。但每一次牠就在那兒直盯著我們的一舉一動。喜愛遠足的人們應著實感到慶幸，因為銅頭蝮蛇膽子很小，在人類尚未走近的時候已經逃之夭夭了。這樣看來，牠對人的懼怕比人對牠們的恐懼要強烈多了。

藏身在基督耶穌裡是最安全的，可以使我們完全脫離險境。魔鬼——古蛇，也叫撒但——在我們身上毫無權柄。不管他苦尋我們多久，在基督永恆之愛的保護下，我們都安全無虞。

主，感謝你護衛我，環繞我，用你的救贖之歌安慰我。幫助我安然藏在你懷中。

十分之一的薄荷

你們法利賽人有禍了！因為你們將薄荷、芸香並各樣菜蔬獻上十分之一，那公義和愛上帝的事反倒不行了。這原是你們當行的；那也是不可不行的。路加福音11：42

我們在院子池塘邊種了一些胡椒薄荷，這裡的條件得天獨厚，有些許陰涼、適宜含水分的土壤，使它得以繁茂生長。事實上，它就像雜草一樣，沿著水邊生長得到處都是。由於薄荷醇的含量高，人們最喜歡使用薄荷來製作糖果、冰淇淋和薄荷茶。在藥物、牙膏、口香糖和漱口水中，都有薄荷風味。薄荷受歡迎的程度由此可見一斑，所以人類種植薄荷的歷史已經長達數百年，使用方法更是五花八門。

那麼胡椒薄荷裡的薄荷在哪兒呢？在實驗室我們可以透過電子顯微鏡觀察薄荷葉。薄荷葉片的表面頗具代表性，表皮細胞上附著一些絨毛。不過正常的葉片表面還有不計其數的圓形滴狀體，每一個都安安分分地待在葉片上表面的小坑中。植物學家將這些胖胖的圓形滴狀物體稱為盾狀腺毛，也就是一種盾牌狀、能夠分泌液體的毛狀物。從盾狀腺毛的切片中可見到8個分泌細胞橫向擴展、呈扁平盤狀連接於位於中心位置的一個柄細胞上，而柄細胞則與葉片的表皮細胞，即基細胞相連。在薄荷生長的高峰期，8個分泌細胞會產生薄荷油，並將其運輸至覆蓋這8個細胞的蠟質表皮之下。隨著油分越積越多，表皮也隨之膨脹，漸漸形成了由一層又薄又脆的蠟包裹而成的小油珠。所以即便是用手輕輕拂過葉片，都會捏碎許多蠟質的外殼，釋放出芳香清爽的薄荷油。

薄荷科植物很容易生長，每一根莖只需兩三天的時間就可以發出一對新葉。你能想像這樣多產的作物，會讓像患了強迫症一般的法利賽人多麼欣喜若狂嗎？雖然繳納什一奉獻非常重要，上帝藉著薄荷和其他草藥告訴我們的是，還有比這更重要的事。「世人哪，耶和華已指示你何為善。祂向你所要的是什麼呢？只要你行公義，好憐憫，存謙卑的心，與你的神同行。」（彌迦書6:8）

主啊，感謝你賜下的話語如此簡明，使我能了解你話語傳達的重點。求你幫助我，在我日日與你謙卑同行的過程中，能夠專注於行公義，好憐憫。

鳥巢攝影的網上直播

要等候耶和華！當壯膽，堅固你的心！我再說，要等候耶和華！詩篇27：14

清晨我和妻子圍坐桌邊，安靜地享用早餐，不過我倆的眼睛卻不約而同地盯著筆記型電腦的螢幕。這已經成為我們最近的用餐習慣，登入了連接倉鴞巢的攝影機，看看發生了什麼狀況。時間一點點流逝，莫莉或麥吉（是的，一些倉鴞的父母已經有了名字）仍舊耐心地待在巢中。從那顆蛋第一次裂開，我們就開始關注了，漸漸地蛋殼從內向外裂開，一隻毛茸茸的小倉鴞鑽了出來。我們看著倉鴞父母如何餵養牠，牠又如何長大。在接下來的一週中，彷彿按表操課一般，每兩天就有一顆蛋孵出來，又是一張嗷嗷待哺的小嘴巴。此時，那狹小的倉鴞巢中已經堆滿了棄置的兔子皮和田鼠皮。其實，現在螢幕上演的，就是莫莉站在巢中，抖動著翅膀，接著從角落裡拖出一隻吃了一半的死兔子。聞到氣味的倉鴞寶寶們頓時精神來了，睜大眼睛，然後張開大得離譜的嘴巴，發出飢餓的叫聲。莫莉仍舊巍然不動，一隻爪子穩穩地釘在兔子屍體上，以便牢牢抓住食物，然後仔細地花時間找些大小正適合的肉塊。最後，她咬住一小塊肉，以無比驚人的力量猛一轉頭，就硬生生地將肉扯下來。正當她轉頭之際，幾個毛茸茸的小腦袋正鑽到莫莉的嘴邊，方便她先餵食，然後再去撕下一塊肉。這種能安放在鳥巢中的攝影機真是太棒了。如果能早些年研發出來，那我就不需要冒著雨、頂著風、在陽光的炙烤下用老方法來做鳥類築巢研究了。不過古往今來，一直沒有改變的是小鳥的父母對幼鳥所表現出的耐心、關注以及全天候的奉獻。

　　在許多關於詩篇27：14內容的《聖經》版本和評註中，無一不清楚地告訴我們要在主裡耐心等候。就像是在高級餐廳中專心服務顧客的服務生，又像是鳥媽媽全心投入地照顧自己的寶貝，我們也應像這樣，等候耶和華，充滿喜樂地事奉祂。我們仔細想一想，能夠陪同萬王之王、萬主之主、宇宙的創造者，這是一件多麼光榮的事情。讓我們今天藉著實現祂對我們的每一旨意來敬拜祂。

　　主，今天你希望我為你做些什麼？我怎樣事奉你才算最好？教導我耐心等待，全心投入在你所為我預備的工作中。

可安歇的水邊

祂領我在可安歇的水邊。祂使我的靈魂甦醒。詩篇23：2-3

密西根州貝林郡裡有一個佔地150英畝的公園，名叫愛溪公園，幸運的是，我們與它毗鄰而居。我們可以隨時從後門出去，沿著蜿蜒的小路，穿過繁茂的山毛櫸與楓樹林，開闊的田野、沼澤地、然後再順著一條潺潺小溪，來到靜謐的水潭邊。從三月中旬到六月，是林中的花舉行盛大閱兵的時節。森林中褐色的大地被突然迸發出的綠意包裹得密密實實，當我們停下腳步仔細欣賞時，會發現這巨大綠毯是由許多種依次開花的春季短生植物組成的。在漫長的雪季過後，上帝賜予我們的特別祝福之一，就是能夠沿著那條林間小路，去歡迎早春第一批綻放的花。

《環境科學與科技通訊期刊》中所刊載的一篇新聞，證實了在綠意盎然的山間小路上散步還有另一個祝福。雜誌內容亦認同今日存心節中大衛家喻戶曉之詩的啟迪。喬‧巴頓（Jo Barton）在環境與社會跨領域中心服務，同時亦是英國埃塞克斯大學生物科學系綠色運動計劃的首席研究員，已經證實了在大自然中運動的益處。在過去的10年中，她與許多同事共同努力，其研究成果證明進行戶外運動要比在屋裡使用跑步機或騎飛輪自行車好得多。報告指出，每天只需在戶外鍛鍊5分鐘，心理健康狀態就會得到明顯改善。最讓我感到驚訝的是，她發現在大自然中進行的所有運動都是有益的，但若能選擇「在綠意盎然的水邊」則更具積極作用！

巴頓的結論提供了更多的證據，證明我們確實生活在一個精巧複雜的生態系統中，它出自於愛我們、關心我們的上帝之手，並且上帝早已經將那些與祂建立親密關係的所需之物告訴了我們。

主，我懇請你今天與我在你的花園中同行。帶我到可安歇的水邊，使我的靈魂復甦，讓我在默想與祈禱中與你更加親近。

奇事

在列邦中述說祂的榮耀！在萬民中述說祂的奇事！詩篇96：3

如果請你說出在已知的宇宙中最嘆為觀止、最奇妙複雜的系統，你會說什麼？依個人淺見，它必須是一個生物系統，如人類大腦。天文學家可能會選擇銀河系。分子生物學家也許會選擇優美的複合酶。你對於這個問題的答案，取決於你探究的廣度亦或思考的深度。

據估計，人類大腦有1千億個神經元（腦細胞），彼此之間更有著數不清的突觸連結和各種方式的迴路控制。正因如此，大腦常被視為具有不可思議之美與複雜性系統的最佳示範。它是如此的錯綜複雜，以至於現代的神經科學家只是在廣袤知識海洋的岸邊把玩著鵝卵石。想要研究這奇妙複雜的系統，其方法之一就是從較為簡單的類似系統著手。當我們對簡單系統瞭若指掌後，便可以開始透過想像進行比較，然後提出它如何運作的想法，最後證實我們的假設。難道這樣就可以完全了解人類的大腦嗎？我可以很有把握地說，這項工作，我們終其一生也無法完成。

夏末桃子成熟的季節，有一種長著紅眼睛的果蠅會圍著果子飛來繞去，它約有十萬個神經元——比起人腦算是相當簡單的系統了。如今，神經科學家們藉助一項電腦新技術，正在開始繪製果蠅大腦的神經網路圖譜，科學家們的努力沒有白費，這張將神經元逐一繪製的細緻圖譜，顯示出大腦具有令人難以置信的複雜性與無與倫比的美麗結構。這項研究果然不負眾望，充滿驚喜。原本科學家們認為神經元長得都很相似，但在圖譜中它們在大腦的各個部分，卻在結構細節上顯示出驚人的變化。結構的不同通常意味著功能的不同，神經元互相連結的方式——大腦迴路——顯示出不同物種的大腦之間具有令人嘖嘖稱奇的相似性。我們所發現的是一個計劃，一種目的，一個完美的設計。讓我們敬拜、榮耀我們的造物主，祂為我們設計了相互連結的神經元，使我們有能力思念祂，並思想祂為我們成就的事。

 主啊，是不是每一個腦細胞都有其特定的功能呢？你真的對我人生的每個細節都有美好的計劃嗎？在我的生命中，有沒有使你失望的地方，沒能堅定地執行你為我定下的計劃？求你指教我，在我的生活中如何更榮耀、頌讚你的名。

α−澱粉酶

你不要輕忽所得的恩賜。 提摩太前書4：14。

我熱衷於探究各樣物品的製作過程。亮晶晶的黃銅手鐲，粗糙的鋼絲球，洗碗機、布穀鳥時鐘，巨大的輪胎——在《探索頻道》「製造的原理」這個節目中，等待探究的物品似乎無窮無盡。這簡直是人類發明天賦的絕佳展示。不過真正吸引我注意的是許多特殊工具，它們設計的目的是專門用來對產品進行鑽孔、彎曲、擠壓、塑型、箍緊、包裝、上漆或拋光。若沒了這些機器，根本無法製造出什麼東西。所以必須有人來構思、設計並製造出這些器械。

從某些方面來看，細胞像是一個巨大的工廠——除了細胞本身小得不可思議，裡面的許多專業機器則更是小得驚人，它們由蛋白質構成，而非鋼鐵、橡膠和塑料。細胞中的專業蛋白質機器工作起來與工廠裡隆隆作響的大型鋼鐵機械沒什麼兩樣，也是要打孔、彎曲、切割、拋光，或是在生產線、拆裝回收線或重組線上專門負責上千道工序中的一道。

細胞中的蛋白質機器就是人們常說的酶。造物主設計了每一種酶的用途，並使它們個個盡忠職守。例如，唾液中有一種成分叫做α-澱粉酶，它能將長長的、無法溶解的澱粉分子（例如水稻、穀物、麵食或馬鈴薯中的澱粉）進行修正、切削或剪短，使之成為較短的可溶性澱粉分子。如果你細細地咀嚼食物，會漸漸地嘗出一絲甜味。那是因為α-澱粉酶一直在工作，直到將食物的長鏈分子分解成麥芽糖——是屬雙糖類的食糖。還有一種酶，叫做麥芽糖酶，能夠輕鬆將麥芽糖轉化為人體可以直接吸收的葡萄糖。現在你明白為什麼你的媽媽總是再三強調要細嚼慢嚥了吧？

在芸芸眾生中，你的任務是什麼？上帝為你設計了什麼工作呢？也許有些人還在念大學或讀研究所。但那偉大的設計師已經在塑造你，為那特別的工作而預備你。若能在適合的時機，在祂需要你的地方，表現出自己完全能夠擔負這項責任，會讓你更加感受到人生的價值。不過上帝為祂永恆的旨意而預備我們，這是貫穿一生的事。毫無疑問，你在祂眼中是特別的，就如同王后以斯帖，上帝也一直為「現今的機會」而預備你（以斯帖記4：14）。所以要存耐心，讓這位偉大的設計師在你身上成就祂的旨意。

 主，在你預備我去完成特殊使命的時光裡，求你使我安心地降服於你。

蚜蟲的口針

*你們若有彼此相愛的心，眾人因此就認出你們是我的門徒了。*約翰福音13：35

在科學研究領域，如今一些蚜蟲已經與科學家們協同合作，幫助他們在植物生理學領域作出重大發現。那麼為何人類還這麼厭惡蚜蟲呢？

生物學家迄今已經發現了超過4千種蚜蟲，其中只有約250種是闖禍精，不過它們繁殖速度超快，以至於整個蚜蟲家族因此蒙羞。當它們成群結隊大吃特吃的時候，許多重要的農作物和觀賞性植物都被它們折磨得奄奄一息。另外，它們還能讓植物生病。許多蚜蟲僅從固定的一種植物中獲取養分，還有一些則喜歡嘗鮮，在千百種植物上都可以發現其蹤跡。蚜蟲進食的時候，會選擇植物柔嫩的部分，將一根微型口針插入其中，尋找一種高壓且運輸碳水化合物的植物細胞，叫做篩管細胞。正如我在前文中所提到的，蚜蟲並不需要用它的小管子來吸取營養。篩管細胞中的含糖溶液所產生的高壓會以填鴨式的方式餵飽蚜蟲。事實上，那巨大的壓力會使蚜蟲柔軟的身體瞬間膨脹，為了不至於脹破肚皮，蚜蟲必須將糖溶液排出。多餘的含糖溶液會以滴液的形式從蚜蟲肛門排出，以釋放壓力，這種分泌物被稱為蜜露。有些螞蟻會攝取這些蚜蟲的蜜露，為了保障其食物來源，螞蟻會圈養並保護蚜蟲，以期從它們身上獲得蜜露。

科學家們一直在努力確認植物篩管細胞中準確的化學成分，但苦於無法得到精確的樣本進行測試。每次他們戳到或切到篩管細胞的時候，細胞裡壓力的改變就會觸發植物的洩漏保護機制，使得營養物質的流動迅速停止。另外保護機制所釋放出的化學物質也會污染樣本。但當科學家們與蚜蟲攜手後，他們就取得了突破。因為蚜蟲的口器不僅大小合適，而且它們能將其準確地插入篩管細胞中且不觸發植物的保護機制。一旦蚜蟲的口器插入細胞中，植物學家便將其移開，以便收集滲出的植物汁液。有了這種創新的方法，植物學家們終於能夠對篩管細胞進行精確取樣，並對細胞中傳輸的光合作用產物並其成分與流速有更深刻的了解。

主，求你使你的愛在我生命中流淌，使他人能夠看到你的甜美、豐盛，以及賜予生命的愛。求你今日就幫助我，成為你愛的管道。

倉鼠寵物

不可按外貌斷定是非，總要按公平斷定是非。約翰福音7：24

———天早晨，我們一家人陷入愁雲慘霧中。我送孩子們到當地教會學校之後，這傷心事還是縈繞心頭揮之不去。那時我們住在田納西州南部，那天清晨異常寒冷，氣溫驟降至零度以下。一定是這寒冷的氣候在夜半時分殺死了我女兒養的寵物——倉鼠。雖然這情景看上去頗為奇怪，但我們一家人還是趕在去學校之前，趁著拂曉帶上鐵鍬，鏟開凍得硬邦邦的土層，挖出一個淺淺的墳墓，眼淚汪汪地將這冰冷、毫無生氣的倉鼠葬了。「牠會喪命，是因為我的過失嗎？」我不斷地問自己。麗莎雖然只有9歲，卻非常有責任心，一直悉心照顧她的寵物。但是由於某種原因，她對這寵物變得越來越疏於照顧，家裡那種令人不快的氣味越來越濃，於是這隻可憐的倉鼠就被趕到了車庫。是我親手將倉鼠的籠子，漂亮的跑輪，各色的管子以及發臭的墊子搬到車庫裡，直到麗莎能夠承擔清潔倉鼠籠舍的責任，才能搬回去。這就是為什麼這隻可憐的倉鼠會在寒冷的冬夜困在車庫，還送了命，真是太悲慘了！

到了中午，我正工作的時候，腦海中突然電光一閃、浮現出一個念頭。那隻小倉鼠是不是在冬眠呢？想知道答案只有一個辦法。我急忙飛車回家，抓起鐵鍬，跑到那新鮮的土堆旁，小心翼翼地將那冰冷無力的倉鼠挖了出來。牠的毛亂糟糟的，我輕輕拂去牠身上的泥土，讓牠躺在鞋盒裡，並放到柴爐後，與此同時，我還為牠準備了一份三明治。很快地，那小小的身體開始抖動，不久這個幸運的小傢伙便翻身起來，明亮的眼睛睜得大大的，鼻子也一抽一抽地，在每一個角落或縫隙探尋著。不用說，當孩子們從學校回到家時，那開心的尖叫聲簡直要掀翻天花板了。從此以後，倉鼠的籠子總是被他們打掃得乾乾淨淨。雖然在孩子的心中，我就是拯救小倉鼠的英雄，但我心裡明白，作為一名專業的生物學家，我應該早就想到倉鼠冬眠的可能性，不必急著把牠埋在冰冷的地裡了。

主啊，我時常急於下結論。在生活中，我時常忍受了情感的傷痛後才尋找另一條路。我甚至經常將那看上去麻木且無用的人埋葬。主，求你指教我，常以溫暖和親切的關懷對待別人。

殭屍螞蟻

堅心倚賴你的，你必保守他十分平安，因為他倚靠你。以賽亞書26：3

「**殭**屍」一詞被創造出來的時候，是用來形容一個被催眠的人，其心智處於他人的控制之下。如今昆蟲學家在研究巴西的木匠蟻時，偶然發現了某種異常怪異的螞蟻行為，似乎是由真菌引起的。

　　巴西的叢林炎熱潮濕，為黴菌、黴病及其他真菌的激增提供了絕佳環境。有一種名叫偏側蛇蟲草菌（Ophiocordyceps unilateralis）的真菌分佈廣泛，在1865年首次被發現。它似乎有許多同類菌種，專門寄生在各類螞蟻身上。如今人們發現大概有數百種蟲草菌屬的真菌具備特殊系統，專為某種螞蟻量身定制。人類所研究最深入、傳播最廣泛的殭屍螞蟻，其故事如下所述：

　　真菌孢子經由螞蟻身體側面的呼吸孔或呼吸道進入體內，待其萌芽後，真菌菌絲體（生殖細絲）則在螞蟻不太重要的身體器官中蔓延生長，吸收體液及營養。在這一過程中，被寄生的螞蟻雖然可能會感覺不舒服，但仍能正常生活。直到真菌入侵螞蟻大腦，並釋放出影響精神的化學物質，以一種特殊且複雜的方式控制螞蟻的行為。首先，螞蟻會做出不可思議的反常行為——它會離開所在的蟻群。不久之後，它會在樹的北側距離地面約10英呎的地方找一片樹葉，濕度恆定在94或95%之間，溫度變化保持在幾度之內。接著螞蟻會用自己強壯的下顎死死鉗住樹葉的中央葉脈。要知道，樹葉並不會因此枯乾，但螞蟻卻要死亡，因為這時真菌菌絲體已經完全掌控了螞蟻，並從它頭上突冒出來，長出孢子，這讓死去的螞蟻看起來好像獨角獸，而孢子被釋放之後會伺機感染覓食的螞蟻，製造出新一代的「殭屍螞蟻」，有時整個蟻群會因此全軍覆沒！

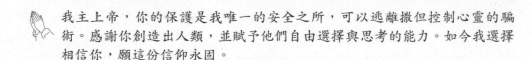

　　我主上帝，你的保護是我唯一的安全之所，可以逃離撒但控制心靈的騙術。感謝你創造出人類，並賦予他們自由選擇與思考的能力。如今我選擇相信你，願這份信仰永固。

無融合生殖

黑夜睡覺，白日起來，這種就發芽漸長，那人卻不曉得如何這樣。馬可福音4：27

植物結出種子是有性生殖的結果——即花粉粒將植物精子傳遞至胚珠，在受精之後（植物的精子及卵細胞在胚珠中融合）長出含有獨特遺傳性狀的種子。透過有性生殖達到親本性狀（又稱顯性性狀）的融合，是在多變環境中生存的一項重要策略。與之相反，單性生殖是指不經過受精而結出種子，無需受精，只要對親本植物進行複製即可。似乎在植物界，掌控繁殖的規律突然不那麼嚴格了，因此用許多不同的方式都能成功繁衍後代——單性生殖就是一種對上帝制定的繁衍計劃有趣回應之一。

這究竟是怎麼一回事呢？哪些植物用這種方法生殖呢？

你也許知道，若論到結種子，蒲公英、黑莓和一些早熟禾屬植物都是箇中高手，原因之一是它們既可以採用有性生殖方式，也可以採用無性生殖的方式。也就是說，它們能夠以正常的方式繁殖，但也有其他手法。也許這樣說可以幫助理解，你和我（以及大部分的動物亦同）的身體每一個細胞裡都含有兩套基因（二倍體）。一套來自於母親，另外一套來自於父親。大多數的動物體內也存在兩套完整的基因——不多不少，這是一條嚴格的自然規律。但植物只需來自一個親本（單倍體）的一套基因即可，或者有兩套來自兩個親本的基因也可以（二倍體），甚至可以擁有某一個親本的兩套基因和另一個親本的一套基因（三倍體）。

特別是蒲公英這種植物，它們對上帝「生養眾多」的吩咐盡心盡力予以回應，而且已經真的做到遍滿全地。科學家們研究得最為深入的蒲公英，如今被證實為三倍體蒲公英。雖然它們也產生花粉，但大多數情況下並不用於繁殖。相反的，胚珠中通常發育為卵子的細胞，會抄捷徑直接進入胚胎階段。它們無需等待精子到來再受精。卵細胞自己就能發育成為胚胎，中央細胞則發育成為胚胎所需之營養物質。這時種子便能夠獨立存活，並與種球上其他所有的種子生得一模一樣——這是親本植物的複製體，也許是院子其他蒲公英的「分身」。所以你看，蒲公英做了上帝定意要它們做的事情，透過這種方式來讚美上帝，並將榮耀歸給祂。

主啊，願我的生命就像田野中的蒲公英一樣豐盛，結出許多籽粒來榮耀你。

蒲公英

就如一塊田地，吃過屢次下的雨水，生長菜蔬，合乎耕種的人用，就從上帝得福。希伯來書6：7

蒲公英的評價可以說因人而異。對於同樣想要成為園藝大師的人來說，有人可能將其視作最大的惡夢，有人則認為這是上帝慷慨的餽贈。我的朋友就是一見到那些在翡翠般的草地映襯下搖曳的金黃色小球，便覺得美不勝收的人。但也有朋友是看到蒲公英便心生厭惡，不顧它鋒利的鋸齒狀葉子，誓要將其連根剷除才罷休。

蒲公英的名字dandelion並沒有凸顯它美麗的金色花朵以及令人賞心悅目的華麗種球，而是強調它鋸齒狀的葉子，也許這葉子讓法國人想到了獅子張開大嘴，露出利齒時的樣子，所以這個字dandelion其實是由古法語dent-de-lion變化而成。

人們在世界各地都找得到蒲公英，即使是在被破壞的棲息地，只要有陽光，它們都能活得頗為自在。由於植株的根部扎得很深，割草機無法輕易將它連根拔起，所以蒲公英能夠在割草機、人類的踩踏以及各種其他開花植物根本無法承受的攻擊下頑強的存活下來。

雖然當蒲公英的任何一部分受損時，都會滲出一種白色乳狀汁液，散發出不太討喜的微苦氣味，但是這種植物的各個部分都是可以食用的，而且營養豐富。它的葉子所含的β-胡蘿蔔素（維生素A）甚至超過了胡蘿蔔，而一杯切碎的葉子所有的維生素K的含量是人體每日所需的535%。維生素C、鈣、鐵、鎂、磷、鉀的含量也頗為豐富……除此之外，還有許多營養物質。綠色的蒲公英對人體極為有益，因為它們不但能夠使人產生飽腹感，而且營養豐富。它的血糖值指數只有2，意味著它在人體內能夠慢慢代謝，不會使血糖猛然增高。最重要的是，蒲公英隨處可見，在自家院子、公園、路邊都可以找到，你所要做的就是料理一下，就可以吃了。

感謝上帝給予我們這樣美好的植物，易於繁殖，隨處生長，看上去賞心悅目，吃起來有益身心。

 主，求你幫助我，也成為別人美好的祝福。

我們的主，我們的上帝，

你是配得榮耀、尊貴、權柄的；

因為你創造了萬物，

並且萬物是因你的旨意被創造而有的。

——啟示錄4:11

3月 MARCH

雪花

冰出於誰的胎？天上的霜是誰生的呢？約伯記38：29

我相信每個人一定都聽過這種說法，世間沒有兩片雪花是完全相同的。這話是真的嗎？密西根州剛剛遭遇了一場暴風雪，我花了幾個小時才挖出一條通路，起碼鏟走了數萬億片雪花。在宇宙中必定有些地方是終年下著雪，那麼肯定會有兩片雪花是（至少曾是）一模一樣的。再說，誰會知道呢？哪有人能夠一片片地將雪花檢查一遍呢？

　加州理工學院物理學家肯尼斯·G·里布里科特（Kenneth G. Libbrecht）管理著名為雪晶體的網站（SnowCrystals.com），內容詳實，文筆幽默，他指出兩片雪花在原子層面上能夠完全相同的機率「無限接近於零」。里布里科特解釋了原因。簡而言之，一枚小小的雪花含有大概 $1,000,000,000,000,000,000$（$10^{18}$）個水分子，而且不是所有的水分子都長得一模一樣的。這是真的，一個水分子由兩個氫原子和一個氧原子鍵合成，但氫和氧具有不同的同位素（重量級別）。因此，考慮到已知的氫和氧的同位素組成機率，一片雪花中的 10^{18} 個分子中約有 10^{15} 個含有重氫或重氧。在雪晶體形成期間，水分子中同位素的位置影響著雪花結構的變化。此外，溫度和濕度同樣會對雪花的形成產生影響。這樣看來，雪晶體構成方式是不可勝數的，我們甚至無法猜測這個數字有多大。不過你可以從1後面跟著100－300個0這樣的數字（$1\times10^{100-300}$）開始猜，而實際得出的數字遠遠超過在可觀測的整個宇宙中的原子總數，因為後者的數字據科學家的猜測只是1後面跟著80個0（1×10^{80}）。

　　顯然，關於雪的知識寶庫，約伯發出疑問的（見約伯記38：22）是指雪晶體呈現出的美感與複雜性。我們的上帝不斷向我們揭示著，祂是一位深愛著美麗、秩序、難以言表的複雜性與超乎想像之多樣性的上帝。

　　由此我們可以想到，若要塑造一個人一定有更多的方法。

主，你在我母親的子宮裡將我創造出來。對你而言，我一定也是獨特且重要的。上帝啊，你的意念在我看來何其珍貴，何其廣大！

會思考的泥土

耶和華神用地上的塵土造人,將生氣吹在他鼻孔裡,他就成了有靈的活人。
創世記2:7。

上帝用泥土所創造之物,總能令我驚歎不已。泥土,就是那種你在花園工作完畢後,不斷要從指甲縫中清理出來的髒東西,也是那種黏在孩子們的鞋子上,被帶進室內,使你不得不洗手、打掃房間的壞傢伙,不過,泥土也是一種神奇的東西,當你將種子埋在地裡,過不久它就能變成玉米、豆子、蘿蔔、李子或是蘋果。更令人驚訝的是,上帝能用各類奇妙的植物作為材料,將其轉化成為牛或馬、猴子、鸚鵡、太陽魚或琵琶魚、白鷺或孔雀所需要的養分,這一切都取決於是誰要吃掉這些植物。但我喜歡思考上帝創造萬物的根本原因,是要預備一個溫馨舒適的地方,一個蘊含無限吸引力的家,為了上帝真正想要創造的——可以思念創造主的泥土,甚至是可以展望未來,銘記歷史的泥土。這塊能夠思考的泥土便是我們——人類。既生而為人,就要思考我們如何來到這個世界,以及我們將去往何處。沒有任何其他生命形式會進行此類思考。

仔細思考一下就會發現,這塊會思考的泥土在某些行為方式上很像他的創造主。人類利用各種泥土以及從泥土中生長出的東西來進行創造。雖然我們並不能賦予創造物生命,但我們周圍的東西都來自於泥土,例如房子、摩天大樓、道路、汽車、船、飛機、發電廠、骨瓷、水晶球、手機、iPads和電腦。想想看,在我們的衣食住行中,泥土或其所出之物佔有多麼重要的地位。雖然我們嘗試為電腦輸入各樣程式,使它學會思考,但它們頂多也只能按照程序進行思考。它們不具備選擇的能力,就不能思考其創造者,也不能默想它們的過去,亦或將來。

主啊,我的心轉向你,因你所賜下生命的禮物而發出感恩和讚美。我要敬拜你,你是我的創造者,也是我最好的朋友。過去我時常忽略你,求你原諒我。無論今天亦或將來的規劃中,我都要以榮耀你的名為己願。

巨嘴鳥的喙

上帝卻揀選了世上愚拙的，叫有智慧的羞愧；又揀選了世上軟弱的，叫那強壯的羞愧。哥林多前書1：27

上帝一定有種討喜的幽默感。不知你有沒有見過托哥巨嘴鳥，這是一種南美洲的鳥，我在動物園經常看到牠，一眼望去，托哥巨嘴鳥最引人注目的就是那巨大的喙。相較於體型而言，牠的嘴巴是鳥類當中最大的。奇怪的是，這張大嘴看起來頗為沉重，不過實際重量僅是鳥的體重的二十分之一。結構工程師表示，鑒於牠極為輕巧，能達到目前的強度已經相當不易了。鳥喙的外層覆蓋著鮮艷的顏色，其實是一層像瓦片一般重疊的角質鞘，像是人類的指甲。內層為堅實的閉孔泡沫結構——這兩種特徵像極了汽車的保險桿和滑翔機的機翼。

乍看之下，這樣一個巨大的喙似乎是嚴重的設計缺陷。癡迷於為每一種構造找尋進化原因的進化生物學家，面對巨嘴鳥的喙可以說是一籌莫展。到底巨嘴鳥能用這張巨大的嘴巴做什麼呢？據觀察，這種天性愛玩的鳥兒熱衷於用牠們的大嘴來角力（類似於比腕力）以及擲漿果（來回投擲漿果來玩耍）。當然牠們也用嘴巴來摘漿果和水果，還能剝皮。那麼，巨嘴鳥可以用喙為武器保護自己，抗擊掠食者嗎？牠似乎並沒有這樣用過，或許能夠嚇唬小動物，因為這件色彩斑斕的「大型武器」說不定能夠發出致命一擊。求偶過程中能用上嗎？這是查爾斯·達爾文（Charles Darwin）的推斷，因為這絢麗多彩的喙可是個極好的招牌呢！現在科學家們終於發現原來這張大嘴有助於熱量調節，鳥類不能排汗，而且巨嘴鳥生活在炎熱的熱帶地區。成年的巨嘴鳥顯然能夠控制流向喙的血流量，以此對體溫和流經嘴部中空結構的熱量散失進行調節。事實上，在迄今發現的所有動物當中，巨嘴鳥的喙是最為有效的變溫器，另一類廣為人知的變溫器是大象或兔子的耳朵，而前者比後者的效率要高出4倍。

在我的身體特徵、個性或生活經驗中，是否也有某些「缺陷」是上帝有意為之，藉此帶領我或其他人進入祂永恆的國度中呢？

 主，雖然我真的不太明白你為什麼賜給我這個＿＿＿＿＿＿＿，求你仍使我能用它來敬拜、榮耀你為我的創造者。讓我再一次深刻體會到，你不會創造無用之物。

錐蟲

你們要防備假先知。他們到你們這裡來，外面披著羊皮，裡面卻是殘暴的狼。馬太福音7：15

孩提時代我隨父母在非洲居住，至今我還記得那時有許多患上各種熱帶疾病的人來找父親尋求醫治。許多人由於被蒼蠅和蛆蟲感染而患上熱帶性潰瘍，如今我回想起那些深刻又血淋淋的傷口都會覺得疼。有些人受傷，有些人患皮膚病、結核病，或是有各種寄生蟲。其中一種叫做布氏錐蟲的寄生蟲會引起特別兇險的疾病，人稱非洲昏睡病。那時我還不知道那到底是什麼，但如今作為一名訓練有素的生物學家，在我眼中這些微生物就像是在寄宿在紅血球中游泳的小魚，血內寄生蟲就是致病元兇。

一個多世紀以來，人們一直對錐蟲進行深入研究。究竟寄生蟲是如何在血液中生存的？它對人體造成如此重大的傷害，為何沒有被免疫系統發現並清除？這些問題幾十年來依舊成謎。皇天不負苦心人，多年的研究終於破解了它們的秘密。錐蟲的體內似乎有超過800個基因專門負責招搖撞騙。其實人體的免疫系統一直在檢查所有細胞的表面化學物質。如果它們發現我們體內有一個細胞穿著與眾不同的「外衣」——這件「外衣」壓根不是你的——你的免疫系統會將其標記為外來物，並拉響警報，啟動免疫反應，盡忠職守的殺手細胞會識別入侵者，並將其摧毀。然而，道高一尺魔高一丈。錐蟲每隔幾天就會改變自己表面的化學物質，就像是搶劫完的匪徒會換裝以躲避追捕，這種寄生蟲也在不斷地換外衣。當人體的免疫系統鎖定它，並觸發免疫反應時，錐蟲早已換了裝束逃之夭夭了。就這樣，它能在人類宿主中自在生活，引起宿主發燒、嚴重頭痛、關節痛、大腦發炎、癲癇、極度疲勞、昏迷，最終導致死亡。

想想看！撒但也是如此施展種種伎倆，想要欺騙我們。歷史經驗證明，這些騙術能對人的頭腦造成最大程度的傷害。

主，求你賜我屬天的眼光，使我能分辨撒但的伎倆。使我的頭腦警醒、思想清明，不會在罪的影響下昏昏欲睡。

吉布森和布布

耶和華——我的上帝啊，你所行的奇事，並你向我們所懷的意念甚多，不能向你陳明；若要陳明，其事不可勝數。詩篇40：5

用谷歌（Google）搜索今天的題目，你會看到世界上最大的狗吉布森和世界上最小的狗布布相見時的照片，並讀到牠們的故事（牠們是金氏世界紀錄的保持者）。吉布森是大丹狗，而布布是吉娃娃，兩隻狗不論身形還是外觀都相差甚遠。由於牠們都是狗，在生物學家眼中都屬於犬科動物，因此牠們正好可用來說明上帝創造的同一物種間所存在的巨大差異。如果你在谷歌輸入「威爾特·張伯倫」（Wilt Chamberlain）和「休梅克」（Willie Shoemaker），就會發現在人類中間也存在類似的對比。只用0.13秒就出現了1,480項搜索結果。前幾項都是那張著名的照片，NBA球員「高蹺」威爾特與著名的賽馬騎師休梅克站在一起，前者簡直是「高聳入雲」。這樣的對比讓我十分感興趣，因為它們展示了同一生物物種內部的差異性。

對於世界上究竟有多少種生物的估計差別很大。就拿著名的蘭花為例，許多科學家對其進行了深入探討，認為蘭科約有450屬1萬至2萬種，直到現在人們還在不斷研究並發現新品種。生物學家已經發現了35萬種甲蟲，但研究甲蟲的專家認為世界上很可能共有超過一百萬種甲蟲——這僅僅是猜測，專家之間也存有異議。有些人估計人類有可能發現一億種甲蟲。當然，在這一億種裡面，我們也會發現與上述例子中類似的其他變化。

我們要怎麼樣為牠們命名呢？上帝會給牠們起什麼名字呢？當然，祂一定已經想好了一些名字，因為所有的星辰都是祂來命名的。重要的是，我們生命中的每一細節祂都知曉。而更重要的是，我開始認識那位真正的創造主上帝，並在行為與真理上成為祂的子民。

主！《聖經》上說，你會賜給我一顆新心，使我能認識你，全心全意歸向你。今天就賜給我能夠認識你的心。

健康的骨頭

喜樂的心乃是良藥；憂傷的靈使骨枯乾。 箴言17：22

最近一篇刊載於《心理科學》期刊上的研究報告表示，透過人們在照片中笑容的程度，可以對其壽命長短進行可靠推測。看到這裡我突然有種衝動想要去翻一翻家庭相簿，看我有多少張照片咧嘴而笑，笑得無憂無慮。研究人員針對數百名職棒運動員拍照時的笑容程度進行評分。由於與笑容相對照的是人的健康與壽命記錄，因此研究員們只選用了在1950年前開始職棒大聯盟比賽生涯的運動員們。在照片中開懷大笑的運動員們比起那些板著臉的運動員，後者的死亡風險要高出前者整整一倍。

我們早就知道壓力的負面影響。那麼輕鬆愉悅的心情會給人們帶來什麼好處呢？我第一次意識到幽默對於健康的益處是因為讀了諾曼·庫辛（Norman Cousins）的書，他是一位知名的作家、編輯和演說家，根據自身經歷寫了一本《疾病解析》（於1979年付梓），暢銷一時。庫辛患有心臟病，關節炎也折磨著他，在書裡他寫到了大笑帶來的療癒效果。庫辛的經歷引起了人們關注，針對笑與治療發表的科學文獻成倍數增長。如今看來，若是擁有《聖經》中所說「喜樂的心」，的確能夠增強體質，降低罹患心臟病的風險，減少心律不整的發病率，加快心臟病發後的恢復過程，還能提高生長激素水平，減少皮質醇以及多巴胺和腎上腺素（所有應激因子）的分泌。更進一步，透過提高殺手細胞和免疫球蛋白的活性可增強人體免疫系統並能延長壽命。如今許多大醫院都設有小丑醫生團隊或類似機構，在那裡受過專業訓練的小丑們會幫助正在接受痛苦的檢測或療程的孩子們度過難熬的時刻。正如格勞喬·馬克思（Groucho Marx）的話：「小丑好像一顆阿司匹靈，只不過藥力強一倍。」箴言15：30告訴我們，哪怕只是簡單地換上一副笑臉，都能改變自身的感受，並且帶來健康與痊癒。噢！若我意識到我可以每日訓練自己的思維，作積極的思考，帶上笑臉，那麼我自己就擁有治癒的力量。

 主，求你教導我全心地信靠你。我選擇將我的心事託付給你。我選擇原諒那些使我痛苦的人。我也選擇每日笑臉迎人，給心靈帶來喜樂，使我的骨頭得到治癒。

披甲者

所有在地上的，大魚和一切深洋……都當讚美耶和華。詩篇148：7

我們都知道路錫甫從前本是「明亮之星、光明之子」，卻被趕出天庭，拉丁文lucem ferre的字面意義就是light bearer（擎光者）。今天我讀到一篇新聞，報導了最新發現的一種屬於鎧甲動物門的生物——披甲者（出自於拉丁文lorica ferre），兩者的共同之處是都由上帝創造，並且都有（至少曾經有）讚美上帝的特權。只不過路錫甫選擇頌讚敬拜的對象是他自己而非上帝，將來在地獄裡他會得到應有的懲罰。而現在這種最新發現的鎧甲動物，正在一種含硫磺、如地獄般險惡的環境中生存，可是牠仍為讚美上帝而活。

對生活在地球上的眾多生命體進行深入研究之後，生物學家們非常肯定只有某些種類的單細胞細菌可以在無氧的環境中生存。雖然多細胞生物體需要氧氣來維持某些身體功能，但動物也會偶爾短期性地進入缺氧（沒有氧氣）的環境中。但如今，科學家們在地中海海平面下至少11,500英呎（3,500公尺）處，發現了一種新的鎧甲生物，牠可在寒冷、黑暗、具有腐蝕性的海底沉積物中過活，生存環境缺氧且高壓，可以說極度惡劣。但如果這一切都屬實的話，可以說是一項驚人的發現，因為這意味著牠們有一套我們尚未了解的生存方式。生物學家已經從海底撈出大量該種鎧甲生物，涵蓋了各個發育階段，所以牠們不但能生存下來，而且還繁衍生息。若要具體描述這種動物的外觀，你可以想像一個不到半毫米長的微型透明頂針，這水晶頂針就是牠的盔甲了，牠也以此得名。不僅如此，從盔甲中還會伸出幾十隻小小的觸角和隆起，能向各個方向揮動，就這樣，牠們進食、繁殖、發旺，勤勤懇懇地實現著牠們被創造的目的。

主，那住在地上的要讚美你，你所創造的眾多的海洋生物，和那些住在深海極處的要讚美你。那些小小的鎧甲動物，就在牠們所居之地安然生活，這就是牠們對造物主獻上的讚美。這是多麼寶貴的教訓！我只需按著我的主創造我的旨意去做，就能讚美、榮耀祂了。

主，當我忍不住要抱怨命運的不公時，請提醒我深呼吸，簡簡單單以良善與仁愛對待周圍的人，以此來讚美你。

依然一無所知

願這些都讚美耶和華的名！因祂一吩咐便都造成。詩篇148：5

我以前的一個學生對於研究海洋生物懷有濃厚興趣。多年來，她一直在加州著名的蒙特里灣水族館研究所（MBARI）從事研究工作。作為科學家，她的工作之一就是要從遠程遙控水下機器人（ROV）下潛到數千公尺的海底，在進行海底探勘時，分辨並記錄那些被機器人發出的光線「捕捉」到的海洋生物。這種牽引式的水下機器人配備照明設備和相機、採樣設備以及許多監測水質、水溫和光線的設備，經常在深海中巡遊勘探，因為那裡對於人類來說太過危險。人無法親自潛到如此深的海底，那裡的壓力大到可以將人壓成紙片，且完全黑暗、寒冷徹骨。

深海生物學家曾經認定海底幾乎沒有生命體存在。結果水下機器人辛辛苦苦拍下的許多照片以及採集回來的樣本都證明實情絕非如此，海底可謂生機勃勃。2003年，科學家們就已經發現了大約 6 千種海洋微生物——細菌、古生菌、單細胞生物和病毒。到了2003年年底，來自80個國家、超過2千名科學家，在蒙特里灣水族館研究所微生物學家的領導下組成聯盟，決定要攜手共進，深入了解和研究海洋中的單細胞生物。於是國際海洋微生物普查誕生了。當時科學家們預測，他們將會發現多達60萬種海洋微生物。

7年後，從全球超過1,200個觀測點收集來的樣品多得不可勝數。新的發現如潮水般塞滿了數據庫，相關的研究也在日以繼夜地進行，其結果令人瞠目結舌。若是科學家們的發現比他們的預測的多一倍，可以說令人驚訝，但若是比預測結果多出10倍以上，則令人屏息。但結果卻大大出乎他們意料，科學家們所發現的品種數量是他們之前預測的100倍！目前保守估計有2千萬種海洋微生物，當我讀到這些數字的時候，簡直難以置信，心裡不禁思量，其實人類依然對此一無所知。上帝創造的巧思豈是我們能測透的呢？

主，當我的心裡冒出自負的想法，覺得我了解一切時，請你讓我看到你更偉大的創造使我謙卑，提醒我你是創造之主，而我是被造之物。

採羊肚菌

你若尋求祂，祂必使你尋見；你若離棄祂，祂必永遠丟棄你。歷代志上28：9

────個春天的早晨，我在院子外側發現了人生中第一株羊肚菌。不料興奮之餘，我又發現了第二株，接著層出不窮。不一會兒，我就採了兩手滿滿的羊肚菌。我小心地將這些奶油色的珍饈美味捧進屋，一片片切開，洗好後晾乾，用一點黃油稍稍煎過，配以法式吐司和各色水果，這頓豐盛的早餐不禁令我食指大動。多麼美好的一餐啊！如果你也曾經去採過羊肚菌做成美味細細品嘗，那你一定明白我那時是多麼心滿意足。

淡黃色的羊肚菌（Morchella esculenta）以及黑色、灰色或煙灰色的黑脈羊肚菌（Morchella elata）是你能想像到最為鮮美的食菌。菌柄中空，菌表面有許多凹坑，其底部邊緣與菌柄緊緊相連。它還有一些常用的別名，例如松果菇、海綿菇，還有蜂巢菇，這些名字都與其外形十分吻合，但羊肚菌的外形極其獨特，只要你見到它就一定不會認錯。但如果你從未採過或吃過野生菌菇，最好仔細檢查清楚，因為一不留神可能會吃到有毒的菌菇。

羊肚菌通常生於早春，白天的氣溫在華氏6、70度，夜間氣溫不低於45度，土壤溫度條件達到50度以上，且水分適中。經驗豐富的採菌人能夠敏銳地感覺出採摘的最佳時間。看著他們一下子消失在森林裡，一待就是很久，等他們不知道從哪兒冒出來的時候，就已經採了足足一大袋飽滿肥厚的羊肚菌。是不是只有那些堅持不懈，永不言棄，懷有更大決心的採菌人才能比一般人收穫得更豐富呢？

我們對上帝的尋求是不是也需要更大的決心與更強烈的熱情呢？我們躲進內室，與我們的創造主、救贖主共度美好的時光，難道不是更重要嗎？「你們要嘗嘗主恩的滋味，便知道祂是美善；投靠祂的人有福了！」（詩篇34：8）

🙏 主，求你使我內心如饑似渴般尋求你的同在。我決心要全心全意尋求你，因為你曾應許你必使我們尋見。求你使我堅持不放棄。

比蜜更甜

你的言語在我上膛何等甘美，在我口中比蜜更甜！ 詩篇119：103

你喜歡吃甜食嗎？我非常喜歡。在我記憶中，只要是甜的東西我一向來者不拒。有時候一道甜品上來，其他的人會覺得太過甜膩，但我從沒有這種感覺。如果你也是甜食的瘋狂愛好者，你一定明白我的感受。

一直以來人們都知道，當舌尖上的味蕾接觸到甜食的一瞬間，就能嘗到甜味。那麼這是如何產生的呢？從舌尖上的一滴蜂蜜到人的大腦中釋放出甜蜜的愉悅，中間到底發生了什麼？這一過程可以說「再簡單不過了」。

首先，你的DNA中必須有基因TIR2和基因TIR3，大多數人的體內都有。每個基因製作出專屬蛋白質，這兩種蛋白質結合，成為一種特殊的G蛋白耦聯受體，叫做gustadin，是存在於味蕾中甜味檢測細胞的細胞膜中的甜味感受器。蜂蜜中的糖分子由多個部分組成，而每一部分都與甜味感受器的各部分匹配得天衣無縫。這有點像三孔插頭與插座的關係。只有當三孔插頭都插入正確的插孔，才能通上電。當糖分子的各個組成部分都與甜味感受器匹配時——也就是當它正確無誤地插入後，G蛋白才變了形狀。這一改變啟動了腺苷酸環化酶，一種游離於附近的酶。它能夠將三磷酸腺苷轉變成環磷酸腺苷，而環磷酸腺苷能夠啟動蛋白激酶，其作用是向鉀離子通道加入磷酸鹽。這一動作會使該通道驟然關閉。緊接著會使得帶有正電荷的磷酸鹽離子在細胞內部逐漸累積。要知道正常的細胞內部是攜帶負電荷的，因此正電荷不斷積累其實屬於不正常的現象。一旦累積到某一電荷值，電壓門控鈣離子通道便會突然打開，湧入更多正離子充斥整個細胞。大量湧入的正電荷產生一種信號，最終傳遞至你大腦中主導甜蜜愉悅的中樞。

我要因著我格外發達的TIR2和TIR3基因向上帝獻上讚美，是祂創造出如此精妙的味覺系統，使人們得以享受甜蜜的美食。然而更加甜蜜且令人愉悅的，是上帝對活在這個罪惡世界中的我所發出的仁愛、鼓勵與希望的話語。

主，謝謝你邀請我來體會、見證你是一位良善、慈愛的上帝。我渴望能夠參加你設下的盛宴，親耳聽到你發出甜蜜深情的語言。

鮮味

以撒愛以掃，因為常吃他的野味；利百加卻愛雅各。創世記25：28

　　我聽說人的舌頭上有大約有9千個味蕾，顯然它們「各自對應」五種不同的味道，分別是鹹、酸、甜、苦和鮮味（又稱美味，umami）。等等，你說什麼？什麼是鮮味？這是一種在肉類和陳年發酵食品如奶酪或醬油中的一種味道，蘑菇中也有這種味道。2002年，在味道專家的支持下，科學界正式將其歸為味蕾可識別的味道之一。我知道甜、鹹、酸從一開始就已經標準化，幾千年前希臘哲學家留基波（Leucippus）和他的學生德謨克利特（Democritus）將苦味也納入了舌頭可以辨別的範圍。那麼2002年鮮味的加入，說明我們在對基本事物，例如對味道的理解上，又邁出了重要的一大步。

　　Umami來自日語うま味，意思是「可口的」或「美味的」。還有人將其描述為「像肉味的」或者「風味極佳的」。1908年日本的化學家池田菊苗（Kikunae Ikeda）在一種用昆布熬製的日本高湯中，發現其鮮美味道的來源——穀氨酸。然而這種在亞洲菜餚中頗受歡迎的高湯和海藻萃取物的味道，與法國傳奇廚師奧古斯特・埃科菲（Auguste Escoffier）獨創、聞名於世的高級美食的風味頗為相似。埃科菲在美食獨創方面的技藝登峰造極，乃至於法國媒體為他冠以「廚師之王、王之廚師」的美稱。當池田確定穀氨酸就是鮮味的靈魂與核心後，他便繼續研製出味精（MSG），於1909年成立公司申請專利，時至今日依然專門生產味精。一份刊載於《美國臨床營養學雜誌》上的報告指出，2009年全世界味精的產量為20億公斤，並呈上升趨勢，看來人類為了增強食物的風味，的確花了不少功夫。

　　依我看，上帝用胺基酸麩醯胺酸創造出有益健康且營養豐富的食物，又賜予我們舌頭上的味蕾，使我們品嘗到鮮美的食物時，心情也能夠開朗愉悅。我要感謝祂為你我設計這精妙的內置檢測器，能夠分辨出有益健康的美食。我經常在想，當上帝看到我們面對那些精緻加工的食物，同樣吃得津津有味、心情大好時，祂心裡會作何感想？從健康美食的角度出發，這些加工食物豈不是一種對大腦的誤導和對身體的欺騙呢？你覺得呢？

　　主啊，在這個過度商業化，到處販賣加工食品的時代，幫助我作出明智、健康的選擇。再次提醒自己，我的身體是你的殿。

苦味

禍哉！那些稱惡為善，稱善為惡，以暗為光，以光為暗，以苦為甜，以甜為苦的人。**以賽亞書5：20**

你是否有分不清楚甜味和苦味的經歷？一般來說，這絕不是什麼難題，因為大多數人都喜歡甜甜的味道，而且大多數有甜味的化學物質都富含熱量，是一種良好的能量來源，但是對苦的化學物質，人們通常會表示厭惡。許多植物生物鹼、氨基酸類和胺鹽等嘗起來都有苦味，而且多為有毒物質。因此味道苦就像一個絕佳的警告牌，上面大大地寫著「請勿食用」。其實分別甜味和苦味的細胞之間有個有趣的相似之處，就是它們都由多種不同的化學物質構成，使得它們都能向大腦發射信號。雖然現在我們仍對這兩種截然相反的化學物質，以及其檢測系統的工作模式所知甚少，但它們似乎都能用許多方式來提醒我們，這是令人愉悅的甜味還是令人不快的苦味。有證據表明當食物分子「插入」接收器細胞表面並觸發味覺時，兩種系統都會開始工作。但也有其他證據明確指向下面的結論，在各樣引發反應的食物分子中，至少有一些能夠迅速穿過細胞膜，並於細胞內的信號傳導通路中工作。

許多人會吸收某些含有苦味的植物生物鹼。其中之一就是極容易使人上癮並有毒的尼古丁，它是由煙草植物的根部提煉而成。煙草葉子是有毒的，為要殺死那些吃葉子的昆蟲。吸煙的人會吸入小劑量的尼古丁，其主要作用是使人高度依賴吸煙。咖啡豆裡也含有許多生物鹼，包括咖啡因、不同種類的黃嘌呤，茶鹼，可可鹼和胡蘆巴鹼，在此僅舉幾例。其中有一些是非常苦的，但是由於添加了其他化學物質加以遮掩，許多人還是深深愛上了咖啡的味道。咖啡因也會使人輕微上癮，對於重度咖啡飲用者，如果早上不喝咖啡就會頭痛，覺得什麼也做不好。我要感謝我們的創造主，賜予我們如此可靠的味覺系統，是我們能夠清楚分辨食物的好與不好。當然，這個世界的大騙子也在處心積慮地混淆善與惡的定義。

 我的創造主，我的神，我邀請你走進我的生命，進入我的感覺接收器，這樣我就會永遠明白善與惡的區別。求你堅固我的意志，使我積極向善，迴避惡事。

餵養母乳

就要愛慕那純淨的靈奶，像才生的嬰孩愛慕奶一樣，叫你們因此漸長，以至得救。你們若嘗過主恩的滋味，就必如此。彼得前書2：2-3

生命最偉大的奇蹟之一當屬嬰兒的誕生。如今平均每一秒，就有四個嬰孩來到我們的世界，但同樣平均一秒之內，也大約有兩個人死亡，因此世界的人口是以每秒兩個人的速度增長。對於這個統計數字我總是難以接受，因為我知道在這個罪惡的世界上有多少痛苦與悲傷的事。我的祈禱是主來照看所有寶貴的生命，世間沒有任何事物的價值能超過一個人的生命。

每個健康的嬰兒呱呱墜地時都是卯足了勁地哭，這通常是因為他餓了，想表達他需要吃東西。當母親將嬰兒抱在懷裡時，他的美食就恰好送到嘴邊，懵懂無知的小嬰兒好像天生就知道如何找到乳頭，開始吸吮，盡情暢飲這維繫生命的奶水——這是生產中的另一個奇蹟。若你從設計師的角度研究整個系統的時候，就會發覺這一切都「甚好」。

母乳中究竟有什麼？對嬰兒好嗎？是否符合人類生長和發展的要求？在過去的廿年中，科學家們進行了大量研究，清楚表明母乳是一種完美的嬰兒食品，而且它似乎是由一位充滿愛且大有智慧的創造者精心設計的。請看以下的資料：

在最初的幾天，母親分泌出的母乳（稱為初乳）富含蛋白質，而糖分及脂肪的含量較低。這種完美的營養搭配，加強了嬰兒的消化系統，強力啟動了嬰兒此時相對稚弱的消化系統功能。在接下來的幾天中，母乳變成一種含水量較多、且甜甜的液體，稱為過渡乳。嬰兒由此獲得充足的水分，而且甜味有助於嬰兒的覺醒。嬰兒出生大概兩週後，母親的奶水成分又一次發生變化，此時被稱為成熟乳，既有水分較多的前乳，也有較為濃郁的後乳。此時脂肪與糖分的含量持續上升，免疫球蛋白水平下降，大約半年後，就可以在嬰兒的飲食中添加少量固體食物，以滿足生長的需要。《聖經》中也有絕妙的類比，上帝召我們出黑暗入光明。重生之後，我們喝著那福音純淨的靈奶，在救恩上得以成長。這也正是我們靈命成長所需要的。

🙏 主，求你使我饑渴慕義。賜下靈糧來餵養我，直到永遠。

論飢餓

我累昏了，求你把這紅湯給我喝。創世記25：30

以掃經過長途跋涉，又熱又累，何況肩上還扛著一頭體型頗大的羚羊。饑渴萬分的他蹣跚地進屋，不但疲憊不堪，心裡更是煩躁不已。這也難怪，他體內的血糖已經低到不能再低了。位於下丘腦的飢餓控制中心正在聲嘶力竭地大叫：「快吃點東西。就在這裡找些東西來吃——要快！」

你一定能理解這種感受，不是嗎？不斷收縮的胃部在痛苦中發出咕嚕的響聲時，說明你已經非常虛弱，並且容易發脾氣，知道該是吃東西的時候了。如果幸運的話，你可以坐下來，好好地飽餐一頓，不疾不徐地享受美食，直至心滿意足。即便是經過了數十年的研究，也有數以千計的科學論文發表，人們對於飢餓與飽足的複雜過程仍有許多未能理解之處。

我們目前所知道的是，飢餓的產生有部分原因是胃部的排空及收縮。這時的血液生化指標顯示有些重要的營養成分，例如三酸甘油酯、葡萄糖和氨基酸的含量降低。同時也有許多生理和心理因素共同發揮作用。當人聞到食物的香氣時唾液會加速分泌，接著，當食物進入口中時，某些食物分子啟動了味蕾細胞表面的味覺接收器，發出信號讓大腦知道營養品已經來到，準備放鬆就好了。僅僅是咀嚼食物的動作就已經是在告訴大腦要預備迎接食物的到來。想要血液生化指標恢復正常需要先進行重要的消化過程，所以其他因素也會發揮作用，讓身體明白對營養物質的需求已經得到了滿足，但時間要到稍後才發揮作用。這就是為什麼胃部的伸展感受器一旦發現胃裡已經充滿了食物就會立刻發出信號。如果這套機制運行順暢的話，它們會抑制大腦中的進食中樞，不一會兒，食物就看上去沒那麼誘人了，聞起來也沒那麼香氣撲鼻了。當身體識別出這些重要的停止進食的信號時，你就會起身離開餐桌說：「我飽了，吃不下了。」

若是吃得太快會讓我們忽略停止的信號，這樣就會造成吃得過量，也是肥胖症的原因之一。如果使人停止進食的機制不能正常運作或完全不起作用，那麼就需要進行生理與心理上的治療。

主，謝謝你為我們設計了和諧精妙的化學傳導系統、伸展感受器以及控制中樞，使我能夠保持營養均衡。願我能用它們來榮耀頌讚你的名。

天氣預報

晚上天發紅，你們就說：「天必要晴。」馬太福音16：2

明天天氣如何？之後的三五天是什麼天氣？我們能夠盡情享受美好的花園婚禮嗎？下週末來個露營旅行怎麼樣？會不會變成一個「整日坐在漏水帳篷裡，只能無奈聚集在一起」的週末呢？還是一個適合遠足和賞鳥的美好時光呢？

現代氣象預報是基於多種方式的組合。我們在馬太福音16：2中看到的方法被稱為類比法。以前如果傍晚時天色發紅，通常第二天會是好天氣，所以我們會用以前的經驗作為基礎，總結出如果今晚觀測到天空發紅，則預示著明天會是大晴天。時至今日，人們仍在使用類比法。但除了觀察天空顏色之外，我們還要考慮眾多其他因素。這種方法雖然好，但要知道在成千上萬種其他因素的共同作用下，沒有任何兩天的天氣是一模一樣的。

其他方法是以持續性、趨勢性、氣象學以及數值天氣預報為基礎。簡言之，持續性方法認為今天的天氣如何，很可能明天的天氣也如何。除非出現強風或其他變數，否則這種方法很有用處。趨勢預測法著眼於風向及風速，會推測出從本地以西50英里處的強風將在數小時之內抵達，而氣象學方法則是用此時此地在過去的100年間所觀測的結果計算平均值。目前最先進的方法當屬數值天氣預報，這種方法利用了來自全世界數千個氣象站的實時數據：溫度、濕度、風力、大氣壓力、水溫、水流、雲量等等。這些數據分別來自地表、許多不同海拔高度以及海洋深處，所有的數據被輸入大型超級電腦，利用數學公式加以計算，最後得出的結果就是天氣預報。但由於缺少數據以及數學模型，再加上理解的缺陷，天氣預報也並非完全可靠。在《聖經》中記載，為了引導以色列人更加依靠上帝，先知撒母耳在割麥子的時候求上帝打雷降雨。若是根據氣象學的方法，在一年中的這個時間段是根本不可能下雨的。然而那日卻打雷下雨，所有人都甚敬畏耶和華（參見撒母耳記上12：17－18）。

主，我們深知是你掌控整個氣候。你說有就有，命立就立。若有需要，求你也用天氣來教導我們完全依靠你。求你斥責我們內心的風暴：「住了吧！靜了吧！」

完美風暴

所發的雷聲顯明祂的作為，又向牲畜指明要起暴風。約伯記36：33

我非常喜歡雷暴雨，尤其是發生在夏季、炎熱潮濕大熱天時的雷暴雨。空氣中彌漫著壓抑與沉悶，人連動也不想動。正當萬物被熱得昏昏沉沉之際，濕熱的空氣逐漸上升、膨脹，升到一定高度時開始變冷，冷卻的水蒸氣凝結成雲。不過凝結的過程會釋放出熱量，使得雲朵的內部足夠溫熱，能夠繼續膨脹、上升——甚至繼續上升數英里。接著，凝結的水珠開始下落，但強大的上升氣流足以托住它們，攜帶著溫暖的雲團穿過數英里的對流層，接近平流層的邊界，到達對流層頂——該層有強烈的高空急流。急流會將龐大厚重的雲朵吹塑成典型的鑽狀雲，通常人們稱之為雷雨雲或積雨雲。就在攜帶負電的濕熱上升氣團和攜帶正電的乾冷下降氣團不斷碰撞摩擦中，電荷迅速累積。

當電場力夠大時，閃電便登場了。一條條如鞭的閃電在雲層中來回穿梭，以中和電荷。有時帶負電荷的雲層接近帶正電荷的地面也會發生閃電放電的現象。閃電釋放出的熱量使周圍的空氣以超音速的速度膨脹，就像噴射機衝破音障時會發出巨大響聲，我們所聽到的隆隆雷聲同樣震得窗子咯咯作響，就連人的胸口也會隱隱作痛。在滂沱大雨未降之際，你能感覺到那冰冷的下沉氣流逐漸堆積，樹木也在肆虐的狂風中飄來蕩去——緊接著，碩大的雨滴劈哩啪啦地打下來，瞬間地面上揚起一層灰蒙蒙的雲。雨勢瞬間增強，成為上帝賜予人類最為甜美的禮物——從雲層中傾瀉而出的大量水氣。這是一種每天在世界各地反覆出現的複雜過程，要使清新、乾淨、涼爽的太陽能蒸餾水如洪流般降在大地上。最新的衛星數據顯示，每天世界上平均發生300萬次電閃雷擊。在詩篇29章中，大衛將上帝的聲音描述為大有能力，滿有威嚴，如同閃電發出，震動天地。所以當我遇到雷暴雨時，就彷彿聽到上帝的聲音。我要因祂的大能與榮耀發出感謝，並盼望祂在電閃雷鳴中駕雲降臨。即使這場景令人戰慄，但主耶穌啊，我渴望你來。

🙏 我承認你是萬王之王，萬主之主。我是多麼渴望看到你高高在上的施恩座，從那寶座中有閃電、風聲、雷鳴發出（啟示錄4：4）。

青草如茵

祂發響聲震遍天下，發電光閃到地極。約伯記37：3
祂以電光遮手，命閃電擊中敵人。約伯記36：32

你有沒有注意到，你所居住的社區經過暴風雨的洗禮後，那剛剛露出頭的小草是多麼翠綠清新。彷彿那風暴越是狂暴肆虐，電閃雷鳴越是猛烈，在這一切過後，生長出的小草也就越發鮮嫩美麗。產生這樣的效果，也許是由於乾旱的草坪終於迎來盼望已久的徹底澆灌。不過也有可能只是因為二者之前鮮明的對比；在黑暗陰沉的暴風天後，迎來的那探頭探腦的小草，在明亮溫暖的陽光映襯下，更顯得翠綠欲滴。

據我所知，很少有人意識到在每次電閃雷鳴過後，人們都能收到出人意料的「餽贈」。多虧了閃電帶來的一系列奇妙的化學反應，給你的草坪、灌木、樹叢和花園補充了適度的氮肥。請看！它們是這樣運作的：

正常乾燥的空氣中是由78.1%的氮分子，20.9%的氧分子組成，其餘的部分包含各種其他氣體，如氫氣、氬氣、氦氣、臭氧和二氧化碳，含量極其微小。氮以雙原子分子形式存在，以N^2表示。N^2的雙原子之間以共價三鍵結合，這是一種非常穩固的結構，因此植物無法使用大氣中的氮。商業化肥是用沼氣或煤炭中的氫，大氣中的氮，加以高溫高壓，以打破共價三鍵的結構，並適時加入催化劑將大氣中的氮轉化為氨離子（NH_4）形式，之後氧化成為植物能夠吸收的硝酸亞和亞硝酸鹽。製作化肥的過程不但耗時，同樣也消耗化石燃料，這也說明為何化肥的價格會隨著能源消耗成本而不斷攀升。

我很感謝那位大有智慧的上帝命令閃電擊中目標，甚至你還來不及眨眼，閃電所帶來的巨大熱量與壓力便將大氣中的氮直接轉化為氨、硝酸鹽和亞硝酸鹽。在上帝巨大的反應室裡，這些分子迅速與雨滴融合，灌溉大地，滋潤青草，每一次的電閃雷鳴都有這天賜的禮物如影隨形。讓我們因上帝奇妙的工作而獻上敬拜與讚美。

🙏 主，謝謝你使大衛王作我們的榜樣，他懷著敬畏治理人民，就如日出的晨光，如雨後的晴光，使地發生嫩草。

細胞程序性死亡

你們若順從肉體活著，必要死；若靠著聖靈治死身體的惡行，必要活著。
羅馬書8：13

你是否察覺到，你的身體正日復一日地、以每秒替換100萬個細胞的速度進行工作？有時細胞必須死去，其他的細胞（和身體的其他部分）才能繼續存活——早在1842年人們研究蝌蚪尾巴變短的現象時首次提出這一概念。但直等到1990年後，科學家們才掌握了深入研究細胞程序性死亡的方法。西德尼·布倫納（Sydney Brenner）、羅伯特·霍維茨（Robert Horvitz）和約翰·蘇爾斯頓（John Sulston）的研究成果使他們榮獲2002年諾貝爾醫學獎，我們現在將其稱之為細胞凋亡或細胞程序性死亡。目前正在進行的研究進一步證明，細胞凋亡對於各種類型的癌症、自身免疫性疾病和正常生長發育時的重要性。

本文題目中所提到的此種細胞凋亡，並非是因受到某種類型的傷害，整個過程是自然、多重且連續性的（程序化），是細胞進行主動有序的死亡。當胚胎正常發育時，一些早期的細胞必須被移除，就像我們完成一棟建築的某一部分後，會拆除鷹架和混凝土模板。這些細胞中的正常基因會開啟，並開始執行自殺計劃。有些不發育的細胞有可能是因受到外部刺激的影響，引發凋亡過程，導致其最終的死亡，例如被病毒感染的細胞、對DNA造成損害的細胞或是已經癌變的細胞。只要發生這種情況，通常受感染的細胞會開啟凋亡過程，最終從細胞群體中消失。

人體內部有許多高度複雜的機制可能引發細胞凋亡，但程序一旦啟動，一切就按部就班地發生了。細胞開始萎縮，細胞表面脹破，DNA及某些細胞蛋白質被消化並回收利用。當細胞被分割為凋亡小體時，會釋放出ATP和UTP，吸引附近的吞噬細胞（專門吞噬微生物及死亡細胞殘害的細胞）前來大吃一頓。細胞凋亡的整個機制、接收器和程序編排所表現出的複雜性是無與倫比的，明顯出自於一位偉大的設計師之手，祂精心設計這一套系統，以保護細胞不受疾病的侵害，使它們能夠正常發育和成長。我們再一次看到了這位仁慈的造物主——上帝留在人身上的印記。

主，為了人類可以存活，你同樣獻出了生命。我的心湧流感激與讚美。

百合花的榮華

何必為衣裳憂慮呢？你想野地裡的百合花怎麼長起來；它也不勞苦，也不紡線。然而我告訴你們，就是所羅門極榮華的時候，他所穿戴的，還不如這花一朵呢！馬太福音6：28-29

在著名的「福山寶訓」中，耶穌論到了憂慮。身為父母，我們當然不希望自己的孩子為穿衣吃飯而擔心，所以我們能夠感同身受，理解這位吩咐我們不要為這些事而煩惱的慈愛上帝。在今天的經文中，耶穌提到那些田野中的百合花，它們從不為穿什麼而擔憂，因為那位宇宙萬物的創造者親手裝扮它們，即使是所羅門王的華服與之相比也黯然失色。這個例子聽在當時民眾的心裡一定有更加深刻的印象，如今我只能想像所羅門身著王袍時的颯爽英姿了。

百合的品種數以千計，多到超過300屬，單單美國就有108屬。作為一個龐大的植物類群，其中的包羅萬象自是不言可喻，從小範圍看，百合家族包括許多春季開放的花，如風信子、虎皮百合、鐵炮百合、洋蔥、大蒜；往大範圍說，還有如同木本植物般高大的絲蘭屬植物。

在我看來，要選出百合屬中最為美麗的話，那蝴蝶百合屬當之無愧，它擁有78個不同品種，足以使人眼花撩亂，大多數都是形態各異的蝴蝶百合，其中有一些被稱為星百合或星鬱金香。你可以在園藝雜誌或網站上找到它們的照片，這些花看上去是那麼搖曳生姿，多彩絢麗。當然，美的真諦總是「見仁見智」。

野花攝影是我的一大愛好，為此我投入了大量的精力與金錢。在各種光影變幻下，靜心觀察處於生命週期不同階段的各種開花植物所展現的美態，讓我對於美的含義有了更透徹的理解與欣賞，遠遠超出我的想像。我的一生，藉由透射電子顯微鏡和掃描電子顯微鏡研究分子生物學，觀察以上同種植物的超微結構，更加深了我對上帝的敬畏與讚歎。難怪到了天國，當我們擁有了永恆的生命後，還是要繼續研究上帝創造的智慧，因為「上帝為愛祂之人所預備的，是眼睛未曾看見，耳朵未曾聽見，人心也未曾想到的。」（哥林多前書2：9）我們是多麼幸運擁有一位吩咐我們「不要憂慮」的上帝！

我的心哪，你要稱頌耶和華！耶和華我的上帝啊，你為至大──你以尊榮威嚴為衣服。

這是天父世界

地和其中所充滿的，世界和住在其間的，都屬耶和華。祂把地建立在海上，安定在大水之上。詩篇24：1－2

如果你有機會去馬里蘭州的巴爾的摩市中心參觀，不妨到座落於布朗紀念公園大道的長老教會教堂去一遊，它就在公園與拉法耶特大道的轉角處。該教堂於1870年落成，是哥德式建築的精品。據巴爾的摩的一位記者描述，教堂的拱石高懸，支撐著藍色的天花板，下面是「整個巴爾的摩市最為宏偉壯觀的內部空間」。無數的花窗玻璃交錯鑲嵌其上，其中有11塊出自大師路易斯·康福特·蒂芙尼（Louis Comfort Tiffany）之手，他的父親是查爾斯·路易斯·蒂芙尼（Charles Lewis Tiffany），大名鼎鼎的蒂芙尼公司創始人，該公司以珠寶與銀器聞名於世。路易斯以其在花窗玻璃上所表現出的藝術性及創造力而廣為人知。

路易斯畢生製作、最大最美的一塊彩窗於1905年被安裝於巴爾的摩教堂。這扇名為「聖城」的彩窗由58塊玻璃構成，描繪了門徒約翰在拔摩海島上見異象的情景，以及創作者想像中的異象。這件精美絕倫的藝術瑰寶是為了獻給馬畢·戴凡波特·貝伯考克（Maltbie Davenport Babcock）而製作的，貝伯考克是一位才華橫溢、深受人們喜愛的牧師，14年來熱心勤勉地引人歸主，可惜的是，他在遷居紐約紅磚教堂一年多以後，於1901年逝世。雖然貝伯考克沒有出版任何作品，但在他過世後，他的妻子凱瑟琳搜集了他的詩詞和講章，其中的一首詩後來成了全世界傳唱的讚美詩《這是天父世界》。作為一名運動員，貝伯考克非常喜愛遠足。在他逝世後，凱瑟琳回憶起丈夫生前每逢離家遠行時的臨別贈言，就是他要「出去看看天父的世界」。

在這首讚美詩中，面對偉大的創造主，貝爾考克不吝讚美，對祂的尊崇與讚美娓娓道來。在接下來的22篇文章中，會分別對貝爾考克的每一句詩詳加論述，因為自然界中的一草一木都在「頌揚造物主尊名」。簡言之，偶像崇拜其實是一種錯位的崇拜——就是把被造物當成崇拜的對象，卻不崇拜造物主。詩篇24：4表明，那些能夠承受永生的人，是崇拜真造物主的人，「就是手潔心清，不向虛妄，起誓不懷詭詐的人。」唯有這些人才能站立在祂的聖所中。

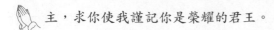 主，求你使我謹記你是榮耀的君王。

我要側耳傾聽

主耶和華啊，你本為大，照我們耳中聽見，沒有可比你的，除你以外再無上帝。撒母耳記下7：22

來！隨我到春天清晨的大自然中走一走。聽！到處都是雜亂無章的鳥鳴聲。我之所以說「雜亂無章」，是因為在我未經訓練的耳朵聽來，這好像是管弦樂隊在演奏開始前的調音聲——許多聲音毫無章法地混雜在一起，也沒有任何旋律可言。我們注意到當我們走進任何一隻小鳥的領地時，牠那不斷重複的歌聲會變得越來越大，直到我們走入另外一隻鳥的地盤才逐漸減弱。偶然一次機會，我有幸與一位朋友出去散步，他對鳥鳴聲頗有一番心得。他不需觀察，只憑聲音，就可以從此起彼落的鳥鳴聲中辨別出某種鳥類，正如一名經驗豐富的指揮家能夠辨識出管弦樂隊中每一種樂器的聲音，並且能夠聽出樂手是否出了差錯一樣，鳥類專家也可以從一大清早那亂糟糟的鳥啼聲中，敏銳地捕捉到某種較為罕見的鳥兒歌聲。

我也學會通過啼聲去辨別一種常見的小鳥——鷦鷯。通常在我聽到牠那響亮有力的歌聲之後許久，才會發現小小的牠正棲息在花園的灌木叢中，放開顫抖的喉嚨動情地唱著歌。但最終當我看到這個渾身棕色、生著稍稍彎曲的長嘴，淘氣地翹著尾巴的小傢伙時，卻怎麼也無法把牠和那迴蕩在耳邊的嘹亮歌聲聯想在一起，這弱小的身體怎麼會發出如此嘹亮又充滿激情的樂聲呢？看那鷦鷯穩坐枝頭，快樂地將牠的主打歌唱了一遍又一遍，接著輕快地飛去另一處枝頭，繼續這歡快的旋律。除此之外還有件趣事，齊帕威族的印第安人給這小鳥起名為O-du-na-mis-sug-ud-da-we-shi，意思是「大嗓門的小個子」，多麼貼切！更令人驚訝的是，雄性鷦鷯甚至可以在飛行時唱歌，即便在落地時也能唱得準確無誤。而且歌曲重複的次數也相當驚人。牠們通常一分鐘可以唱三到四遍——有時甚至更多。

我盼望自己也能夠如此充滿活力、興高采烈地讚美我的創造主。當雄性鷦鷯嘴裡叼滿了蟲子在巢邊餵養小鳥的時候，牠會邊餵邊唱；歌聲悠長嘹亮，熱情無比。我若能像牠那般讚美上帝該有多好啊！

主，若我張開雙耳聆聽、睜開雙眼觀察你所造之物，在小事上怎樣熱心勤勉，我能獲得什麼益處呢？求你將你的道路指教我。

宇宙歌唱，四圍響應

稱謝耶和華！歌頌你至高者的名！……因你——耶和華藉著你的作為叫我高興，我要因你手的工作歡呼。詩篇92：1-4

你是否想過能夠讚美上帝是一項多麼寶貴的特權？世界上有許多人不曉得祂的存在，有些人甚至從未聽說過祂，另外有些人雖然聽過，卻拒絕相信。所以，如果你聽說過上帝，又選擇相信祂，那麼能對造物主傾心吐意、揚聲讚美並忠心敬拜，是多榮耀且尊貴的事啊！

在我眼中，大自然在讚美上帝的事上沒有一刻停歇。無論是有生命或無生命之物都藉著實現造物主所賦予的天命來榮耀祂。因此，當雷聲大作、海浪翻騰；當雨滴灑落、清風吹拂，或小鳥啾啾、花栗鼠吱吱，或青蛙高鳴、海豹嗷叫，這些在我耳中全都是對上帝的讚美，我甚願能成為其中的一員。這樣看來，你曾經試過走進大自然卻只感受到一片死寂嗎？有許多次，我深信身處遙遠的荒野，但我同樣聽到了「宇宙歌唱，四圍響應」的聲音。世間萬物，無論有生命的或無生命的，都能發出讚美的聲音。即使是在漆黑洞穴中，本以為萬籟俱寂，還是可以聽到細微的流水聲，聽到清風拂過通道與洞穴時發出的輕歎。當然，就連不知所以的掌聲都被人們普遍認為是一種讚美或尊重，不是嗎？

那麼對於上帝來說，人能運用祂所賜予的心靈、聲音和舌頭去表達對生命的感激和對創造主由衷的感謝，是多麼意味深長且珍貴無比啊！試想，在所有的被造物中，只有人類擁有用於思考的神經系統，可以思念我們的創造主。不僅如此，我們還可以運用富有意義的話語去表達內心的喜樂。我們可以像大衛那樣，「早晨傳揚你的慈愛，每夜傳揚你的信實。」（詩篇92：2）我們甚至可以彈奏各樣的樂器來抒發讚美之情。「因你耶和華藉著你的作為叫我高興，我要因你手的工作歡呼。耶和華啊，你的工作何其大。」（4、5節）試想，上帝用自然界萬物的歌聲來吸引我們的注意，「使地上的萬民都知道唯獨耶和華是上帝，並無別上帝。」（列王記上8：60）

 主，今日就將你的歌放在我心中，使我能宣告你的信實。

星辰作樂同聲

我立大地根基的時候，你在哪裡呢？你若有聰明，只管說吧！你若曉得就說，是誰定地的尺度？是誰把準繩拉在其上？地的根基安置在何處？地的角石是誰安放的？那時，晨星一同歌唱；上帝的眾子也都歡呼。約伯記38：4-7

從山景學院出發，只需幾分鐘車程，便來到另外一所美麗的校園，校園外一座巨大的指示牌上寫著SETI（外星智慧生命搜尋計畫）協會。這所私人機構成立於1984年，其宗旨是檢測信號或尋找證據，以證明在蒼穹之外，有高等生物的存在。SETI是Search for Extraterrestrial Intelligence的縮寫，這計畫實際上在1960年左右就開始了，先是有一條來自於太空的無線電錄音，接著舉行第一屆SETI會議，後來蘇聯和美國政府紛紛籌措資金贊助各種項目。就在SETI創立後不久，傑里‧伊曼（Jerry Ehman）於1977年8月15日使用俄亥俄州立大學的大耳朵無線電望遠鏡，檢測到一個無線電訊號，符合來自某些高等生物的所有指標。也許這是某種代碼，但是由於這一信號只持續了72秒，而且也沒有重複出現過，我們至今也說不清這到底是什麼。傑里在自動數據記錄表上用紅色的筆圈出了這個訊號，並在旁邊寫了一個大大的WOW，這就是著名的「WOW！訊號」的由來。

雖然他們並沒有找到期待已久的無線電訊號，但SETI的使命依舊。在SETI協會的網站上，說明其宗旨是「探索、理解並解釋宇宙中生命的起源、特性和傳播」。他們表示：「我們深信我們所做的一切，是人類史上最深入的探索——去了解人類的起源和地球在眾星中的地位。」

這樣看來，SETI的探索行為不正是愛因斯坦對於精神錯亂定義的最佳例證嗎？半個多世紀以來，人類最先進的技術成果都瞄準太空，愛因斯坦說得好，精神錯亂就是一遍又一遍地重複做同一件事情，卻期待會有不同的結果。你們到底要尋找什麼樣的「宇宙歌唱」呢？你豈不當尋求上帝的話語，好明白人類的起源和地球在眾星中的地位嗎？

主，求你用堅定的愛將我環繞。將那欺騙者攪擾的信號過濾掉。使我聽到眾天使歡唱的聲音。

我心滿有安寧

於是國中太平，沒有爭戰了。約書亞記11：23

當我上網瀏覽科技新聞或是查看最新的科學成果時，會發現隨著科學界不斷修正其現有理論，我也不得不一次又一次地顛覆原有觀點。例如，就人類起源來說，最初的理論直指人類最可能由猿類進化而來，實際上黑猩猩是現存與人類關係最密切的「表兄弟」；但稍後修正為，猿類的來源始於人類；再一次改為人類是從南方古猿的一支進化而來（這一點尚未有定論），生活在200－400萬年前的非洲。就地球的年齡來說：在1860年前後，有關地球年齡的猜測就有大約100種，時間跨度從5,400年到近9,000年不等；後來開爾文勛爵（Lord Kelvin）計算得出地球從熔融狀態冷卻到目前的地表熱流狀態，需要一億年的時間（地殼每深入50英呎溫度升高攝氏1度），但當時他並不了解放射性衰變本身會產生額外的熱量；但這並不是最終答案，目前各種化學物質分析則將岩石的年齡回溯至大約45億年前。若是論及我們所處的星系——銀河系的起源，各種理論更是層出不窮：就在120億或130億年前的大爆炸之後，原始引力波開始了聚集過程。透過不斷聚集星際氣體和塵埃，星雲逐漸形成。不過根據今天我所讀的資訊，這種觀點可能又要被顛覆了，因為最新數據顯示，當大量塵埃與氣體崩塌之時，同時形成了銀河系中幾處毫無關聯的大塊星雲。可憐的我——被這些變幻莫測的理論搞得頭昏腦脹。但一個大大的問號始終縈繞在我心頭：「與50年或100年前相比，我們如今真的距離真理不遠了嗎？」

《聖經》裡有一則故事安慰了我的心。《聖經》記載在沙漠中流浪的以色列人經歷了漫長的苦難，上帝吩咐他們將拜偶像的外邦人趕出應許之地時，當倚靠耶和華，但他們卻未能遵守祂的命令。而當約書亞擔任領袖之職時，他選擇倚靠上帝，就能戰勝敵軍，勢如破竹。我們可以在約書亞記第11章讀到此事。簡言之，約書亞照著耶和華吩咐摩西的話奪了全地，大功告成之後，接著「國中太平，沒有爭戰了」。

你難道不想從這激烈的理論之爭中脫身嗎？帶著謙卑的心，明白人類真的無法了解所有的奧秘。你是否願意選擇相信上帝的話呢？

主，你曾經一遍又一遍地指出，義人必因信得生。我已準備好在你裡面得到安歇，因我知道唯有你了解你所做的一切。我選擇信靠你。

樹木石頭

因為房屋都必有人建造，但建造萬物的就是上帝。希伯來書3：4

現在就看看你的周圍。也許你此刻正坐在桌邊享用早餐，或是與家人在客廳中圍坐聊天，但毫無疑問，你所住的房子，即便不是全部，主要也是由從岩石或樹木中獲得的材料建造的。

若我們將房屋完全拆開，分作三類，一類標上「石頭」，另一類標上「樹木」，最後一類標上「兩者皆非」，那麼大部分的房屋中都幾乎找不到什麼材料是可以歸入「二者皆非」這一類的。反之，石頭組和樹木組數量定是相當可觀。

想想看，所有的木材、紙張和纖維製品都將歸入樹木組——若考慮到所有的木質框架、櫥櫃、牆板、牆紙，以及房間中的所有木器，樹木組很可能是這三類組中最大的一組。石頭組則包含所有的磚頭、瓷磚、砂漿、陶瓷、玻璃、銅、鋁、釘子、訂書釘、螺絲、油漆、電線、石膏以及堆積在閣樓上的材料。各種各樣的岩石、礦石或砂石（碎石）被用來製成許多不同的產品（建造一座房屋就需要25噸砂石來做外部裝飾）。最後，我們來看最後一組。在「二者皆非」的組別中可能有一些塑料，也許有部分屋頂板材，和一些填縫劑和玻璃纖維樹脂。但如果你再仔細思量，很可能會將它們歸入樹木一組，因為它們是由石油產品製成，而石油的前身還是樹木。地質學家則會有不同意見，認為這些東西應該歸於石頭組，因為它們都來自從地裡挖掘的物質。好在這些東西並不多，我們無需解決此項紛爭。

事情的關鍵在於我們所居住的房子，也是由上帝所造之物製成的。每一件東西都來自於祂賜福的手。上帝在預備萬物的工作上投入極大的熱忱，於細微處皆能彰顯其設計之精妙。正如今日的存心節所述，「房屋都必有人建造，但建造萬物的就是上帝。」我盼望著經上所記載的時刻的到來，「他們建造的，別人不得住；他們栽種的，別人不得吃；因為我民的日子必像樹木的日子，我選民親手勞碌得來的必長久享用。」（以賽亞書65：22）所以在我們等待之際，如何才能在生命中結出聖靈的果子，並為天上的國度塑造品格呢？

 我敬愛的主，耶和華，我如今看到石頭和樹木是如何以另一種方式宣告你的良善與大能了。但願耶穌的光照在我的生命中，預備好自己，為那將來的國度得以成長與建造。

蒼天碧海

以雅各的上帝為幫助、仰望耶和華——他上帝的，這人便為有福！耶和華造天、地、海，和其中的萬物；祂守誠實，直到永遠。詩篇146：5-6

是小行星創造了海洋嗎？這是今天我在最新的新聞雜誌上，讀到的文章標題。這份令人震驚的報導講述了近來針對月球和小行星的各種科學發現，或許能解釋地球上豐富水分的來源。你知道，我們的地球是整個太陽系中唯一的蔚藍色星球，沐浴在孕育生命的雙重水分之中——液態（海洋）和氣態（天空）。它們到底來自何處？我們確實應該了解！

數枚配備了各類光譜儀的衛星，在月球表面發現大量的冰凍水和經過水合作用的岩石，其數量遠超過之前科學家們的預測，於是新一輪的發現由此產生。近來，天文學家採用美國太空總署設在夏威夷的紅外線望遠鏡對於一顆介於火星和木星之間，名為24 Themis的小行星進行研究。根據收集的資料顯示，小行星的表面覆蓋著一層薄薄的冰，並且存在一些能夠建構生命的分子（研究結果之所以令人震驚是因為這顆直徑125英里的小行星表面溫度過於溫暖，冰霜根本不可能長期存在）。有科學家提出假設，認為一個或多個天體與地球相撞，不僅帶來大量的水，還帶來了一些建構生命的有機物。但究竟水是從何而來呢？它總有一個源頭才對。

水分子結構雖然非常簡單，但在設計上卻頗具巧思，使其擁有獨特的特質，與其他大小形狀相似的分子迴異。水是為生命體系量身打造的。事實上，生命的存在離不開水，沒有它，生命亦隨之消失。水的特性與重要性便是上帝之愛的見證，證明祂十分關心所造之物。

《聖經》中的話語是清晰的。上帝創造了海洋、天空和其中的萬物。祂不僅創造了眾水泉源，而且為它們設定界限，並控制那可能席捲一切的暴風雨。詩篇19章明明白白地寫到：「諸天述說上帝的榮耀；穹蒼傳揚祂的手段。這日到那日發出言語；這夜到那夜傳出知識。」（詩篇19：1-2）

 耶和華啊，讓我的心向著你的聲音敞開，你的聲音透過大自然的種種奧妙，傳達得再清楚明白不過了。使我成為受教的子民，像蒼天碧海一般述說你的大愛。

祂的手創造奇蹟

你的手製造我，建立我；求你賜我悟性，可以學習你的命令！詩篇119：73

你是不是像我一樣非常喜愛去逛工藝品展覽會。每年夏季，全美幾乎每個小鎮或社區都會舉行工藝品展銷會，以顯示當地能工巧匠的藝術創意及高超技藝。我方才在網上搜索，僅一個網站上就列出了2萬件在今年夏季計劃參展的工藝品。我的家鄉密西根州在未來的兩個月內將舉辦158場展覽。其中許多展將評選出最佳作品並予以獎勵。當你旅行時，你會選擇購買什麼樣的紀念品呢？也許很少人會選擇工廠製作的小商品作為紀念。大部分人通常是在路邊攤，或是各個特色小店中購買當地工匠們親手打造的小物。

略加思考便能得出如下結論：我們手所做的工作顯示出我們是怎樣的人。那些暴力的人抬起手來就是要傷害、摧殘和毀滅，而醫生、獸醫、物理治療師、護士伸出溫暖的雙手是為了減輕痛苦，帶來治癒。音樂家們用他們靈巧的雙手，優美的嗓音，演繹偉大的篇章使人振奮，備受鼓舞。文思泉湧的作家振筆疾書，將奇思妙想訴諸筆桿，講述一個個美妙動人的故事。教師與指揮家們揮動著雙手，為要傳遞思想，團結整個群體。畫家和藝術家們用那被顏料浸染的手創造他們的視覺藝術，園丁與農民用他們沾滿泥巴的手整理土地，播種收割。木匠們則用佈滿老繭的手切割、塑造、打磨木料，使它們成為有用、美麗之物。機械師用他們常年油膩的手修理更換配件，紡織藝術家和裁縫則用靈巧的雙手來縫製衣服、窗簾、寢具，以及各式各樣的織物和家用布料。

手是人類心靈的忠僕。它們將現實投射於人的想法之中，並將奇思妙想變成各式各樣令人讚歎的創作。由於我們是按著上帝的形像創造的，那麼試想祂的手能成就何等的奇事！但那雙手所成就最為奇妙的事，就是在冰冷的十字架上展開，手心向上，為我的罪付上贖價，使我得以存活。

每當我想到你那充滿愛的雙手為我所成就的事時，便滿懷敬畏與謙卑站立在你面前，敬拜你為我的救主。你的名配受一切的讚美與尊榮。

小鳥展翅飛鳴

雀鳥一叫，人就起來，唱歌的女子也都衰微。傳道書12：4

鳥兒為什麼要唱歌、呼喚、鳴叫、嘰嘰喳喳、唱高低調，非要千方百計發出聲音呢？是隨時在尋找彼此嗎？是呼朋喚友享受大餐嗎？還是說牠們鳴叫是為了讓人類知道牠們是誰，住在哪兒？或許有道理，正如傳道書12：4所述，牠們是上帝的鬧鐘，每天早上要喚醒我們。鑒於不同的鳥類會發出不同的叫聲（短促的吱吱叫或是嘰嘰喳喳不停）或歌聲（在較長的時間段中唱出曲調），是否代表著是為了不同的目的而發出不同的聲音呢？——譬如，警告掠食者、抒發快樂的情感、向其他鳥類宣告疆界或領土、讚美上帝、吸引伴侶或教導幼鳥等等？

《聖經》中不止50次提及「鳥」這個字。雖然我們使用的《聖經》版本各有不同，但經文中提到超過30種鳥類。但有趣的是，在英文版新國際譯本中只有兩處提到鳥的鳴叫（詩篇104：12和傳道書12：4）。對觀福音（馬太福音、馬可福音、路加福音的合稱）中有五處提到彼得在雞叫之前所面臨的試驗，所以《聖經》中並沒有寫明鳥兒為什麼歌唱，牠們就是單純地唱著——也許這就足夠了。

數十年來生物學家潛心研究鳥類的鳴叫（相比之下，雄鳥唱歌最勤快）。幼鳥發出的歌聲，就像嬰兒牙牙學語，需要不斷練習方可熟能生巧。雌性挑選伴侶的指標就是牠的歌聲。若是歌聲不能打動牠的芳心，牠便拒絕交配。由於人類的耳朵聽不出鳥類鳴叫的頻率，也無法分辨出叫聲中飛快的音節，因此我們需要專門的錄音設備和數字聲音分析儀來感受鳥類聽音辨識和回應的複雜性。鳥類的發聲也有方言，各地之間並不相同。某些鳥類個體也具有差異性，這使周圍的鳥兒始終分不清誰是誰。由於生物學家們特別謹慎地避免將人類動機加在動物身上（例如興奮、恐懼、快樂和希望），因此科學文獻對於鳥類發聲時可能抒發的情緒和感受三緘其口。可悲的是，由於許多生物學家並不接受上帝的存在，也不承認祂的創造大工和榮耀，因此在他們的文章中，除了偶爾流露出對上帝的奚落與嘲諷之外，便再也不見創造主的出現。然而，我認為這些鳥兒在讚美牠們的創造主，因為牠們忠心地履行上帝創造時所賦予牠們的天命。

主啊，若我們閉口不讚美你，石頭也必起來歡呼讚美你。你必定教會了天上的飛鳥唱頌讚的歌兒。願我的歌聲今天也能加入牠們頌讚的行列。

晨光明亮

以色列的上帝、以色列的磐石曉諭我說：「那以公義治理人民的，敬畏上帝執掌權柄，他必像日出的晨光，如無雲的清晨，雨後的晴光，使地發生嫩草。」撒母耳記下23：3—4

漆黑的夜晚漸漸化成了不易察覺的灰影。此時的我已起床梳洗完畢，將最後一件設備塞進笨重的相機包，並把三腳架栓在背包的側面。昨夜冷鋒已過境，清晨的天氣應是格外晴朗，去拍燈塔照片一定美得令人屏息。時間不多了，還有幾英里的車程，我知道我將要與這晨光競逐了，真正的攝影師都是這樣與時間賽跑。

晨光的確有其難以言表的奇妙之處。它步履輕柔，卻又不斷變幻，其光彩時暗時明。它彷彿具有魔力，只需輕輕一點，原本稀薄平常的照片瞬間就能成為一件攝影藝術佳作。若在專業人士的手中，晨光就能散發出如此巨大的魔力。

我想，垂暮之年的大衛王，在他統治的最後階段，根本不懂什麼叫光圈孔徑、鏡頭焦距，或光圈大小，我猜他也不懂色溫、景深或膠片感速，畢竟他連一台相機都沒有，但是在他生命最後的歲月裡，在他的遺言中（記載於撒母耳記下23章），大衛清楚地知道什麼才是最重要的。他對上帝的認識非常深刻，上帝與他之間的情誼綿長且親密。雖然大衛生命中有缺憾，但他知道他的救贖主，並確知他與上帝之間的契約關係，他明白上帝在透過他說話，使他受聖靈的感動。因此在大衛王所描述的一幅最為優美的圖景中，他提出如何與上帝和好，以公義與敬畏治理人民、執掌王權。大衛說，他必像日出的晨光，如無雲的清晨，如雨後的晴光，滋養嫩草。

 耶和華啊，我也如同大衛一樣，曾經使你失望。但我真真切切的認識你，並向你承認我一切的罪。這便是我與你和好的證明。在你所賜予我的生命疆域中，求你將你的旨意教導我，使我柔軟溫和如同晨光，堅定剛強如同雨後的嫩草。願我今日所言所行皆是你榮耀與尊榮的表現。

百花美麗

在上帝我們的父面前，那清潔沒有玷污的虔誠，就是看顧在患難中的孤兒寡婦，並且保守自己不沾染世俗。雅各書1：27

大多數人買復活節百合通常是到集市或花店，挑上一盆，付錢即可，但你可曾想過這盆植物的出現需要付出多少細緻入微的關照與心思？你購買的這種花，它所具備的每一特性都是經過嚴密的分析、細心的栽培、特別的設計而來的。

復活節百合通常的花期是在夏末，因此將其開花的時機控制在兩週內，使人們在復活節的時候樂意購買才是真正的難題。但更複雜的問題是，復活節並不是固定的日子。人們將過了春分第一個滿月之後的第一個星期日定為復活節，因此大致上會落在3月22日至4月25日之間。所以培育復活節百合是一項需要付出極大努力的工作，需要對每一個細節予以考慮，因此只有專業人士能勝任這樣工作。

你所購買的這盆復活節百合花，凝聚著三到四年極其艱苦的計劃與心血。頭一批小小的百合鱗莖從母株上移除，種植於良田中。一年之後，這些一歲的百合寶寶再次被移植至另一塊田中，在這裡接受一年的特別照顧。第二年結束後，成熟的植株再次被挖掘出來，新一輪移除百合鱗莖的工作再次啟動，成熟的種球則被運送至種植者的手上。他們將種球栽在花盆裡，花費大量的時間照料這些棕色的鱗莖，使它們在非常精準的溫度、土壤水分、光線條件和光照週期中成長，以便能精確地捕捉到那變幻莫測的兩週花期，使其在鮮花市場上出現時能夠亭亭玉立、光艷照人。

那些清潔沒有玷污的，照顧需要幫助的，不沾染世俗的人──就像是世界頂級的復活節百合──都不可能偶然產生。但有上帝作我們的園丁、我們的幫助、我們純潔無瑕的中保，祂能使我們像那百合一般，宣告我們創造主的榮耀。

 耶和華，請你盡情花時間將我變為純潔，無可指摘。我今日就臣服，將頑固的心意交託予你。

證明造化精深

我又聽見在天上、地上、地底下、滄海裡，和天地間一切所有被造之物，都說：「但願頌讚、尊貴、榮耀、權勢都歸給坐寶座的和羔羊，直到永永遠遠！」啟示錄5：13

這段經文實際想表達什麼含義呢？在天上、地下、滄海裡、在天地之間的所有被造之物都在唱歌嗎？再來看看這句話，它是說蚯蚓和鼴鼠，將與鯨魚、海星、猴子、蜘蛛、孔雀和蜂鳥一起歌唱，我們都要一起歌唱。所有人和一切生物都要歌唱——歌唱讚美：「但願頌讚、尊貴、榮耀、權勢都歸給坐寶座的和羔羊，直到永永遠遠！」這是多麼壯觀的合唱團！我真心希望能亮開嗓音，加入其中，獻上讚美。那麼這首宇宙萬物大合唱是在什麼情形之下發生的呢？

在大風四起的拔摩島上，約翰見到了異象。他看到一個寶座安置在天上，又有一位坐在寶座上，手裡拿著被七印封嚴的書卷。有呼叫發出：「有誰配展開那書卷，揭開那七印呢？」（啟示錄5：2）顯然不是坐在寶座上的那位將它展開。於是約翰大哭起來，因為似乎沒有配做這件事的。這時二十四位長老中的一位站出來安慰約翰說：「不要哭！看哪，猶大支派中的獅子，大衛的根，祂已得勝，能展開那書卷，揭開那七印。」（5節）約翰看到寶座前有羔羊上前，接過書卷，於是四活物與二十四位長老圍在寶座前俯伏下拜，手中拿著琴和盛滿了香的金爐；他們唱起新歌：「你配拿書卷，配揭開金印；因為你曾被殺，用自己的血從各族、各方、各民、各國中買了人來，叫他們歸於上帝，又叫他們成為國民，作祭司歸於上帝，在地上執掌王權。」（9、10節）接著寶座周圍的千千萬萬的天使大聲應和：「曾被殺的羔羊是配得權柄、豐富、智慧、能力、尊貴、榮耀、頌讚的」（12節），最後——作為讚美敬拜的高潮——所有一切有生命的被造之物都加入這場超大陣容的合唱團。「但願頌讚、尊貴、榮耀、權勢都歸給坐寶座的和羔羊，直到永永遠遠！」（13節）上帝的羔羊，除去世人罪惡的，的確是配受讚美的。

耶和華，這是一場多麼盛大的天上的慶典！聖哉、聖哉、聖哉，被殺之羔羊。阿們！

4月 APRIL

祂照耀萬千美景

那報佳音，傳平安，報好信，傳救恩的，對錫安說：你的上帝作王了！這人的腳登山何等佳美！**以賽亞書52：7**

有時在忙碌中停下來思考，或是仔細讀一讀這個世界上發生的事，你可能就會被徹頭徹尾的壓抑情緒所擊倒。如果早期蟲害沒有將你花園中可愛的蕃茄破壞得一塌糊塗，那麼它們也逃不掉晚期蟲害的魔爪。所愛的親人和朋友過早地被癌症纏上，失去了生命——甚至連年幼的孩童也無法倖免。破裂的油井噴湧出大量黏稠的原油——人們對此卻束手無策。玫瑰雖豔麗，卻故意穿戴一身尖利陰險的刺。而這一切似乎還嫌不夠，一場大地震瞬間傾覆了眾多家庭和工廠，無數人因此喪生、受傷。在遙遠的地方，海嘯出其不意地襲擊了遊客和當地居民，將他們席捲吞沒，再加上動盪不安的戰爭、饑荒、政局不穩，你真的有充分的理由感到低落沮喪。這一點毫無疑問！在這個罪惡的世界上所發生的事情令人意志消沉，看到這些，沒有人能心情愉悅。

不過凡事皆有正反兩面，我們還可以積極地尋找良善美麗的一面，儘管這需要在心靈上進行操練。雖然罪孽重重地傷害了我們的世界，但它仍充滿了足以攝人心神的美景，以證明上帝造化之工。因此，我們仍能尋得天堂般的島嶼、威嚴壯觀的瀑布、靜謐的海灘、安寧的林間步道、色彩絢爛的珊瑚礁、波平如鏡的湖泊、大漠壯麗的日落、寬廣無垠的海洋、映照著斑斕陽光的小溪、一覽眾山小的巍峨山脈、湖畔的公園等等。當我們尋找「千萬美景」時，這些當然可算作其中，但這些壯麗景色若是與基督在十字架上所展示的大愛相比，顯然是蒼白無力。

基督在十字架上受的一切苦楚，都不能與祂和天父分離的痛苦相提並論。「我的上帝，我的上帝，為什麼離棄我？」（馬太福音27：46）無疑，在冰冷的十字架上，耶穌基督承受著這個罪惡的世界所能加給祂的、最為沉重的惡意，沒有比這更令人沮喪的事了。但是祂的死卻有著無比光明的一面，耶穌的復活使這個最悲傷的故事變為最美麗的佳音，福音就是基督戰勝邪惡。基督如此愛我，祂願意為我的罪孽付上最終的贖價，使我可以擁有生命。我的上帝——我的救主——如今已經作王掌權，這便是一切美景之中最美之事了。

對於這個世界上所看到的一切邪惡，我根本無法全然了解。耶和華啊，我相信終有一天迷霧將散去，永恆的和諧將取而代之，一切痛苦疾病皆顯出緣由。

風吹草偃

在地的山頂上，五穀必然茂盛；所結的穀實要響動，如黎巴嫩的樹林；城裡的人要發旺，如地上的草。詩篇72：16

祂使草生長，給六畜吃，使菜蔬發長，供給人用，使人從地裡能得食物。
詩篇104：14

今天，我想因青草而感謝上帝，青草帶給人的福氣實在驚人。試試這樣做：躺在草坪上，感受小草的柔軟。翻個身，近距離地觀察小草。拔出一根小草仔細研究一下。你會發現它們生得其實不太一樣，對嗎？從那毫不起眼的莖中抽出幾片葉子，莖的底部還牽著一些草根。接下來我們進行遠距離觀察。一片被妥當照料、修剪整齊的草坪看起來特別美好且極富價值的，可以提升整個花園景觀的水準，不僅能自然地劃出範圍，而且為嬌艷的鮮花提供絕佳的背景色，同時也為家庭營造溫馨的氛圍。單獨看一株小草毫無動人之處，但當它們集結成群，確實令人印象深刻。

最後，我們來數算小草的各樣用途。它們不僅能使泥濘不堪的場地遍滿翡翠般的綠意，還為這個世界提供了數十億的水稻、小麥、玉米、燕麥、大麥、黑麥、甘蔗和高粱。除此之外，竹子這種世界上生長最快，成長最高的禾本科植物，幼時不僅能夠作為食物，長成後也能當作木料，用途廣泛。在適宜的環境中，竹子一天就可以竄出幾英呎。竹子是中國大熊貓和尼泊爾小浣熊的主要食物來源，也是非洲山地金剛猩猩的主食。想想這世界上數不清的食草動物，青草就等於是牠們的生命。與此同時，你也別忘記所有食肉動物和食蟲生物。食肉動物（例如獅子、豹子、貓頭鷹和老鷹）以及食蟲生物（例如蝙蝠和鼩鼱）都離不開小草，因為它牠們要以食草動物為食。想要羅列出以草為生的物種恐怕是不可能了，因為整個世界都是青草在餵養的。

此外，青草可以使沙丘、沼澤和其他生態敏感地區變得更為穩固。人們利用草造紙、蓋房頂、做燃料、製成隔熱材料，以及鋪設各種類型的運動場草坪。我想你現在應該明白了，青草的確是上帝賜予我們的特殊禮物，當我靜心沉思這份厚禮時，那句著名的歌詞「風吹草偃，將祂表現，天恩廣佈世間」即彰顯出新的含義。對我來說，每一片草葉上都書寫著我的創造主的濃情厚意。

主啊，每當我停下腳步默想你賜給這個世界的貼心禮物時，便因你的仁慈與慷慨而由衷驚歎。你關心你所創造的萬物，對他們的愛細緻入微。

我聽見祂走過

不要叫受欺壓的人蒙羞回去；要叫困苦窮乏的人讚美你的名。詩篇74：21
王要回答說：「我實在告訴你們，這些事你們既做在我這弟兄中一個最小的
身上，就是做在我身上了。」馬太福音25：40

首先，我們應該界定貧窮的性質：它指的是一種思想的貧乏，還是靈性發展的欠缺，還是情緒健康的缺失，亦或財富的缺少？我們應該意識到，想要評價「貧窮」一詞，必須根據某些標準。若是根據財富的多寡，那麼我與快餐店洗碗工比賺錢能力的話，我顯然是略勝一籌，但若與《財富》雜誌所排名的世界前500強的企業執行長相比，我肯定顯得一窮二白。

其次，人與其家庭常在貧窮和富有之間轉換。許多富有的人會淪落到貧窮的境地，而許多窮人也能透過努力工作而變得富有。

再者，我們中間窮人永不斷絕。（參見申命記15：11和馬太福音26：11）

最後，我們要記得，基督為我們的緣故成了貧窮，叫我們可以因祂成為富足。（哥林多後書8：9）

基督允許窮人在我們中間，不正是要藉著他們給予我們重要的教訓，使我們學會愛人如己，不偏心待人，對所有人顯出善意與慷慨嗎？（雅各書2節；箴言19：7；申命記15：7）

難道耶穌不是每天穿著破爛的鞋子四處奔走嗎？如果我們警醒，就能夠在那無家可歸的流浪婦人蹣跚的步伐中，聽到耶穌走過。當我們盡心幫助鄰舍時，就會在那單親媽媽空空的購物車嘎吱嘎吱駛過的時候，聽到耶穌走過。或許當我們仔細聽，就會在那一夜就傾家蕩產的華爾街投資者痛苦的呻吟中，聽到耶穌走過。聽啊！你有沒有在那被強暴的少女的哭訴中聽到祂走過，有沒有在那被遺棄的孩子不自覺的啜泣中聽到祂的聲音？你有沒有在鄰居的呼求中聽到祂的呼喚？你有沒有聽到洪水過後，有人急需幫助排乾地下室的積水，有學生需要課業輔導，有人請求協助兒童安息日學，或在當地食物銀行或賑濟處需要有人幫忙？你有沒有聽到一對新婚夫婦需要婚姻指導？這些是否都是耶穌經過的聲音？

親愛的主，求你敞開我的心靈，使我學會傾聽。讓我今天在身邊人的需要中，聽到你的呼喚。

祂時刻對我說話

諸天述說神的榮耀；穹蒼傳揚祂的手段。這日到那日發出言語；這夜到那夜傳出知識。無言無語，也無聲音可聽。詩篇19：1-3

沒錯，上帝的確時時刻刻對我說話，但關鍵是：我有聆聽嗎？我有迅速作出回應嗎？

我記得幾年前曾經參加過一次公路競賽。比賽的關鍵是要準確遵循指示。我的搭檔J.T.擔任駕駛，而我當時則是導航員。我們需要按照路線，根據下達的一組指令，作出一系列動作，轉彎、注意速度指令，並嚴格遵守隱藏在代碼中的提示。最後一項挑戰是計時賽，參賽者需駕車駛過一段路線，這是在一座大型停車場上用反光錐標註的複雜彎曲路線。這場比賽就是要看哪一組能夠在最短的時間內完成挑戰並且不碰到任何反光錐。看似簡單如小菜一碟，但後來我們得知比賽時駕駛員要矇上雙眼，在導航員的指揮下完成挑戰。你可以想像，當駕駛員與導航員在加速、左轉、轉大一點、後退、右轉這些指令上不能達成一致時，是多麼滑稽的一件事。當時的場面真令人忍俊不住。不用說，場上的反光錐可是遭了殃。成績最好的組別當然是那些駕駛員和導航員能夠彼此完全信任的團隊，他們溝通有效且迅速，並且參賽者都絕對服從指令。

上帝時時刻刻對我說話。如果我沒在聽，祂也許會選擇省省力氣，就好像祂從來不曾說過話，但如果我聽到但是不立刻回應，那麼我必定很快就走偏了。哪怕是我在叉路上開出50英呎或是半英里，「這是正路，要行在其間」的警告對我已經沒什麼價值了。當我們連結在真葡萄樹上時，唯有立時回應上帝的話語才能使聖靈的果子逐漸長成。我曾經聽到上帝對我說：「這個人需要幫助！」「哦，不行，要回去道歉！」「看到那個褲子鬆垮垮、頂著刺蝟頭的少年了嗎？你要愛他。」「告訴她你現在就可以在辦公室接待她。」「你一定記得的，難道不是嗎？貓喜歡人撫摸牠，而不是踢牠——記得嗎？」「威爾遜住院了——你為什麼還不去探望他？」「去問問那個無家可歸的人，他是不是餓了，記得，要微笑！」

 主啊，無論有什麼吩咐，請說吧！我正在聽。讓塵世的噪音歸於寂靜，商業的喧囂恢復安寧。開啟我的耳朵，使我聽到你的聲音，激動我的心，作出即時的回應。

叫我永誌不忘

她們就想起耶穌的話來。路加福音24：8

我的母親如今再也認不得我是誰了。每次我走進她的房間，都對她說：「媽，最近好嗎？」有時她認出我，便微笑起來。但更多時候，她卻是眼神空洞地望著我，彷彿看著一個陌生人。我對她說起我的家庭，但是顯然她根本不明白我在說什麼。母親現在連簽名也越來越困難了，有時我不禁懷疑她是否還知道自己是誰。

這便是阿茲海默症患者令人心碎的狀態，它讓我們明白擁有記憶這件禮物是多麼珍貴的事情。記憶幫我們留住過去，以此計劃未來。就這樣日復一日，我們享受著平凡的日常生活，回溯自己走過的路程。若是沒了記憶，我們所擁有的只是當下——再無其他，每個人都成了陌生人，日曆也沒有存在的意義，甚至鏡子也讓人迷惑，好像屋裡突然出現一位陌生人。傳道書12：1說，當趁著年幼的時候記念我們的創造主，因為苦難的日子將會來到。這意味著我們有可能會忘記我們的上帝。隨著年齡的增長，一項最為顯著的症狀就是心智能力下降。1906年，一位德國醫生阿諾斯‧阿茲海默博士（Dr. Alois Alzheimer）對一位老年病患死者進行腦部解剖，該患者在去世前的數年間，記憶力嚴重退化。阿茲海默驚訝地發現其腦部有纏結的神經細胞以及周圍黏稠的大塊沉澱物。不過直到20世紀60年代，科學家們才認定這一現象與記憶喪失有關。不久之後，科學家們開始深入研究導致記憶喪失——如今被稱為阿茲海默症——的環境及遺傳因素。雖然我們仍舊沒有治癒的方法，但是我們已經了解一些危險因素。

以下是如何避免阿茲海默症：❶不要變老。年齡增長是罪魁禍首。然而，我們對此束手無策。❷直系家庭成員、如父母或兄弟姐妹沒有人患有此疾。已知一種基因會增加患病風險，但並非絕對因素。但對於這一點，我們也沒有選擇權。❸避免頭部受到嚴重傷害。頭部受傷會增加患病風險，所以要小心謹慎。❹經常鍛練腦力——這是我們可以控制的因素。❺健康均衡的飲食。❻不抽煙。❼有合宜的社交活動。❽玩遊戲，定期參加激發智力的活動。最後五件事都與生活方式有關，屬於可控範圍。最重要的是，盡情享受我們每一天的生活，這是創造主賦予我們的厚禮。

謝謝你，主耶穌，你指教我在幼年時當記念你。今日我要因你歡喜快樂。

罪惡雖然好像得勝

故此，我所願意的善，我反不做；我所不願意的惡，我倒去做。羅馬書7：19

在你看來，罪惡是否好像經常勝過你？對於羅馬書7：19的經文，你是否感同身受？你是否真心想要行善，結果自己往往無法信守承諾，好像惡性循環，無法逃脫。現實真讓人心灰意冷，對嗎？好吧！讓我們深呼吸放鬆一下。

　　作為掠食者，獵豹的捕獵技巧可謂相當高超。只消3步，其時速就可從零飆升至40英里，再跑出幾步，時速最高可達70英里。獵豹的心臟和循環系統是專為高速奔跑而設計，無論大小還是強度，性能超高。牠體型纖細，呈流線型，小腦袋，眼睛又大又圓，這樣奔跑起來風阻極小，且視野開闊。獵豹的整個肌肉骨骼系統特別適用於極速轉彎和超長步幅，當牠全速前進時每秒可跨越三個身長的距離。眾所周知，賽車需要強勁的牽引力，而獵豹半收縮狀的爪子短而鈍，好像跑鞋上的鞋釘。爪子上的肉墊比其他貓科動物的更加堅硬，使牠的控制能力大大加增。我想你已經明白我的意思了，獵豹看起來就是為追逐而設計的。

　　獵豹的缺點是牠並非屬於攻擊性的貓科動物。由於體型比獅子和豹子小得多，因此牠們不與其他掠食者爭搶。而且牠們因奔跑速度極快，所以很快會感到疲倦，因此捕獵的過程通常只持續20－40秒。若是超過一分鐘，牠們一定會跑得上氣不接下氣，所以牠們出擊的成功率一般只在50%。

　　現在，我能聽到你的疑問，「嗯？這些關於獵豹的事與我不去做那些願意做的事，反而去做那些不願做的事，有什麼關係？」像保羅一樣，我們也曾向上帝求一顆新心，祂也賜給我們了。我們越是嚮往純淨與聖潔，就對潛伏在我們中間的罪越發敏感。我們現今心中苦苦掙扎的事實就證明我們的生命已被上帝更新。不思悔改的心靈絕不會抵抗罪惡——只會從惡如崩。我們要像獵豹一樣，絕不停止努力。即使你失敗了，爬起來，接著跑。聽從你的良心，將你的意志全然交託上帝。

 主啊，讓我再次聽見你說：「我的恩典夠你用的，因為我的能力是在人的軟弱上顯得完全。」（哥林多後書12：9）讓這應許在我生命中得以完全彰顯。

上帝仍舊掌管

因為上帝是全地的王；你們要用悟性歌頌。上帝作王治理萬國；上帝坐在祂的聖寶座上。詩篇47：7-8

到底是誰或什麼力量在掌管這一切呢？一場可怕的車禍發生了，一個人鮮血淋淋地躺在路邊。傷者失血過多，情況危急，身體各組織得不到足夠的氧氣，細胞中的線粒體無法產生足夠的三磷酸腺苷（其功能如同細胞的電池，ATP）以維持生命存續。於是肌肉細胞轉為厭氧呼吸，乳酸含量上升，導致血液酸鹼值下降，低血氧會造成細胞膜滲漏，細胞外液進入細胞內部。人體的主要神經與化學調節中心想要掌控大局，於是呼吸速度加快，以排出體內的二氧化碳，藉此提高血液的酸鹼值。頸動脈中的壓力傳感器發現血壓降低後，便加快釋放出腎上腺素和去甲腎上腺素。腎上腺素會使心臟跳動加快，去甲腎上腺素會讓血管收縮——這是一般升高血壓的方法。血液中抗利尿激素含量升高，這樣腎臟能夠將水分保持在血液中，並將血液從非關鍵器官分流，保證血液主要流向心臟、肺部和腦部。在這生死攸關之際，能把握好大局至關重要。如果救護車能及時到達，傷者很可能保住性命。

若是傷者躺在地上等待救援，傷口不斷流血，那麼身體的控制機制本身也會因組織失血而很快陷入癱瘓。鈉離子滲入細胞中，而鉀離子滲出，與正常狀態下完全相反。血液的酸鹼值不斷下降，微細血管床中的前括約肌失去動力，導致毛細血管中的血液停止流動，加上體液與蛋白質的滲漏，造成血液變得更加粘稠，流經血管的血量驟減。正是由於控制機制失效，傷者正瀕臨死亡。這是任何人或任何事物可以控制的嗎？以上所發生的叫做低血容量休克，簡稱休克，事已至此，無可挽回，即便救護車來到，也已然太遲了，傷害已經無法逆轉了。

生物系統需要精密的控制體系。若是失效，則死亡降臨。現在我們設想，整個宇宙平穩運行也需要一套控制系統。幸運的是，這一套控制系統掌控在偉大的設計師和創造者的手中，上帝仍舊掌管。想想門徒所發出的驚呼：「這到底是誰？祂吩咐風和水，連風和水也聽從祂！」（路加福音8：25）

 廣大宇宙的統治者耶和華啊，求你接納我的生命，我要全然奉獻於你。

我心為何憂傷？

你既沒有病，為什麼面帶愁容呢？這不是別的，必是你心中愁煩。尼希米記2：2

在美國密西根州的冬季，有時會一連幾週都見不到太陽。湖泊效應帶來的降雪無休無止，日復一日都是灰暗陰鬱的天氣。讀者們千萬不要誤會，我們還是很愛下雪天的。屆時可以綁上滑雪板，穿上雪鞋，跳上雪地車四處轉轉。但若能偶爾見到太陽，那是再幸福不過了。就在一年中的這段時間，有人會患上SAD（Seasonal Affective Disorder）——季節性情感障礙。這名字恰如其分，因為其症狀包括感到疲倦、抑鬱、悲傷、了無生趣。這種病症還有一個名字，叫季節性抑鬱症。在每年的同一時間症狀就會出現，通常是在深秋或冬季，偶爾也有患者會在春天和初夏表現出季節性的憂鬱。

是什麼原因引起這種季節性的憂傷情緒呢？有些人認為日照較短且黑暗的日子會導致大腦產生的某些重要腦激素不足。還有人認為一種名叫血清素的神經遞質含量可能不足。該物質作用極強，會使人感覺良好、舒緩，甚至有鎮定效果。不過還有一種理論指出我們的眼睛中有第三類光受體（除了視桿細胞和視錐細胞之外），它與大腦中的某一特殊區域相連，該區域正處於視神經交叉的上方，稱其為視交叉上核（SCN），可謂恰如其分。最新數據表明大腦中的視交叉上核中心會透過激素系統影響人的日常生活節奏。理論五花八門，但SAD確實存在。

醫生經常建議病人多接觸陽光以治療SAD。顯然，若是每天能有一段固定時間到戶外，沐浴在明亮的陽光中，那是再好不過了。但晴朗的天氣實在太少了，所以退而求其次，明亮的人工光源、優質睡眠、大量運動和豐富的營養都會對病情有所幫助。有時，嚴重的SAD患者需要用到藥物和心理治療。好在SAD會隨著季節的變化而消失，不會對健康造成嚴重的傷害。

那麼靈性悲傷又如何呢？是否有虔敬的悲傷，這是否也可算為好事一樁呢？在保羅寫給哥林多教會的第二封信中，即哥林多後書第七章他詳細說明了我們如何能從痛苦中獲得成長。

耶和華啊，可否使我擁有敬虔的悲傷，給我的生命帶來悔改，引領我接受救恩，不留任何遺憾？這正是我所渴望的靈性的悲傷，因為我看到，痛苦能使我更加渴望公義、擁有激情，並關心他人。

上帝是王

眾城門哪，你們要抬起頭來！永久的門戶，你們要被舉起！那榮耀的王將要進來！榮耀的王是誰呢？就是有力有能的耶和華，在戰場上有能的耶和華！
詩篇24：7—8

近來氣候變化已成為政治上的燙手山芋。有些人說，我們正在經歷的變化是由於人類產生過量的二氧化碳而導致的。人們紛紛提出各種法律法規來調控大氣中二氧化碳的含量，其中有許多也已經實行。說實話，自然界中已經有了一套精妙的二氧化碳調節系統。所有生命體在維持生命的過程中都會產生二氧化碳，而植物需要藉助二氧化碳進行光合作用。當大氣中二氧化碳含量升高時，光合作用的速度會顯著提高，吸收空氣中的二氧化碳。另一個使二氧化碳保持在一定含量的系統是海洋，它就像一個巨大的碳儲存庫，根據需要對大氣中的二氧化碳進行吸收或排放。二氧化碳循環比人類目前所了解的要複雜得多，但那不絕於耳的政治辯論，卻讓人感覺彷彿我們已經對此瞭若指掌一般。

從生態系統層面來說，也存在各樣複雜的控制系統。水分從植物、水面和地表蒸發，散溢至空氣中。接著經過冷凝，再次回到地面，滲入泥土中，被植物吸收。其他礦物質如氮、磷、硫都有其獨特而有趣的循環，這樣礦物質就能通過特定的管道從一處轉移至另一處。

處於群體層面的控制系統相對比較簡單，更容易被研究和理解。舉個例子，西部雲杉色卷蛾喜歡吃雲杉針葉，牠們遍佈整個西部地區。為什麼東部卻不見牠們的身影呢？因為東部沒有食物，卻有天敵、病菌和寄生蟲，能夠抑制其生長和繁殖。這就是大自然的調節方法，保持萬物平衡。

個體生物體同樣也具備有效的控制系統，以維持恆定的體溫、酸鹼值以及血液中的化學成分，這樣的系統也為人們所熟知。

縱觀所有領域，你是否因有一位至高無上的創造主和君王來統治萬物而倍感喜樂呢？所有系統的枝微末節祂都了然於心，祂知道何時事情失控，需要調整。而且祂知道，我也需要被調整。

全能的王，萬物的創造者，我生命的主，在這紛亂的世事中，求你教會我全然信靠你。

願天歡喜！

諸天哪，應當歌唱，因為耶和華做成這事。地的深處啊，應當歡呼；眾山應當發聲歌唱；樹林和其中所有的樹都當如此！因為耶和華救贖了雅各，並要因以色列榮耀自己。以賽亞書44：23

晚春時節，我帶著學生們到大煙山進行一次背包旅行。我們來到一片滿是杜鵑花與月桂樹的地方，便停下了腳步。我在一大塊光禿禿的園石上找到一處平緩的斜坡，將睡袋鋪好。那分外晴朗的天氣，歸功於一個緩慢移動的高氣壓系統，不但萬里無雲，而且乾燥涼爽。在人煙稀少的山間，我們唯一能夠接觸到的文明世界便是偶爾出現的飛機尾跡，在蒼穹的映襯下悄無聲息地一吋一吋向前挪，天氣實在太舒服了，我們連帳篷都懶得搭。在我們預備晚飯時，太陽漸漸西沉，留下一抹橘色的晚霞。接著，它躲到山的後面，消失了，黑幕也隨之降臨，明亮的星星一顆接一顆出現，接著是幾十顆，最後滿天繁星不可勝數，那壯麗的景象讓人心奪神移。同行的學生中，有人是生平第一次有這樣的經歷。他簡直無法相信所看到的一切，當耀眼的流星拖著長長的尾巴劃破夜空時，他便再也無法抑制內心的激動，大聲歡呼起來。

那天夜裡，我們花了幾個小時辨認星座，按圖索驥尋找以往認識的星星。我們找到許多有名的星座，藉助雙筒望遠鏡，我們發現了M31星系昏暗的渦旋軌跡，並且認出了在廣袤的銀河系映襯下遊蕩的幾顆行星。夜已深了，我們靜靜凝望著在天空慢慢旋轉的星空，久久無法入睡。每個人似乎都聽到諸天環繞，發出無限雄偉壯麗的歌聲。「諸天哪，應當歡呼！大地啊，應當快樂！眾山哪，應當發聲歌唱！因為耶和華已經安慰祂的百姓，也要憐恤祂困苦之民。」（以賽亞書49：13）學生們踡縮在溫暖的睡袋中，一個接一個地沉沉睡去了。我躺在那兒，凝望著無限的宇宙，傾聽這寂靜之聲，心中充滿歡喜，因我的上帝活著，祂愛我，憐憫我。當我看著漫天繁星秩序井然地、從我這渺小的觀察站旋轉來去，心中不禁湧出敬畏。當我想到我的守護天使，他是如何在天家與工作崗位——也就是我身邊——之間來回奔忙，我真的很想聽到他在天使詩班中發出的歌聲。我是多麼希望聽到那天庭的合唱團唱出對上帝的敬拜與讚美，主耶穌啊，我願你來！

主耶穌，你的心是否也渴望見到，在仁慈與敬愛中我轉向你？我甚願見你。

願地快樂！

願大水拍手；願諸山在耶和華面前一同歡呼。詩篇98：8

脂油「滴在曠野的草場；小山以歡樂束腰；草場以羊群為衣，谷中也長滿了五穀。這一切都歡呼歌唱。」（詩篇65：12－13）「願天歡喜，願地快樂！願海和其中所充滿的澎湃！願田和其中所有的都歡樂！那時，林中的樹木都要在耶和華面前歡呼。」（詩篇96：11－12）「耶和華作王！願地快樂！願眾海島歡喜！」（詩篇97：1）「曠野和乾旱之地必然歡喜；沙漠也必快樂；又像玫瑰開花；必開花繁盛，樂上加樂，並且歡呼。黎巴嫩的榮耀，並迦密與沙崙的華美，必賜給它。人必看見耶和華的榮耀，我們上帝的華美。」（以賽亞書35：1－2）「你們必歡歡喜喜而出來，平平安安蒙引導。大山小山必在你們面前發聲歌唱，田野的樹木也都拍掌。」（以賽亞書55：12）「願天歡喜，願地快樂；願人在列邦中說：『耶和華作王了！願海和其中所充滿的澎湃；願田和其中所有的都歡樂。那時，林中的樹木都要在耶和華面前歡呼，因為祂到要審判全地。」（歷代志上16：31－33）「奉主名來的王是應當稱頌的！在天上有和平，在至高之處有榮光。眾人中有幾個法利賽人對耶穌說：『夫子，責備你的門徒吧！』耶穌說：『我告訴你們，若是他們閉口不說，這些石頭必要呼叫起來。』」（路加福音19：38－40）

你知道《聖經》中究竟有多少章節，描述了無法行動的受造之物表達他們的喜悅、快樂的心情嗎？以上我只是列舉了浮現在腦海中的一小部分。如果這些經文是確實無誤的，那麼沒有意識、沒有感覺的無生命體也能夠感受到它們的創造主，並以喜樂作出回應。還是說這些只不過是詩歌的表現形式？或是說它們是僅僅為了追求對仗工整、音韻完美而成的讚美之詞？

我們實在是有福的，因為我們的心思源於切實的感受，對於所看到、聽到、摸到、嘗到、聞到的一切事物我們都可以進行思考。因此，我們更應該歡喜快樂，因上帝的統治而歡呼雀躍。如果那些無生命、無知覺的事物都可以快樂，都無畏表達，那麼我們又應該向這永活的上帝獻上多少歡欣與讚美？

🙏 復活的主，原諒我總對你的存在而感到麻木。我今天要唱出對你的讚美。

直到永遠

耶和華要作王，直到永遠！錫安哪，你的上帝要作王，直到萬代！你們要讚美耶和華！詩篇146：10

永遠——這個概念我無法測透。是不是我已經上了欺騙者的當，認為所有的永恆最終勢必走向終結？《聖經》中的王在接受萬民朝拜時，所聽到的都是「願王萬歲」，可是沒有人真能活到萬歲。曾經可怕至極、粗壯有力的恐龍之王——霸王龍，如今也只剩下放置在博物館中陳列、那閃閃發亮的骨架了。甚至曾經巍峨陡峭的山峰，也在不可抗拒的自然力量侵蝕下，被抹平了棱角。這便是無情的風化作用的傑作。雨水、融化的雪和冰滲入細微的裂紋中結凍，其力量之大，甚至最堅硬的岩石也會破碎，導致石頭剝落、破裂，形成岩崩。就這樣，山脈的高度會一毫米一毫米地下降。長此以往，落磯山脈、阿爾卑斯山和喜馬拉雅山最終都會變得像阿巴拉契亞山脈、蘇格蘭高地或俄羅斯烏拉爾山脈那樣平緩了。再過一段時間，山脈會被夷為平地，取而代之的是在造山運動下——如火山和板塊碰撞——異軍突起的眾山脈，因此當詩人唱道「耶和華作王，直到永遠」的時候，我真的不明白其中的含義。

約拿在被上帝安排的大魚吞下肚後，他向上帝發出了詩一般的祈禱，所圍繞的主旨便是「永遠」。顯然，當你身處海洋深處，被困在大魚散發著陣陣惡臭的肚子裡，海藻纏繞著你的頭，你也不知還能不能有下一口氣的時候，短短的一秒就如同永恆那般漫長。正當他快要堅持不住，獻上禱告之際，大魚將他吐在海邊的沙地上。這對他而言是短暫的永恆。

事實上，當我讀到希伯來書13：8說「耶穌基督昨日、今日、一直到永遠，是一樣的。」或是提摩太前書6：15－16說「那可稱頌、獨有權柄的萬王之王、萬主之主，就是那獨一不死、住在人不能靠近的光裡，是人未曾看見、也是不能看見的，要將祂顯明出來。但願尊貴和永遠的權能都歸給祂，阿們。」我明白現在的我必須以信心接受永恆的概念。直到永遠是人樂於思想的事，但要等到我們真正體驗了永遠，才能完全明白箇中含義。不過，我真的迫不及待想要明白其意義。

我生命的王啊，你作王直到永遠。當我的信心如山崩塌時，求你使之堅定。願榮耀，因耶穌基督，歸與獨一全智的上帝，直到永遠。阿們！

以自己的方式拜偶像

他們將上帝的真實變為虛謊，去敬拜事奉受造之物，不敬奉那造物的主——主乃是可稱頌的，直到永遠。阿們！羅馬書1：25

家貓一定是上帝特別創造之物，因為牠們能教會人類有關耐心與服侍的重要功課。我和我的妻子就持有貓老師，而且還不止一位。等一下！我到底想說什麼？請允許我重新說明。更確切地說，這兩隻貓咪是我們的主人，經牠們首肯住進我們為牠們精心佈置的家中，我們更像是兩個忠心的僕人。只要我們每天勤勤懇懇，將食物和水準備妥當供牠們享用，我們就可以安穩地繼續住在這裡。若是我們能按時清理牠們的小窩，帶牠們去獸醫那裡做身體檢查，牠們便湊合著與我們一同生活。那麼貓咪每日的頭等大事是什麼呢？懶洋洋地站著，要不就伸個懶腰，不然就是躺在厚厚的地毯上、隨著溫暖的陽光慢慢挪移自己的位置。

當我想到依著自己的步調以自己的方式處事時，就想到了我家的兩隻貓。貓似乎是一種看似獨立而冷漠的動物。牠們行進時，就彷彿是踩著貓咪界特有的節奏一般，作為僕人的人類總也摸不清牠們飄忽不定的心思。比如當我發現布茨已經在戶外待了半天，就會把門打開等牠進來。可是牠卻四平八穩地趴在那兒看著我，彷彿在說：「你把門打開幹嘛？我又沒準備要進屋。再等93秒我自然會進來——如果我樂意的話——但這得等我舒舒服服準備好才行。」相信我們都聽過一個詞——「將貓馴服」（Herding cats），來形容不可能完成的任務。《聖經》中從沒有提到家貓。當然那個時候一定有貓，只不過《聖經》對此保持沉默。若是以賽亞這樣說：「我們都如貓走迷，各人偏行己路；耶和華使我們眾人的罪都歸在祂身上。」（參見以賽亞書53：6），豈不是更恰當嗎？

當我將任何被造之物擺得比上帝的位置還重要，那麼從優先順序來說，牠便成為我的偶像。那麼我最愛的這些小傢伙擺在什麼位置呢？我逗弄牠們的時間是否遠比與上帝同行的時間長得多？我的妻子和我的家庭——我把他們置於何地？當我用自己的思想、選擇或決定代替了上帝明白的話語時，難道那不是偶像崇拜嗎？當我好像那桀驁不馴的貓，專顧自己的事，完全不理上帝清楚的教訓，這難道不是偶像崇拜嗎？我明白上帝是恆久忍耐的。正因為養了貓，我有時能夠稍微體會到當我自行其是，我行我素時，上帝心中所有的無奈。

 耶和華，若我身陷看似正確的死亡之路，求你將你的道路指教我。

眼神交流

我要教導你，指示你當行的路；我要定睛在你身上勸戒你。 詩篇32：8

我也說不清為什麼，不過我們每個人都會對眼神特別敏感。比如當有人盯著我們的時候，我們就能立刻感覺到。當兩個人的目光互相鎖定對方的時候，我們稱之為眼神接觸。假如這時對方的眼神從原來的位置偏移了幾毫米，盯著你的前額或鼻子看，你肯定會有所察覺，暗自納悶臉上是否沾上了油、墨水印或是長了一顆青春痘。無需專門訓練，我們就能感覺到他人注視的眼光。這也許就是為什麼與那些生有「懶惰眼」（斜眼）的人聊天總是容易走神——因為他們有一隻眼睛不能靈活轉動。在與之交談的時候，很難決定到底要盯著哪裡看。對方的一隻眼睛會盯著你，但另一隻眼睛始終有種無所適從的感覺。

懶惰眼其實是一種疾病，專業名稱為「弱視」，是導致兒童視力不良最為常見的原因，兒童的發病率約在3%左右。由於肌力不平衡，懶惰眼通常會向內或向外偏轉，再加上另一隻眼睛的眼部肌肉更加強壯，因此兩隻眼睛無法同時移動。如果任由這種情況發展，最終可導致永久性視力衰竭。弱視的治療較為簡單，通常視力都能得到矯正。當人們看書的時候，你可以觀察一下他們的眼睛是如何移動的，兩隻眼睛的動作整齊劃一。眼睛的位置在剎那間共同發生變化，其精確的程度令人讚歎。怪不得人們常說，眼睛是靈魂之窗。

你有沒有注意到，其實人類經常用眼神來傳達指令或交流重要的信息。若有人問你鑰匙放在哪裡，你甚至頭都不用轉，話也不必說，只需一個眼神，就能準確地表達出鑰匙放在何處。如果有人的意見或問題荒唐可笑，我們只需翻個白眼就能讓他們明白這是多愚蠢的事。我們的眼神可以告訴對方這個想法是新奇有趣、還是無聊透頂。透過觀察某人的眼睛，我們就可以辨別出他說的是真話還是謊言。人們可以用眼神來傳情達意或是表現出恐懼。當然，所有這些情況的前提條件是：人們彼此之間足夠親密，並且熟悉對方眼神的含義，這樣才能產生傳遞信息的作用。

在英文欽定版《聖經》和其他幾種《聖經》版本中，詩篇32：8的後半節告訴我們，上帝用祂的眼睛引導我們。我渴望有一天面對面見祂，凝望祂那美麗又充滿愛意的雙眼。

 賜予我雙眼的主啊，求你與我有眼神的交流，使我看到你引領的目光。

背誦經文

我將你的話藏在心裡，免得我得罪你。詩篇119：11
你的手製造我，建立我；求你賜我悟性，可以學習你的命令！詩篇119：73

你覺得背誦《聖經》經文困難嗎？我覺得挺難的。《聖經》似乎也在暗示我們，越早開始背誦《聖經》，就越容易做到。在耶穌還作小孩子的時候，就花了許多心思學習上帝的話語。祂勤讀《聖經》，並將它們記在心上。在遭遇試探的時候，「耶穌用《聖經》的話對付撒但，說：『經上記著說……』在每次試探中，祂所用的武器總是上帝的話。」（《歷代願望》，原文第120頁）申命記8：3強調了學習《聖經》的重要性，上帝親口說：「人活著不是單靠食物，乃是靠耶和華口裡所出的一切話。」每日以上帝的話為靈糧，將經文存記在心是能夠改變人生的，因為它從根本重塑了人的世界觀。

假如你想要學習《聖經》，首先要重視上帝的話。只有當你覺得它寶貴，才會願意花時間學習。光投入時間還不夠，還要全神貫注。通常我們記不住就是因為我們總是忙忙碌碌。應當簡化生活，理清思路，專注於這項充滿樂趣的任務，學習生命的話語。一旦注意力集中了，你可以採用各種記憶的策略。方法因人而異，可以多多嘗試，使用適合你的方式。

我的朋友哈羅德·密立根（Harold Millikan）在拉西瑞亞大學長期擔任生物學教授，從他那裡我學到一種記憶方法。其理論根據是我們的頭腦處理文字的能力並不卓越，但多重感知綜合處理的能力卻異常優秀。他教導學生將所學習的知識進行視覺化處理，以生動的色彩將它畫出來、用完整的音響設備將它讀出來、用想像將氣味或材質和味道統統描繪出來、以此將啟動感官來提高學習效率。密立根還建議要將情緒也納進來，例如驚訝、仇恨、愛與懼怕。將所涉及到的人物、地點、事物以誇張的形態表現出來。將你所要學習的知識碎片化，然後將所需要記住的事物與你已經熟知的事物作連結。若離開主觀聯想，新鮮的記憶是無法長久存留於我們腦海中的。因此要將新鮮事物與已知事物緊密結合。這種方法需要多加練習，但一定可以做到，並且年齡大小並不對其構成影響。

耶和華啊，求你堅定我的期望，使我頭腦清晰，能夠學習並將你的話語藏在心中。求你指教我當如何看待這個世界。讓我能真正看見你和你的國度。

基督教的環保主義

耶和華上帝將那人安置在伊甸園，使他修理、看守。創世記2：15

有時我會聽到這樣的觀點：基督徒不算是地球的好管家，因為他們壓根兒沒打算在這裡長住。該觀點的邏輯是，基督徒知道他們不久將要去天國，所以他們根本不在乎地球變成什麼模樣，更遑論善待它！說句公道話，也許某些掛名的基督徒的確抱有這樣的想法。但是再三思考過後，我認為這種觀念是源於無知產生的嘲諷，不能予以接受，因為真正的基督徒絕非如此。

真心追隨基督的人，會誠實地尋求上帝的話語，仔細聆聽，謹慎持守。上帝將第一對夫妻安置在伊甸園中，使他們「修理、看守」（創世記2：15）。正如好房客一樣，雖是租來的地方，卻善待房主的產業，宛若是自己家一樣愛惜，基督徒也應竭盡全力管理上帝的創造，使它們在我們的手中越來越豐盛。

基督徒也會盡最大的努力，以他們的救主為榜樣來生活。詩篇65章生動地刻畫出一位深切關心祂所造之物的主，祂澆灌了大地，使地肥美，以五穀充滿，祝福纍纍的果實，賜歡樂與眾山嶺為衣。這些聽上去都是不錯的環保實踐（另見申命記11：8－21和歷代志上28：8）。

最後，啟示錄11：18以審判、賞賜和一項重要的事件——上帝毀滅邪惡之人——作為結束。當你下次考慮放大你的生態足跡的時候，請仔細閱讀本章節。它清楚地向我們描述了末時所發生的事件。「外邦發怒，你的忿怒也臨到了；審判死人的時候也到了。你的僕人眾先知和眾聖徒，凡敬畏你名的人，連大帶小得賞賜的時候也到了。你敗壞那些敗壞世界之人的時候也就到了。」（啟示錄11：18）

綜上所述，基督徒理應成為最好的環保主義者有以下三個原因：❶人類存在的任務之一就是要細心照料這個世界；❷我們按著創造主所立下的榜樣，照顧祂所創造之物；❸到了世界的末了，上帝將要毀滅那些敗壞世界之人。

環境的主啊，求你教我更少索取，更多分享，更加忠心地照料你所託付於我們的美地，使我成為稱職的管家。

誕生

耶穌回答說：「我實實在在地告訴你，人若不重生，就不能見上帝的國。」
約翰福音3：3

你曾經見過嬰兒誕生的過程嗎？還有比這更不可思議的事情嗎？我想到一件事可以與之一較高下，就是在發射太空梭之前，為了確保成功而進行的無比繁瑣的檢測以及運行成千上萬的程序。就目前所了解到的，我猜想就算嬰兒出生的整個過程所牽涉到的共同協作系統，不比發射太空梭更繁雜，至少也不比它簡單。仔細想想就能明白，胎兒在母腹中呼吸、喝羊水，所需的營養物質均由臍靜脈輸送，被嚴嚴實實地保護著。在這個黑暗溫暖的小世界裡，他能聽到母親每一次的呼吸聲和胃裡發出咕咕的聲音。接著，在一段相對較短的時間內，胎兒的頭部要完成六個非常明確的轉動，使他能夠準確地進入產道。首先要銜接、下降和俯身，向內旋轉，接著仰身，復位和外旋轉。在這一系列的過程中，子宮頸擴張，宮頸管消失，並且子宮從上到下進行有節奏地收縮，好像擠奶一般將胎兒擠出來。這時荷爾蒙系統與神經系統也都忙得不可開交。經過一番手忙腳亂之後，終於迎來成功分娩。小嬰兒轉瞬之間來到了這個陽光刺眼的真實世界——比起在媽媽的肚子裡要冷多了，而且又嘈雜。這時他要迅速地轉換為自主呼吸，營養供給系統也截然不同了。生產後，胎盤會被排出體外，母親開始分泌乳汁，嬰兒則要學著以全新的方式進食。伴隨每一個嬰兒出生，許多生理機能也會按部就班地發揮作用。我根本無法想像這其中的複雜性。我甚至無法確定人類是否已經對分娩的步驟完全掌握。

屬靈的重生並非是生理上的轉變，而是經過深思熟慮之後慎重的決定，要將自己的生命轉向那位替我們被釘在十字架上的主。這是一種靈性上的再生。要向著自己死，從而最終意識到，我們憑著自己為到達天國所付出的所有努力其實都算不得什麼，唯有全心全意相信上帝方才有用。我們必須歡歡喜喜地將聖靈迎進我們的心中工作。這一過程也是一件奧秘的事，我們無法參透其中奧妙。從以自我為中心的生活轉變為以上帝為導向的生活，這完全是屬靈生活的誕生。

主，我選擇要向自己死，使你能夠改變我，讓我在你的國度中繼續生活。

成長與發展

地生五穀是出於自然的：先發苗，後長穗，再後穗上結成飽滿的子粒。
馬可福音4：28

布魯克·格林伯格（Brooke Greenberg）的故事簡直讓我的心都碎了。布魯克今年十九歲，已經到了可以考駕照的年齡。如果條件允許的話，她應該很快就能夠高中畢業了。但這個十幾歲的小姑娘卻被困在一歲大孩子的身體裡。顯然她患有一種極為罕見的疾病，她體內某種導致人體老化的基因發生了變異。這種變化阻止了正常衰老的過程，所以她仍舊保持著嬰兒的體型，而她的妹妹卡莉卻已成長為大姑娘了。如果布魯克一直是嬰兒的狀態，那麼情況也許還不至於這麼糟糕，但她卻是以一種極不協調的方式成長著。她只有30英吋高，重16磅，而骨齡已經達到10歲。布魯克的乳牙仍未脫落，由於她的大腦不能正常發育，她至今也沒能學會說話。看上去，她身體的各部分都在自顧自生長，毫不協調。如今人們正在深入研究布魯克的病例，試圖藉由了解她體內的變異基因來幫助我們更清晰地認識控制老化過程的基因。分子生物學家認為，控制老化的基因為數極少，卻對許多其他的基因有著深遠的影響。人類的願景是，當我們對老化的過程有了更進一步的了解時，就可以減緩衰老的過程，提高年老時的生活品質。

布魯克的故事讓我想起記載在馬可福音4：26－29中，基督講述有關種子的比喻。當時祂面對十二門徒說出這個簡短的故事。人種下種子，但種子發芽卻不依賴於人後來的行為。它先發苗，後長穗，再後穗上結成飽滿的子粒。在每位基督徒的生活中，一定也有著與穀物正常生長發育相類似的經驗。但耶穌所說的這個比喻同樣適用於上帝的國度——世界的教會。無論個人或集體的成長，都不是一蹴而就的，一旦種下了種子，接下來的各個階段都會依次發生，穗子還沒長成之前，你不可能會找到成熟飽滿的子粒。待到成熟之時就會結出果子：信心、悔改、順服。布魯克的故事告訴我們，若是無法發展最終只能面臨殘疾，這無疑是一場悲劇。我該怎麼做才能確保自己與上帝之間的關係正常發展，教會也能在基督裡不斷成長呢？

莊稼的主啊，你如今能否在我的生命中看到信心、悔改、順從呢？如果沒有，求你指教我當學習的教訓，使我的基督徒生命能夠正常成長。

手

主耶和華啊，你已將你的大力大能顯給僕人看。在天上，在地下，有什麼神能像你行事、像你有大能的作為呢？申命記3：24

在花費數小時研究人類手部24根骨頭以及負責手部運動的肌肉之後（有些肌肉附著於前臂），我十分確定人類的手可謂迄今為止最為偉大的機械創造之一。看著那些負責固定、支撐和連結作用的肌腱與韌帶，負責滋養與淨化的血管，啟動並下達極其細微的感官定義的神經，以及組成手部的其他組織，我不禁由衷發出讚歎。無數獨立的配件被柔軟的皮膚精密地包裹在一個相對狹小的空間裡，而所形成的手部卻能發揮如此大的功效，不僅靈活有力，而且有著高度敏銳的觸覺。這樣得力的工具被安放在前臂的末端，顯然使它們擁有更大的活動空間。我們用靈巧的雙手來吃飯穿衣，梳洗打扮，受傷的地方可以揉，癢了可以抓，既可以將叮咬我們的蚊蟲置於死地，又可以撫摸那可愛的寵物。

手能使我們與他人互動，它可以帶來治癒與寬慰，不過握緊了的拳頭卻立刻能化身為致命的武器。我們用雙手來表達愛意，透過創作出偉大的樂曲、藝術品、舞蹈或文學作品來表現自我；去做善事，或是製造出得心應手的工具，大大地拓展了人類雙手原有的能力。但無疑，我們的手所能夠做出最為偉大的事，就是十指緊扣，在上帝面前獻上感恩的禱告、代求的禱告、懇切的禱告，或是向創造雙手的主表達我們的讚美之情。

你手裡有什麼呢？用它來事奉上帝吧！許多時候我們會因自己沒有他人所擁有的事物而心生抱怨。但另一方面，我們也有別人所沒有的東西。每個人都有各自獨特的恩賜。用上帝賜予你的恩賜來幫助其他人，其實就是在謙卑地事奉祂了。不要再抱怨，起來服事吧！上帝可以使用這些小小的善舉，以你所無法想像的方式發揮出巨大的影響。

 主耶穌，感謝你親自用充滿愛意的雙手創造、雕塑我。謝謝你賦予我這靈巧的工具。願我能運用我的才能服事他人。求你饒恕我心中有抱怨的靈。我祈求能有一顆感恩的心，和一雙樂於助人的手。

種子發芽

我實實在在地告訴你們，一粒麥子不落在地裡死了，仍舊是一粒，若是死了，就結出許多子粒來。約翰福音12：24

方才，我們在花園裡埋下了種子——大的種子如豌豆、蠶豆和南瓜，小的如萵苣、羅勒和蘿蔔。我們先鬆好土，再挖了一些淺坑，然後將種子撒進去。大的種子直等到埋上土才看不到，而小一點的則是從我們泥濘的指縫間溜走的時候就已經不見蹤影了。在我們還沒來得及用薄薄的細土將它們蓋住的時候，就已然投入大地的懷抱中死了。正如哥林多前書3：6－7所述，栽種與澆灌都算不得什麼，唯有上帝叫它成長。

在每一粒可以成長的種子之中，無論大小，都有一個極其微小的休眠胚，以極其緩慢的速度生長，緊緊地依偎在富含澱粉的胚乳中，這是它養分的來源，直至胚芽可以衝出地面，昂首挺胸。種子的胚看起來像一株長有根尾和芽端的微型植物。如果你小心地剝開一粒乾花生，就會發現那小小的胚已經全副武裝預備出發了——除非是極其乾燥、烤過或是鹽漬的花生，胚就死去。那麼接下來，種子是如何發芽的呢？

它會先吸飽水。由於儲存種子時必須相當乾燥，因此它們能吸收數倍於本身重量的水分，並且至少膨脹至原先的兩倍大。一旦喝足了水，胚的新陳代謝便鼓足了馬力運轉，這時它們需要各種營養物質並開始生長。包裹胚的胚乳富含澱粉，且有其他貯藏物質，但能供胚使用的並不多，因此胚會釋放出一種化學信號（至少在穀物種子中是如此），促使糊粉層細胞生產並分泌澱粉酶，糊粉層是種皮下的一層或數層細胞。這種酶遇到澱粉會將其分解為胚可以攝取的糖分。雖然胚的生長的確涉及細胞分裂，但大部分的增長來源於水分的吸收所引起的細胞膨大，上帝創造了一個多麼奇妙的機制，為植物的胚適時提供養分。

在今天的《聖經》章節中，種子落入地裡死了代表基督的死。種子埋入地裡，它能夠生長，並結出許多子粒，而基督的犧牲則使眾人有了生命的饋贈。因著祂的死，我們才得以領受新生命。

🙏 榮耀的希望啊，在我裡面有彰顯出你的生命嗎？願我全心全意地來服事你。

飛行訓練

你且問……空中的飛鳥，飛鳥必告訴你。約伯記12：7

每當我看到鳥兒輕快地揮動翅膀從天空掠過，心裡便湧出無限渴望，想要像雄鷹般展翅翱翔（以賽亞書40：31）。當然我不是唯一一個，也不是第一個冒出這種想法的人。第一艘成功升天的載人飛船是熱氣球（1783年）。但這比空氣還輕的龐然大物其實算不上飛行。幾十年後，喬治‧凱利爵士（Sir George Cayley）在潛心研究了鳥類的飛行之後，發現在飛行器上的四種作用力：重力、升力、推力和阻力。他準確地指出鳥類藉由翅膀獲得升力和推力，以克服身體的重力和阻力。從凱利爵士在世的時候直到如今，發明家們一直致力於設計並打造出一款名為「撲翼機」的飛行裝備，試圖模仿鳥類的動作來進行人力飛行。但如今我們並沒有見到任何撲翼機被廣泛使用，是因為人類的體重過重，無法像鳥類一樣產生足夠的升力與推力來對抗重力。

奧托‧李林塔爾（Otto Lilienthal）被譽為第一位真正的飛行員，因為他確實將自己發射到空中，「飛了一陣子」，算是平安著陸，起碼能夠活著講述整個經歷──而且不止一次。他將自己的一生都奉獻給研究鳥類飛行的事業，試圖弄明白牠們飛行的秘密。在三架撲翼機相繼墜毀後，他轉而開始著手建造滑翔機。在19世紀90年代早期，李林塔爾一共打造了18架滑翔機（類似於今天的懸掛式滑翔機）以及許多單翼機和雙翼機。他就是駕駛其中一架早期的滑翔機完成了首次飛行。不幸的是，1896年8月9日，他所駕駛的滑翔機失速，從50英呎的高度栽向地面。次日，他去世了。

受到李林塔爾的鼓舞和啟發，萊特兄弟（The Wright brothers）繼續這一未竟的事業，研究鳥類的飛行，做滑翔機試飛，進行風洞試驗，將其在工程學上的造詣應用於飛行器的建造上。到了1903年12月17日，他們進行了首次載人動力飛行──前後共有四次飛行，每次持續時間不超過60秒。在這一連串里程碑式的試飛中，鳥類所帶給人類的啟發功不可沒。若我們認真學，留心聽，小鳥能教導我們的不止如何飛翔，還能讓我們領略那偉大設計師的風采。

天空之主，星際之王啊，還有什麼教訓是要教給我們的？如果我們想要從一個星系安全抵達另一個星系，所要學的第一項功課是什麼呢？

牛角樹的保護機制

耶和華不幫助你，我從何處幫助你？列王記下6：27

今天上午我一定要將園子裡肆意生長的雜草除掉，順帶拯救我那幾年前種下的山茱萸，它已被厚厚的草叢淹沒了。不管是自然的力量或是人為的清理，它終能重見天日，在和煦的陽光中曬一曬，有益於它生長。人工栽培的山茱萸實在不適合激烈的競爭。這種情形倒讓我想起了牛角相思樹。

大多數的相思樹生長在乾旱的熱帶地區，在那裡肥料匱乏。為了防止被動物吃掉的噩運，許多相思樹都生著銳利的尖刺，葉片中也含有生物鹼，食草動物會因味道苦澀而放它們一馬。牛角相思樹的故鄉在墨西哥和中美洲，這種樹木無法分泌化學物質來保護自己，卻有一支螞蟻大軍來保護它。這種螞蟻叫做銹色擬切葉蟻，它們就在居住在相思樹上，那中空且底部隆起的尖刺為它們提供了庇護所。相思樹不但提供住處，而且它那羽狀葉片的莖部，有著能夠分泌營養汁液的腺體，對於螞蟻來說彷彿玉液瓊漿。每片葉子的尖端都長著一個黃色的蛋白脂結節，被稱為貝氏體。除了供螞蟻食用之外，人們沒有發現其他任何用途。那麼這種螞蟻究竟作出什麼貢獻使得它們有權利與牛角相思樹和平共生呢？

一旦蟻群發展到適當的規模，誘色擬切葉蟻就會編隊，對相思樹定期進行巡邏，包括樹下的空間和樹的頂端，每一吋都細細巡過。任何接近此樹的植物或昆蟲，都會遭到它們的堅決對抗，或被修剪，或被驅趕。若是其他樹木的枝條漸漸生長靠近它們的相思樹，這種螞蟻就會毫不留情地將其剪掉。若是有昆蟲落到樹上，或是食草動物湊過來想要大快朵頤，就會遭到螞蟻的猛烈進攻。它們會分泌出費洛蒙（又稱外激素）招募更多的幫手，使得螞蟻大軍在短時間內迅速集結。有生物學家發現，有些食草生物能聞到費洛蒙（又稱外激素），索性保持距離，省得自討沒趣。在善惡的鬥爭中，誰是你的保護神呢？你的保護者是否已全副武裝？你和祂之間關係是否密切？

耶和華啊，你用各樣的方式來保護我，使我不因生活中的瑣事而不知所措，對此，我感激不盡。願我用這得之不易的自由為你而活，滿懷喜樂服事你和你的兒女。

大象與合歡樹

我的上帝我的主啊，求你奮興醒起，判清我的事，伸明我的冤！詩篇35：23

生長在非洲大草原上的刺哨金合歡與牛角相思樹有很近的血緣關係。來自加拿大英屬哥倫比亞大學的雅各・奧亨（Jacob Goheen）與來自甘城佛羅里達大學的陶德・帕默（Todd Palmer），兩人在共同研究肯亞中北部的里瓦野生動物保護區內衛星圖像時，注意到合歡樹有奇怪之處。這種無處不在、渾身是刺的合歡樹在這片6萬2千英畝的保護區內分佈並不均勻，北部地區明顯變得稀薄，而南部則一切如常。要知道隨著野生動物保護的加強，大象的數量已經飆升至原本數量的三倍，但如今南部的合歡樹居然沒有被大象吃掉，著實奇怪。是什麼原因造成這一差別呢？

一行人來到保護區，揭開了這一奧秘。造成北部與南部合歡樹之間明顯差異的幕後操縱者，原來是生活在南部合歡樹上的螞蟻。可是小小的螞蟻怎能阻擋大象進食呢？人們知道這種螞蟻能夠阻止較小的草食動物，但它們之所以選擇住在合歡樹上，是因為樹的尖刺可以保護螞蟻們免遭大型動物的毒手。畢竟，若與大象的龐大體型相比，螞蟻簡直渺小得不值一提。作為最大的陸地動物，大象幾乎沒有對手，再者它們生來皮糙肉厚，屬於厚皮類動物。即便有螞蟻爬到身上，也根本感覺不到，就算讓螞蟻狠狠咬上一口，也穿不透厚厚的象皮。那麼對於科學家來說，是時候進行試驗了。在一所大象孤兒院的受控環境下，奧亨與帕默選擇有螞蟻和沒有螞蟻的各種樹木進行研究。果然，有螞蟻的葉片大象們連碰都不碰。接下來到野外進行進一步測試。當科學家們將南方合歡樹上的螞蟻移走後，象群便圍上來，風捲殘雲般將葉子吃個精光。於是他們得出驚人的結論：舉腹蟻，一向以合歡樹的守護神自居，保護它們不被長頸鹿和其他食草動物吃掉。不僅如此，就連面對這個星球上最大型的食草動物大象，它們也毫無懼色。團結就是力量。顯然，大象也不喜歡吃那些布佈滿螫人螞蟻的樹葉。

和其他相思樹比起來，牛角相思樹和刺哨金合歡無法分泌化學物質來保護自己，但它們卻很幸運地擁有螞蟻大軍來幫助它們抵禦食草動物的侵害。你知道在基督裡，你有一萬個守護者嗎？（哥林多前書4：15）

我的護衛者，我的保護神，我的領路人，求你將你的道路指教我，救我脫離一切惡者。

皂莢木

比撒列用皂莢木做櫃，長二肘半，寬一肘半，高一肘半。出埃及記37：1

《聖經》中多次提及金合歡木（編注：和合本《聖經》作皂莢樹），尤其是在出埃及記中。當上帝吩咐摩西造聖所，使祂能與所愛的以色列民同居，祂還特別指出要用金合歡木作為大部分包金木器的原料，並將其妥當地安置在上帝所分別為聖的地方。在乾旱地區，金合歡木很常見，是一種美麗且質地堅硬的木材，可以抗腐抗蟲。

在人們的印象中，金合歡一直是單種屬植物，有約1,300種，其中近1,000種澳大利亞原生植物，直到2005年在奧地利維也納召開第十七屆國際植物學大會才改變了這種看法。經過多次激烈的辯論，會議決定將原有的金合歡屬分為五種屬，澳洲得以保留金合歡屬。生長在非洲、熱帶美洲和熱帶亞洲的金合歡樹分成四種新屬。這種變化使得人們難以分辨該屬別的植物在學名上的細微變化。難道你不覺得用「種類」的概念來表達更容易理解嗎？

根據我近來對樹木的研究，發現金合歡木真是來自上帝的饋贈。它屬於豆科和含羞草亞科，其特點是繁殖能力強，有尖刺為武器，許多植物還能產生有毒的化學物質。其中有一些，正如我們之前所提到的，甚至可以招募大批的螞蟻來保護它們，以免被飢餓的食草動物吃掉。在我的家鄉，金合歡木是極普通的樹種，但由於生著尖利的刺，沒有小孩子願意去爬。

有些種類的皂莢木是沒有毒性的，因此許多國家將其作為食物。例如，在亞洲西南部地區，人們用金合歡木羽狀的葉子佐以薯條、濃湯和咖喱。綠色的種莢和種子在墨西哥頗受歡迎，人們製作牛油果醬和各樣醬汁時會用到，或是直接作為小吃食用。阿拉伯樹膠是一種糖蛋白與多糖的複雜混合物，源於兩種皂莢木所滲出的粘稠狀液體。我們將這種糖和蛋白質的複合物放入食物中作為穩定劑，或是加入印刷油墨、膠水、化妝品和顏料中。金合歡花蜜也以其清透的色澤、細膩的味道，以及唯一一種不會結晶的蜂蜜而聲名大噪。

製藥、木材、土壤改良、香料、鞣質——渾身是寶的金合歡木所帶來的奇蹟也在不斷延續。我們應敬拜那創造金合歡木並將其賜給我們的創造主。

耶和華啊，謝謝你創造了金合歡木。願我也如它一樣，為身邊的人帶來益處。

泰內雷之樹

樹大條長，成為榮美，因為根在眾水之旁。以西結書31：7

這是一棵孤獨的樹，在廣袤無垠的大漠中絕世獨立，形隻影單。後來一名醉酒的卡車司機將它撞倒了。1973年的車禍就成了泰內雷之樹的悲慘結局。讓我們來回溯這段歷史。

早在有歷史記載之前，北非顯然是一片鬱鬱蒼蒼的熱帶森林。後來氣候發生巨大變化。由於某種原因，再也沒有雨降下來，大地變得越來越乾旱。原本無垠的湖泊漸漸縮小，終至乾涸。耐旱的植被植物漸漸取代了森林。這樣的情形持續了數百年，最後那許久以前的湖床變為乾燥多塵的土地，只有零零散散的幾棵金合歡樹和矮小的灌木倖存下來。但最終，這些樹木也消失了，僅留下一棵屹立於風沙中，它就這樣孤孤單單地從1899年邁入新的世紀。從前的湖床已遍滿黃沙，任憑疾風將它塑成美麗的沙丘，沙漠中的遊牧民族將這棵樹視為穿越撒哈拉沙漠的貿易路線上，一個重要的路標。

直到20世紀30年代初，人們發現了這棵孤獨的樹，便命名「泰內雷之樹」，並將它寫入史冊。幾年後，有人在泰內雷之樹附近挖了一口水井，他們要向下挖大約130英呎才找到水源。但人們在那裡發現，這棵樹的樹根早已延伸到水層之中。這樣一棵孤孤單單的金合歡樹，之所以能將它的綠葉飄散在這片乾燥的沙丘之上，是因為它的根扎得夠深。日復一日，年復一年，它作為沙漠中重要的地標，引導著駱駝隊尋到水源，離它最近的一棵樹生長在120英里以外，可想而知，這是一棵多麼頑強的樹。這棵金合歡樹可以說是地球上最孤單的一棵樹了。

就這樣，這棵經過許多年的垂死掙扎與頑強抵抗的泰內雷之樹，卻因一名醉酒司機的一時大意而葬送了它的生命。那些曾經因這棵樹而得救的人，和那些曾經在它的蔭下躲避驕陽的人，將它的殘幹送入了博物館，並在原來生長之處，豎起一個以廢棄金屬打造的雕刻品作為替代。因為這棵樹太有名了，直至今日，也就是它死後40年，谷歌（Google）地球和地圖都將它曾經生長繁茂的地方標誌出來，若有興趣你不妨上網查一查。

 耶和華，我是唯一一個想要了解你的人嗎？還有其他的人在尋求你榮耀的面嗎？主啊，求你幫助我，在靈性的乾渴中堅持下來，並得以生存。願我能深深紮根於你愛的土壤中。願我能為他人指明道路，使他們能夠尋到你生命的活水。

疑心病

應當一無掛慮，只要凡事藉著禱告、祈求，和感謝，將你們所要的告訴上帝。腓立比書4：6

你身邊有沒有親朋好友是患有疑心病的？如果有，那麼你一定知道哪怕是芝麻綠豆大的事，都能使他們深陷憂愁以至於死。一種病態的恐懼感將他們緊緊攫住。倘若身體某處出現刺痛或麻木感，他們會擔心是不是患上了致命的疾病。對大多數人來說，輕微的刺激雖然可能帶來短暫的疼痛，卻是無關緊要的，但在他們眼中，就嚴重到有可能罹癌。若是手部肌肉出現間歇性抽動，他們會懷疑是帕金森症或是多發性硬化症狀。咳嗽兩聲？天哪，糟糕！可能患上肺癌，或是其他什麼致命的肺部疾病。結果，他們會無休無止地在網上尋找相應的症狀，一遍又一遍地檢查，以便確認究竟是何種疾病會奪去他們的性命。

疑心病的患者會在眾多醫生中輾轉求醫，他們拒絕接受醫生所下的「你根本沒病」的結論。若有健康專業人士建議他們向心理醫生尋求幫助的時候，他們很可能會換一位醫生，繼續花大錢醫治那並不存在的疾病。不要笑！這是件很嚴肅的事情，患者的家屬也會因此痛苦不已，若是他們的主治醫師給他們開了藥以減輕他們的焦慮及抑鬱的情緒，那麼他們一定會將這些藥物的副作用視為患上另一種危及生命重疾的證據。作為局外人，我們可能很容易找一節類似於腓立比書4：6的經文，並且告訴他們：「別擔心！要喜樂！」但這樣的安慰對那憂心忡忡的朋友來說並無幫助。那怎麼辦呢？不妨考慮邀請你的朋友和你一起加入一項有意義的服事工作，比如在當地的免費廚房服務或是在低收入、缺乏資源的學校為孩子輔導功課。研究數據表明那些選擇去幫助別人的人才是最具幸福感的人。將生活的重心轉向服務人群，會帶來豐厚的回報。雖然沒有任何研究文獻的支持，但在我看來，疑心病是一種強烈自我關注的疾病。這兩種生活方式之間形成顯明的對比。若是能夠將患者的關注點轉為向外服事的生活，效果應該會立竿見影，因為，上帝創造我們的目的就是叫我們行善（以弗所書2：10）。保羅勸勉提摩太說：「又要囑咐他們行善，在好事上富足，甘心施捨，樂意供給人。」（提摩太前書6：18）

 主耶穌，你在地球上毫無瑕疵的一生，為許多人立下了熱心服務的榜樣。今日就求你引導我，遇到需要你醫治大能的人。在幫助那些破碎的靈魂時，求你也使我的生命完整。

母親的眷顧

母親怎樣安慰兒子，我就照樣安慰你們。 以賽亞書66：13

動物父母照顧其後代的方式因物種差異也不相同。譬如，懷著寶寶的棱皮龜會趁著漲潮時爬上海灘，挖一個洞，下蛋，之後便頭也不回地向大海爬去。破殼而出的龜寶寶從未見過父母，一出生便要獨自面對這個殘酷的世界。你也許猜得到，許多小龜還沒爬到海裡就被飢腸轆轆的掠食者吃掉了。鱷魚至少會照料自己的巢，留心看管牠們的後代，將孵出的小鱷魚含在嘴裡。這可怕的大嘴巴是其他動物的噩夢，卻是小鱷魚的天堂。恆溫哺乳動物和鳥類一般會對子女表現出更多的關愛和照顧。實際上，「哺乳動物」一詞就來自於母親分泌乳汁的乳腺，牠們為嬰兒提供了完美的嬰兒配方奶粉。

某些針對老鼠母親的最新研究表明，得到最多關注（舔舐和梳毛）的幼鼠大腦發育最佳，會在海馬體中形成新突觸。海馬體是大腦中負責空間學習與記憶的區域——其影響在出生的第一週就可以檢測得出。當然，好處就是幼鼠在空間學習與記憶方面表現更好。產生這種效果是因為每個腦細胞產生更多突觸，腦細胞的壽命也更長。研究人員排除增強的腦細胞與空間和學習能力提高有關。

相比之下，較少受到母親關注的幼鼠在促進大腦發育的化學物質含量始終較低，並且由於程序性細胞死亡，幼鼠的海馬體會出現明顯的腦細胞缺失，這也許是因為牠們體內所產生的，能夠刺激腦細胞增加的化學物質較少。

幾乎每一項有關母親／後代的研究都表明母親的關懷對後代大有裨益。《歷代願望》中描述了馬利亞如何與年幼的耶穌相處。「耶穌的母親很關心祂才智的成長，也非常注意祂品格的完美。她懷著愉快的心情，盡力鼓勵祂那伶俐而敏於領教的心。她從聖靈得到智慧，同天上的能力合作，幫助這單稱上帝為父的孩子發育成熟。」（原文第69頁）

 主，求你也賜下聖靈充滿我，使我有屬天的智慧養育我的兒女。

順服

空中的鸛鳥知道來去的定期；斑鳩燕子與白鶴也守候當來的時令；我的百姓卻不知道耶和華的法則。耶利米書8：7

如今已是四月底，今天我有了一次FOY的經歷。這是資深的專業賞鳥人所用的術語，意思是「今年第一次」（First of the year, FOY）觀看或辨識出一種鳥。今天正是如此，我今天頭一次聽到了黃褐森鶇（Hylocichla mustelina）長笛般的獨特歌聲，牠正在我家附近的樹林裡放聲歌唱。這悠揚的鳴叫聲告訴我，至少有一隻「我們的」鳥兒已經從牠們遠在中美洲或墨西哥南部「避寒聖地」安全回家了。

在過去的幾年中，小型記錄裝置不斷改進、發展，可以佩戴在體型較大的鳥類的腿上，或是綁在較小的鳴禽類的背上。得益於此，人類對候鳥遷徙的認識可謂突飛猛進。根據型號的不同，這些記錄儀（亦稱定位器）的重量大概在一兩克左右，可以記錄時間、溫度、乾／濕條件、日出和日落時間。最小型的記錄儀只能記下日出和日落時間，但是使用該數據可以計算出鳥類在方圓100英里內的具體位置。

2007年夏季，加拿大生態學家布麗姬·斯塔伯瑞（Bridget Stutchbury）在賓夕法尼亞州北部將微型數據記錄儀綁在20隻北美洲紫燕和14隻黃褐森鶇身上。到了第二年夏天，她回收了5隻黃褐森鶇和兩隻紫燕身上的記錄儀。當斯塔伯瑞和她的同事將數據下載並分析後，驚奇地發現紫燕僅用了5天時間就飛越1,500英里到達優卡坦半島，在那裡停留了三四週，就繼續飛往中南美洲。黃褐森鶇則是不疾不徐地往南飛，在美國東南部停留一兩週，接著才飛越墨西哥灣。其中有一對鳥兒愛侶也在猶加坦半島待了幾週，才飛往牠們在宏都拉斯和尼加拉瓜的過冬之地。不過春季回歸的旅程就快多了。有一隻雌性紫燕只用13天的時間就從亞馬遜河流域飛到賓夕法尼亞州北部，行程近5,000英里，中途停留了4天。從黃褐森鶇身上得到的數據同樣顯示牠們在春天返回時，同樣歸心似箭，除了一隻以外，其他都抄近路飛越墨西哥灣。

耶利米的話正表明他譴責上帝的子民空有上帝清楚的法則，卻不留心持守。相比之下，鳥兒則更顯智慧，起碼牠們遵循指示。

 耶和華，求你使我的耳朵聽到你的話語。幫助我聆聽且謹守。

記憶

你趁著年幼、衰敗的日子尚未來到，就是你所說，我毫無喜樂的那些年日未曾臨近之先，當記念造你的主。傳道書12：1

有時記憶力真是反覆無常。你有沒有遇到這樣的事，有人剛剛介紹一位重要人物給你認識，但一轉身你就忘了對方的名字？不過奇怪的是，發生在40年前一次講座上的一幕卻能清清楚楚地印在我的腦海中。演講人叫做斯史馬茨·范·羅延（Smuts Van Rooyen），他為了生動說明上帝如何在我們生命細微之處顯出祂的絕妙心思，就用大拇指和食指捏起一條薄薄的長紙條的一端，他努力要讓另一端保持豎直朝上。但結果可想而知，那麼薄的紙片怎麼能承擔其自身的重量呢？最終只能彎折呈拱形落在他的手心上。接著他操著一口濃重的南非腔說，這紙條代表「小草」的葉子——你懂得的，就是在夏天必須修剪的綠色植物。我記得他還說，若是所有的「小草」都像他手裡的紙條這樣躺在地上，那麼這個世界就太醜陋了。造物主／設計師希望「小草」可以在泥土中直直地站立起來，這樣它們不但能夠吸收陽光，看起來也很美觀，於是造物主只是簡單一折，立刻化腐朽為神奇。說到這裡，史馬茨將手中軟綿綿的紙條沿縱向折了一下。結果，紙條就能夠直直地站立起來了，即使吹一口氣，它也不倒。最後，他向我們解釋了為何這樣一個小小的設計創新能夠賦予「小草」站立的脊梁，這樣的枝微末節，卻有無比的重要性。如果上帝能夠照顧到「小草」的每一片葉子，自然也能夠照顧我們。至今這個場景依然印在我的腦海中栩栩如生。

那麼我們的記憶究竟是如何工作的呢？我們雖然明白數據是如何儲存在電腦記憶體、磁條或是你的數位相機和蘋果手機中的，但我們依然不清楚大腦的神經元是如何儲存信息的。我們所知道的是，想要生成記憶，就要在大腦中產生更多細胞間的連結，DNA被啟動，新的「核糖核酸」信使和新的蛋白質產生，不同類型的記憶被儲存在大腦不同區域。但我們所不知道的是在大腦中記憶究竟以怎樣的面貌呈現。然而《聖經》反覆告誡我們「當記念」，因這是至關重要的。當記念安息日、當記念你的創造主……當記念。

主上帝，我的心智與記憶的創造者，我渴望將你的話藏在心裡，免得我得罪你。

磁力

若不是差我來的父吸引人，就沒有能到我這裡來的；到我這裡來的，在末日我要叫他復活。約翰福音6：44

還記得許多年前，風靡一時的蘇格蘭犬造型的磁鐵玩具嗎？五十多年前的我還是個身在衣索比亞的小孩子，當時我就有一套了。黑白相間的塑膠小狗，不到一英吋長，每一隻的腳底下都黏著一小塊磁鐵。如今偶爾在商店或網站上還能看到它們的身影，只需要幾塊錢就可以買到。

磁鐵總是有一種神秘的魅力，因為它們之間存在著看不到的力量。也許這就是為什麼磁性玩具隨處可見，且深受大人和小孩的喜愛。其實，有些玩具的磁力過大，並不適合小孩子玩耍。

最早開始探索磁力的是希臘的哲學家。我們可以想像，當古人發現有礦石自帶磁場時，他們也會玩得樂此不疲。磁鐵或天然磁石由於磁力的因素能夠懸浮起來，因此人們用它們來製作指南針。磁石的存在雖然低調卻大有用處，如今磁性物品幾乎無所不在，從電動馬達到影音播放器、擴大機、麥克風、電腦數據儲存硬碟，以及信用卡上記錄你個人信息的磁條，全部都和磁鐵有關。

科學研究告訴我們磁性是由於電子的旋轉產生的。在大多數的材料中，電子的旋轉是隨機的，於是自相抵消。但當電子呈定向且有條不紊地旋轉時，材料本身將產生磁效應。這就是我們可以從鈷、鎳和其他稀土礦物和各種其他元素中製造出磁鐵的原因。只要電子的旋轉是一致的，就會產生磁力。

宇宙中最強大的吸引力無疑是天父對我們永不停歇、毫無保留的愛。與其說試著去了解，物質基本粒子因旋轉產生固有磁力這一原理十分困難，不如說那宇宙萬有之主既不強逼我接受祂，亦不命令我專注於祂的道理更令我難以理解。事實上，上帝吸引我來歸向祂，是用一種除了我自己的選擇之外永遠不能被破壞的力量。

主，幫助我立定心智要來思念你和你的大愛，求你不要任憑我偏離你的道。我要選擇被你的愛與仁慈深深吸引。

我們的主，我們的上帝，

你是配得榮耀、尊貴、權柄的；

因為你創造了萬物，

並且萬物是因你的旨意被創造而有的。

——啟示錄4:11

5月 **MAY**

對牛彈琴

誰用無知的言語使你的旨意隱藏呢？我所說的是我不明白的；這些事太奇妙，是我不知道的。約伯記42：3

寫有關上帝的創造、系統與過程的靈修小品，其實是一項艱鉅且如履薄冰的任務。因為上帝的創造擁有無限的多樣性，能學習的內容包羅萬象。那些天才創意所表現出的豐富與美妙，以及人類無法測透的複雜性不斷吸引著我們，使我們為之著迷、心懷敬畏，並教導我們許多關於造物主的事。不過即使我們對某樣事物很熟悉或者自認為我們很了解，但相比於事物本身的奧秘，我們所知道的還是相當有限。著名的哲學家、天文學家、數學家和物理學家牛頓 (Sir Isaac Newton) 在晚年曾經這樣說：「我不知道世人對我是怎樣的看法，不過我覺得自己好像只是一個在海邊玩耍的孩子，不時為拾到比通常更光滑的石子或更美麗的貝殼而歡欣鼓舞，而展現在我面前的是完全未探明的真理之海。」

每一次新學期開始，有一件事是我必定會與學生們分享的，生物學是一門艱深且不斷變化的學科。生物學家正在竭盡全力探索生命——這是人類已知最令人驚奇且最為複雜的組織形式。我向他們解釋說，在這個學期中我們將要學習和研究的概念有一半是相當準確且正確的理解，而另一半則可能是錯誤的概念。唯一的問題就是我也不知道哪些是對的，哪些是錯的。

但這一現狀不應阻擋我探索我所能尋求的一切知識的步伐。不過我必須使我的理解保持中肯，並懷有一顆受教的心。當我去拜訪朋友的時候，我發現懂得越多的人，往往表現得越發謙遜。有位牧師在佈道時曾經幽默地說：「每當我對自己說我知道這是什麼的時候，我總不忘接上一句：『別忘了！這是個白癡在自言自語！』」我們的生活中往往缺少這種基於現實的謙遜態度。最有影響力的早期基督徒之一，希坡的主教奧古斯丁 (Augustine) 曾經說過：「你想要升高嗎？先從降卑開始。你計劃建造一座高聳入雲的塔嗎？先從謙卑的奠基著手。」

聰明人與愚昧人的主啊，世上有許多事太過奇妙而我不能理解。願我存心謙卑，願你顯明於我。

右手

耶和華啊，你的右手施展能力，顯出榮耀；耶和華啊，你的右手摔碎仇敵。

出埃及記15：6

有沒有人誇獎你手指靈活、動作嫻熟或心靈手巧（dexterous）呢？在一次精彩的音樂會上，我記不清當時演奏的是拉赫曼尼諾夫的《第三號鋼琴協奏曲》，還是李斯特的《超技練習曲》的其中一首，那位技藝高超的鋼琴家用上下翻飛的靈巧雙手彈奏出行雲流水般的天籟之音時，我整個人都驚呆了。頗具天賦的神經外科醫師的手會比這更為靈活嗎？雖然人們通常沒有機會觀摩他們的雙手如何嫻熟地工作，但他們的確不負「心靈手巧」四個字。我最喜歡的是藝術家靈巧的雙手，在很短的時間內，一幅栩栩如生的肖像畫或是細緻入微的3D圖像便躍然紙上。雖然「dexterous」的含義是「嫻熟的」或「靈巧的」，但其字根「dexter」卻是拉丁文，意為「右」（與左相對）。為何我的右手要比左手靈活許多？世界上任意10個人中大概有9個人都和我是一樣的情況。為什麼世界上只有3%的人能夠靈活使用左右手，無論寫字或是投擲都不在話下？在手部技能方面，這些人顯示出更強的對等性，而97%的人的手部技能則明顯不對等。

科學研究表明，在幼年時就開始練琴的音樂家們雙手技能更加對稱，因為從小他們的左手就受到更多的訓練。不過總體來說，他們的右手依然比左手更加靈活。在一次握力測驗的研究中，90%的右撇子右手的力量較強，只有10%左手的握力較強。相比之下，有33%的左撇子顯示出右手的力量更強，那麼左撇子究竟好不好呢？有一些研究表明，相當比例的左撇子都取得了很高的成就。在過去的7位美國總統中，有4位是左撇子。

我發現《聖經》有一些有趣的地方，當《聖經》的作者在給予能力或安全的保證，或是表現更為重要的地位時，都會側重於右手。《聖經》常常出現類似於坐在上帝右邊的說法，比如「為真理、謙卑、公義赫然坐車前往，無不得勝；你的右手必顯明可畏的事。」（詩篇45：4）其實只要我們在神的手中，無論左手還是右手，都不重要，因為「我父把羊賜給我，祂比萬有都大，誰也不能從我父手裡把他們奪去。」（約翰福音10：29）

靈巧的主，求你用大能的右手扶持我。不要任憑我誤入歧途。

一條生路

耶穌說：「我就是道路、真理、生命；若不藉著我，沒有人能到父那裡去。」約翰福音14：6

天哪，在這兒！快來看，站近一點，仔細看！看到奇特的小黃花叢裡面的東西嗎？看到那隻苦苦掙扎、黃綠相間的小蜜蜂了嗎？顯然它就要淹死了。毫無疑問，它就要完蛋了——除非……

在我讀研究所的時候，有幸到墨西哥南部的溫帶雨林中待了幾週的時間。在那炎熱潮濕、極其適宜植物生長的環境中，林林總總的各類植物肆意生長。那裡長著一種迷人的植物，叫做水桶蘭，之所以得名是因為它的花朵像個大大的桶子，裡面盛滿了水桶蘭分泌出的液體。大多數的水桶蘭都生著倒刺，花瓣表面也極其光滑。但在這個小桶裡面卻有一塊類似於墊腳石的結構，其作用不可小覷。

水桶蘭會吸引一些體態較小的蜜蜂——但只是雄蜂，因為它們不斷採集那散發出香氣、由花朵分泌出的蠟質。雄性蜜蜂用前腿將蠟搜集起來，放入後腿上一個特殊的口袋中存放起來，以便將來使用。這種蠟如同愛情魔藥，能夠幫助雄性蜜蜂吸引它的意中人。

在水桶蘭盛滿液體的水桶上方的中間部分，有一根細小的垂直花柱，分泌出極少量的蠟質。花柱本身異常濕滑。你一定想像得出，雄蜂在花朵旁邊飛來飛去，想辦法要採到香氣四溢的蠟。有一些蜜蜂就不出所料地掉進桶裡，被困在滿滿的液體中。牠們必須竭盡全力逃出去。在這個死亡陷阱中，只有一條生路可以逃脫。當蜜蜂掙扎的時候，若是發現了那墊腳石一樣的結構，就可以順著向上爬，進入一間小小的藥室，位於花朵的上部，裡面藏著一對花粉囊。當蜜蜂進入藥室，就可以看到出口了——一扇門或說一條通道。不過這條通道非常狹窄，當牠們奮力擠過通道時，花粉便沾到身上。從蜜蜂掉入陷阱到最後重見天日，有時需要30分鐘到一個鐘頭的苦苦奮鬥。在這段時間裡，花粉黏在身上的膠水會漸漸凝固，使得花粉不易脫落。最後好不容易撿回一條命的蜜蜂很快就忘記了慘痛的教訓，又會飛到另一朵花裡碰運氣，於是再一次扮演授粉使者的角色。

親愛的耶穌，我在這個罪惡的世界中幾乎溺斃。我已經嘗試過各種各樣的方法想要靠自己擺脫困境。如今我全然擺上，求你帶我到天父面前。

樹木移植

施比受更為有福。 使徒行傳20：35

那個夏天，大雨下得無休無止。溪流和小河已經漫過兩岸，泛洪區都在發揮它們固有的功能——在洪水氾濫時發揮滯洪作用。最後雨停了，河流也降至正常水位。幾週後，當我和兒子沿河邊探險時，在河口的沙洲上發現一片茂密的糖楓樹苗，已經發芽抽條，長到6英吋左右。顯然是洪水帶來了數百萬糖楓樹的種子，並且分門別類後將它們種在沙丘上了。想到我們的庭院中光禿禿的，的確需要一些綠蔭樹，於是我和兒子決定接受這大自然的餽贈。我們有的是時間挑選。

我們在庭院裡開闢出一角，以一英吋左右的間距種下了六、七十棵樹苗，希望它成為有模有樣的苗圃。幾年後，有一些樹苗沒能長起來，有一些則長歪了，不適合移植，不過還有十幾棵樹苗長得筆直又高大。那年深秋，我們便將選定的樹苗移植到院子各個角落，使它們有足夠的空間成長為巍然繁茂的糖楓樹。不過那些留在沙洲上的樹苗也許抵擋不住下一次的洪水，而且如果我們不曾進行第二次移植，可能最後也只落得一個擠滿脆弱纖細樹苗的苗圃。這已經是22年前的事情了，原本滿目荒涼的院子也因參天的糖楓樹而成為一個美麗的花園。

那麼你呢？你有沒有以自我犧牲的方式為你所扎根的教會作出貢獻呢？亦或你的屬靈生活早已迷失，因為生活過於繁雜，生命沒能茁壯成長？是不是太多的基督徒所做的，只是每週一次來教會坐在長凳上無所事事？你的生命是否脆弱且矮小，遠遠沒能成長到上帝所為你計劃的高度？想像一下，若你被移植到一片需要服事的土地，你將會何等受益。顯然你會受到挑戰，以一種你未曾想像到的方式成長。你人生的使命是什麼？哪裡是需要你為上帝發芽吐蕊的地方？

主，你是否想要將我移植到某個地方呢？你知道我願意藉著幫助他人來事奉你。因我知道，當我無私地為他人服務時，最大的受益者其實是我自己。

受威脅及瀕危物種

各樣美善的恩賜和各樣全備的賞賜都是從上頭來的，從眾光之父那裡降下來的；在祂並沒有改變，也沒有轉動的影兒。雅各書1：17

美國魚類和野生動植物服務中心負責監管受威脅及瀕危物種。若是某種植物或動物的生存有可能在近期受到威脅，科學家們會考慮將其視作受威脅物種，若是正面臨全面滅絕或是相當程度上的滅絕，則會被列為瀕危物種。受威脅及瀕危物種名單是不斷變化的，就在我寫這篇文章的時候，名單上就有1,374種動植物，該機構會不時地將符合相關法律規定的動植物加入名單中。若是偶爾出現下列狀況，也會從名單中移除部分動植物：❶由於某種原因錯誤地將其列入名單內；❷該物種已經滅絕，因此已不復存在；以及❸該物種的數量增至安全範圍之內。

可想而知，若是某個物種先位列名冊之內，後來又被移除，背後一定有個饒富趣味的故事。例如，生物學家在南亞利桑那州、德克薩斯州和墨西哥北部發現極少的赤褐倭鵪鶉，於是就將其列入名冊。但後來因被起訴，才將牠們從名冊移除。而且人們就是否應將牠們列入進行了激烈的爭論。另外，美洲短吻鱷曾因其珍貴的鱷魚皮而遭人無情獵殺，數量急遽下降。不過如今牠們的數量已經恢復，而且氾濫成災，所以名錄上再也不見牠們的名字。最近因滅絕而被移除的是海濱灰雀，這種無遷徙習性的鳴禽曾經生活在梅特里島的沼澤中和佛羅里達州南部的聖約翰河畔。先是牠們的棲息地被噴灑了DDT殺蟲劑以控制蚊蟲，接著又因配合高速公路建設而排乾了沼澤。在接二連三的打擊之下，這種可憐的鳥兒幾乎不見蹤影，為了追求經濟發展而噴灑殺蟲劑，以及棲息地持續被破壞，使得牠們最終滅絕。世界上最後一隻海濱灰雀死於1987年6月17日。

對於動植物來說，將其置於受威脅和瀕危狀態最常見的原因是棲息地的破壞、狩獵和人類的收藏癖好。作為上帝創造之物的好管家，我們應該更加了解祂為了我們的益處而安置在地球上的植物和動物，並且盡我們所能地看顧牠們。

 主啊，求你原諒我的漠不關心。求你將你的道路指教我。

看不到的生命

因為萬有都是靠祂造的，無論是天上的，地上的；能看見的，不能看見的；或是有位的，主治的，執政的，掌權的；一概都是藉著祂造的，又是為祂造的。歌羅西書1：16。

你曾聽說過在公海上行駛的遠洋調查船，會採集巨量的海水以研究其中所含的DNA嗎？你知道許多科學家之所以處理成噸的泥土或淤泥，是為了想要發現生活在土壤中的新菌種嗎？以前微生物學家需要先在實驗室中培養細菌，才能隔離出不同菌種以作研究之用。細菌的生長極為挑剔，除非有適宜的食物和生存條件，因此能夠發現新穎的微生物是極其困難與繁瑣的過程，如今這樣的情形已成為歷史。

隨著當今DNA技術日新月異的發展，研究人員正在採集大量的海水、泥漿、淤泥和污垢，並對其中所包含的DNA進行進一步分離與提純。DNA並非只在人體中存在；這種高度專業化的化合物，可編譯遺傳指令，建構生命所需的大量分子。從細菌到人類的每一種生命體都有自己獨特的DNA序列，因此分析DNA本身就可以確定其來源。

為了研究之便，研究人員會將DNA切割成為易於處理的片段，並對其進行排序。分子生物學家從DNA的鹼基序列中就可以得知DNA編碼所建構的分子。令人震驚的是，如今科學家們正在研究的是全新的物種。數以百萬計從未見過的獨特的DNA序列意味著新奇且獨特的生命體，是科學家們從未發現過的。目前所發現的大部分DNA序列都來自於人類尚未接觸到的生命體。新穎的DNA序列也代表會有新型蛋白質出現，也許它會帶有人們意想不到的特殊功能。

但我們的創造主上帝不僅想像出了每一種生命體，祂還親手製成並祝福它們，並命它們要生養眾多，遍滿地面。更奇妙的是，祂所創造的所有生物都有適應環境變遷的能力，這在地球上是常態。

一切生命的主，你還創造了哪些蛋白質是我們未曾解碼的？還有哪些令人讚歎的生命體是我們未曾發現的。你創造的大能，使我們肅然敬畏，我們謙卑地在你腳前下拜，因你是一切美善的賜予者。

快速的旅程

你的道在海中；你的路在大水中；你的腳蹤無人知道。詩篇77：19

讓我們開啟一場不同尋常的探索之旅吧！由於受到目的地之限制，我們要先變得非常小才行，先集中精力，讓自己縮小到一個水分子這麼大吧！預備好了嗎？等等！一個水分子到底有多大呢？一定是極其微小的。我們正在越變越小──最後小到無以復加。一小滴水中可以容納超過$1.5×10^{21}$的水分子，讓我們用這種方法設想一下。我們將一滴水中的水分子平均分給地球上每一個人（假設將近70億人），那麼每人將分到2,400億個水分子。

如果你將這滴水放在舌頭上，甚至都感覺不到，因為實在太渺小了，相較而言，舌頭已算是水分子的海洋了。顯然，一個水分子已經小到令人難以置信的地步。現在我們已經夠小了，讓我們一起出發吧！旅程一開始，我們就隨著一大群水分子從大地裡被吸入玫瑰花莖中，在巨大的管道中快速前進。那管道壁在我們眼前一閃而過，因為行進的速度實在太快了。天哪，真是飛一般的感覺！一路上我們經過成千上萬道閥門，在曲折的道路上從一條管道轉到另一條管道。每一次的轉彎都通過一個開啟的閥門。真是妙極了！請注意我們每次是如何從狹窄的管道中轉移到更小的管道中。嘿！我們現在要慢下來了。突然，我們從管道中被彈射出來，進入一個明亮的彷彿洞穴一般的空間裡，那一個個巨大如同水晶般透明的柱子中灌滿了液體，並與高高的天花板緊緊相連。柱子裡有大大的、綠色閃亮的氣泡在上下浮動著，它們將照進室內的空氣變得好像翡翠一般鮮綠。洞中的柱子都是濕漉漉的，我們甚至可以感受到潮濕的空氣在橫衝直撞。它要去哪裡？好像一切都在移動。天哪！我們迎面碰了一股高速氣流，還沒等我們被撞到牆上，轉眼間就看到了千萬個朝向外面世界打開的窗口。看哪，我們又開始前進了。剛剛我們是從葉片上的一個小窗戶上被噴了出來，現在我們到了外面的世界了，是時候結束旅程，回到現實了。

在地球上，我們只能在腦海中模擬這一奇妙的旅程。若是在天國，在新世界中，我們的旅程還會有什麼限制呢？我希望我們既可以去探索渺小的事物，也能探究偉大的事物。你呢？

🙏 耶和華啊，我期盼你引領我去探索你所創造之物，從最渺小的到最偉大的，我都甚願一探究竟。

奈米機器

我們因著信，就知道諸世界是藉上帝的話造成的；這樣，所看見的，並不是從顯然之物造出來的。**希伯來書11：3**

「**奈**米機器」一詞是指極其微小的機器。有多小呢？奈米，又指纖米，意思是 10^{-9} 米（公尺），也就是十億分之一米。想要了解它到底有多小，我們就從米開始入手，將你的手臂張開，從指尖到鼻尖的距離大概就是一米。將這段距離平均分成一千份，你就得到了一毫米，也就是 10^{-3} 米。厚度大約與我這句話結尾時的句號相等。將這個句號的直徑再切一千份，每份的長度為一微米，也就是 10^{-6} 米。某些最小的活細胞長度就在一微米左右。現在將這個一微米的細胞切成一千片，每片的厚度就是一奈米，即 10^{-9} 米。某些最大的分子長度就是一奈米。例如，鏈狀的DNA就是一個長雙螺旋分子，足足兩奈米這麼長。所以「奈米機器」是指分子大小的機器，而非細胞大小的裝置。

能夠行使單一功能的酶，例如麥芽糖酶，就是一個奈米機器的範例。麥芽糖酶是一種直徑長達幾個奈米的大蛋白質，唯一的功能是水解麥芽糖，它是一種在穀物中的雙糖。水解一詞的含義——透過加水進行切割分解。麥芽糖分解後會產生葡萄糖分子。麥芽糖酶是以膜結合的形態存於小腸絨毛的末端。一個麥芽糖酶分子每秒可做出千萬次的切割。這下你明白我們為什麼稱其為奈米機器了吧？它剪起麥芽糖來可比我們用剪刀快不知多少倍呢！

每一個細胞的正常運作，都需要數以千計的奈米機器每日孜孜不倦地履行其本職。每一種機器都有特定的工作，而麥芽糖酶的工作就是切割。有些機器的作用是將物質收集起來或是運送到身體的其他地方。最近我讀到一篇科學論文，聲稱專門從事細胞分裂工作的奈米機器就超過一百種。在我看來，這無疑展示了一位聰明絕頂的發明家的手藝。相信有一位創造者的存在絕對不會使我們感到羞愧。畢竟，祂宣告祂創造了萬物，我覺得這很有說服力。

我生命的主，謝謝你賜予我生命中的每分每秒。我願奉獻生命中的每個瞬間，為尊敬、榮耀你而活。

三個磷酸鹽的傳說

我們生活、動作、存留，都在乎祂。使徒行傳17：28

三磷酸腺苷（ATP）——從名字你就可以猜到——一定有一個腺苷分子（A）與一連串的三個磷酸鹽（P）相連。我們可以將用（A）－（P）－（P）－（P）來表示。ATP為細胞的幾乎每一種功能提供能量。在釋放能量的過程中，ATP末端的磷酸鹽被截斷，結果產生了二磷酸腺苷(A)-(P)-(P)加無機磷酸鹽加供細胞消耗的能量。實際上，每一個活細胞每一秒都從數以億計的ATP中獲得能量。單單你坐著讀這篇文章的當下，你的身體每10－20秒就消耗了1－2克的ATP，換一種說法就是每天你消耗的純ATP與你的體重大致相等。在一分鐘之內你身體中所有的ATP會被回收利用三四次。也就是說，如果現在你的身體停止製造ATP，那麼沒等你讀完這篇文章，命就沒了。當你理解這一概念以後，再讀到「品味生活的每一瞬間」的時候就會顯出新的含義了。

那麼ATP是如何被回收的呢？二磷酸腺苷（ADP）如何重新與一個無機磷酸鹽（P）連結？每一個活細胞都會利用成千上萬的線粒體酶——它還有一個恰如其分的名字ATP合酶——來製作出自己的ATP。這些蛋白質機器的職責非常簡單。它們利用人體從食物中攝取的能量將二磷酸腺苷和無機磷酸鹽重新連接起來。ATP合酶由近四萬個原子組成，是一種較大的蛋白質。每個ATP合酶每秒合成約100個ATP，其工作效率接近100%，相比之下人類所製造的機器根本無法望其項背。一台製作精良的汽車引擎，若是能發揮30%的效率就已經相當不錯了。從近年來上千的研究項目所得的數據表明，ATP合酶是一種足以令人瞠目結舌的蛋白質機器。這種蛋白質有一部分固定的結構，使之可以緊緊附著在線粒體內膜，而在固定結構中有一個轉子在不停旋轉。由呼吸鏈產生的質子的電化學勢能不斷推動內核旋轉，若能觀看到ATP合酶通過旋轉內核帶動固定部分發生形態改變，進而將ADP與無機磷酸鹽重新連接起來的動態模型，著實是一件奇妙的事。它在我們的生命中，每分每秒都在忠實而殷勤地工作著，對人類而言，真是莫大的祝福。在我眼中，這就是上帝的簽名卡，優雅地放在了祂所賜予的生命禮物之上。

耶和華啊，看到你所創造的奈米機器在人體中忙忙碌碌，讓我瞥見你無限創意的才能。當我意識到它們對我們的生命至關重要的時候，也明白你是多麼愛我。

心臟移植

又從他們肉體中除掉石心，賜給他們肉心。以西結書11：19

你是心臟移植手術的候選人嗎？根據美國心臟協會的定義，心臟移植的對象是心臟受損並且瀕臨死亡的人。我們每個人不都是如此嗎？根據最新的數據，單單在美國，每年就有超過2千人接受心臟移植手術（全世界3500例），術後患者長期存活率現今約為70%。

至今實施世界首例心臟移植手術的情形，對我而言仍舊歷歷在目。就在1967年12月3日，全世界都屏息凝神，將目光投向在南非開普敦的丹妮絲·達娃（Denise Darvall）。她在一天前因車禍喪生，而克里斯欽·巴納德醫生（Christian Barnard）正帶領30人的手術小組從她的體內將心臟取出。接著這顆心臟被移植到路易斯·瓦尚斯基（Louis Washkansky）的胸腔中，這位55歲的雜貨店老闆的心臟已是藥石罔效了。18天後，他死於免疫抑制藥物引發的肺炎。許多人立刻提出質疑：「瞧瞧，心臟移植根本是無稽之談。心臟是多麼神聖的東西啊！」一年多後，菲利普·布萊伯格（Philip Blaiberg）也接受了心臟移植手術，這次他活了19個月。第二年，桃樂絲·費雪（Dorothy Fisher）同樣接受了新的心臟，她活了12年半。2年後，接受新心臟的迪克·范·濟爾（Dirk Van Zyl）也奇蹟般地多活了23年。如今，心臟移植手術已較為普遍，世界各地的許多心臟中心都有足夠的條件進行手術。多虧了新研發的免疫抑製藥物和新技術，患者的生存機率正穩定增長。

在手術的過程中，通常要先使心臟停止跳動。像這樣精確的手術需要主刀醫師雙手穩定，技術高超。不過就在上週，我讀到一篇報導，在3D影像的技術指導下，由電腦控制的機器人能夠對跳動的心臟進行外部修復，並且攝影機捕捉心臟的跳動。機器人能在瞬間同步運作，並在心臟跳動的過程中精確地完成微創手術。其實我們每個人都有一顆受損的心，且都面臨死亡的威脅（參見耶利米書17：9，10；詩篇51：10）。好消息是，我們的心臟外科醫生已經為我們準備好移植的心臟，而且術後的存活率是百分之百。為什麼不即刻放棄你原先破碎的心呢？

耶和華，因著愛，你將自己的心移植到我虛弱的身體中，雖然我根本無法全然理解這份深厚的感情，但我要感謝你、榮耀你，因你是心臟移植的大醫師，是生命的賜予者。願我今日用你的心來愛其他人。

環孢素

因為耶和華必不丟棄祂的百姓，也不離棄祂的產業。詩篇94：14。

你填寫過器官捐贈卡嗎？我的一位好朋友戴夫今天之所以還活著，因為一位奧運摔跤選手簽署了器官捐贈卡。當這位選手不幸遭遇意外後，他健康的腎臟被移植到戴夫身上，使他擁有了全新的生活，為我們校園中的青年事工加添力量。從1988年有6千名器官接受者，到2009年近1萬5千名接受者，顯然在美國，器官捐贈已經變得愈發普遍。不過對器官的需求遠遠超出了器官捐贈，因為今年還在排隊等候器官移植的人就有近十萬八千人。國家數據庫幫助捐贈的器官和組織尋找最佳的接受者。在更準確的交叉對比，對免疫抑製藥物的深入了解以及精準的檢測儀器等幫助下，現在接受器官移植的患者終能重獲新生。

在正常情況下，人體內的免疫系統會仔細搜尋外來的（非本體）細胞或組織，例如細菌和病毒，並對其發動攻擊，毫不留情將其消滅。我們的T淋巴細胞一直在體內巡邏，就是要尋找類似的入侵者。一旦鎖定，T淋巴細胞就會變身為殺手T淋巴細胞。但對於剛剛接受了心臟、腎臟、肝臟等移植手術的病人，這種消滅外來物的過程會迅速引發一場浩劫。若是免疫系統發現新器官並不屬於本體後，將會使用殺手T淋巴細胞發動猛烈的攻擊，這一過程被稱為「排斥反應」。

不過自從1983年環孢素（原先稱其為環孢子菌素）被發現並投入使用後，患者出現排斥反應的比例率大大下降。這種由一種土壤真菌合成的分子，被首次發現於挪威。在此之前，唯一能夠抑制免疫系統，防止出現排斥現象的藥物就是類固醇激素，例如皮質類固醇。但在許多的病例中，類固醇所帶來的副作用甚至比原本的病情更加嚴重，因此醫生們將環孢素視為救星。環孢素會透過抑制鈣調神經磷酸酶發揮作用，後者是啟動T淋巴細胞產生作用的重要訊號。只要能有效抑制鈣調神經磷酸酶，就相當於將T淋巴細胞縛住了手腳。寫到這裡，我不禁聯想到，不知道有沒有什麼方法，能使我的朋友和家人不排斥我？

 耶和華啊，有多少次我的朋友甚至我的家人也會拒絕我？你曾應許永不會離開我，也不會拋棄我，這給了我多麼大的希望啊！有這樣的保證和希望，願我能帶著你的愛與接納來接近他人。

迪科拉鷹

又如鷹攪動巢窩，在雛鷹以上兩翅搧展，接取雛鷹，背在兩翼之上。申命記 32：11

猛禽資源計劃（RRP）成立於1988年，該機構位於愛荷華州的迪科拉市。這是一個非營利組織，其任務是「保護獵鷹、老鷹、魚鷹、隼和貓頭鷹」。為了方便起見，鳥類學家將這些大型掠食者統稱為猛禽。為了達成使命，RRP建造、改進、修繕了鷹巢，並致力於「深化人與自然世界之間的聯繫」。其中一種方式是在鷹巢邊架設起攝影機，全天候網上直播，讓整個世界都可以看到。

近幾年來，成千上萬的觀眾在網路上觀察了這對被親切地稱作「迪科拉鷹」的老鷹夫妻。自從2007年牠們住進了棉白楊樹上、近半噸重的鷹巢之後，到如今已經生了好幾窩小鷹。2008年生了兩隻，從2009年至今每年生三隻。如今還與牠們一起生活的三隻幼鷹已經羽翼漸豐，但尚未學會飛行。自從二月下旬三月初這對老鷹夫妻產卵後，我三不五時地會去看看有什麼新進展。每當我回顧YouTube上許多有關迪科拉鷹的短片時，都會再次被父母培養子女時所作出的奉獻深深打動。每時每刻、日復一日，牠們為子女提供著全天候的服務——耐心地保護、餵養、清潔、孵蛋。有一個特別揪心的片段攝於2011年4月3日，一隻毛茸茸的雛鳥不知何故從鷹巢裡翻了出來，孤零零地落在了一個巨大的築巢平台上。這隻可憐的雛鳥一邊唧唧地哀鳴，一邊掙扎著想要爬回鳥巢，無奈牠太小太弱了，而且那坡也太陡了。當人們看得正揪心的時候，只見母鷹伸長脖子，將牠那巨大而尖利的鉤狀喙貼在幼鳥的身後，溫柔地將牠拉回自己的翅膀下，再次回到溫暖的巢穴中。

許多動物媽媽都對自己的寶貝關愛有加，這是一種偉大且感人的力量。這是天性——無需任何指令或培訓，牠們就可以做到。就人類所知，動物本身並沒有愛的能力。同樣，若沒有聖靈的果子，我們也不能效法上帝，去愛與我們一樣的人。

耶和華，求你賜下你的靈來充滿我，使我以你的心為心，去關愛、照顧其他人。

有蹄動物與水

上帝啊，我的心切慕你，如鹿切慕溪水。我的心渴想上帝，就是永生上帝；我幾時得朝見上帝呢？詩篇42：1-2

有蹄哺乳動物諸如馬、牛、美洲駝、鹿、綿羊、駝鹿、長頸鹿、大象和駱駝構成了有蹄動物。這是一種人為分類，其中約包含六大類的哺乳動物，一般用蹄行走，犬齒即便有，也嚴重退化。你在非洲大型的狩獵公園所看到的大部分動物都屬於這一類。

在所有的有蹄動物中，要說起耐渴，駱駝和貝都因山羊一定能奪冠，牠們即便失去大量水分（體重的30-40%）也仍然能夠存活。之所以能有這樣驚人的表現得益於生理上特殊的適應能力。即使幾天不喝水，牠們也能照樣行路。不過大多數的有蹄動物，一旦失去了相當於體重15%的水分就會死去。許多適應乾旱環境的有蹄動物可以走上兩三天在沙漠中尋找下一個水泉。馴養的有蹄動物，例如農場的動物和鹿通常每天要喝上幾升水才夠。相比之下，若是我們失去了相當於體重10-15%的水分，很有可能難逃一死，比如那些被困在倒塌建築物中的人，往往在幾天之內就會因脫水而死亡。如果他們能喝上水，生命就可以延續幾週的時間。水就是這麼重要！

能夠決定有蹄動物耐渴能力的身體機制包括下列幾個生理因素：因排洩的糞便和尿液失去的水分、飼料中的水分含量、新陳代謝率以及瘤胃中能夠儲存的水量。某些形態及行為因素也至關重要，例如形體大小和狀況、皮毛厚度、脂肪積儲、所處方位以及繁殖時間。

所有的有蹄動物遲早都需要飲水。駱駝和山羊之所以能在沒有水的情況下生存多日，是因為在有水的情況下牠們有能力為身體儲存更多的水分。我覺得很有趣的一件事是，詩人大衛特別用鹿切慕溪水來比喻我們。是不是因為他知道鹿需要每天都喝水，無法忍受乾渴的日子？他是否也體會到若沒有上帝的活水，他便無法存活？大衛說：「上帝啊，你是我的上帝，我要切切地尋求你，在乾旱疲乏無水之地，我渴想你；我的心切慕你。」（詩篇63：1）你的心是否也在切慕活水呢？

主啊，我的靈渴望與你有親密的關係。若是沒有你生命的活水伴隨我，我的服事無疑是乾枯的，我的歌聲也是疲倦嘶啞的。

上帝的豐盛

使基督因你們的信，住在你們心裡，叫你們的愛心有根有基，能以和眾聖徒一同明白基督的愛是何等長闊高深，並知道這愛是過於人所能測度的，便叫上帝一切所充滿的，充滿了你們。**以弗所書3：17-19**

幾十年來，我的兄弟菲利普和他全家人的飲水需求都靠一口泉水來滿足。雖然聽上去一點也不現代化，但是整個過程卻令人大開眼界。他們的家在北卡羅萊納州西部的山上，當地沒有自來水，但從岩石下或是山區草地的低窪處會湧出許多清澈純淨的山泉水。我曾去拜訪過他好多次，仔細研究了他所用的供水系統。想要尋找優質的泉水，菲利普羅列了幾個條件。泉水必須在更高處的山上，與房屋的距離適中，這樣重力會將泉水引至他們的居所；即使在乾燥的季節，也必須有足量的水，且必須來自於單一的水源，而不是由多個細微的滲漏點匯聚而成的。

若是菲利普發現了一處優質的泉水，他就會在該點向下深挖。直到挖出水流量最強勁的泉眼方才滿意，接著他會闢出一片蓄水區，架設結實的頂棚和堅固的水管。然後他會將蓄水區以及所有的管道全部用土掩埋，防止淘氣的小動物進去搗亂。在泉眼的正下方的山坡上，他安裝了一個巨大的水箱，連上與蓄水區相接的水管。水箱在地面之上，方便他定期檢查。最後的工作就是從水箱的底部連一根水管直接入戶。水壓取決於在房屋上方水箱的高度。

巨大的水箱很快就灌滿了水，多餘的水會被引流至河床處，重新匯入小溪。菲利普只需要取一點點供家庭使用即可，並且要防止有小動物在水源處亂翻，造成污染。

不過，在一個漫長而乾旱的夏季，不可思議的事情終於發生了。泉水枯竭了，菲利普背上他沉重的裝備到山裡把那泉眼點向深處挖了又挖，可惜還是毫無用處。身為上帝的子民，在那個夏天菲利普花了很長時間跪在上帝面前，為了這口泉而祈禱，祈求上帝再次供應。經過禁食與自省，他的要求得到了應答。上帝垂聽了他的祈禱。這口泉再次湧流出活水，比以往更為豐厚，更為純淨。

 耶和華的名是應當稱頌的，祂的慈愛長闊高深。

上帝的話語何等甜蜜

比金子可羨慕，且比極多的精金可羨慕；比蜜甘甜，且比蜂房下滴的蜜甘甜。詩篇19：10

我曾經養過幾年蜜蜂。每年夏天我都會全副武裝，帶上面罩、手套，拿上噴煙器，定期去查看蜂箱。拿下箱蓋和副蓋後，我會檢查巢框，看看蜜蜂在做什麼。我會在巢脾（主蜂巢）中尋找蜂后，看看她是不是在盡心盡力地產卵，在她身邊的工蜂是否在餵養、照看她。看到那些從田野中飛回來的蜜蜂跳起了八字舞，告訴它們身邊的蜜蜂順著什麼方向、飛多遠能夠採到好花蜜，我不禁為之著迷。這些蜜蜂孜孜不倦地工作，投入極大的熱忱採集、釀造花蜜，總能引發我極大的興趣。

藉由我所讀到的各種研究報告，我發現我所飼養的那些辛勤勞作的工蜂，會在離我家方圓數英里的範圍內尋找花蜜。它們會從鄰居家的花園、各種開花的樹木和附近的野花中採蜜。它們通常所採集來的花蜜含糖量很低，只是稍微帶些甜頭，而且每朵花中只有一丁點兒花蜜。因此出去採蜜的蜜蜂通常要採集數百朵花，才能夠裝滿它們體內的蜜囊。當它們感到疲乏的時候，可能會打開蜜囊上的小閥門，讓一點點的花蜜流入自己的胃部，這樣才有力氣飛回家。當它們採集到接近自己體重的滿滿一袋花蜜後，就會奮力地飛回蜂巢，在蜂箱中的內勤蜂就會迅速迎接。工蜂會口對口地將花蜜吐到幾隻內勤蜂的蜜囊中，而內勤蜂會在其中添些酶加以釀造，之後沿著蜂房開口處的邊緣一滴滴地將蜜貯存起來。其他的工蜂設法增強蜂房中的空氣流速，並將蜂房溫度保持在華氏95度，這樣就蒸發了蜜蜂吐出花蜜後其中包含的大量水分。原本的蜂蜜中含有80%的水分，經過這一道程序後，就只剩下17.5%的水分了，其中所含的複合糖也轉化成為單糖。如此一來，原本稀薄的花蜜就變成了粘稠的蜂蜜，保質期長，甜度也更高。我很喜歡吃直接從巢脾中取出的蜂蜜。當然，若是吃太多就會感覺太過甜膩。

上帝為了讓我明白祂的話語所付出的非凡努力與關注，讓我想起了蜜蜂，以及它們為釀造一滴蜂蜜所付出的艱辛。

耶和華，你的話語是如此甜蜜，我怎麼都聽不夠，求你幫助我真心接受你的話語。

隨心所欲的性行為

你們要逃避淫行。人所犯的，無論什麼罪，都在身子以外，惟有行淫的，是得罪自己的身子。哥林多前書6：18

隨心所欲的性行為？真的嗎？難不成隨意的性交就像是隨意往屋裡放把火或是隨意來個迎頭相撞那樣嗎？我可不想表現得大驚小怪，好在有證據，可以幫助你作出決定。你可以得出結論性是否可以隨意而為——無論在婚前還是婚後。

性，是上帝所創造的美妙禮物。若是在忠誠婚姻的神聖範圍內經常開啟、欣賞這一禮物，那麼性是美好的——甚至是非常美妙的。當你仔細閱讀所羅門所寫的雅歌時，就會看到歡愉的景象，這是上帝所定意在婚姻中賜給我們的。這裡不會產生任何誤解，因為上帝的話語是明確且清晰的——婚姻之外的性行為是罪，其後果只會令人痛徹心扉。既然上帝將好的（婚姻內的性行為）和不好的（婚姻外的性行為）源源本本呈現給我們，這道神聖的旨意就為我們劃出了一條清晰、銳利的界限。當上帝用忠誠的婚姻作為範例，來比喻祂希望與我們——即祂的教會（以賽亞書62：5）保持美妙且神秘的愛戀時，這條界限便更加突顯了。在同樣的比喻中，以西結書16章卻講述了一個不忠的新娘令人心碎的故事。這是在《聖經》中反覆出現的意象。

上帝設計了性——二人成為一體——是一件非常重要的事情，這不僅僅是二人身體的聯合。科學實驗表明，當愛侶性交期間，強而有力的血清素和多巴胺等神經傳遞素，以及催生素和血管升壓素等荷爾蒙會充斥大腦。這些神經傳遞素會創造極度強烈的興奮和愉悅感，遠超出其他任何經驗。除此之外，荷爾蒙也使兩人的情感更加堅固，彼此互訴衷曲。難怪《聖經》上說，「上帝所配合的，人不可分開。」（馬太福音19：6）這種上帝所研發的心靈強力膠極為有效。所以，你還會認為僅僅為了尋歡作樂就可以隨意與他人發生性行為嗎？

婚姻之外的性行為涉及到其他因素，可能造成嚴重的後果。內疚感、因失去「上帝最初創造的禮物」而悲傷、懷孕的風險、不安全的性行為會傳播疾病的風險、對人與上帝，並人與人之間的關係都造成損害、污穢了身體的殿等等。現在你有何感想？是否性行為真的可以隨心所欲呢？

主啊，你賜給我的禮物是何等美妙，你教導我們二人要「成為一體」。幫助我保持其神聖性。我要榮耀你。

亞麻

她尋找羊絨和麻，甘心用手做工。箴言31：13

今天讓我們齊來敬拜那創造了亞麻的上帝。我小時候住在衣索比亞，在那裡亞麻（又稱亞麻子）長久以來都是主要的經濟作物。人們將這種高挑纖細、會開出美麗的藍色花朵的植物種子灑在肥沃的土壤裡，三個多月後就可以收穫了。既可以齊根切斷，也可以連根拔起，真是一場令人歡暢的大豐收。上帝藉著亞麻賜予人許多豐厚的禮物。

亞麻種子含油豐富，畫家們用它來稀釋油畫顏料，家具製造商用它來作清漆。它是最早生產的商業用油之一。每天清晨做早餐的時候，我們總會加一點新鮮研磨的亞麻籽，因為它富含Omega－3脂肪酸，可以降低血液中的膽固醇，對抗乳腺癌和前列腺癌，還能為人體提供豐富的纖維素。

亞麻的莖生有又長又柔軟的纖維，可以用來製作亞麻布。亞麻布和亞麻纖維的出現可回溯至人類最早的歷史。由於亞麻摸上去很涼爽，並能製成雅緻的布料，根據古埃及的史料記載，皇室貴族們都穿著最精緻的亞麻做的衣服。待到夏季炎熱的時候，我們就喜歡賴在鋪著涼爽亞麻墊的床上。在箴言31章中的婦人也「為自己制作繡花毯子；她的衣服是細麻和紫色布做的。」（22節）「她做細麻布衣裳出賣，又將腰帶賣與商家。」（24節）毫無疑問，她一定知道如何收穫亞麻，如何浸漬它的莖，將纖維抽出，再將其紡成線，因為19節講到，「她手拿撚線竿，手把紡線車。」撚線竿是紡線車上的一部分，紡織時將尚未紡好的亞麻繞在其上。即便在今天，一些最高級的布料還是由亞麻製作而成。

亞麻纖維除了能製作優質的布料，還能做出一些可長久保存的紙質品。紙幣的材料之中就含有25%的亞麻和75%的棉。想繪製一幅油畫，架在實木框上的亞麻畫布更是首選。

 亞麻的創造者啊，謝謝你設計出如此實用的植物。

絲綢

（你）穿的是細麻衣和絲綢，並繡花衣。以西結書16：13

會有人不愛絲綢的柔亮與質感嗎？絲綢觸摸時特別滑順。三角形蠶絲纖維的扁平面會使它閃耀出彩虹般的光彩。許多昆蟲和蜘蛛都會吐絲，它們大多是從各自複雜的腺體中噴出蛋白質聚合物、黏稠成分和硬化劑的混合物。其中最為人們所熟知的，一是蜘蛛吐絲，它們從腹部的二到四對絲囊中分泌出絲來，之後織成網，二是蠶吐絲，蠶寶寶從它們頭上的兩處腺體中吐絲結繭。想要製作華麗的綢緞，就要先將蠶繭投入沸水中煮，使蠶絲相互間的黏著溶解，以便進行繅絲，並與其他蠶絲合股成為足夠結實的絲線。還有其他會吐絲的昆蟲，例如隸屬於螞蟻／蜜蜂／胡蜂等昆蟲綱目中的各種捲葉蛾及紡足目昆蟲等類生物。

材料科學家對如何以更環保的方式製造出強力纖維有濃厚的興趣。如今製作人造纖維需要高強度的化學製劑和高溫，會造成污染，並需要大量熱能。但蜘蛛和蠶寶寶卻都能在環境溫度的條件下，以水溶液的形式吐出絲來。科學家們正在研究這種複雜的絲線，以確定其分子結構，以及成絲方式。

近來的一項研究將焦點放在了常見的澳大利亞綠色草蛉蟲所吐出的絲上。當雌性草蛉蟲準備產卵的時候，會從腺體中先分泌一滴膠液，然後從中拉出一根根細如髮絲的膠絲，在接觸空氣後膠絲很快硬化成型，頂端都附著一顆卵，這樣可以躲避掠食者。草蛉蟲的絲實際上比其他種類的絲更粗更堅韌，彈性與橫向勁度也更大。由於草蛉蟲的絲一開始是以液態形式出現，證明比起蜘蛛和蠶的複雜吐絲過程，這種絲的製作更加簡便。我們想要了解這種更加簡單的過程所涉及的步驟。到目前為止，研究人員已經對製造液狀絲的基因進行鎖定並測序，了解到蟲絲中的蛋白質是纖維蛋白質，其折疊的過程很像是一組折疊門。所以，還有許多秘密尚待解開。

耶和華啊，你所造的何其多！都是你用智慧造成的；遍地滿了你的豐富。（詩篇104：24）。

安息日

六日要做工,第七日是聖安息日,當有聖會;你們什麼工都不可做。這是在你們一切的住處向耶和華守的安息日。利未記23:3

似乎每次我提到比利的時候,周遭沒有人不認識他,每個人都因他的善良、恩惠、慷慨與熱忱而受惠。能成為他的好朋友,我真是無比榮幸,畢竟,我們幾乎天天在一起密切合作。若是比利偶爾提及他家裡的開關有些小毛病,或是要將文件格式化時遇到了問題,我通常都會順道到去他家裡看一看,或是到他的辦公室去幫忙。這就是朋友會做的事,朋友之間應該互相關心。

不久前,我收到了一封安德烈大學校長的電子郵件,請我去他的辦公室探討一下正在開展的工作。我很快就回覆了郵件,告訴他我一定會準時赴會。當天我絲毫不敢怠慢,按時到達,做好充分的準備工作。當一個權威人士提出要求的時候,我們通常會聽從。

若是密西根州的州長要求我在約定的時間或地點出現時,雖然這只是假設,但我一定滿口答應,還要確保不會出現任何事情會與這位大人物的會面時間相衝突。

因此,當我最親愛的朋友、最聰慧的顧問耶穌提出一個要求的時候,我也會非常重視。當萬王之王、萬主之主、宇宙的創造主發出一條清楚明確的命令,要求我們準時赴約時,我敢說,我一定推掉所有的事,確保自己按時出現。對我來說,祂不僅僅是一位提出要求的朋友——祂是發佈命令的最高權威。沒有任何要求能與祂的命令相抗衡。

祂對我的要求及命令是明確而清晰的:「六日要做工,但第七日是安息聖日,是向耶和華守為聖的。」(出埃及記31:15)每一週我都謹守這項約定,發現安息日的休息的確給我帶來極大的祝福,我開始明白耶穌說「安息日是為人設立的,人不是為安息日設立的。」(馬可福音2:27)這句話的真正含義了。

主上帝,我的心智與記憶的創造者,我渴望將你的話藏在心裡,免得我得罪你。

飯前祈禱

你吃得飽足，就要稱頌耶和華你的上帝，因祂將那美地賜給你了。申命記8：10

當我飢腸轆轆地面對一桌豐盛的晚餐時，我從不會想到這也許是我吃的最後一頓飯了，更不會認為這食物中的污染物可能會引發嚴重的疾病甚至死亡。我從來沒有過這些想法。但是，即使是在現代社會中，經食物傳播疾病甚至導致死亡的消息亦是屢見不鮮。我可以理解在很久很久以前，人們還沒有發現細菌和其他有害的微生物，也沒有冰箱，更沒有微波爐的時候，的確會因為所攝取的食物患病甚至死亡，但今天我們不再像以前那樣無知了。人們不僅知道有細菌和真菌的存在，還能通過種類甚多的菌種辨認。此外，我們還知道如何消滅、控制食物中的細菌，使人們可以安全食用。那麼為什麼今天人們仍因食用被污染的食物而生病甚至喪失性命呢？

不明智地選擇食物、誤植的信任感、不斷變異的細菌——無疑有許多原因造成現代社會的健康問題。當我們選擇食用高風險食物，例如生奶、肉類、禽肉和起司時，其中很可能含有危害極大的細菌。當我們將個人食品安全託付給其他人的時候，其實是賦予他們極大的信任。製作加工食品的人有時會偷工減料，可能使用品質不佳的食材，也許料理食物的人不注意個人衛生，或許加工的機器出了問題。我們往往會錯信他人。下次當你選擇外食的時候，可以仔細思考一下這些問題。細菌在吸收環境DNA，以及和細菌菌群交換方面似乎有極大的靈活性。因此，偶爾會出現全新且具毒性的菌株，其中有一些還是致命的殺手。

我們在飯前的祈禱是否經常是潦草且敷衍的？難道我不該仔細考慮一下，應該將食品安全託付給誰嗎？告訴那位賜予我食物的供應者，我全心全意地信靠祂的供應，這難道不是明智的做法嗎？祂知道我將要吃下的食物是被污染的嗎？祂不是曾經答應要保護我免受一切傷害嗎？我難道不應該表示感謝嗎？

 主啊，謝謝你賜予我食物。你親手造出食物，並以精確的比例調和了重要的維生素、礦物質、有治癒之效的植物化學成分以及抗氧化劑。你也使它們變得色香味俱全。願這食物可以滋養我的身體，願我能以飽滿的力量榮耀你的聖名。

紫羅蘭

草必枯乾，花必凋殘，惟有我們上帝的話必永遠立定。以賽亞書40：8

每年到了這個時節，我們家後院台階旁的一株可愛的紫羅蘭就會開花。它的葉子與普通紫羅蘭並無二致，但在那5片潔白柔嫩的花瓣兩面卻都均勻地佈滿了藍色或紫色的斑點，以及從花心呈向外輻射狀的細細條紋，看上去好像在花冠管裡面有一小瓶顏料炸開了，於是在花瓣上留下了深深淺淺飛濺的斑痕。正是這些細細的條紋，會引導昆蟲發現下方花瓣背面儲存花蜜的地方。顯然，在能看到紫外線波段的昆蟲的眼中，這些條紋會更加突顯。

我們社區有一位德高望重的退休化學教授杜恩·福特（Duane Ford），大約在10年前，他曾送了我幾盆植物。我記得杜恩暱稱它們為「戰溪紫羅蘭」，他也告訴我，懷愛倫就曾在她的院子中種了許多這種紫羅蘭。也許真有其事。幾個世紀以來，紫羅蘭一直受到人們的喜愛，古代雅典幾乎每一家的院子裡都能發現它的倩影。雖然我不知道是否屬實，但古希臘人和古羅馬人會在歡宴後帶上紫羅蘭編成的花環驅除宿醉的故事確實流傳至今。這是否就是以賽亞書28：1中所提到的「以所誇的為冠冕」呢？在希臘神話中，當第6世紀的歌者之父俄耳甫斯（Orpheus）彈起七弦琴時，會不斷生出美麗的紫羅蘭。拿破崙·波拿巴（Napoleon Bonaparte）不但鐘情於他曾經的王后約瑟芬，他一生更是深愛著紫羅蘭。傳說中，約瑟芬的裙裾上總是別著一朵紫羅蘭，就連婚紗上也繡著大朵的紫羅蘭。法國的園丁們花了很多心思使紫羅蘭流行一時，並且培育出許多混血品種。

據說在地中海地區生長著四百多種紫羅蘭，北美至少有75種本地品種，由此在美國、加拿大培育出超過300個品種，在里奧格蘭德南部則有上百種紫羅蘭。紫羅蘭的混血繁殖非常簡單，然而這卻讓專業的植物學家大為頭痛，因為他們喜歡保持品種的純淨。不過，紫羅蘭才不理會這些繁瑣的事，它們只是一心一意地開出芳香四溢的花朵，這些漂亮的花可以放在沙拉中作為鮮艷可口的裝飾菜。有一些品種的糖含量很高，其結晶可用於糖果、蛋糕裝飾和其他甜點中。

耶和華啊，你使鮮花如此奢華而美麗，但它的美態卻轉瞬即逝。那麼對那永不更改的話語，你付出的關注與重視該有多麼深厚呢！

睡眠

我白日受盡乾熱，黑夜受盡寒霜，不得合眼睡著，我常是這樣。創世記31：40

所以說……你晚上老是睡不好，究竟是什麼緣故呢？是不是像雅各向他的叔叔拉班抱怨的那樣，是因為工作令人筋疲力盡呢？是不是吃了太多宵夜？也許是家庭的壓力，或是悲傷，你所能想到的，都可以說出來。若你是成年人，每晚需要7－8小時的睡眠時間，若是青少年，則需再多加2小時。至少科學研究的結果就是如此。此外，它還告訴我們，應將大部分的睡眠時間放在午夜之前。我們也知道睡眠不足可以引發多種問題，其結果可能是致命的。缺少睡眠的實驗動物最終會步向死亡。睡眠不足的人經常在開車的時候昏昏欲睡，結果造成慘烈的車禍，不僅自己喪命還連累了他人，或是在操作機器的時候打瞌睡，造成重大工傷事故。挑戰者太空梭的爆炸、埃克森公司的瓦迪茲號油輪的觸礁漏油和史坦頓島渡輪撞上碼頭的意外等等，主要都是因操作人員嚴重缺乏睡眠造成的。缺乏睡眠已得到證實的其他負面影響包括健忘、情緒問題、抗壓能力較低、對於感冒和流感的抵抗力較弱、情緒波動、罹患肥胖症、糖尿病、心臟病、快速老化的風險增加。這些事實我們都清楚。不過還有一些我們根本不了解的事情。

在睡眠的過程中，我們的身體在做什麼呢？我的意思是，我們依舊保持呼吸（在快速動眼期，人的呼吸、心跳，以及大腦活動實際上是加快的），雖然細胞的新陳代謝速度變慢，但人體內依舊產生尿液，只不過不多。那麼睡眠到底從何而來呢？噢，對了，在快速動眼期，我們的肌肉處於麻痺狀態，除了偶爾會出現的惱人的抖動。

睡眠期間究竟發生了什麼？如果去讀一讀科學研究報告，就會知道在睡眠的過程中，身體會得到休息，骨骼與肌肉會重建，組織經歷再生，免疫系統得到增強，記憶重新整合，身體能量也得到補充。但這些到底意味著什麼？我們在醒著的時候，身體也在進行這些工作。科學家們已經發現了睡眠有著不同的深度以及腦電波的波動，但我們仍舊不清楚伴隨著這些波動，身體究竟有何變化。有關睡眠為何如此香甜，我們還有許多方面要去探索。

賜予我們甜蜜睡眠的主啊，每晚你令我們入眠，接著奇妙事情發生了。第二天清晨，你喚醒我們，又是精力充沛、元氣滿滿的一天。謝謝你，我要讚美、尊崇你。

團隊合作

蝗蟲沒有君王，卻分隊而出。 箴言30：27

我至今都無法遺忘看見那遮天蔽日的蝗蟲，並目睹著這群飢腸轆轆的掠食者沿著地面四處擄掠，那種令我毛骨悚然的感覺。第一次看到這樣的場景，是當我坐在一架老式的DC－3飛機的駕駛艙裡，準備飛越衣索比亞的時候。就在前方遙遠處，我們可以看到一朵巨大的灰雲正陰森森地向我們逼近，形狀變化莫測。雖然駕駛員臨危不懼，試圖躲開這可怕的蝗蟲群，可是我們依然擦到了「雲邊」，蝗蟲紛紛撞到飛機上，發出令人膽戰心驚的響聲，那在駕駛室擋風玻璃上濺得粉碎的蝗蟲屍體，使人很難看清前方的情況，那劈哩啪啦的聲音聽上去像是我們正穿越一場大冰雹。第二次看到這場景，是一團棕色的蝗蟲雲觸到地面，瞬間化身為一條不斷向前移動的蝗蟲地毯，以洪水猛獸之勢吞滅了一切綠意。每一棵樹、每一叢灌木、每一株綠色植物上都佈滿了蝗蟲。我記得那時當地的農民們手拿布袋和棍子，在空中揮舞著，在地面上擊打著，總之要盡可能地消滅這些可惡的害蟲。蝗蟲的糞便像下雨一樣紛紛落下，想要跟它們一決高下顯然是徒勞無功。

在今天的存心節經文中，所羅門描述了四樣甚聰明的小物，其中一樣就是蝗蟲，它們雖然沒有君王，但卻團結一致、整齊劃一。由於蝗災巨大的破壞性，許多科學家致力於研究蝗蟲，為了能夠更有效地控制它們。最初人們以為它們屬於不同的品種，但蝗蟲實際上就是短角外斑腿蝗，只不過數量巨大，繁殖速度超快。當條件適宜時，它們的數量會呈爆炸式增長，並進行長距離的飛行，所過之地，寸草不留。科學家們已經了解到許多關於它們的嗅覺、視覺和運動神經生理方面的知識，但它們一定還有許多我們尚未了解的地方。

從蝗蟲身上我學到了兩個重要的教訓。第一，當一個團隊同心協力，共同完成一項任務時，其成就必定令人歎為觀止。蝗蟲雖小，但是它們聯合起來造成的危害實在可怕。第二，上帝有著令人難以置信的恩典和寬容。當我們徹底將某件事搞砸的時候，其後果等同於蝗蟲過境造成的破壞。是什麼使你不知所措、備受打擊？是什麼是你的心傷痛？

 耶和華啊，你賜予我們何等美好的應許，要將那些年蝗蟲所吃掉的，補還給我們（約珥書2：25）。求你使我堅信這應許。我已經浪費了許多你賜予我的時間。主，我再次將我的心奉獻給你，奉獻給教會的大使命。

夏雨

諸天哪，側耳，我要說話；願地也聽我口中的言語。我的教訓要淋漓如雨；我的言語要滴落如露，如細雨降在嫩草上，如甘霖降在菜蔬中。申命記32：1-2

幾週過去了，天上一絲雲彩都沒有。大地乾枯，本來鮮嫩的草坪變得塵土飛揚。樹葉懸掛在樹梢上，有些已經枯萎了。菜園與花園也一改往日繁茂的景象。到最後，你只得每天拖著長長的水管來回跑，希望能搭救這些渴得要死的植物。但無論你怎麼盡心盡力地灑水、灌溉，凋謝的植物總是毫無起色。什麼時候才會下雨呢？這時，在遙遠的西邊，你聽到最為輕柔的嗡嗡聲，好像是天空中雲朵碰撞時產生的雷聲。在接下來的半小時裡，雲層積厚，雷鳴加劇，天空變得陰沉沉的。啪，一滴雨，啪，又是一滴。接著碩大的雨點撞擊著地面，騰起陣陣煙霧。這美妙的聲音彷彿天籟。乾渴的大地和即將枯乾的青草終於喝上了清涼的雨水，一切都是這麼清新甜蜜。不過這樣還不夠，不要停止降雨，大地還沒有濕透呢！豆大的雨點打在戶外家具上，它們看上去反倒灰頭土臉了。

看哪，奇妙的事情發生了，天空突然開闊起來，無論是小草、花園還是泥土，每一分每一吋都閃著雨點輕盈的舞姿。充沛的雨水就這樣下了五分鐘、十分鐘、半小時。乾渴的泥土終於喝飽了水。不一會兒，葉子都變得神采奕奕了。大自然正在歡唱。即便以人力澆上一整天的水，也無法與天上這半個鐘頭的降雨所帶來的清涼祝福相比。天漸漸暗下來了，雨勢也緩和下來。不過這還沒結束。閃電亮出銀鞭，大雨傾盆而下。強勁的風呼嘯著掠過水面。即便是高大的樹木也被吹得來回搖擺，樹葉颯颯作響。又是一場持續半個鐘頭的大雨，彰顯出上帝賜予的豐厚。多麼美妙的禮物！

上帝的話語——祂透過摩西給予的指示——是清晰、易懂，且豐富的。它們像雨水一般給人類帶來美好的祝福，同時也警告那些不順從之人將要面對的危險。在摩西當著以色列眾民，吟誦了這篇上帝對祂子民的愛情與奉獻之歌後，他最後一次登上了山頂，天使將他葬在那裡。

「我要宣告耶和華的名；你們要將大德歸與我們的上帝。祂是磐石，祂的作為完全，祂所行的無不公平，是誠實無偽的上帝，又公義，又正直」（申命記32：3-4）。

守宮

守宮用爪抓牆，卻住在王宮。箴言30：28

無法否認，箴言中的這節經文是有些古怪的。原文中六個希伯來文的字面含義是：「蜥蜴」、「爪子」、「可以抓住」、「他」、「宮殿」以及「國王的」。新英王欽定版的《聖經》和史特朗經文彙編將第一個詞「守宮」譯為「蜘蛛」。生物學家們向來不會將蜥蜴與蜘蛛混淆，這就說明其實我們不太確定守宮到底是什麼動物。在我看來，《聖經》所說的是蜘蛛，因為在所有用掃描電子顯微鏡研究的生物中，蜘蛛是最受我關注的。在我心中，它們好像具有魔力一般令人著迷。

地球上生活著超過4萬種蜘蛛。不管你有多麼厭惡它們，嚴防死守不讓它們進入你的房間和花園，都於事無補。蜘蛛就在你身邊，為數不少，孜孜不倦地織出各式各樣的網，與這個勤勞的管家相比，人類相形見絀。但也不要太沮喪，因為連《聖經》上都說，它們甚至住在王宮裡。

蜘蛛自有一套四處旅行的方法。即使沒有翅膀，甫破繭而出的小蜘蛛也會織一張長長的網，這樣風兒就會捲起網，將它們帶到遠方。有時候風只把牠們帶到離窩幾碼遠的地方，但有時它們會跟著高速氣流飛到幾千英呎以外，或者順著微風飄向遠方的大海。

從我用電子顯微鏡拍攝的蜘蛛的照片上，能看出它們有毛茸茸的身體和八條毛茸茸的長腿。如果再仔細觀察，通常還會發現它們都生著八隻眼睛。想想看，既然有八隻眼睛，那麼有些蜘蛛一定視力絕佳，聽覺也靈敏，雖然它們並沒有耳朵。我發現，蜘蛛的聽覺來自於極度敏感的壓力傳輸器，就生在它們的各種剛毛內。這種剛毛不僅能捕捉到聲音，還能測出風速及方向，檢測出各類化合物（這使它們具有敏銳的味覺和嗅覺）。有些剛毛用於防禦。例如，捕鳥蛛的腹部就生著微小尖銳、長有倒鉤的剛毛，如同魚叉一樣，它們能輕而易舉地刺入人的皮膚，並斷在裡面。這會引起瘙癢——不過也僅此而已。

待我擁有永生時，我願意花一千年來專門研究蜘蛛，那精妙絕倫的複雜性以及敏銳細膩的感覺系統總讓我念念不忘。平時只是織網捕蟲的蜘蛛看上去似乎平凡無奇，但它們卻可以住進王宮。我什麼時候能有這樣的榮幸？

 耶和華，我要謹記這謙卑的教訓。多虧了有這小小的守宮做我的老師。

蜘蛛的網

我用慈繩愛索牽引他們；我待他們如人放鬆牛的兩腮夾板，把糧食放在他們面前。何西阿書11：4

你一定見過蜘蛛結網時，用後腿從腹部扯出蜘蛛絲來的樣子。如果是很久之前見過，那麼我建議你花上幾分鐘，靜靜地觀察蜘蛛結網的迷人過程。在地球上生存的成千上萬種蜘蛛中，大部分都會結網。根據蜘蛛的種類，科學家們也將蜘蛛網分為約六種不同的類型。結網蜘蛛在腹部的尖端長著一對對鼓鼓的噴絲頭，每一個噴絲頭都連接著蜘蛛體內的一條或數條腺體。大部分會吐絲的蜘蛛都有三對噴絲頭，有些會有四對或只有一對，這取決於它們所吐出的蜘蛛絲種類。

我的一個學生搜集了一些蜘蛛網，並用掃描電子顯微鏡進行研究，發現蜘蛛會吐出五種類型的絲，它們會根據當下所面臨的狀況，吐出韌性、黏性和彈性各不相同的蜘蛛絲。比如，垂絲比較強韌，網絲不僅堅韌，還具有黏性。巢絲的彈性最好，而捕捉獵物時吐出的絲則比垂絲還要強韌數倍。

那麼蜘蛛絲是由什麼構成的呢？它到底有多強韌？那要看我們所探討的是四萬種蜘蛛中的哪一種了。構成蜘蛛絲的化學成分極其複雜。一般來說，蜘蛛絲由蛋白質分子構成，其中有相似的結晶構造反覆出現在鬆散的非結晶結構中。兩種結構相互交織，使得蜘蛛絲更具強度。據說，它比同等螺紋尺寸的優質鋼筋更加堅韌，與克維拉纖維不相上下，而且質量較輕。即使它被拉扯到原有長度的1.4倍，也不會斷裂。不難想像，蜘蛛能吐出這般神奇的蜘蛛絲真是令人嘖嘖稱奇。蜘蛛體內的腺體一起開動，產生出一種凝膠狀物體，當它被拉出時一接觸到空氣，就瞬間變為堅韌的固體纖維。工程師們也在研究蜘蛛絲，想要學習如何以一種無污染、低耗能的方式製造人造纖維。我們對蜘蛛的了解著實還很膚淺。

主，你用慈繩愛索牽引著我，不讓我踏錯一步。既然你能將蜘蛛絲設計得如此完美，我相信當你在製造你我之間的連結時，一定用了更加高超的技法。

薑是老的辣

我說，年老的當先說話；壽高的當以智慧教訓人。約伯記32：7

年長的人真的比較有智慧嗎？我以前從來不這樣認為，但如今已經有三個青少年叫我爺爺了，我的看法也隨之改變。一定是年長的人比較有智慧。當你讀到《聖經》中以利戶對約伯說的話時（約伯記32：6－10），他指出年老之人應當有智慧——但這並不是絕對的，是上帝的靈使人有智慧。因此以利戶總結發言時說到，雖然他年輕，但他也要陳明自己的觀點。那麼究竟誰最有智慧呢？

我想這取決於你如何定義「智慧」一詞。如果你認為智慧就是知道如何發簡訊、操作電視的遙控器、利用網站查資訊，或是透過郵件發送附件，那無疑年輕人略勝一籌。好吧！不是略勝，而是當發令槍的響聲還在迴盪的時候，勝負就已分明。

密西根大學的一個研究小組正力圖確定在智慧上誰更具優勢。是年輕人呢？還是長者？他們對智慧的定義較少涉及到對科技的使用上，而是更加著重對事物的理解和人際關係的管理。他們認為，能夠更有效地應付生活中的變化和不確定性的人——那些最能夠應付生活中的衝突、分歧、意外和幻滅的人——才是有智慧的人。研究人員所搜集的數據涵蓋了不同的社會經濟群體、各種民族，以及教育程度和智力水準都不同的人，其結果表明年齡超越了其他所有因素，年長的人在智慧方面的確更具優勢。從多年前開始這項研究，研究小組就曾設想隨著年齡的增長，智慧也增長。但正如經常在研究中出現的情況，他們依舊對年長所發揮出的巨大作用而感到震驚。

此項研究結果表明，當我們向他人學習經驗的時候，需要特別留意長者的意見，尤其是涉及到人際關係和心靈層面的事情。當奶奶對她年輕的孫女說，不要跟那個滿臉粉刺的毛頭小子交往時，她的意見往往是正確的。當爺爺說，失去你夢寐以求的工作不見得是件壞事，因為你現在有機會去追求更好的工作時，他的看法也許是對的。若是年輕人可以虛心聽取長輩的意見，他們的人生道路也許更加順遂。科學研究的結果與《聖經》的教訓往往是一致的。

主，我經常認為別人給我的建議是錯誤的。天父，求你幫助我，藉著經驗豐富的敬虔之人的口來指教我。

在無花果上劃一刀

阿摩司對亞瑪謝說：「我原不是先知，也不是先知的門徒（原文是兒子）。我是牧人，又是修理桑樹的。」阿摩司書7：14

乙烯是一種很小的分子。但它與人類的生活與命運之間卻有著悠久而顯著的聯繫。❶古埃及種植無花果的果農會用一種特製的刀在無花果上劃個小口。雖然他們不知道原因，但是以特殊方式劃開的無花果會在四天內成熟。若不經過這樣的處理，無花果就需要過很久才能成熟，可能早被昆蟲啃蝕了。阿摩司很可能就會使用這種技術。❷中國人偶然發現將梨子放在燃燒香燭的房間裡就可以促進其成熟，雖然他們也搞不清楚怎麼回事，但經常用這種方式來催熟梨子。❸19世紀晚期，人們發現在洩漏的煤氣燈旁邊的樹容易落葉，樹幹變得粗糙，樹枝不斷漲大，但仍舊不明所以。❹在20世紀60年代，當舊金山附近種植康乃馨的花農們因為附近的聚乙烯生產工廠而損失了價值數百萬美金的鮮花時，人們並不了解箇中原因，後來他們才知道，原來工廠發生了事故，洩漏了一些乙烯氣體。哪怕是微量的乙烯分子對植物都會產生極大的影響。許多年前，人們就逐漸開始了解乙烯，並探索它的各樣用途。

20世紀初期，一位俄羅斯化學家發現乙烯是照明中的有效成分，會傷害植物。數年後，科學家們認為乙烯是使其他植物葉片脫落的元兇。後來，在第一次世界大戰期間，研究人員認定它是一種植物激素（由植物產生），可導致果實成熟。如今我們了解到乙烯對植物至少能產生幾十種影響。在植物生長的不同階段，植物本身的某一部分可能會產生乙烯，幫助調節重要的生長及發展因子。

如今，種植水果的果農們經常使用乙烯來催熟作物，以便在預期的時間可以上市。你也可以這樣做。在一袋未熟的香蕉中放入一片成熟的蘋果片，這個方法能加速催熟香蕉。學會這個技巧，那麼你和先知阿摩司之間也有了共同點，他會在無花果上劃一刀，這樣能產生乙烯，加速成熟。

氣息的主啊，求你向我吹氣；使我與你的關係愈加成熟，使我能結出聖靈的果子，得你喜悅。

DHA （多元不飽和脂肪酸）

誰將智慧放在懷中？誰將聰明賜於心內？約伯記38：36

如今，有一些冷僻艱深的術語越來越頻繁地出現在大眾面前。2010年5月，英國皇家醫學會在倫敦召開了為期兩天的科學研討會，整場會議就圍繞一件事展開。它就是22碳6烯酸（Docosahexaenoic Acid），縮寫為DHA，但人們更加普遍地稱它為Omega－3脂肪酸，這是一類在魚油和新鮮研磨的亞麻籽中存在的不飽和脂肪酸。人體可以產生一些DHA，但是也必須從食物中獲取以補足所需。令人擔心的是有一些人所攝取的DHA太少了。優質的Omega－3脂肪酸被常用的烹飪油中的Omega－3脂肪酸所取代，後者雖然不那麼好，但容易取得。人類的眼睛（60%）和大腦（40%）中的不飽和脂肪酸大多為DHA，尤其是在大腦突觸中。

在倫敦會議上介紹了傑出的神經學家們為了進一步了解DHA所進行的各項研究。他們的研究成果大部分集中於早期階段，許多研究涉及食用魚類與各種疾病的發病率之間的關係。比如，很少吃魚的人更容易患上嚴重的抑鬱症、認知功能衰退、阿茲海默症、暴力行為、記憶喪失、精神分裂症和注意力缺陷障礙。不幸的是，若是嬰兒無法獲得或身體無法產生足夠的DHA，智力將會受到影響。

會議上的某些研究是針對正確開發腦力必需的特殊營養物質：如碘（存在於碘鹽中）、鐵和DHA。這三種營養物質大量存在於海洋產品中。全世界約有十億人缺乏碘和鐵，因此導致大腦發育不良。DHA能夠減緩因年齡增長造成的腦細胞的損傷，預防阿茲海默症患者的腦細胞纏結或形成斑塊。在阿茲海默症患者的大腦中，DHA的含量還不到正常水平的一半。

我所關心的是，上帝用來與我們交流的途徑就是人的頭腦。任何細胞間隙功能的喪失、認知功能的下降或智力的衰退，都會使撒但綁在上帝最愛的子民頸上的鐵鉗箍得更緊。因此，攝取優質的營養物質，仔細照料上帝賜予我們的身體和頭腦，對我們的生命來說至關重要。

耶和華，我要將自己的頭腦心智奉獻與你。求你幫助我照顧好自己，以彰顯你的榮耀。

死亡

死啊！你的毒鉤在哪裡？哥林多前書15：55

毒鉤？你所說的毒鉤在哪裡呢？所有認識並深愛著珍妮芙・斯塔基 (Genevieve Starkey) 人們都受到這死亡毒鉤的傷害，感覺非常痛苦。94歲高齡的珍妮芙一生都無私地奉獻給了社區服務，如今她安息了，平平安安地睡去了。不過，74年來一直貼心陪伴她的丈夫湯姆・斯塔基感受到了死亡的毒鉤，令他肝腸寸斷。在死亡沒有將他們分離前，珍妮芙一直持守著她在婚禮上的誓言，無論順境或逆境，健康或疾病，她都深愛著湯姆。當然，他們之間所分享的不是只有「逆境」和「疾病」。湯姆同樣也信守承諾，深愛著珍妮芙。無論如何，能守住承諾就是件美好的事情。珍妮芙的家人和朋友都聚在一起，共同懷念她美麗的一生。所有認識珍妮芙的人都非常喜愛她，因為她有一顆善良而慷慨的心。她為社區裡的人們慷慨地獻出了自己的一生。她的服務精神成了人們口中稱讚的傳奇。珍妮芙如今已經逝去，擺脫了死亡的疼痛，但她那些還在世的親朋好友卻飽嘗死亡毒鉤帶來的痛苦，伴隨著無限的空虛與失落。對於活著的人，死的毒鉤是如此鋒利！

從實用的目的來看，活人與死人的化學成分與外觀並無二致，但二者之間的區別卻天差地遠。死去的人不需要每隔幾秒呼吸一次，心臟不需要持續送血，也不需要偶爾進餐，或保持身體溫暖。他們的身體機能已經全面、且徹底地停止了。耶穌用「睡著了」來形容這種全面的安息。若是以電腦時代的語言來形容，可以說是他們的身體系統「關機」了，這比「冬眠」或「睡著」更容易理解。因為我們還活著的人沒有經歷過死亡，所以我們不能完全了解死亡的疆界。但是耶穌曾到過那裡，祂完全了解。祂將死亡稱作睡著了。耶穌是唯一一位有能力使自己或他人跨越生死之間鴻溝的人。祂曾說：「我父愛我；因我將命捨去，好再取回來。沒有人奪我的命去，是我自己捨的。我有權柄捨了，也有權柄取回來。這是我從我父所受的命令。」（約翰福音10：17－18）

珍妮芙・斯塔基認識耶穌、相信祂，也相信祂所說的一切話。接下來她會聽到主親自呼叫的聲音，又有上帝的號吹響。隨之而來的就是與親朋好友歡聚一堂。這樣看來，死亡的毒鉤終究不值一提。

主，我盼望永遠與你在一起，永遠伴隨你左右。

推卸責任的遊戲

在這一切的事上約伯並不犯罪，也不以上帝為愚妄。約伯記1：22

2010年4月20日，「深水地平線」鑽油平台在進行鑽探作業的過程中起火爆炸。在這場可怕的事故之前，「深水地平線」曾經成功鑽出了許多口油井。其中在臺伯河油田的一口油井達到了35,055英呎的深度，而其水深只有4,132英呎。加拿大雪佛龍公司如今正在孤兒盆地進行鑽井作業，從海平面以下1.5英里處開始。至於能鑽多深，只能拭目以待。在這種極限深度，溫度約為華氏250度（約攝氏121度）。周圍的岩石也都處於極端壓力之下，這就是在馬康多勘探點發生爆裂的原因，那裡也正是「深水地平線」鑽井平台鑽勘探井的地方。

雖然人們想方設法想要堵住滲漏之處或將原油轉移，但在巨大的壓力之下，石油還是源源不斷地從破掉的油管中噴湧而出，黑色的原油飄散至數百英里外的海灘，有毒物質也已經造成大量海洋生物死亡。這是一場滅頂之災，誰來承擔責任呢？

人們將矛頭對準了石油巨頭「英國石油公司」。另外，負責鑽井的瑞士越洋鑽探公司和負責固井作業的哈里伯頓公司也難辭其咎，有些人指責美國海岸警衛隊，還有一些人則將責任推到美國各政府機構身上，包括總統本人也得為此負責，就連我也得為此受到責備，因為有人在電視上發表言論，說凡是使用石油產品的人，就都得為深水地平線鑽井平台發生的爆炸事件受到責難，顯然我也逃不過。

推卸責任很容易，不是嗎？這不是我的錯，是他做的。或者說，是她逼我這樣做的。在這個樂於爭訟的社會中，有些人必須要為所發生的一切負責，這些人必須要被揪出來，並追究其責任，因為意外完全可以避免。倘若我們無法確定到底要怪罪哪個人或哪個公司，那我們就說這是「天意」，上帝應該對此負責。這讓我不禁感到好奇：究竟是誰從一開始就對上帝指指點點，橫加指責呢？

你有沒有曾經因為上帝做了某件事，或是沒有做某件事而責備祂呢？拋開具體的情況不談，我們有沒有能力妥善地追究責任呢？我們是否能夠了解所有的真相？你覺得這世界的欺騙者是否曾經破壞或污染證物呢？

耶和華，我有時也會怪罪你。我要用手摀口。你知道一切的真相，唯有你是良善的。從現在起，願我能像約伯那樣，不以口責怪你，也不犯罪得罪你。

6月 JUNE

雞皮疙瘩

有靈從我面前經過，我身上的毫毛直立。約伯記4：15

我們所住的地方是樹林深處，那裡有高聳的樹木遮天蔽日。最近我們在當地的報紙上讀到，有人發現我家附近有美洲獅出沒。有時白天我會忘記倒垃圾，所以晚上睡覺前就不得不在黑暗夜幕下出門，走300英呎左右把垃圾放在路邊。此時，美洲獅的影子在我腦中揮之不去，我感覺頭髮根根豎起，一股涼意從脊椎骨直往上竄，只覺得汗毛豎立，頭皮發麻。認了吧！這種感受你一定也知道。

在《聖經》中以利法描述了這種感覺，幾個世紀後，威廉·莎士比亞在《哈姆雷特》的台詞中寫道：「要不然我可以講講，輕輕的一句話就會直穿你靈府，凍結你熱血，使你的眼睛，像流行，跳出了框子，使你糾結的髮髻鬆鬆分開，使你每一根髮絲絲絲直立，就像發怒的豪豬身上的毛刺。」那麼，為什麼我們會呈現出「發怒的豪豬」這種狀態呢？為什麼當我們嚇得連大氣也不敢喘或是極度恐懼的時候，身上的毛髮都會根根直立呢？原本，英文中恐怖一詞「horror」來自於拉丁文horrere，意思就是「豎起、聳起」，這樣就可以聯想到——毛髮都豎立起來，而在豪豬身上的情形則是牠所有的鬃毛都豎立並顫動著。

你一定見過鳥兒是如何細心梳理、照料牠們的羽毛的，可能你還見過牠們把羽毛都抖鬆的樣子。由於羽毛都豎起來了，因此鳥兒看上去好像膨脹起來，接著再將羽毛順序放平。可以說，牠們這樣做就是為了梳理羽毛，這下，所有的羽毛就都妥妥帖帖了。

人之所以會起雞皮疙瘩，是因為每根汗毛下面都有一塊小肌肉。但是我們無法有意識地控制它們，當自主神經系統的交感神經興奮起來的時候，這塊小肌肉會自動收縮。當我們感到寒冷或害怕、或情緒高漲，比如大喜或大悲的時候，都會發生這種情況。當貓咪害怕或是小狗打架的時候，你也能發現類似的情況。就連水獺在面對敵人的時候，也會將頭上毛豎起來。但是為何人類身上也會出現這種情況呢？許多理論都試圖解釋這一謎團，但沒有一個是令人信服的。因此我不斷提醒自己，還有許許多多有待探究的事物，等回到天家，不斷研究與探索將是在永恆時光中的樂事之一。

 創造立毛肌的主，當我害怕或是受情緒驅使的時候，求你教導我全心全意信靠你。耶和華，這些小小的肌肉帶給我從你那裡而來，有關仁愛、關懷與管教的信息。

麝香龜

袖行大事不可測度，行奇事不可勝數。約伯記5：9

不知你有沒有見過、或聽過密西西比麝香龜？畢竟，牠是一種極為常見的澤龜，生活在流速平緩的溪流或河流中，分布的區域由佛羅里達州南部、穿越德克薩斯州中部、向東到威斯康辛州中部、直達東海岸，往上則遠及加拿大的安大略省和魁北克省。麝香龜的體長一般不超過4英吋，之所以給牠們起名叫麝香龜，是因為其龜殼下方靠近尾巴的地方有一條腺體，在牠們感到危險的時候，會釋放出強烈的臭氣，所以有些人也稱牠們為臭蛋龜。

那麼，真正讓人感到大惑不解的是麝香龜可以一直待在水裡，大多數的龜類都必須不時地浮到水面上呼吸，而麝香龜卻可以一次在水底待上幾個月。除了牠之外，也有其他的龜可以長期待在水下，但起碼牠們有薄薄的血管性皮膚或者龜體後端生有肛囊，其作用相當於腮，然而麝香龜並不具備這些特徵，牠們的皮膚很厚，也沒有肛囊。長久以來，麝香龜究竟如何在水下呼吸成了一個謎。牠們到底是怎樣生存下來的呢？

解開這個謎團其實是無心插柳之舉。研究生埃貢‧海斯（Egon Heiss）正用高速攝影術拍攝麝香龜的進食習慣。這種技術在小烏龜不時爬上陸地覓食時，就可以發揮作用，但牠們進食的時候總顯出笨頭笨腦的樣子，一定要將食物拖回水中才開始吃。埃貢和他的同事們注意到麝香龜的舌頭有些與眾不同，似乎在吃東西的時候幫不上什麼忙，因此就用高倍顯微鏡進行觀察。他們在龜舌上發現了一些極其微小、像肉芽一樣的特化細胞，看似來似乎是專為呼吸而設計的。另外，這些小肉芽不僅長在舌頭上，就連咽喉部也有。謎底已經揭開——至少我們是這樣認為的。上帝的匠心獨具，使這些小麝香龜能夠乖乖地潛在平靜的湖水或溪流中——以蠕蟲、小龍蝦、甲殼動物，以及其他緩慢移動的生物為食——不用一直浮出水面換氣。我們對上帝的創造了解得越細緻，就越感到我們所知甚少。好在我們將來會有永恆的生命，不斷地研究學習。在那裡我們一定不會感到無聊的。

 創造麝香龜的耶和華啊，是不是還有更多的謎團是我們尚未發現的呢？

降雪細菌

你曾進入雪庫，或見過雹倉嗎？ 約伯記38：2

有一年春天，我和一群學生當起了背包客，到田納西州東部、奧科伊河上游的切諾基國家公園旅遊。開始的一天半，我們享受著美好的時光，但氣溫突然驟降，一場暴風雪悄然來襲，降雪超過一英呎。因為下雪天在當地並不常見，所以一開始我們還被這銀白的美景震懾住，但大雪帶來的新奇感很快就消失，因為我們發現大多數學生根本沒有帶禦寒的冬衣，更遑論露營的帳篷了。為了安全起見，我們決定縮短行程，抄近路回到住所。歸程困難重重，好在我們都沒有受傷。但是在春天為什麼會下雪呢？

氣象學家認為，無論下雨還是下雪，空氣中的水蒸氣都需要達到飽和狀態（即相對濕度100%），還要加上低溫，並有固體微粒使水分附著凝結。空氣中的灰塵、煙霧、煙塵顆粒以及微小的冰晶都可以作為凝結核。顯然這樣的成核點有助於使水分子定向，容易形成冰晶。科學家將過飽和的冷空氣轉化成為冰晶的過程稱為相變。一旦發生相變，冰晶就很容易變大，並開始降落。在下降的過程中，冰晶受熱即變成雨滴。多年來，人們設法要將各種成核物質投放到雲層中，也都取得了不同程度的進展。

大衛·桑茲（David Sands）任職於蒙大拿州波茲曼市的蒙大拿州立大學，致力於研究丁香假單胞菌（Pseudomonas syringae），這是一種分布在室外——特別是植物表面——極為常見的細菌。這種細菌能夠在植物的細胞壁中產生一種蛋白質，可以製造出成千上萬的凝結核。它們能夠有效定向水分子，即使當氣溫遠高於冰凍溫度時，也可以引發結冰現象。這種由細菌引發的植物霜凍現象會造成嚴重的破壞。這種細菌顯然廣泛地分布於大氣中，因為在近來研究的70%的雪花中，都是由這種微小的細菌和它所產生的神奇蛋白質充當凝結核的，人們認為這種被稱為生物沉降的現象是極為廣泛的，因為無論何處，桑茲都會在冰晶的中心發現丁香假單胞菌。這種神奇的製冰細菌莫非就是上帝告訴約伯的雪中寶藏之一？

造雨水、雪花、凍雨和冰雹的主啊！沉降現象背後的科學原理是如此複雜，而你卻信手拈來。你是賜下一切美善的上帝，我們都要敬拜你。

軛

我的上帝啊，我樂意照你的旨意行；你的律法在我心裡。*詩篇40：8*

當小牛燥動不安時，與牠同負一軛的老牛則悠閒自得又耐心地站在一旁。只見那小牛不停地扭動著身子，時而癱在犁溝裡，搖頭晃腦，眼睛裡迸出怒火，看樣子這個新手是第一次負上了軛。那時的我也是個傻小子，著了迷一樣地在旁邊仔細觀察、學習。這幅情景是一位農夫正在田中訓練一頭年輕且缺乏經驗的牛，他用一根結實的軛將這頭牛與另一頭訓練有素的老牛套在一起。當這個小傢伙將自己折騰得筋疲力盡的時候，農夫會把牠引至正確的方向，並命令牠們站起來。有經驗的老牛會順服地立刻站好，但那頭任性的小牛又發起脾氣來。「哞——」老牛停下來，耐心等這不守規矩的小牛爬起來。幾次訓練之後，只要農夫一聲令下「站好」，兩頭牛就會一起行動，犁出來的地也有模有樣。農夫一手扶著犁，一手拿著鞭子，輕輕地打在牛背上，這樣就能將地犁出一道道筆直的溝。

若是能與一對訓練有素且默契極佳的牛一同幹活，那是非常令人開心的事，因為牠們反應敏捷，力氣又大，不論負重或犁地都能輕鬆勝任。想要訓練一對聽話的牛，需要貫徹始終的工作、極大的耐心、在長期的經驗中獲得知識，以及定期的練習。但牛是非常聰明的動物，當牠們知道該服從誰，以及人們希望牠們做什麼的時候，牠們就會盡心盡力去做。

當耶穌描述了祂如何明白天父以及天父如何了解祂（祂們如何共同工作）之後，祂提出「凡勞苦擔重擔的可以得安息」，祂用了和祂一起負軛的比喻來說明「我的軛是容易的，我的擔子是輕省的。」（馬太福音11：30）那些在旁邊聽祂講話的人很可能看到附近有人正在趕牛耕地，這樣人們就明白上帝與我們之間的合作也是如此。你能想像當一隻毫無經驗的小牛（就是我），一旦明白牠的任務，並如何與一隻「內心柔和謙卑」、身體強壯且經驗豐富的老牛協作完成時，心裡該是何等喜悅啊！怪不得軛是容易的，瞧瞧是誰和我一起負軛就知道了！

主啊，我該怎樣做才能與你同負一軛呢？你將重擔負在身上，使我輕省許多。我那得安息的靈歡樂而又安詳。謝謝你，我的上帝。

核孔

深哉，上帝豐富的智慧和知識！祂的判斷何其難測！祂的蹤迹何其難尋！
羅馬書11：33

幾十年前我第一次接觸到生物結構這個概念時，科學界還認為它就是核膜上一個簡單的孔而已。但隨著時間的推移，核膜變成了核被膜，因為人們發現它不是一層簡單的膜，而是非常複雜且高度結構化。隨著第一張模糊不清的冰凍斷裂細胞照片的問世，核被膜上的孔也不再是一個簡簡單單的孔了，而是模糊地呈現出八重對稱結構的孔狀複合體。多年以後，研究工具愈加精細，為我們提供了有關核被膜上無數微小開口的更多數據，使人能夠更加深刻地認識它們的構造與功能，以及它在與細胞質交換方面的作用。由於許多蛋白質協作，通過核孔進行物質交換，因此生物學家如今重新為其命名為核孔複合體（NPC）。它的工作就是將水溶性分子從核質轉移到細胞質中，反之亦然。這些物質包括核糖體、RNA、蛋白質、碳水化合物、脂質和信號分子。每個核孔複合體每秒能夠完成約1千次運輸。關於這條重要的細胞間的通訊管道的工作機制，我們尚有許多方面需要了解，現在讓我們瞧瞧目前已知的部分吧！

每一個真核細胞的核都有核孔複合體，最少一個，上至數千，每一個核孔複合體的直徑約為120奈米，從核側到質側的距離約為200奈米。核孔複合體上的開口有很大的彈性，會根據交換物質的大小，增加9至26奈米的寬度。構成核孔複合體結構的是由約30種不同蛋白質（稱為核孔蛋白）的多個複製（共計456個）搭建而成的。某些完全結構化的核孔蛋白又被稱為胞質環、核質環、輻、栓和胞質纖絲。另有一些核孔蛋白的功能更加偏向於守衛或保鏢，檢查來往物質的通關文書，或是像將某人護送至某處的侍衛。任何攜帶生物學家稱之為核定位信號的大分子就能夠迅速通過核孔。沒有這種特殊的通關文書，大分子就無法通過。核孔複合體也屬於奈米機器，正因為它們的持續工作，生命才成為可能。

 核孔複合體的設計者、建築師和建造者，你的作品是何等的偉大、奇妙。從巨大的銀河系到最小的核孔，你行事神秘莫測，配受一切的崇拜、讚美與尊榮。

在敵人面前擺設宴席

在我敵人面前，你為我擺設筵席。詩篇23：5

鬣狗與獅子向來是天敵。觀察兩者的互動在動物行為學的範疇中顯然是一項頗為吸引人的研究，但膽小者不宜觀看，因牠們之間的互動是生存之戰。

一般來說，在正常的條件下，獅群想要壓制在牠們領土範圍內的鬣狗是一件輕而易舉的事。獅群捕獲獵物之後，通常會悠閒地坐下來享受這頓盛宴。通常為了占一個好席位，獅子之間還會打上一架。生著長長黝黑鬃毛的公獅子一定是占最好的位置。若是小獅子們跑來想要分食的話，公獅通常是不會反對的，但母獅子們就要等到「萬獸之王」吃飽喝足之後才能進食。這就是獅子的餐桌禮儀。鬣狗是有名的清道夫，但對打獵也頗為精通。尤其是當牠們集結成群、分工合作的時候，更是所向披靡。通常在獅群飽餐一頓之後，鬣狗就會跑出來大快朵頤。可是有時候，獅子尚未走遠，或是不願讓出獵物分食，在這種情況下，牠們就會攻擊鬣狗，讓牠們連分食也不得安寧。在敵人面前吃飯時，這兩種動物總是顯出一副警覺的狀態，對於對方的一舉一動都非常警惕。

我從來沒有在敵人面前吃過飯，但是我卻接受了這種訓練。1969年，我被選入了美國陸軍，有了幾次實地培訓的經驗，軍隊發給我們MCI（單兵戰地口糧）。我記得當時我們稱之為C－軍糧，因為無論外觀還是口感，二者都極為相似。現在軍隊配備的是MRE口糧（即時可食），人們投入了大量的精力使這些MRE口糧更加營養美味，甚至可以用無火加熱器進行加熱，不過我覺得這樣做有些畫蛇添足了。為戰場上的士兵們準備的食物，本意就是要在行軍時也能吃。若是在時間有限或是太過飢餓的情況下，士兵們會窩在一個狐狸洞旁，或是在岩石或植被的遮掩下趕快塞幾口糧食，緊接著回去再次投入戰鬥中。所以在一般人看來，在敵人面前悠然自得地圍坐在一起吃飯顯然是不合理的。是不是勇士大衛以這種看似奇特的事情，來描述上帝所賜予我們無限的愛與關懷呢？

耶和華，你的愛超出我理解的範圍。在你的愛中，我不僅可以吃飯，你為我擺設宴席，邀請我從容地坐在你的身邊，雖然我的仇敵近在咫尺，卻無法伸手加害我。除了像大衛一樣，懷著無限的感恩與讚美之外，我還有何方法能回應你的愛呢？

無比豐盛

使我的福杯滿溢。詩篇23：5

前幾天我與妻子外出散步的時候，我問她是否注意到在這個地球的小小角落裡，植物是如何在短暫的生長期內，從每一個角落或縫隙中迅速地鑽出來，填滿整個空間的？如果我用推土機或鏟子重新翻一遍土，用不了多久，各樣的植物就會重新佔領這片地方。若任憑它們生長的話，層層疊疊的花草和各樣樹木就會將整個空間裝扮起來，直到打造出一片一百英呎厚、綠意盎然的地毯。在熱帶地區，植物的生命力似乎更為強大。

在我們這個蔚藍的星球上，似乎只要有適宜的溫度和水分，植物就會欣欣向榮。生態學家們想要確定在一個生態系統中（適應一種特定環境的生物群落，如沙漠或叢林）的生產率，有一種被科學界普遍認可的方法就是測量在單位時間內加入生態系統中的新物質（生物量）或新能源（千卡）的數量。記錄植物從空氣中吸收二氧化碳並轉化為葉片組織的量，就能計算出有多少有機碳（在葉片組織中形成並儲存）被生產出來，這一結果就是總初級生產力（GPP）。但是植物本身在維持生命的過程中也會消耗一些物質（或一些能量），從GPP中減去植物維生所消耗的數量，就得到了淨初級生產力（NPP），而NPP就是提供給世界上所有人和動物的物質或能量總和。

那麼在每一單位時間內，有多少物質被製造出來呢？根據生態學家所得出的最精確的計算結果，在最具生產力的陸地和水生系統中，每年每平方碼的NPP大約相當於1.8至2.8磅的碳（每平方米1至1.5公斤的碳）。以這種比率計算，一個足球場大小的地方每年能產出大約8到13噸（7千－1萬2公斤）的碳。其他地方的產出相對較小，例如沙漠或海洋中央。緯度與季節的差異也會造成影響。但當我們以最理想的比率加以計算時，整個地球的生物圈（所有生命體）一年能夠產出1,160噸的碳。

耶和華，你在生命的所有層面所賜下的都豐盛無比，沒有吝嗇也毫無缺乏。有時當我們覺得快要用盡的時候，你來了，以十足的升斗，使我們連搖帶按、上尖下流的滿溢出來。謝謝你。

全麥麵包

亞伯拉罕急忙進帳篷見撒拉，說：「你速速拿三細亞細麵調和做餅。」
創世記18：6

今天，讓我們一起敬拜賜給我們麵包的上帝。這份禮物多麼珍貴啊！它已然躋身人類重要的主食之一。新鮮出爐的自製麵包，香氣四溢，口感綿軟，你一定也非常喜歡吧！是不是已經流口水了？想要了解麵包是如何製作出來的，首先要仔細研究麥粒的結構。將一粒麥子縱向切開。可以清楚地看到一層薄薄的種皮。生長在麥粒尖端的，就是小麥胚。小麥的胚其實是微型的小麥植株，也就是它的下一代。若是將它浸泡在水中就會萌芽，胚的根部會先生長。接著發出的嫩芽會向著陽光生長。一粒麥子的大部分結構都是胚乳，其中含有許多澱粉粒、麩質和一種蛋白質，為要給胚（還有我們）提供營養。「麩質」一詞在拉丁文中就是「膠水」的意思。羅馬人給了它一個恰如其分的名字，因為當兩種蛋白質，麩朊和麥穀蛋白緊密地結合在一起的時候，麩質就形成了。

為什麼撒拉要將麵調和才能做餅？如果你做過麵包，就知道做麵包所需要的就是麵粉、水和鹽（如果你要做發酵麵包就要加一點酵母）。將一點鹽和水混入麵粉中，揉成飽含筋道的麵團。在揉麵的過程中，麥穀蛋白分子與麩朊分子相互碰撞、結合。若是蛋白質中的硫基碰到了一起，就形成二硫鍵，將蛋白分子連接在一起，形成麩質。當蛋白質形成網狀結構時，就會抓住酵母所產生的二氧化碳氣泡，也就是我們常說的麵團「發起來了」。用這樣的麵團做麵包，不但鬆軟，還特別可口。順便提一下，揉好的麵團可以靜置片刻，使其有足夠的時間發起來，其間還可以加入其他配料。做麵包有許多方式，但是製作的過程卻需要時間——要花時間挑選、稱重，將配料混合，花時間讓酵母菌繁殖、發酵，靜置麵團、揉麵也需要時間，還要花時間烘烤，花時間冷卻。

創造澱粉粒、麩質、酵母、鹽、糖和水的主，謝謝你為我們預備了這豐富的配料。謝謝你使它們發生化學反應，變成香甜可口的麵包。

生命的糧

（祂）又拿起餅來，祝謝了，就擘開，遞給他們，說：「這是我的身體，為你們捨的，你們也應當如此行，為的是記念我。」路加福音22：19

人們說食物是生命引擎的燃料。如果你不吃飯，生命的馬達就無法運作。「生命好像引擎」的比喻，和大多數比喻一樣，在某種條件下是不恰當的。比如，我可以長時間地關掉引擎，將車停放在某處，在此期間根本不需要加油。過了一段時間，我可以再次啟動引擎，車還是可以開動，可是生命就不能這樣暫停。好吧！這樣說或許不太嚴謹。在實驗室中，我們可以將經過特殊處理的細胞浸在液氮中以零下196℃（零下321℉）進行冷凍，這樣可以無限期地保存下去，也無需餵養。許久之後，我們可以將細胞解凍，生命機能也隨之重啟，彷彿這一切都不曾發生過。但在正常情況下，任何一種生命體都要靠食物來生存。

《聖經》中餅代表食物，為生命體提供可燃燒的能量。希伯來語的發音是 *lekh'—em*，意為「麵包」或「食物」。我們吃下去的食物，身體會進行消化、加工，把它轉化為血糖、氨基酸和脂肪酸，以便細胞吸收。從細胞層面上來講，人體必須以精準的數量源源不斷地將食物消化的產物供給細胞。人可以幾個小時甚至幾天不吃東西，但細胞不能。想要讓它們活著，必須分分秒秒供應營養。若切斷了它們的食物來源，細胞將會在幾秒鐘或幾分鐘之內死亡。

耶穌將自己比作維持屬靈生命的食糧，這是非常重要的。就像我為了維持生命，就必須進食，讓食物變成我身體的一部分，那麼想要維持屬靈生命，就要透過每日的祈禱，花時間深入研究上帝的話語，時刻受到聖靈的感動，而使三位一體的上帝成為我生命的一部分。若是屬靈的能量不在我們心裡時刻流淌，那麼屬靈的生命就會瀕臨死亡。

當以色列人在曠野時，上帝每日賜下嗎哪來教導他們要日日依靠上帝。嗎哪吃起來像蜜一樣，而且營養豐富，因此它能夠供養以色列人40年。每天嗎哪準時降下，但人們必須親自收取。今天你搜集了祂要賜給你的嗎哪嗎？

耶和華，謝謝你張開手，賜下每日的食糧，使我的身體飽足。求你用你的聖靈重新餵飽我的靈魂。願我的一生，無論身體與靈魂，都能為你而活。

不新鮮的麵包

我們出來要往你們這裡來的日子，從家裡帶出來的這餅還是熱的；看哪，現在都乾了，長了霉了。約書亞記9：12

新鮮出爐的麵包，有誰會不喜歡嗎？無論口感、香氣還是那使人溫暖的感覺，都令人讚不絕口、難以抗拒。看見的人都恨不得將它一口吞下肚。慢著！大多數的麵包製作寶典都建議，麵包出爐後要有30分鐘的冷卻時間，使蛋白質和澱粉成型，這樣麵包內部結構既紮實，外觀也能漂亮的定型。過熱的麵包只要一壓就變成團了，所以要烘焙出完美的麵包，還需有相當的時間。通常麵包師都會很早起來做麵包，這樣到了開店販售或是顧客試吃時，就能呈現出最漂亮的樣子。

但到了第二天，這些麵包就會被擺到了「隔日麵包」的架子上，打折出售。為什麼呢？很簡單！這些麵包不新鮮了，變成了隔夜麵包，雖然沒有人能精確地說出麵包變不新鮮的過程，但是我們知道這就是事實；雖然這樣的麵包營養依舊豐富，吃下去還是可以填飽肚子，但它們已經和原來不一樣了。

令人驚訝的是，放在冰箱裡的麵包比放在室溫中壞得更快。我們知道，麵包的腐敗過程包括澱粉性質的持續變化。新鮮的麵包中，澱粉與水以一種特殊的方式結合起來，使麵包的口感恰到好處。有些人認為是水離開了澱粉粒，散溢到麵包周圍的空氣中，所以這種「恰到好處」就消失了。要記住，這與麵包變乾不同——這是麵包變得不新鮮了。隨著水分的喪失，麵包的口感也變得又硬又難嚼。

在基遍人欺騙約書亞的故事中，變乾發霉的麵包擔任了重要的角色。雖然謊言得逞，但也受到了懲罰，基遍人從此成為劈柴挑水的人。不新鮮的麵包也在提醒我們，當上帝賜下每日新鮮豐盛的恩典時，要及時分享。儲藏、囤積，出於自私的保留，只能使恩典變得陳舊，這與基督徒的生命是背道而馳的。

每天清晨，你那永活的道就是生命的糧，當我誦讀的時候，就愛上那新鮮的香氣、味道和口感。耶和華啊，求你今日帶我到某人的身邊，他不但渴望那新鮮的生命之糧，也盼望你新鮮的福音。

假鈔

因我們並不是與屬血氣的爭戰，乃是與那些執政的、掌權的、管轄這幽暗世界的，以及天空屬靈氣的惡魔爭戰。以弗所書6：12

你有沒有檢查過皮夾裡的紙幣是不是真的？你是否認得真鈔的外觀和觸感，能辨別出它與假鈔的不同？有知情者估計，在流通的貨幣中，每1.1兆美金就有不到1%的假幣，也就意味著有2.5億美金其實一文不值。以前做偽鈔都是以小規模的方法製造，而如今大部分的假鈔多出自於企圖製造混亂的流氓政府。那麼該如何分辨真鈔與假鈔呢？

真鈔是印在棉與亞麻混合的特殊用紙上，印刷鈔票的時候要用數千磅的壓力使原本就薄的紙變得更薄。這種特質的紙中有少量的紅色和藍色的線鑲嵌其中。如果你摸過大量真鈔，那麼當你的手指觸到假鈔的時候就能立刻感覺出來。除了用紙不同之外，真鈔還具有幾項防偽技術：特殊的浮水印、嵌入紙幣中的垂直塑料安全線、微縮文字、印有微小圖案的透光背景、細緻入微的凹印印刷、每一部份顏色的油墨，以及變色墨水——在陽光的照射下會從金屬銅色變為金屬綠色。製造貨幣新技術的研發仍在持續，就是為了要使不法份子望塵莫及，但是這種一本萬利的勾當仍舊刺激著這群人尋找造假的一切可能機會。

上帝的頭號敵人就是這個世界上最邪惡的壞蛋，他使出渾身解數想要偽造上帝為人類成就的美善之事。若是我們對真理沒有透徹的理解，那麼贗品會看起來非常令人信服，倘若能行，就把選民迷惑了（馬可福音13：22）。撒但假冒兆頭和奇事，用星期日代替安息天，以進化論取代創造論，建立許多裝作愛上帝並遵從祂旨意的虛假宗教，或是宣講耶穌雖然完美、卻仍舊是人而非神的假道。它摒棄真理，用道德相對主義來引誘世人。我不斷地問自己：「我是否深入研究上帝的話，以至於對真品的外觀和觸感完全熟悉呢？」

世間一切真實之物的創造者啊，求你指教我識破虛假，只接受你在十字架上的犧牲為我生命的贖價。

擁抱

懷抱有時。傳道書3：5

我在安德烈大學教授大一新生一門通識生物課程，叫做「基礎生物學」，學生們向來認為它難度頗高。等一下，我似乎聽到哄堂大笑。好吧！我承認，學生們把它稱之為必當科目，誰說不是呢？現代生物學新知增長之快，就連專業人士也很難跟得上步伐，更何況是這些甫從高中畢業、無憂無慮的學生呢？我們每兩週都會舉行一次單元測驗，學生們為此大感頭痛。每次考完試，學生們都要給父母打電話，尋求一些寬慰與關愛。

我們知道在緊張的情況下，人體內血皮質醇濃度飆升。當然，這種「或戰或逃」荷爾蒙原本就是幫助人們應對危險境況的。對於某些學生，這種荷爾蒙的確有益，另外一種人們極為熟悉的荷爾蒙是催情素，有些人稱其為「愛情激素」或「擁抱激素」，因為當人們相互擁抱觸摸的時候，這種荷爾蒙含量會提高。催情素能夠鍛造出強而有力的情感連結。

座落於麥迪遜市的威斯康辛大學之研究人員，要求一群7到12歲的女孩做一次即興演講，或是在一群陌生人面前參加數學競賽，使她們倍感壓力。結果不出所料，她們體內的皮質醇素明顯升高。在這種緊張情緒中，有三分之一的女孩子獲得了來自母親的擁抱和安慰。在母親的擁抱與話語安撫下，她們的皮質醇濃度迅速回復正常，催情素含量也急劇下降。另外三分之一的女孩子看了一個多小時的電視，她們體內的皮質醇濃度花了許久才恢復正常，而催情素含量仍居高不下。剩下三分之一的女孩可以打電話給她們的母親。令人驚訝的是，她們血液中的皮質醇／催情素的濃度改變與第一組能與母親有身體接觸的女孩們相差無幾。以前針對催情素的研究都將個人的接觸作為關鍵的因素，但這一出人意料的結果又使科學家們陷入了沉思。一通電話能帶來的荷爾蒙改變，與個人接觸所能帶來的並無二致，這說明什麼呢？也許「直升機父母」的教育方式確實能發揮作用，因為它能夠降低子女的壓力水平，增強情感的聯合。這樣的結果不禁使我想到，當我們讀上帝的話語，默想祂對我們的愛與憐憫，與主共度一段美好的時光，是否也能影響我們體內的皮質醇和催情素的濃度呢？

🙏 主，我是多麼嚮往依靠在你的臂彎中，聽你對我歌唱（參見西番雅書3：17）。我時刻準備著。

默想

我追想古時之日，思想你的一切作為，默念你手的工作。詩篇143：5

你是否曾有過選擇一節《聖經》經文，逐字閱讀，並祈禱聖靈帶你理解這句經文真正含義的經歷？是否有時你也會用自己的話將經文重述一遍？你是否有寫日記的習慣，將上帝聖潔話語中的所有挑戰與你的日常生活聯繫在一起？在你花時間安靜祈禱的時候，有沒有因上帝的奇異恩典而獻上感恩？你有沒有因祂無盡的慈愛與良善，在祂面前歌唱跳舞呢？曾幾何時，罪惡帶來憂悶的日子，在你與上帝的大愛之間硬生生地形成厚厚的陰霾？你有沒有在上帝面前痛悔哀傷，祈求祂給你答案？事實上，默想《聖經》的方式和心境豈止百百種。

我最愛的《聖經》章節是詩篇103章。每當我讀到這優美的篇章時，我的心不禁為之打動，它所描述的每一件事都能引起我的共鳴。我將這些寶貴的話語藏在心裡，細細琢磨、品味，就好像飢餓的人回味食物的香氣一樣。

「我的心哪，你要稱頌耶和華！不可忘記祂的一切恩惠。」（2節）上帝的靈賜予我的恩惠簡直不可勝數。一位滿有同情、慈悲仁愛的父親如何對待他的兒女，同樣的，上帝也是如此以愛回應我。是的，祂知道我一切的軟弱，祂是我的創造主，憐惜我不過是塵土。「但耶和華的慈愛歸於敬畏祂的人，從亙古到永遠；祂的公義也歸於子子孫孫，就是那些遵守祂的約、紀念祂的訓詞而遵行的人。」（17、18節）

有幾種流行的冥想方式與心靈體驗是我非常熟悉的——它們所鼓吹的是，冥想就是腦海中要空無一物、無任何雜念，倒空你的思想與壓力，透過吟誦咒語來清空你的思想。但我寧願選擇用上帝寫給我的深刻話語，和祂許可在我周圍所發生的事情來填滿我的思想。這使我感覺到平靜、和睦與滿足。尋求能夠更加明白上帝的良善、憐憫與慈愛，對我來說非常有效。

 耶和華，我的主啊，是你啟示了詩人寫下「我口要說智慧的言語；我心要想通達的道理」（詩篇49：3）的話語。主啊，願我的心時刻不忘記你，盼望親眼見你的榮耀，面對面認識你。

默想的益處

這律法書不可離開你的口，總要晝夜思想，好使你謹守遵行這書上所寫的一切話。如此，你的道路就可以亨通，凡事順利。約書亞記1：8

《**思**想、情緒與記憶》雜誌在2010年6月刊載了一篇由麻省綜合醫院發表的報告，主題為「冥想的神經學」。文中作者回顧了幾項研究成果，認為無論何種類型的冥想都有益於健康。其中一些最值得注意的好處是：❶使工作記憶不受壓力的負面影響；❷降低壓力激素皮質醇的含量，緩解緊張狀態；❸改善失憶；❹增強對痛苦的耐受力；❺提高注意力，不容易分心；❻降低杏仁核的灰質密度（大腦中與減輕壓力有關的分區）；以及❼前額葉皮質與右前腦島增厚（這一區域隨著年齡的增長通常會變薄，已知其作用為處理感官輸入與記憶。若能增厚，則會幫助我們更容易集中注意力，作出決定）。

數以百計的研究想要從科學的角度探究冥想的益處，但這些研究本身是否成立卻引發了激烈的辯論。雖然許多研究成果已通過了同行的評鑑（該領域的其他專家已檢驗了研究的過程是否正確），但在科學界中持懷疑態度的人依舊有許多。我們怎麼知道冥想訓練比其他訓練——訓練你如何控制心率和血壓——更好或是有什麼不同呢？

最好的辦法莫過於試一試哪種方法最適合你。上帝也教導我們要試試祂。在這個高度緊張的時代，我們到哪裡去尋找和平？到哪裡能找到生命的意義？我們從何而來？又要往何處去呢？

上帝的話又真又活。《聖經》指出，「愛你律法的人有大平安，什麼都不能使他們絆腳。」（詩篇119：165）將這話與今日的存心節放在一起，就會發現我們應該認真且誠實地去試一試《聖經》中所教導的默想。我勸你要去默想上帝的話語，一定大有益處。

耶和華，是你創造了我，因此你知道什麼事情對我有益。求你賜我勇氣來試一試你的話語。

壓力

我要因耶和華歡喜！詩篇104：34

平日裡總有這麼一天，我的行程表事項滿檔，連一點空隙都沒有：一大清早在委員會議有重要報告、學生預約、與系主任商討預算、另有一項預約時間重疊必須調整、然後接著是兩堂課，當中還有一節課的內容需要更新、再來要為晚間實驗室做示範演練，若能在十點半之前回到家就要謝天謝地了。這緊湊步調簡直令人抓狂。

我們都明白這種感覺。因為我們都曾有過這樣的日子，大量的任務鋪天蓋地的襲來，我們頓時感到壓力倍增。但當這種忙得團團轉的狀態日復一日成了常態，種種壓力與需求終究會讓人付出沉重代價。

我們的身體是經過精心調整的機器。當引發壓力的情形出現時（比如你必須要進行一次重要的演說，或是在路上要突然急轉彎以免撞到鹿），你的自主神經系統將會釋放兩種激素（腎上腺素和皮質醇）到血液中，心跳和呼吸速率、血壓以及新陳代謝會即時飆升。你的身體會按照所設計的那樣，作出完美的回應──立刻進入全面戒備狀態。這時，你的大肌肉中的血管會擴張，瞳孔也會放大。消化減緩，肝臟將儲存的能量釋放到血管中，即使你沒有做任何粗重工作，也會滿頭大汗。這種現象就是戰鬥或逃跑反應，通常危機會很快解除，一切恢復正常且順利。

生活中的壓力來自於金錢、人際關係、工作表現、日程等等，所有這些都可能向我們提出難以企及的要求，彷彿連活著都成為巨大的危機。身體不斷地釋放出戰鬥或逃跑反應的荷爾蒙。長此以往，身體機能將無法作出正常反應，因為它們已經超負荷運作，使得免疫系統減弱、人變得異常情緒化或容易被激怒，工作效率下降或成績退步，暴飲暴食、失眠、頭痛、胃痛、焦慮和抑鬱。若是壓力不見緩解，就會不時引起驚恐發作或胸痛。高血壓容易引發心臟病，而這時糖尿病也離你不遠了。

減輕壓力以及降低應激激素對健康的生活方式至關重要。每日需鍛鍊身體，有健康的靈修生活。每天2次，抽出5分鐘出去放鬆一下，做一做深呼吸，放聲大笑，讓自己呈現最放鬆的狀態，就像你在數算主的恩典時那樣幸福。

 耶和華，我全心全意地相信你。求你將你的道路指教我。

歎息

（祂）望天歎息，對他說：「以法大！」就是說：「開了吧！」 馬可福音7：34

哈拿是以利加拿的妻子，先知撒母耳的母親。每次讀到她的故事，我的心就不禁飛到這位虔誠的婦人身旁。她的丈夫還有另一個妻子。慢著！你能想像在這種情況下，哈拿的心多麼痛苦嗎？如果你覺得這沒什麼，那麼試想在當時的社會中，能懷上孩子才是一個婦人生存的理由，她的敵人就有兒女，而她沒有。唉，她真的盡力了──她只想要一個孩子。無奈，「耶和華不使哈拿生育。」（撒母耳記上1：6）哈拿的敵人無休無止地嘲笑著她，在每年宗教祭祀的時候，更是變本加厲，因此哈拿傷心地哭起來，以致茶飯不思。她的丈夫以利加拿還在她的傷口上撒鹽。他沒有顧及到哈拿的感受，還說有他不是比十個兒子還好嗎！天哪！他真是毫無同理心！不過，哈拿的悲慘遭遇還不止如此。當哈拿來到聖殿在上帝面前盡情訴苦、淚流滿面地祈禱、求上帝賜她一個兒子之時，年老的祭司以利正坐在凳子上，剛從白日夢中醒來，看到這情形就以為這女人定是酩酊大醉了，還勸她不要再喝酒了！可憐的哈拿！

雖然《聖經》並沒有明說，但我相信哈拿在哭泣之後，只剩得一聲歎息──而且是深深的歎息。哭了這麼久，悲傷的情緒如此沉重，她的確需要好好地歎氣來抒發陰鬱的情感。生理機能學的學者告訴我們，在極度悲傷或情緒緊張的情況下，我們的呼吸其實是混亂的，故此身體要抓住一切機會獲得氧氣。但是現在，比利時魯汶大學所進行的一項研究表明，自發性的歎息可以重置呼吸的深度和節奏，對身體極為有益。研究人員為參與試驗的男女準備了高科技襯衫，可以不斷檢測他們的心率、血液中二氧化碳含量，最重要的是他們的呼吸。透過神奇的襯衫所收集到的數據，科學家們得出結論：氣體在重置呼吸系統的過程中能發揮重要作用。

在哈拿的故事中，令我驚訝萬分的是她的信心。當以利告訴她，她的祈求已蒙應允的時候，她便洗了臉，出去吃飯，對於她來說，這事已經成了，就像她歌中（撒母耳記上2章）所唱的那樣。她唱到：「我的心因耶和華快樂……我因耶和華的救恩歎欣。」（1節）

🙏 我的主，我的救主，你在世上的時候也感受到人類的情感，也受過不公正的待遇。願我能像哈拿一樣，在艱苦的考驗之後可以歡喜快樂。求你握緊我的手。

積極思考與自我對話之能

親愛的弟兄啊，我現在寫給你們的是第二封信。這兩封都是提醒你們，激發你們誠實的心。彼得後書3：1

他們連夜間心也不安。傳道書2：23

人的大腦由大約3磅重、極度柔軟的組織構成，被包裹在堅硬的頭骨中加以保護。據估計，大腦中有1千億個神經元和3千至4千億個支撐細胞在夜以繼日地工作，處理感官輸入，進行計算後形成正確的輸出。大腦在你毫不知情的情況下，利用遍佈你全身的感知器，檢測你的血壓、血液生化、體溫、身體位置和成千上萬種指標，就為了使你保持健康狀態。只有當你需要去做一些重要的調整動作時——例如從鞋內取出刺人的石子或是將暖氣調高，大腦產生的這些信號才會浮現在意識層面。若非如此，大腦會自己打理這些瑣事，使你能夠腦力馳騁，隨心所欲地思考其他更多的事情。

每一個人都在不停地與自己對話，即使四下無人，有時也會自言自語地說出自己的想法。不過大多數時候，這種自我對話通常在腦海中進行——沒有人能夠聽到這獨白。也許我們正計劃著對某個人講些什麼，演練了許多不同的對話，看看哪一種交流方式最為順暢，或者我們幻想著練習鋼琴的情景，或是在心裡誇獎自己在方才面試中的表現簡直完美，亦或是暗自忖度多虧了自己的自制力，現在看起來多苗條啊！有時候我們會在心裡埋怨糟糕的天氣，或是批評自己在工作中犯了愚蠢的錯誤，或是對穿著評頭論足。其實，積極和消極的自我對話都是正常的。積極的有益，反之亦然，但若過多，那麼無論積極或消極的對話都會使我們成為思想不切實際的人。心理學家告訴我們，一個人的獨白中若超過69%是積極的，那麼浮誇與自戀等心理疾病就會找上門。相比之下，若是積極的自我對話少於31%，那麼人會逐漸變得焦慮、抑鬱和恐慌。

上帝要求我們要訓練自己的心智，若是不理不睬，那我們的思想極易陷入負面思考的深淵。「你們要將我的話存在心內，留在意中。」（申命記11：18），這是上帝呼召我們要訓練心智。以賽亞書26：3中的應許更是確立無疑，「堅心倚賴你的，你必保守他十分平安，因為他倚靠你。」堅定的心智方為健康。

耶和華啊，我為自己的頭腦感謝你。願我用它來榮耀、尊榮你的聖名。教導我藉著堅定依賴你，養成訓練頭腦的習慣。

食品標籤

要持定訓誨，不可放鬆；必當謹守，因為它是你的生命。箴言4：13

2000年，全美各州呈報的肥胖人口指數平均低於25%，大部份的州不超過15%。到了2009年，33個州呈報的肥胖人口卻已經超過該州人口的25%。為什麼我們要選擇將生命消耗在過多的食物上呢？這並不是由於缺乏相關知識，因為所有的包裝食品上都印著美國食品藥物管理局（FDA）監製的營養成分標示。那麼，這種標示是因何產生的呢？

第二次世界大戰期間的食物短缺與定量配給，使人們開始對一個人生存到底需要何種營養產生了極大的興趣。一位名叫艾爾西·威多森（Elsie Widdowson）的英國化學家在她的博士論文中測定了蘋果的含糖量，在戰爭期間，她與劍橋大學實驗醫學教授羅伯特·麥坎斯（Robert McCance）合作，後者曾經研究烹飪方式如何影響各種肉類所含的化學物質。1940年，他們共同出版了一本名為《食物化學成分》的參考書，數十年來此書成為西方世界營養學家的指導方針。同年，美國國家科學院成立了食品與營養委員會，確立各種營養成分的每日建議攝取量（RDA）。RDA指標年年修正，以符合營養學方面的最新研究。營養學家現在使用每日營養素建議攝取量（RDA）和飲食參考攝取量（DRI）兩項指標，來計算所有加工食品營養成分標示上的數量。

這樣你就明白了，科學家們幾十年來的辛勤研究已經為我們提供了所需的信息。顯然大多數人根本不注意這些標示，還是每日繼續攝入過多的糖分，然後一動也不動。事實上，健康飲食的最佳指南就是不但要吃得適量，選擇的食物也應從各式各樣的新鮮植物取材，如此一來根本不需要營養成分表。之所以出現這樣的標示，是因為在加工的過程中，食材大部分的營養已經流失了。

那麼我們屬靈生活的健康該如何保持呢？我們整個國家靈性的墮落是無知的結果嗎？實情並非如此，《聖經》就在我們手中，裡面包含著強健的屬靈生命所需的真理，但是就好像營養成分標示，上面的信息被忽視了。

耶和華，謝謝你為我們身體與靈性的健康賜下了豐厚的真理。願我們能及時掌握這些教導。

鍍金

又用金子包裹二基路伯。**列王記上6：28**

就算我絞盡腦汁，也無法想像所羅門的聖殿是何等美輪美奐。推羅王希蘭派了一位工匠大師幫助所羅門建殿，名叫戶蘭。根據歷代志下2：13－14的記載，他是一個「精巧有聰明的人」，「他善用金、銀、銅、鐵、石、木，和紫色、藍色、朱紅色線與細麻製造各物，並精於雕刻，又能想出各樣的巧工。請你派定這人，與你的巧匠和你父——我主大衛的巧匠一同做工。」所以戶蘭不但手藝高超，而且還很善於管理工人——所羅門派了成千上萬的工人建造上帝的聖殿。有朝一日，我希望能遇見如戶蘭的人，並向他學習。

其實我也嘗試做過許多手工藝作品。我做過細木雕刻，也特別喜歡貼塗工藝或是用金箔覆蓋雕花的木器，為這物品憑添幾分奢華與美麗。我發現，當我在一塊平板上貼金箔的時候，只有從某種角度看才會發現它華貴的一面。當光線以某種角度投射時，整個平面都會閃閃發光。但若我在這塊板上先雕花，再貼上金箔，那麼無論從哪個角度看，整件物品都金光閃閃。即使是在昏暗的房間裡，這塊板也會發出金色的光芒。這下我才發現在列王記上6：29－30中所描述的戶蘭所做的一切是那麼重要：「內殿、外殿周圍的牆上都刻著基路伯、棕樹，和初開的花。內殿、外殿的地板都貼上金子。」我試著想像那所有雕花的牆，在鍍上純淨的金子後，所散發出的溫柔光澤，一定是流光溢彩，分外輝煌。

我在貼金箔的時候，會先在物件上塗一層特殊的油性膠。放置幾個鐘頭後，油性膠開始變得黏黏的，這時就可以開始貼金箔了。我所使用的金箔片已經用鋼輥壓制到只有幾百萬分之一英吋厚，30萬張金箔片疊起來才一英吋那麼厚。我將一片金箔放在塗有膠水的表面，用柔軟的駱駝毛刷緩緩地將它刷平。戶蘭也許是塗了一層瀝青，然後將薄薄的金片輕輕敲在雕花的木材表面。不管怎樣，最終的效果精妙絕倫，旨在榮耀那宇宙一切美好之物的創造者。

主啊，求你成為我身體之殿的建造者。我不想靠自己，結果徒勞無功。願我只用最好的材料建造，在上帝面前保守聖潔。

頭痛

孩子漸漸長大，一日到他父親和收割的人那裡，他對父親說：「我的頭啊，我的頭啊！」他父親對僕人說：「把他抱到他母親那裡。」列王記下4：18-19

我對於人為什麼會頭痛時常感到好奇。畢竟，大腦並非感覺器官。當人們接受腦部手術的時候，只需要進行局部麻醉，以減輕切開和剝離頭皮時、還有用鋸移除一部分保護性頭骨時所引起的疼痛。但神經外科醫生切割大腦本身或是插入電極的時候，他們希望病人能保持清醒。雖然我覺得這簡直難以置信，但大腦在接受手術時並不會有任何疼痛感。可是為什麼有人會感到劇烈的頭痛，而且我們每個人其實都有過頭痛的經歷呢？

由於大腦本身並沒有與感覺神經元連結，所以頭痛其實是其他地方引起的疼痛。頸部的肌肉緊張造成的疼痛，或是對大腦有保護作用的組織疼痛時，有些會被誤認為是頭在痛。血液化學或血壓的改變也會造成多種頭痛。以「腦急凍」為例，當你咬上一口冰淇淋，或是你最愛的刨冰、冰沙或奶昔的時候，有時會感到頭痛欲裂。顯然，這是處於硬腭上方的感應器接收到這突如其來的冰凍感，為了保持大腦的溫暖，通向腦部的血管擴張，會讓人突然出現頭痛。脫水、感染、發燒或低血糖也會引起頭痛。顱內或鼻竇內的壓力突然增加，或是撞傷了頭亦是引發頭痛的常見原因，當然，還有情緒緊張和壓力。

書念婦人的兒子也許是中了暑，幼兒與老年人對此尤為敏感。由於氣溫過熱或過勞時，體溫會升高，這時身體的冷卻機制便會啟動。這男孩與僕人一同在田野裡，也許他整日辛苦勞作，卻沒有喝足夠的水。當身體溫度上升時，皮膚表面的血管會擴張，將熱量散發出來。但是當熱量調節機制過勞時，體溫會持續升高，最終導致中暑。病情特徵為突發性劇烈頭痛、暈眩、虛弱以及皮膚乾燥。頭痛其實是一種警告，提醒我們並沒有悉心照料上帝託付於我們的聖殿，就是精妙的身體。若予以適當照顧，頭痛很快會消失的。

主啊，當我更認真地學習如何照料你賜給我的身體時，願我能盡心盡力，避免這最為常見的疾病。願我能懷著一顆完全信賴的心，將餘下的一切交在你的手中。

會傳染的哈欠

困乏的人，你沒有給他水喝；饑餓的人，你沒有給他食物。約伯記22：7

你一定見過這種情形。一群人中，有一人再也忍不住了，打了一個大大的哈欠。接著，好像引發了連鎖反應似的，會有兩三個人也跟著打起了哈欠。哈欠會傳染，究竟是何原因？也許答案非常簡單，就像當別人微笑時，我們也不禁跟著笑起來，看到別人皺起眉頭，我們也會跟著掛起一副苦瓜臉。

在埃默里大學耶基斯靈長類動物研究中心的研究人員，針對屬於兩種不同群體的成年黑猩猩進行研究。黑猩猩是具有高度社會性的動物，但同時，牠們對誰是屬於牠們的群體而誰不是極為敏感。牠們對外來者會毫不留情發動攻擊，而對自己人卻格外溫柔。科學家們向成年的黑猩猩播放了一段長約9秒的黑猩猩打哈欠的短片。若是觀看的黑猩猩發現螢幕上的黑猩猩屬於自己的族群，那麼牠們跟著打哈欠的比率會高出50%。科學家們由此得出結論，這種具有傳染性的哈欠是黑猩猩對屏幕上的同類表現同理心的一種方式——也就是說，對於不屬於牠族群的同類，黑猩猩的同情心也會冷漠許多。

這項研究數據與之前德雷克塞爾大學的研究結果不約而同。他們在人打哈欠的時候利用核磁共振對大腦進行掃描。結果顯示大腦的後扣帶回皮質和新皮質楔前葉的活動最為明顯。有趣的是，這兩塊區域對自我參照加工有影響，也與同情行為的產生有關聯。

那麼我們為什麼會打哈欠呢？有幾種原因，其中之一就是睡眠不足或無聊。有些人認為低氧會觸發打哈欠的行為，這樣有助於調整氧氣水平。還有一項針對長尾鸚鵡的有趣的研究表明（牠們也打哈欠，但是並不傳染），打哈欠是一種保持大腦涼爽的自然方式。大腦在解決問題的時候溫度會提高，就像一台努力運行的電腦，這時打一個哈欠就好像打開了電扇，使大腦冷卻下來。

我們到天國以後還會打哈欠嗎？我們在那裡會感到無聊嗎？會睡不好嗎？我迫切地想要知道這些問題的答案。不過現在，具有傳染性的哈欠的確是一種極為有趣的現象。

主啊，願我對他人的同情能比會傳染的哈欠來得更加實在。願你的聖靈將具體且有益的方式印刻在我心上，使你的慈愛在我身上顯明出來。

6－E－Q－U－J－5

自從造天地以來，上帝的永能和神性是明明可知的，雖是眼不能見，但藉著所造之物就可以曉得，叫人無可推諉。羅馬書1：20

這是無線電望遠鏡的數據記錄儀記下的六個字。我看著它們，6－E－Q－U－J－5，實在沒辦法看懂它到底意味著什麼。不過網路可以為我們解答，這就是著名的「WOW！」訊號，是1977年8月15日傑里‧伊曼（Jerry Ehman）使用俄亥俄州立大學的巨耳無線電望遠鏡時檢測到的，當時正是實施SETI（搜尋外星文明計劃）的早期。

如果你花時間對這信號詳加研究，就會明白為什麼伊曼會用紅筆寫下「WOW！」並將這6個字符圈出來。科學家們之所以設計巨耳無線電望遠鏡，就是要藉此尋找由弱至強，並恰好在72秒內消失的信號。因為科學家們認為，氫是宇宙中最常見的元素，它的放射頻率在1420兆赫茲，那麼外星智慧生物很可能會用這一頻率進行通訊，因此他們就奮力尋找一個在1420兆赫茲頻率上的信號。而上文中那六個字符恰好符合SETI計劃所要尋找的信號模式。該信號來自於1420兆赫茲的頻段，稍稍有別於背景噪音，強度漸漸增強，隨即減弱，並在72秒內完全消失。

這種來自於人馬座的「WOW！」信號，至今只被發現一次。自1977年以來的漫長歲月中，科學家們一直在用不斷更新的科技手段一遍又一遍地尋找相同的無線電訊號，但一無所獲。那麼在其他頻段上還有其他信號嗎？科學家們還在繼續搜尋。更大、更敏銳的無線電望遠鏡紛紛出爐，設定、安裝，並投入使用，可惜還是什麼都沒找到。如果宇宙中真的存在智慧生物，那麼我們應該能夠捕獲他們發出的信號。外星智慧生物所發出的信號應該會有它的模式，有組織性，並且有意義。

慢著！我們要尋找信號，是不是找錯了地方呢？真正擁有智慧的明顯信號是不是就出現在我們身邊呢？

主啊，你的創造之物飽含著精確的模式與命令，遠遠超出我所能理解的範圍。這是你在向我發信號嗎？是你想要引起我的注意，讓我明白你的愛與救恩嗎？主啊，原諒我花了這麼久的時間去聽那些干擾的聲音。

摩托車

我幾乎跌倒；我的痛苦常在我面前。詩篇38：17

今天，我和一位朋友一起騎摩托車。在高速公路上開到55英里的速度時，我落在他後面，看得一清二楚。只見他端坐在摩托車上，雙手握住車把手，腳放在腳蹬上，頭戴安全帽。眼前的景象完全不搭調，讓我百思不解。你看，摩托車本身是由一大堆鉻和鐵組成的，我的朋友坐在上面無疑又增加了重量，但是這所有的一切都在兩小片橡膠與道路的接觸面上，達到了一種看似並不牢靠的平衡。那為什麼摩托車不會翻倒呢？

一種理論認為車輪的角動量抵消了任何翻車的傾向。即使我並不能完全明白角動量的理論，但我曾經做過一個試驗，我握住自行車輪胎的花鼓，並叫人快速地轉動車輪。若要將正在旋轉的車輪由垂直位置變成水平位置，則需要花費很大的力氣。這是不是就是保持騎車人不會摔倒的原因呢？

後來，我又發現了另外一個理論，認為角動量在維持摩托車騎士不翻倒的狀態上作用不大，它更多是依靠騎士的技術來保持摩托車的平衡。當摩托車開始偏向一側時，騎手就會轉動車把或是移動身體，以保持整輛車的重心。只要摩托車在不斷行駛的過程中，並且能夠轉向，這一理論就可以成立。這一理論的依據來自於安裝了陀螺儀之後的腳踏車實驗，陀螺儀轉動時抵消了車輪產生的角動量。從結果來看，角動量的消失並不會對駕車的方式產生什麼巨大的影響。

對於摩托車騎士來說，沿著平坦的道路騎車幾乎毫不費力。但是，停車或是地面上有些顛簸之處，或有任何事物阻止你調整車輛的重心，那麼在這個當口保持平衡就變得非常困難了。你若不能及時用腳撐住地面，那就只能落得翻車的下場。這是否與我和基督同行的經歷相似？我在靈性上跌倒又是什麼原因造成的呢？

 謝謝你，我的主，你賜給我平衡感，使我在騎車的時候不至於跌倒。求你使我在屬靈的征途上也同樣保持敏感，當我面對跌倒的危險時，可以及時調整，免得還要停下腳步。我甚願一直與你同行。

逆向操舵

有一條路，人以為正，至終成為死亡之路。箴言14：12

如果你是一位經驗老道的摩托車騎士或腳踏車騎士，可能會對逆向操舵的概念感興趣。或許你已經關注過、並且也做過一些嘗試，當然也有可能你從來沒聽說過這個概念，那也無妨。下次你出去騎車的時候可以試試這個技巧，看看它是如何發揮作用的。

逆向操舵似乎違反直覺。你可能會認為在騎車的時候，如果想要左轉，就只需要向左轉即可。或者你如果想要向右轉，只需將車把轉向右邊，這樣聽上去更加合理。當然，如果你以很慢的速度行駛，這樣做是沒有問題的，你只要握緊那搖搖晃晃的車把，努力保持平衡，但你要是以極快的速度沿著道路飛馳的時候嘗試這樣做，就會發現事情並不如你所想像。

很快你就會發現，想要向右轉的時候，有兩件事你必須作出選擇。要麼你將身體向右傾斜——但更多的時候——你會先將車把微微向左轉，接下來再轉右，整個車輛隨即就會跟著轉向右邊了。我們太常作出這種不太明顯的「反向」轉彎動作，以致都沒有注意這種現象。想要左轉，就先轉右，反之亦然。所有兩輪的車輛都可以進行逆向操舵。但倘若增加了輪子的數量，比如安裝了輔助輪或摩托車的跨斗，這種方式就不適用。

講到這裡，不騎車的人也許會認為我在胡言亂語，但是我還沒說完。想要使自行車或摩托車改變方向，你必須使它傾斜，最簡單的方法就是靠反向轉彎使車輛偏離重心。如果你緊貼彎道拐彎，那就需要反向用力操舵，這樣車身就傾斜得厲害。車身越傾斜，過彎道時的角度就越小。

轉彎的時候如何停下來呢？最好的方法還是反向操舵。想要阻止車身傾斜，車輪必須始終處於車身的正下方。騎車的人和車輛都不可偏離重心。因此想要在向左的急轉彎中停下，就必須向左轉得更厲害。我看到你在搖頭表示懷疑了。好吧！你可以試試，一定可行——因為這是物理定律。不遵循這種規律，到頭來免不了受傷。那麼你在屬靈的道路上有沒有受傷呢？試試遵守上帝的律法，一定屢試不爽。我們應感謝上帝賜下律法。

上帝啊，是我嗎？你要我去愛我的仇敵嗎？即使他們利用了我，還是要對他們好嗎？這樣做有意義嗎？好吧——我願意為你做這件事。我要試一試，看看是否有效。

謙卑

世人哪，耶和華已指示你何為善。祂向你所要的是什麼呢？只要你行公義，好憐憫，存謙卑的心，與你的上帝同行。彌迦書6：8

若要將《聖經》經文依重要性排列，我會把彌迦書6：8擺在第一位。再讀一遍這節經文，從一開始它就說明上帝已經指示我們何為善——何為重要。接著它用提問的方式再次強調「上帝向你所要的是什麼呢？」，注意，這裡並不是耶和華建議你做什麼，而是「祂向你所要的是什麼」。答案是三個簡明扼要、再清楚不過的命令，我們能夠以此作為個人的使命宣言。「行公義」、「好憐憫」、「存謙卑的心，與你的上帝同行」。

今天我們要強調的是存謙卑的心。什麼是謙卑？大自然中有什麼例子能說明這一點嗎？大多數人都會對狼群、野馬群或是雞群的社會結構非常熟悉。在這些動物的社會群體中都有幾隻動物會居於主導地位，我們稱這種現象為啄食順序或等級制度。甚至在某些魚類中也存在統治階級，這種等級制度的存在能夠有效降低毀滅性的攻擊，並且維護社會組織。

狼群中居統治地位的雄性通常被成為領頭狼（Alpha male），牠帶領整個狼群。牠與頭號母狼（Alpha female）一起維持狼群的秩序。領頭狼和頭號母狼通常都會昂首挺胸，耳朵豎得直直的，尾巴也翹起來。那些處於從屬地位的動物只要靠近領頭狼時都會將身體貼近地面，耳朵放低，並垂下尾巴（甚至夾在兩條後腿之間）。當領頭狼走過來時，牠們甚至會在地上打滾，把喉嚨露出來示弱。有時候牠們也會挑戰領頭狼的決心與地位，那麼一場打鬥就在所難免，但通常都會低眉順眼，顯出一副順從的樣子。

然而，人類與上帝之間的巨大差距並不是自然界中的例證可以說明的，雖然上帝渴望與我建立一種社會關係，但是祂的能力、榮耀、尊榮都遠遠超過我。我若認為祂與我平等，簡直就是可笑至極。但如果連動物都知道要在領袖面前表現應有的尊重與敬意，那麼我豈不應該要更加注意在上帝面前表現出尊重與敬仰嗎？

耶和華，我知道你是我的主，是我的救贖主。我謙卑地在你面前屈膝敬拜，因你獨自為我的罪付上贖價，你是全知、全能、全智、全愛的上帝。

核桃

他要像一棵樹栽在溪水旁，按時候結果子，葉子也不枯乾。凡他所做的盡都順利。詩篇1：3

對於一株植物來說，花的功用就是吸引並獎勵傳粉昆蟲，使牠們能夠盡心盡力地授粉。一旦授粉成功，植物就開始結出果實，並將種子小心地放在果實中，等待下一代的萌發。

確認果實的種類實在是非常繁雜的大工程，只有專業的植物學家才能真正看出並欣賞核果、梨果、莢果、瓠果、堅果、柑果、角果等之間細微的差別。然而當一切都分門別類、各歸其位的時候，核桃來攪局了。植物學家知道核桃嚴格上來說並不算堅果，因為它更像核果，但它也不是真正的核果。因此有些植物學家稱它為結核果的堅果，還有一些人叫它核果狀堅果（長得像堅果的核果）。一定是上帝想用核桃來教導我們，祂並不使用人類的分類法，祂也不會被人類的想法或分類體系所束縛。

如果你小心翼翼地輕輕敲開一顆核桃，就能得到一枚完整的核桃仁。這可不簡單，因為核桃仁兩瓣的連接處很容易碎掉。核桃整體上呈現出一種建築的美感。如果你能完整地將它剝出來，就可以細細地觀察那複雜的曲線溝和圓裂片，好像微縮的大腦。核桃仁究竟是如何進入這堅硬的殼中，且與外殼無明顯連結？無論從外表還是工程學上來講，都是一個奇蹟，極待我們去探索。

但真正的美是核桃所含的化合物。核桃是一種極為有益的食物，因為它富含提升高密度脂蛋白含量的Omega-3脂肪酸、抗氧化劑和礦物質。大量研究證實它們對心血管的健康與免疫系統有極大幫助。此外，核桃樹分為21種不同種類，皆為形態優美的觀賞樹。胡桃木所結的果實最佳美，美國黑核桃樹的木質最優良，當然它結出的沉甸甸、有麝香氣味的核桃也是很美味的。黑核桃木的木材顏色深、硬度大、紋理細密、很容易加工，光澤度也很棒。我們真的要記得多多感謝上帝，是祂創造了這令人讚歎的核桃。

天父，有時我在社交上表現得笨手笨腳，好像核桃一樣與周圍的人格格不入。求你提醒我，是你為著特別的目的創造了我。願我盡心敬拜你。

隱身的螽斯

凡認耶穌為上帝兒子的，上帝就住在他裡面，他也住在上帝裡面。約翰一書4：15

我面前是一張普通熱帶樹幹的特寫照片，拍攝於秘魯的廷戈瑪利亞，樹皮開裂形成深紋，樹幹上也遍佈苔蘚。這張照片並沒有什麼獨特之處，就是一根生著苔蘚的樹幹，這在熱帶地區隨處可見。但令人大惑不解的是圖片下面的文字說明，指出有兩隻學名為Acanthosis aquilina的擬葉螽斯的幼蟲正四平八穩地棲息在樹幹上呢！不是一隻，是兩隻。真的嗎？來找找看吧！

我花了幾分鐘在這張照片上一寸寸地尋找，並挑出幾處可能有幼蟲的地方——這種尚未完全轉變的昆蟲幼體終將發育成為成蟲。我發現兩處非常圓的結構，若是苔蘚不可能會這麼圓，這一定是幼蟲的眼睛。太好了！我現在看到生著尖刺的腿了，這是典型的螽斯的腿。它們會用這些帶刺的腿來踢走攻擊的昆蟲。最後，我注意到一些又長又細的觸鬚互相碰在一起，就在我眼皮底下，這就很明顯了。螽斯是長角蚱蜢家族的成員，意味著它們觸鬚比身長還要長。我找到它們了，的確就在眼前。不過不得不說，它們的偽裝術實在高超；仔細看的話，就連眼睛和觸鬚上都有和樹幹與苔蘚相同的顏色和斑點。

在螽斯身上，這種保護色是極為常見的。就連普通種類的螽斯也都披著深綠色的衣服。其中有些螽斯翅膀上的靜脈，可以將歇息用的樹葉葉脈模仿得惟妙惟肖。在委內瑞拉的熱帶雨林中，有一種名叫Typophyllum的螽斯，你根本無法看出它的翅膀與樹葉有什麼區別。它可以用主脈與靜脈側支模仿出完整的葉片。而這一種類螽斯的翅膀顏色不一，從綠色到黃色再到棕色，就看它們平常在哪種葉子上待的時間最長。它們的模仿技巧令人難忘，想要戳破這樣的小伎倆，還真得費一番功夫！

雖然我羞於承認，但我知道自己經常盡可能地從周圍的人身上模仿他們的衣著、食物、飲料、音樂以及行為習慣，這樣我就不會被人發現自己是基督徒。為什麼我要這樣呢？

 主耶穌，求你賜我勇氣，我要勇敢、自信地在眾人面前宣告你的名。

警戒色

你們的光也當這樣照在人前，叫他們看見你們的好行為，便將榮耀歸給你們在天上的父。馬太福音5：16

凡是在安得烈大學生物系工作的人，都知道在我們辦公室或實驗室周圍看見蹦蹦跳的暗棕色蟋蟀，是件見怪不怪的事。幾十年來，在我們實驗室裡的幾位科學家都用蟋蟀的神經系統作為研究模型，觀察相對簡單的神經迴路控制昆蟲行為的方式。蟋蟀們經常不安分，總要設法逃離這個「實驗殖民地」，因此無論是走廊還是房間，我們經常能發現它們的身影。

田野中的蟋蟀大多是黑色或棕色，以小洞或縫隙藏身，一般很難被發現。為了生存，它們需要高超的偽裝術，使它們能與周圍環境化為一體。許多動物例如青蛙、各種鳥類、蜘蛛、老鼠、鼩鼱、浣熊、負鼠等都特別喜歡吃脆生生的蟋蟀。除此之外，蟋蟀還是美味的魚餌，許多寵物也以它作為食物。養殖蟋蟀還是頗有市場前景的。可憐的蟋蟀保護自己的方法，就只有那黑色或暗棕色的外套，以及保持絕對的安靜或是蹦蹦跳跳地四處尋找隱蔽之所。

昆蟲學家們在肯亞的雨林中發現一種體態嬌小的蟋蟀，給它們命名為萊皮杜斯（Rhicnogryllus lepidus），令人驚奇的是，這種小傢伙根本不屑躲藏。實際上，白天的時候它們就明目張膽地到處閒逛。它如果停在綠色的樹葉上，那就太招搖了，因為它的頭部、腹部和腿部都有明亮的水藍色斑紋。就像閃耀的霓虹燈，它打著招牌宣告自己的存在。牠怎麼有勇氣在大白天以這麼亮麗的色彩出現在雨林中呢？時至今日，我們對這種小蟋蟀的習性所知甚少，只知道它以綠葉為生。大多數常見的蟋蟀其實是什麼都吃、完全不挑食的，青草、腐爛的水果、任何生物死亡或腐爛的殘骸都可以作為食物。科學家們最合理的猜測是，這種像霓虹燈般閃耀的藍蟋蟀會選擇有毒、含生物鹼的葉片來吃，雖然它不會因此中毒，但對於它的天敵卻是難以下嚥。正因為有這強大的化學武器作為保護，它才格外大膽。那鮮艷的顏色彷彿在示威：「不要想著吃掉我。你忘記我有多難吃了嗎？吃了我你會後悔的！」披上警戒色的蟋蟀可以自由地四處遊蕩。我也在思考，為什麼我就不能常常舉起基督明亮的旗幟，向敵人展示我的色彩呢！

 主啊，為什麼我有時候想要隱藏我的光？難道是因為我不相信你能照看我、保護我？今日，求你使我在你無瑕疵的話語中得慰藉，體驗真正的自由。

自律能力

因為你們立志行事都是上帝在你們心裡運行,為要成就祂的美意。腓立比書2:13

山姆就是屬於這種類型的學生。大二生涯已近尾聲了,他的平均成績本應突飛猛進,如今卻是勉強通過,在第一學期嚴酷現實的打擊下他一蹶不振。他該怎麼做呢?

山姆很有才華,甚至極具天賦,但他不知道自己的前程為何?他日復一日的生活就是一句俗語——「沒有目標,就沒有失敗」的生動寫照。就像T恤衫上的標語:「你若一無所圖,必定永不落空。」所以透過對山姆具體情況的分析與了解,我的首要目標就變成了幫助他找到人生目標。我怎樣鼓勵他去調整自己生活的重心呢?上帝所賜給他的社交、服事與屬靈恩賜是什麼呢?他如何能夠發展並使用這些恩賜來服務他人呢?

後來山姆暫時休學,選擇成為一位學生宣教士,到別的國家教英文。在這種簡單的服務中,他體會到純粹的快樂,他喜歡看著學生們臉上掛著開心的笑容。不久他回來了,立志要成為一位高中科學教師。他詳細地計劃著未來的學習,一步步地將必修與選修的課程攻讀完畢。如今他所付出的努力都以目標為導向,他清楚地看到每一門課程如何幫助他在達成目標的道路上堅定地前進。這需要刻苦的學習以及非凡的毅力。他臉上的微笑、學習的熱忱、積極的態度無時無刻不在感染著身邊的人。我簡直不敢相信他的學習熱忱與平均成績都有了如此巨大的翻轉,這些都已經成了山姆樂於承擔的責任。

有一天,我在走廊裡碰到山姆,問他究竟是什麼使他的生活發生如此深刻的改變?他在哪裡尋到自律的能力?他的回答也改變了我的想法。他說:「一個倦意十足的司機想要在開車時保持清醒,需要很大的自控能力,但仍不免時常遭遇車禍。我的自控能力本來就弱,所以我要耶穌來替我開車。現在我的自律能力完全專注於如何成為一個好乘客。我必須時刻與那股想將自己生命的方向盤搶過來的衝動鬥爭。我必須時刻做出明智的抉擇,繼續讓耶穌來掌控我的生命。」在我聽來,這實在是意味深長的一番話。山姆幫助我重新作出調整。現在我認識到,我的自律能力其實就是門徒的自律——要時刻跟隨我的主。

耶和華,若是僅靠我自己,我無力掌控我的思想。求你在我身上動工,使我願意去做你所喜悅的事。我想要以基督的心為心。

集中精神

堅心倚賴你的，你必保守他十分平安，因為他倚靠你。以賽亞書26：3

我相信你一定見過一兩個小寶寶，雖然才剛剛學會走路，卻展現出驚人的心智能力。小孩子在營養均衡、環境適宜的條件下，心智能夠快速發展也不足為奇，生活於是就這樣展開了。可惜太多的人放縱自己的頭腦，變得怠惰，並傾向最不受阻的方向進行思考，他們花太多的時間胡思亂想，以至於變得焦慮、挑剔、愛發牢騷。為了改善這種心理問題，許多有關心智訓練的通識文章都督促人們要訓練記憶和冥想。按照這些專家的說法，想要對付人們普遍存在、於思想上的惰性，最好的方法就是有意識的記憶。而訓練集中注意力，則要用冥想的方法。具體的辦法是從浩如煙海的書籍中任意取材來練習記憶，而且每天都要花時間來冥想。他們說，記憶可以訓練惰性思維，冥想可以使注意力集中。

在大多數情況下，流行文化中所說的冥想其實就是努力讓自己什麼都不想，或是只想著一件事情，這樣可以使心靈沉澱下來。這種方法是要透過專注於呼吸，將如脫韁野馬的思維馴服，因為呼吸是一種我們可以調整的身體功能。當心智受到控制以後，原本紛亂憂慮的思緒理應變得更加敏感，更能接受當下的情形，使人的心智狀態更加健康，心裡能力更加強大。

我的想法是，即便在流行文化的觀念中，我們發現將學習《聖經》、默想和祈禱作為集中注意力、訓練心智頭腦方法的有力證據。還有什麼能比背誦上帝的應許更加令人振奮嗎？無疑的，每天反覆記憶、背誦《聖經》章節是訓練人的思想，保持人思維敏銳、眼界開闊的良方。藉著禱告來閱讀上帝的話語，安靜從容地默想祂的應許，定會使人受益匪淺。它不但能夠使重要的屬靈生命得以培養和發展，還能幫助身體來維護、增強心智的健康。

🙏 耶和華上帝，我心智的創造者，這是我與你交通的唯一途徑嗎？我祈求能有清明的頭腦，並有堅定的心智來愛你、服事你。

我們的主，我們的上帝，

你是配得榮耀、尊貴、權柄的；

因為你創造了萬物，

並且萬物是因你的旨意被創造而有的。

——啟示錄4:11

7月 JULY

雜草

耶穌回答說：「凡栽種的物，若不是我天父栽種的，必要拔出來。」
馬太福音15：13

我的岳父可稱得上是一位園藝大師。但據我所知，他從沒參加過任何有關園藝的課程，可一旦身處庭院或花園中，他無限的激情與創意就會盡情揮灑出來，他最喜歡的就是專心照顧他的花花草草。他在植物上花了好多心思，對他所鍾愛的植物每一種需求他都瞭若指掌，任何會對它們造成威脅的事物他都了解。適量澆水、施肥，移動位置去曬太陽；加一些支撐物；種得疏一些；另外，黏黏的鼻涕蟲、牧草蟲、蚜蟲、甲蟲、鼴鼠、真菌或細菌引起的疾病——他那雙銳利的眼睛很快就能發現問題，就像醫術高明的醫生，憑直覺就知道該如何治療最好。

正因如此，他照料的花圃不但常常開著嬌艷動人的花朵，也培育出許多品質優良的水果和蔬菜。40年來，他在位於麻薩諸塞州、阿特伯勒南部的富勒紀念療養院／醫院擔任園丁。他親手打理的綠化帶和蔬果園廣受好評。在退休之後，他所居住的社區也在他辛勤的整理下變成了美麗的花園。

自從亞當和夏娃被趕出伊甸園之後，我的岳父以及所有園丁的最大敵人就是雜草。岳父母退休之後，便搬來和我們一起住，所以在他去世前，我有機會向他請教許多問題。如今想起，彷彿還能看見他用靈巧的雙手將那些混在豆苗中剛剛露出頭的雜草一一拔出，聽到他那把破舊的鋤頭偶爾碰到鵝卵石時所發出的叮噹響聲，或聽到他唸唸有詞的說著這些雜草長錯了地方。我的岳父絕不留給雜草一線生機，不論他在做什麼，是給蕃茄搭棚架，還是給節瓜施肥，亦或是為玫瑰覆蓋地膜，只要他發現有雜草，就一定不會手下留情。即使當他穿著西服，打著領帶，從教會回來走在路上，也會彎下腰來將雜草一把拔掉。每天他會將整個院子和花圃巡查一遍，一旦發現雜草入侵，馬上將它們就地正法。他根本無法忽視它們的存在。有一次，他感慨道：「雜草一直都在長，它們比我的花草長得快多了。所以最好是趁它們的根還未扎穩時，將它們除掉。」

耶穌基督將那些不是從天父而來的觀念、思想與教導比喻成雜草。這些雜草的最終命運如何？我們偉大的園丁、我們的天父，會將它們連根拔起。沒有雜草叢生的信仰該是多麼清新、美好啊！

主耶穌，我有沒有懷抱著某些不屬於你的信仰不肯放棄？求你此刻就將我心田中的雜草除去。

天堂之樹

弟兄們，你們不可彼此批評。雅各書4：11。

「**天**堂之樹」來自國外，於1750年左右引進美國，但它受歡迎的程度與它的名字完全不相匹配。由於它散發著惡臭，就被美國的一些州和世界上的許多國家列為頭號雜草樹。

這種樹的學名叫做臭椿（Ailanthus altissima），從含義就能得知它得名的原因。它的原名之一是印尼語，意為「高至天際的樹」，另一個名字源自拉丁文，意思是「最高的」，對於一種能在短期內長到80英呎左右的樹，這個稱號的確名副其實。可是你知道它為何擔得起「天堂之樹」的美譽嗎？在中國，人們把它當作草藥，用來醫治各種疾病，並用它的葉子來餵養某些品種的蠶蛾。後來它被引入歐洲，接著來到美國，成為城市街道的觀賞樹。臭椿生長速度很快，似乎非常適合在寒冷與污染嚴重的城市生活，由於它耐旱，特別喜歡陽光充足的地方，因此即便在污染的土壤、空氣和酸雨中，也能發旺生長。其實它算得上是已知抗污染能力最強的樹種之一。礦業垃圾、酸、煤焦油，甚至二氧化硫和臭氧，似乎都無法讓這種吃苦耐勞的樹屈服。

可是為什麼它會被人討厭呢？為什麼人們要將它們毒死，而且許多國家還將其列為有毒的雜草，意欲除之而後快呢？答案是因為它的繁殖能力太強，會將許多當地物種置於死地。一旦它扎了根，其他植物種子就無法在附近生根發芽。臭椿的根、莖、葉能夠釋放出化學物質，將其他植物的種子扼殺在搖籃中。這種化學物質毒性猛烈，人們曾經做過實驗，將它噴灑在其他植物的幼苗上，竟然也會導致幼苗死亡。這一殺手鐗使它能夠在大多數的棲息地稱霸。怪不得它聲名狼藉。

那麼我呢？我有這樣毒害他人的凶器嗎？我說的話有殺傷力嗎？我的話會對他人造成毀謗嗎？《聖經》將雅各書4：11中的希臘文*katalaleite*譯為slander（毀謗）。*Katalaleite*一詞就是「說話反對」的意思。我曾經這樣對待其他人嗎？我曾經說話貶低他人嗎？雅各並沒有列出在什麼條件下，或怎樣的考驗中批評他人是可以的。他只是說，這是上帝的命令，不要這樣做，要立刻停止。

🙏 主耶穌，為何我經常批評別人，而且深諳此道？當我說任何話反對你的兒女時，求主赦免我。

田薊

地必為你的緣故受咒詛；你必終身勞苦才能從地裡得吃的。地必給你長出荊棘和蒺藜來；你也要吃田間的菜蔬。創世記3：17-18

在全球植物學家口中的田薊（Cirsium arvense）其實有13個常用的名字，例如：絲路薊、被咒詛的薊、匍匐薊和加拿大薊就是其中幾種。英國已經正式將這種多年生草本植物歸為「有害雜草」一類。這種令人厭煩的植物會在地上爬行，直至遇到可以作為支撐的其他植物，然後向上攀爬生長。在蒙大拿州農業部外來物種資料庫中，薊被列為最為常見的「有毒雜草」。人們相信這種入侵性很強的薊源於地中海東部和歐洲東南部，但如今它卻擴展到了澳大利亞、紐西蘭、非洲北部和南部、日本、印度以及南美大部分地區。

是什麼使它所向披靡？也許最明顯的原因就是薊的葉子尖銳而多刺，沒有誰想要碰它或吃掉它。還有，薊最拿手的就是從根部分株繁殖，從主根生出的枝條向外生長，時間一長，整片地方都被這種討厭的植物佔領了。有時只需一株植物不斷繁殖，就可以遍滿方圓50英呎的土地。薊的另一項生存技能就是結出大量的種子。每一株薊上最多可以長100個花頭，而每個花頭有多達90粒種子，有些甚至更多，所以每一株薊都會結出數以千計的種子。每一粒種子都配有一個小小的降落傘，叫做冠毛，它可以帶著種子順風飛出一英里甚至更遠的距離。種子落地後通常會迅速發芽，但若被掩埋在8英吋深的土壤之下，就會進入休眠狀態，已知田薊種子最久可在土層中存活20年。有些學者認為，薊會產生阻礙其他植物生長的化學物質——這是一種被稱為植物相剋作用的競爭手段。

亞當和夏娃將自己的判斷看得比順從上帝明白的指示更加重要，因此首度嘗到了苦果，那受到咒詛的大地上長出了荊棘和蒺藜。這些蒺藜頑強地擴散開來，直至今日——甚至在我心裡叢生，當我故意犯罪的時候，就是將耶穌重釘十字架，明明地羞辱祂。

 耶和華，讓我的心向你坦誠，使我能不斷暢飲你晚雨的甘霖。

多指症

又在迦特打仗，那裡有一個身量高大的人，手腳都是六指，共有二十四個指頭；他也是偉人的兒子。撒母耳記下21：20

當嬰兒呱呱墜地，做為父母首先會做的事情之一，就是爭先恐後地端詳這個剛剛來到世界上的嬰兒的小臉，看看他／她像誰。「噢，他的鼻子和爺爺的鼻子一模一樣。」「看這嘴巴，和她媽媽一樣。」接著他們就會數數嬰兒的手指和腳趾，確保他們的小寶貝是完完整整、健健康康的。幸運的是，大多數情況下，伴隨分娩而來的都會是一個「完美」的嬰兒，看著他們，連我們都會驚訝於怎麼會有這樣完美的事物存在。從妊娠到分娩，真是奇妙無比的過程，人類至今也無法完全理解。

由於上帝的創造發生在遙遠的過去，所以上帝的敵人撒但一直以來都在挖空心思，想要造成困惑與混亂。既是這樣，那麼在人類發展的過程中偶然出現問題，又有什麼可奇怪的呢？有時父母在數嬰兒的手指腳趾時會一不小心多數了一個。但有時是真的出了問題，他們發現自己寶貝的每隻手上長了六根手指，而腳上長了六根腳趾，驚慌失措的父母不甘心地數了一遍又一遍，但結果還是一樣。每一千個新生兒當中大約有兩個會在手上或腳上多長了指頭（多指症）。在大多數情況下，嬰兒多長了指頭只是某些遺傳缺陷所表現的外在症狀。但同時，它也是幾十種綜合症的症狀之一。不過在許多病例中，它遺傳自曾經患有多指症的父親或母親的顯性基因。父母也許不知道自己在出生時有六根手指／腳趾，因為它通常生在手或腳的邊緣，好像沒有骨頭的肉瘤，出生後就被切除了。少數情況是多長的指頭與相鄰的指頭連在一起，這就需要透過手術進行分離。而在極少數的情況下，多長出來的指頭是有著正常功能的手指或腳趾，那位迦特的巨人也許就屬於此類。

當大衛與非利士人打仗時，若是肉搏戰，顯然身量高大的人會占優勢。讀一讀歷代志上20章和撒母耳記下21章，你就會發現這些巨人是多麼厲害，他們個個都是四肢發達的大塊頭，不過大衛明白，這些巨人即使多長了手指和腳趾，但在無限全能的上帝面前，他們也是微不足道的。今天你有沒有與巨人爭戰呢？他們有哪些似乎明顯超越你的優勢呢？

耶和華啊，求你行在我前面，賜予我勇氣、信念與信靠，來面對今天一切的挑戰。

蘆筍

祂沒有按我們的罪過待我們，也沒有照我們的罪孽報應我們。詩篇103：10

你喜歡吃蘆筍嗎？還是面對這長相不討喜、猶如長矛一樣的綠色植物，你甚至都不願意多看一眼？如果你喜歡吃這種味道鮮美的嫩苗，那麼我有問題想要請教你。在吃下幾根蘆筍之後，你是否注意到自己排出的尿液有一股難以形容的怪味？這種氣味非常強烈，極易讓人感到噁心，你甚至會擔心是不是腎臟有什麼毛病。或許你從沒想過所吃的蘆筍與這種氣味有任何關係，因為氣味根本完全不同。不過也許現在的你正笑得滿地打滾，認為我在胡說八道，因為你完全沒有聞到我所說的臭味。這究竟是怎麼一回事？

醫學院曾經多次利用蘆筍這一現象所表現出的種群差異，來說明人的遺傳差異。雖然幾百年來，人們對造成尿液發臭的原因進行不懈的研究，但謎團仍未完全解開。例如，早期的研究人員要求實驗對象吃蘆筍，然後去聞自己排出的尿液味道，半數的人報告說並沒有什麼奇怪的味道。該實驗得出的結論是人體對於蘆筍的代謝存在差異。後來的一項實驗採用人工聞嗅的方式來檢查每個人的尿液，這些鼻子特別靈敏的識別者在每一位實驗對象的尿液中都聞出蘆筍代謝物的味道，於是新的結論產生了，這種差異並非新陳代謝造成的，而是感官嗅覺造成的。有些人能聞到，但有些人不能。但這項研究本身存在缺陷，基於該現象的普遍性，實驗中所檢測的樣本數量明顯過少，因此爭論仍在繼續。這到底是新陳代謝的不同還是嗅覺造成的差異？科學研究似乎更傾向於後者的結論，但由於這並非疾病造成，因此科學界並未對此進行深入探討。

為什麼我會有向善或向惡的傾向？我為什麼要做現在正在做的事情呢？顯然，我的基因與所處的環境對此有巨大影響。選擇也是至關重要的。即便我可以選擇，那麼為什麼要選擇去做這件事，對我來說仍舊是難解之謎。當保羅發現自己所做的並不是自己想做的，而真正想做的卻做不出來的時候，他就表達出自己的憤懣之情。但正如保羅一樣，上帝也知道我生命的點點滴滴，祂愛我，有無限的慈悲，這一切給了我希望。

 耶和華，你將我創造出來，真的是獨一無二的嗎？你是否知道我的力量與弱點，明白我的才能與無力？能在你慈悲與仁愛的懷抱中安歇，是多麼平靜安詳的事啊！

酵母

這一切都是我手所造的……。以賽亞書66：2

只要一提到酵母，大多數人會立刻想到啤酒酵母（Saccharomyces cerevesia），這是最為常見也最具商業價值的酵母。其實，酵母菌只是真菌王國中幾種不同的生長形態之一。大多數酵母為體型較大的單細胞真菌，透過出芽生殖來繁殖。研究酵母的專家告訴我們，科學家已經發現了超過800種酵母菌，但估計這僅占現有類型總數的百分之一。這不禁使我感歎，人類所知的真是少之又少。

不管我們是否意識到這一點，酵母細胞——無論死活，都以一種重要的方式每日影響著我們的生活。沒有它們，生活就會變了樣。就拿麵包烘焙為例，活的酵母細胞在溫暖的麵團中代謝糖，產生二氧化碳氣泡，使麵包變得鬆軟——這是做發酵麵包的方法之一。整個烘焙業都指望著酵母呢！釀造業也要用酵母細胞發酵麥芽糖和葡萄糖，其副產品就是乙醇。這種乙醇可以用於汽車和農用燃料。隨著科技的發展，進行過遺傳改造後的酵母菌被用於分解廢紙、副農產品，甚至木屑中的纖維素，以此來製造乙醇，作為汽油的替代品。人們也常常將減活化酵母或死酵母作為營養酵母食用。由於它富含蛋白質和各種B群維生素，且低鈉低脂，人們經常將食用酵母灑在爆米花上，或是用來代替帕瑪森乾酪粉，或是放入食物中，吃起來彷彿帶著一種堅果、乾酪以及奶油的風味。維吉米特黑醬和馬麥醬都是酵母膏，風味獨特且濃郁。人體的黏膜和皮膚上通常會附著各種酵母菌，這對我們的健康有益。但有時，在免疫系統較弱的群體中，酵母菌肆意生長，會引發極其嚴重的疾病，甚至死亡。

在實驗室中，酵母菌極易生長，且容易控制。由於它是一個真核細胞，因此成為科學家們研究多細胞生物——包括人類在內——的分子生物學的首選模型系統。在過去的幾十年中，默默無聞的酵母已經教導我們許多關於DNA複製、細胞繁殖、代謝食物產生能量等的知識。深入了解酵母菌真的太重要了，因此研究人員們測序的第一個真核基因組，就是酵母菌的1,200萬個鹼基對。

耶和華，若是酵母細胞都能以如此豐富多彩的方式榮耀你的名，求你使我也能如此行。

掌紋

你是基督，是永生上帝的兒子。馬太福音16：16

請仔細觀察你食指的指腹。有沒有看到細細的紋路？那就是你的指紋。這種紋路只長在手指、手掌、腳趾和腳掌上，身體的其他部位都不會有。這種凹凸不平的脊紋和皺褶還有個學名，叫做皮嵴，它能夠幫助你輕易抓握物件，赤腳走路時也有更大的摩擦力。這種摩擦脊是在皮膚的真皮與表皮的共同作用下形成的。在胚胎發育的過程中，這些小小的紋路就已經形成了，待到出生之時，手上和腳上的摩擦脊的紋路便固定下來，除了患上某種疾病、受傷或是死亡，否則指紋的樣式不會改變，世界上沒有任何一個人和你擁有完全一模一樣的手印和腳印。

由於地球上每個人的指紋都是獨特的，我們就可以將它作為一種可靠的識別身分的方式。當你的手或腳碰觸到某件物體時，都會在上面留下印記，這是因為手和腳上都有大量的汗腺，不斷有汗液、鹽分和氨基酸排出。通常來說，我們的手部和腳部都不是百分之百乾淨的，所以我們接觸到的任何髒東西都可能黏在指紋印上。你頭髮或臉部的油脂、上一餐所吃的花生醬和果醬三明治的殘渣——都能在指紋印中被發現。在壓指紋的時候，通常會要求你在印台上沾一下墨水，這樣效果會比較好。數十年來，指紋資料庫不斷在擴充，如今已經記錄了數百萬人的指紋。

隨著時間的推移，執法部門漸漸意識到在犯罪現場最常出現的紋印其實是掌紋。掌紋和腳印都比指紋的面積更大。因此，掌紋數據庫也在迅速擴大，相信很快法律權威會將腳印納入摩擦脊紋資料庫。這對執法部門正確辨識犯罪嫌疑人的身份至關重要。

耶穌曾經問祂的門徒們一個重要的問題：「人說我是誰？」（馬可福音8：27）認清耶穌是誰，對於救恩來說是非常關鍵的一步。在耶穌復活後，祂顯現給門徒看，他們都驚呆了。耶穌以什麼方式證明祂的身分呢？

主啊，如果明白你的身份是如此重要，那麼我必須要知道。我心盼望你親自來指教我（參見約翰福音6：45；詩篇25：14；哥林多前書2：9，10）。

根基

因為那已經立好的根基就是耶穌基督，此外沒有人能立別的根基。哥林多前書3：11

我在青少年時期所找的第一份暑期兼職就是建築工。僱傭我的承包商當時要在低成本住宅區的一小塊地上建一間小房子，這也許就是為什麼他寧願付錢找一位毫無經驗的幫手（我）來挖地基，而不去租些電力設備來做這些工作。所以，我第一天的工作，就是用我那柔嫩的雙手揮動鋤頭和鐵鍬，沿著兩條黃色的尼龍線，在堅硬的紅土中挖出一條溝。就這樣，在烈日的炙烤下我不停地挖，手上的水泡也不停地生長、擴大、破裂，然後把傷口包紮起來。地基必須有一英呎深，一英呎半寬，邊角要直，底面要平。幾個鐘頭後，工頭回來了，檢查了我的工作成果，並進行最後的修整、打椿，最後一輛混凝土車開過來，將我辛辛苦苦挖的地基填上了。

從那以後，我在許多建築工地上幹過活，幫助他們建造、修整、澆築各種地基。地基若要堅實，就必須立於堅硬穩固的土壤或基岩上，只有這樣才能為建築物提供有力的支持。建築物所需地基的類型和質量當然取決於許多因素，包括建築物的大小與重量、土壤的類型及穩定性。一般住宅的地基通常不過一兩英呎深，但如果你要建一座摩天大樓、高塔或大橋，所需的地基就必須又大又堅固。馬來西亞吉隆坡的雙峰塔高聳入雲，可惜當地的土質卻無法支撐1,500英呎高的摩天大樓的重量，所以根基必須打在堅實的基岩上。試想一下，要支撐這麼高的建築物，必須得是達到394英呎深、由混凝土和鋼筋結構組成的地基。時至今日，它仍是世界上建築地基最深的紀錄保持者。與之相比的是於2010年1月落成的世界最高建築，聳立在杜拜沙漠中高達2,717英呎的哈里發塔，其地基為重約50萬噸的鋼筋混凝土結構，卻只有164英呎深。

一直以來，我的罪和整個世界的罪都肩負在耶穌身上。「祂誠然擔當我們的憂患，背負我們的痛苦……耶和華使我們眾人的罪孽都歸在祂身上。」（以賽亞書53：4－6）

🙏 我的救主，我根本無法想像你所為我們背負的千斤重擔。我心裡萬分感激。求你成為我的根基，使我成為榮耀你聖名的殿（參見哥林多前書6：19）。

房角石／拱頂石

匠人所棄的石頭已成了房角的頭塊石頭。詩篇118：22

1848年7月4日，美國總統詹姆斯·諾克斯·波爾克（James K. Polk）為一座紀念碑安放了第一塊奠基石，40年後，它成為了555英呎高的華盛頓紀念碑。當時的許多物品和重要文件被封存在奠基石內。在這個時間膠囊中裝著美金一塊錢的紙鈔、1783年的一角錢、美國憲法與獨立宣言的副本、一本《聖經》、一本農民曆、各種地圖、海岸勘察等等。當時保存的物件還遠遠不止這些，最終到了1884年12月6日，一塊鋁製的「拱頂石」被安放在這座雄偉的方尖碑的頂端。這塊金字塔形拱頂石的三面，每面都刻著在紀念碑建造過程中的重要人物和日期，而第四面——向東的一面——則刻著兩個拉丁文Laus Deo，意為「讚美上帝」。

無論是建築物或紀念碑，奠基石和拱頂石都是重要的建築元素。人們精心挑選奠基石，因為它必須承擔來自於建築物本身的巨大壓力。它們絕不能因風化作用或時間長久而崩裂。奠基石通常標誌著建築工程的開始，而拱頂石則意味著工程的圓滿結束，可謂畫龍點睛之筆。對於建築物來說，這兩塊石頭就是阿拉法和俄梅戛。

詩篇118：22中的希伯來文*lerosh*意為「首領」，*pennah*意為「角落」。早期的新國際譯本《聖經》會將其譯為拱頂石，大多其他的《聖經》版本會譯為「房角石」或「基石」，我能理解這其中微妙的差異。華盛頓紀念碑的拱頂石位於高高的塔頂，說它是一塊極為重要的石頭，一點也不過分。在數位雷射經緯儀等精密儀器尚未被發明並普遍使用前，建築師們必須藉助一個堅定的參照點來確定建築物或結構的方向，相對於所有尺寸的測量，這都是一個永不移動的參照點。因此一旦立下了根基，房角石或奠基石就成了參照點，建築師們基於它來進行所有的測量工作，因此它們也被成為頭塊角石。

房角的頭塊石頭就是耶穌，祂是我們的榜樣，因祂經受了所有的試驗，是我們生命的穩固根基，是寶貴的房角石（以賽亞書28：16）。

 主耶穌基督，我謙卑地祈求你成為我生命中的頭塊角石和拱頂石。我知道，如果我能每日都下定決心信靠你，我就永遠不會崩塌。求你使我的身體成為聖靈的殿。

高山肺水腫症

耶和華上帝用地上的塵土造人，將生氣吹在他鼻孔裡，他就成了有靈的活人，名叫亞當。創世記2：7

我的表弟弗蘭克博士（Dr. Frank）在吉力馬札羅山上進行徒步旅行時，差點死於高山肺水腫症（肺部集聚太多液體）。某些人在海拔8,200英呎以上的高度度過一天或更久，就會出現高原肺水腫。而吉力馬札羅山脈是非洲最高的山，有些山峰甚至超過1萬9千英呎。自從上帝將生氣吹入始祖亞當的鼻孔裡，人類想要生存就必須為身體細胞提供源源不斷的氧氣。但是當海拔超過8,200英呎時，空氣變得稀薄得多，氧氣含量驟減了40%。雖然人類仍未全盤了解具體過程為何，但在這種情況下，人體肺部會有液體聚集，而患者會很快死亡。其實，高山肺水腫是高海拔地區探險者中最常見的死因。

當登山者到達高海拔地區時，他們會感覺到胸部緊縮，即使在休息的時候呼吸也很困難，就好像根本無法呼吸。結果，他們會感到虛弱且疲倦，並會因為肺部液體的積聚而開始咳嗽。如果這時聽他們的呼吸聲，就會聽到噼啪聲或噗噗的聲音，他們的指甲和嘴唇的顏色開始變藍，這並非因為寒冷。他們的心率和呼吸頻率都會異常得快。這時情況就極為危急了，你必須將他們盡快轉移到低海拔地區，並且尋求醫療救助。

我的表弟能活下來實屬萬幸，因為當時唯一下山的道路就是向上爬翻過前面的山。在他被病痛折磨地死去活來的時候，還能朦朦朧朧地感覺到自己被登山隊的隊員們抬著翻過了山，去尋求幫助。從鬼門關走了一遭後，弗蘭克‧阿特瑞斯博士放棄了他在加州牡丹市利潤豐厚的麻醉藥生意。他賣掉了房產、高級房車、藝術收藏品以及他所擁有的一切，和他的妻子搬到了坦尚尼亞，為那些曾經救過他一命的人提供醫療幫助。如果你對此感興趣，可以進入fameafrica.org的網站，進一步了解他們的故事。

上帝時時刻刻賜予我們氣息，這樣我們才能讚美祂。呼吸完最後一口氣的人就只能死亡，我們應為上帝賜下的每次呼吸而感謝祂。

 耶和華，求使我生命的每一刻都能讚美你，讚美你聖名的權能。

在高處生活

凡有氣息的都要讚美耶和華！你們要讚美耶和華！詩篇150：6

近來我發現居然世界上還有16個城市、鄉鎮和村莊座落在1萬英呎以上的海拔高度，這讓我頗為震驚。有兩個鄉鎮的海拔高度為16,730英呎。在秘魯的拉仁科納市，有大約三萬人住在高山上靠淘金辛苦謀生。西藏境內有一個叫溫泉兵站的小村莊也處在同一高度。通常來說，當人們處於8千英呎的高度的時候，就會出現高原反應，那麼這些在高海拔地區生活的人究竟是如何過活呢？

我曾在衣索比亞的阿迪斯阿貝巴生活了至少6年，這座城市的海拔剛好在8千英呎以下，因此我了解在高海拔地區生活的影響。在剛到當地的前幾週，我幾乎不用怎麼活動就會上氣不接下氣。因為空氣中的氧含量較低，人體會通過增加每個紅血球的血紅蛋白含量，以及每單位體積的血液產生更多的紅血球來作出調整。我記得當我的身體適應了之後，就可以盡情在海灘上享受假期，似乎我無論怎麼跑，都不會喘不過氣。

雖然我們尚未完全了解造成高原疾病的所有生理因素，不過最近的一項遺傳學研究能夠幫助我們了解，為什麼有些人在高海拔地區依然能夠生活得怡然自得。一種被稱為EPASI的人類蛋白質基因編碼可以幫助身體對血氧量低作出調整。研究表明，87%住在高海拔地區的西藏人，其體內有產生突變的EPASI基因，顯然這使他們在血液生化方面佔了選擇性優勢。看來他們的血液攜帶氧氣的能力很出色。相比之下，住在北京（平均海拔150英呎）與其有較近親緣關係的漢人中卻只有9%的人擁有相同的基因突變。根據歷史和考古記錄，人們在青藏高原上已經生活了超過3千年。根據遺傳數據顯示，大約在2750年前，西藏人就已經具備這一顯著的特徵。與北歐人花了許多年才對乳糖具有耐受性相比，西藏人的這一例子已經成為迄今為止人類最快適應發展的範例。

多年來，有許多令人驚訝萬分的研究表明，遺傳上的微小變化比以往任何時候發生得都快。我越是深入研究人類卓越的可塑性和適應性，就越顯出我的上帝是何等富有創意，具有奇思妙想。

耶和華，每當我學到有關人體的新發現，我都要讚美你。

因著信

因為上帝的義正在這福音上顯明出來；這義是本於信，以至於信。如經上所記：「義人必因信得生。」羅馬書1：17

上帝存在嗎？我們能相信祂的話嗎？祂所說的話信實可靠嗎？祂真的知道我的存在嗎？

希伯來書11章被稱為信心的篇章，其中一再重複的主題就是要確信上帝所說的都是真實的，並要耐心等待。書中提到了一位又一位先祖，他們都懷著對上帝的信仰度了一生。

讓我們再來讀一讀今天的經文。在羅馬書1：17中，保羅引用了哈巴谷書2：4。接著，他在加拉太書3：11重述，在希伯來書10：38又再次提起。這句話有什麼特別之處嗎？當我讀到哈巴谷書第二章的時候，發現這話是上帝親自說的，讓我們來聽一聽。「將這默示明明地寫在版上，使讀的人容易讀。因為這默示有一定的日期，快要應驗，並不虛謊。雖然遲延，還要等候；因為必然臨到，不再遲延……惟義人因信得生。」（2－4節）

上帝的話語給我帶來安慰，帶來力量。它們向我保證，上帝的啟示是真實的，時候到了，「必然臨到，不再遲延」（3節）。在我的家人和鄰居中，有許多人並不真心相信上帝是存在的。他們覺得，即使上帝真的存在，祂也不是良善的，因為祂任憑這許多煎熬與苦楚在祂眼皮底下發生。

耶穌在路加福音18：8中提出一個重要的問題：「人子來的時候，遇得見世上有信德嗎？」到底有沒有人確信，上帝所說的話必然實現？有沒有人百分之百相信上帝的存在，並耐心等待祂的再臨？

我已下定決心，要以響亮的肯定來回答路加福音所提出的問題。我選擇要緊緊握住我對上帝的信心——相信祂，並耐心等待，知道祂所定下的時間並不是我能左右的。

耶和華，對於你的時間和你做事的方法，我並不了解。但是，我選擇相信你，我要將所有的問題留到面對面見你的時候。我全心全意地信靠你。

海藻的能力

我們的主為大，最有能力；祂的智慧無法測度。詩篇147：5

主耶和華啊，你曾用大能和伸出來的膀臂創造天地，在你沒有難成的事。耶利米書32：17

在讀經時我發現，上帝從來沒有出現能力不足或短缺的時候。最近，我去聽湯姆‧弗里德曼（Tom Friedman）的演講，他是紐約時報專欄作家兼普立茲獎得主。他表達的主要觀點是，若是有一個國家能夠首先學會利用、或生產廉價無污染的豐富能源，這國家將在未來的歲月中領導整個世界。可是這個位子難道不是早已非耶穌莫屬了嗎？（見馬太福音28：18）

今天的新聞報導提及，人類正在尋找藉基因改造後，有能力或有潛力從陽光和二氧化碳中製造生物燃料的單細胞生物。陽光取之不盡用之不竭，而且完全免費。我們知道，二氧化碳在大氣中的含量極為豐富，所以可以用它來製作燃料，這聽起來是個不錯的想法，有數十家公司以及一百多家研究機構，目前正致力於尋找能夠產生烴類和脂類的海藻，將其提煉後我們就能夠得到柴油、乙醇或汽油。這種微細胞生物會迅速繁殖，並利用陽光中的能量來驅動體內的化學反應，將二氧化碳從環境中移除，並將碳原子串起來形成富含能量的分子。科學家在成千上萬種藻類中，篩選出那些看上去在繁殖生長、有效利用陽光和產生有用物質方面表現優異的。藻類之所以能成為優秀的候選者，是因為若根據每英畝的產量進行對比，藻類的生產效率要比玉米製成乙醇或大豆製成生物燃料的效率至少高出十倍，而且它們可以在沙漠中或淡海水區域生長，無需佔用農業用地。

我們希望能在沙漠地區的大型水塘或生物發電站中培養這些藻類，以滿足未來對於可再生能源的需要。

 耶和華，一切能源都來自於你。當我們減輕身邊人的痛苦並溫柔地照顧他們的時候，也求你指教我們如何使用你所提供的資源，來看顧你所創造的萬物。

三葉草

盼望不至於羞恥，因為所賜給我們的聖靈將上帝的愛澆灌在我們心裡。
羅馬書5：5

若要人人皆知又分佈廣泛，那世上還有什麼植物能與三葉草相媲美呢？它的屬名Trifolium，意思就是「3片葉子或複葉」，概括了大多數三葉草的特質。傳統說法認為這3片葉子分別代表了信仰、希望和愛。4片葉子的三葉草是極為罕見的，於是許多人認為找到它會帶來好運，因為據說第4片葉子代表運氣。有些人想必是非常幸運了，因為他們掌握了如何找到四葉草的許多訣竅。有一位名叫愛德華‧馬丁（Edward Martin）的人深諳其道，據說他已經收集了十六萬株幸運草，不過他每天要花幾個小時來尋找它們，有些人還發現長有5片葉子、6片葉子甚至7片葉子的三葉草。最高的記錄是一株三葉草上長出了21片葉子。

有些人顯然不喜歡三葉草這個不速之客，因為一片堪稱完美的草坪就不該出現別的植物。其實，如果你的草坪中出現三葉草，就意味著你不必經常施肥了，因為三葉草是一種豆科植物，而大多數的豆科植物會與根瘤菌攜手，將大氣中的氮轉化為氨，供周邊植物使用。

三葉草和其他豆科植物的根瘤製造可用的氮，是一種複雜而又美麗的過程。一開始，植物的根部會產生名為類黃酮素的複雜化合物。類黃酮素會滲透到根部周圍的土壤中，發出化學信號：「喂，有沒有人在啊？」當附近存在某種類型的細菌時，它們就會來吸收類黃酮素，就好像用一把鑰匙打開了一種特定的nodD菌體蛋白。在解鎖了nodD蛋白之後，類黃酮—nodD化合物便啟動了一種名為nod基因的細菌基因。nod基因的工作就是為產生細菌蛋白nod因子的酶進行編碼。nod因子就是細菌釋放出的化學信號，以此回答說：「有，我在這兒。」細菌nod因子滲入三葉草的根毛，致使它們徹底改變結構，以便細菌可以盤踞在根部細胞之內，聚集後形成結節，為植物提供可用的氮。

我剛剛所展示的過程是優美、複雜而又獨特的，證明這一系統是創造者的匠心獨具。我們要敬拜那位創造出植物根瘤的造物主。

🙏 耶和華，求你使我敏於感受聖靈的呼召，好像那檢測到植物類黃酮素的細菌一樣。我甚願與你一同攜手，為我所居住的地方帶來仁愛與和平。

大能的勇士

一人焉能追趕他們千人？二人焉能使萬人逃跑呢？申命記32：30

當今世界上最為訓練有素的戰士當屬精銳部隊、一級機密反恐及特別任務單位。其中包括海豹6隊（美國海軍分隊）和三角洲部隊（美國陸軍特種部隊），二者皆是仿效英國第22特別空勤團（SAS）成立的，後者在第二次世界大戰中的敵後戰線曾經大顯身手。其他精銳部隊還包括澳洲特種空勤團，加拿大第二聯合特遣部隊，以色列參謀本部偵搜隊，以及德國KSK特種部隊。

他們所接受的殘酷、猛烈如地獄般的訓練，其目的就是要在身體和精神上摧毀他們，只有那些體能強勁，最具戰鬥經驗、最為強悍，意志最為堅定的人才被允許接受訓練。受訓者必須反應敏捷，能說一口流利的外語，精通彈藥軍火，是航空、爆破以及反恐領域的專家。雖然每一位受訓者都是經過精挑細選，但大多數人都無法完成這樣嚴苛的訓練。我們對這些高度機密的精銳部隊所知甚少，但他們個個都是精英。他們絕對可以稱得上是現代社會中大能的勇士。

《舊約聖經》中的許多經文都提到了大衛的勇士，最為詳盡的描述在撒母耳記下23：8-38和歷代志上11：10-47。你可以看到約設‧巴設，他一個人擊殺了800人；以利亞撒，當他的同伴撤退時，他一個人孤軍奮戰。沙瑪在紅豆田（大麥田）獨自（或與幾個人一起）擊殺非利士人。還有三位無名的勇士，他們闖過非利士人的陣地，從伯利恆城門旁的井裡打水給大衛喝。亞比篩一次就殺了敵軍300人。比拿雅殺了摩押人的兩個英雄，還有一次他殺死了一頭獅子——不僅如此，還是在雪天下到坑裡去的時候。有一次他只拿著棍子，面對一個手裡拿著長矛的埃及人，結果他勇敢地奪過槍，將這個7.5英呎高的埃及人殺死。亞撒黑、伊勒哈難、沙瑪（哈律人）以及許多大能的勇士都位列大衛勇士的名單當中。我能在腦海中想像出他們站成一排，皮膚被太陽曬得黝黑，一身肌肉，頭髮灰白，好像無論多大的疼痛他們都能忍受。在肉搏戰中，他們無人能敵。在任何戰鬥中他們都是勝利的一方，但這並不是由於他們的能力與格鬥，而是因為耶和華與他們同在，上帝的能力顯然偏向他們這一方。對於他們的敵人來說，這一直都是不公平的對抗。「與他們同在的是肉臂，與我們同在的是耶和華我們的上帝，祂必幫助我們，為我們爭戰。」（歷代志下32：8）

 主啊，在這場宇宙的善惡之爭中，我能成為大能的勇士嗎？

藤蔓

我是葡萄樹，你們是枝子。常在我裡面的，我也常在他裡面，這人就多結果子；因為離了我，你們就不能做什麼。約翰福音15：5

我在花園裡種的番茄如今生得格外茂密，討人喜愛。因為今年我買了一卷100英呎的鋼絲網，為番茄苗量身打造了五英呎高的番茄架。我在每一株幼苗上都放上番茄架，於是它們努力地向上生長，現在都比我高了。番茄的藤蔓經過不斷修剪，如今都在番茄架上附著，可以獲得足夠的支撐力。現在我就期盼來一場番茄的大豐收，這就是我的獎賞。

對我來說，照顧番茄是一種令人愉悅的工作，因為每當我輕輕拂過番茄的藤蔓或葉片的時候，就會有一陣如麝香般馥郁的香氣環繞著我。這種獨特的氣味可以從植物的微觀構造上發現其來源。番茄藤的表面毛茸茸的，在顯微鏡下，這些毛的外形好像巨大的圓形水塔，你在美國許多城鎮都可以看到——看上去好像放在球座上的高爾夫球，即使是輕輕一碰，這些圓鼓鼓、充滿液體的腺毛頭（這就是它們的學名）也很容易破裂，釋放出粘稠刺鼻的液體。有些人非常討厭這種味道，覺得聞起來很臭。但這就是釋放液體所要達到的目的——防止昆蟲將葉子吃掉。

在你調整番茄藤的時候需要分外小心，因為當你試著要將番茄藤纏在架子上的時候，一不留神就會將嫩芽或是枝條掰斷。一旦離開了藤蔓，枝子在一兩分鐘之內就枯萎了。像番茄這種柔軟的草本植物，它們的形態與結構完全取決於體內吸飽水的細胞。就像是充氣蹦床、城堡、滑梯和其他充氣式的遊樂設施一樣，植物完全依靠內在壓力來保持其外在形態。嫩枝從藤蔓上被折下來就好像是關掉了正在吹氣的鼓風機。它們很快會凋謝枯萎，縮成一團，完全認不出原來的樣子。

在每一株植物裡，都有一套令人咋舌、複雜而精妙的管道系統，它們會有條不紊地將水分、溶解的礦物質、光合作用的產物以及植物生長調節劑運送到植物的各個部分。耶穌已經苦口婆心地勸告我們要連接在祂身上，連在真葡萄樹上。如若不然，我們將必死無疑。

耶和華，有時我不明白為什麼自己的屬靈生命會如此糟糕，沒能結出聖靈的果子。回想過去，我曾經多次離開你，想要一個人闖蕩，求你原諒我的屢教不改。

昆蟲界的大力士

耶和華是我的力量，是我的盾牌；我心裡倚靠祂就得幫助。所以我心中歡樂，我必用詩歌頌讚祂。詩篇28：7

你知道世界上力氣最大的昆蟲是哪一種嗎？近來針對小甲蟲的實驗發現，它能擔負相當於自身體重1,141倍的重量。也就是說，如果你的體重為100磅，並且你與這隻甲蟲一樣有力，那麼你可以承擔起114,100磅的重量，相當於57噸多，或者比五頭大象還要重。你能猜到哪種甲蟲是這一驚人記錄的保持者嗎？

給你一個提示！澳大利亞曾經引進一種甲蟲，使得四處傳播疾病的灌木蠅數量銳減九成。不僅蒼蠅的數量下降，就連土地的肥沃程度也大幅提高，所以這種甲蟲不但是舉重冠軍，也是優秀的農夫，更是控制蚊蠅的高手。你是不是已經猜到答案了？

還是這種甲蟲，再給你一條線索！古埃及人認為這種甲蟲是神聖的，他們相信是它每日背負著太陽穿過天空，夜幕降臨的時候又將太陽埋入土中，直等到第二天早晨再將太陽扛在肩頭上。如果你猜到了金龜子，那麼離正確答案就相當接近了。不過金龜子家族有數千種甲蟲，想要找出舉重冠軍，就要先集中精力找出是哪一種金龜子。

另外還有一種甲蟲尋找新鮮的動物糞便，並以此為生，滾出一些小小的糞球，抬起後腿一路推著它前進，然後將埋在地裡，並在糞球中交配、產卵，而糞球就成為下一代的培養室以及唯一的食物來源。讀到這裡，你可能已經噁心到說不出話來。但在回收動物糞便，使它免於氾濫成災方面，糞金龜功不可沒。它們為環境衛生作出努力，掩埋了大量的動物糞便，根除了蒼蠅的繁殖之地，使土地鬆軟，變得更加肥沃，從而使這個世界更加適宜居住。僅在美國，糞金龜每年為農場主節省的開支就超過3.8億美金，除了南極洲之外，糞金龜的腳蹤遍佈全球，在約伯記20：7提到了糞便的消亡，我們要感謝糞金龜在這一過程中發揮的重要作用。

主啊，是你給了糞金龜令人讚歎的力量，並且給它一項重要的任務。求你今日也成為我的力量。以聖靈充滿我，讓我今日為你行事。

進化

你起初立了地的根基；天也是你手所造的。天地都要滅沒，你卻要長存；天地都要如外衣漸漸舊了。你要將天地如裡衣更換，天地就都改變了。惟有你永不改變；你的年數沒有窮盡。詩篇102：25-27

和「愛」這個字一樣，「進化」一詞也有許多含義。生物學上對「進化」的定義是「種群中的遺傳性狀在世代之間的變化」。想要了解這種改變，我們可以先想像一下亞當和夏娃的樣子，再來觀察今天在世界上各個人種所表現出的不同樣貌。其中的變化是非常顯著的。每當我想到造物主為生命存續所設計的可塑性，都不得不由衷發出讚歎。

上帝賦予的美妙可塑性還有另一個完美的範例，就是人類最好的朋友。在所有的動物當中，狗一直是人類最為親密的夥伴，人們有選擇性地對牠們進行培育，於是，今天的世界上出現了大小不同，樣貌各異的狗。然而牠們的祖先可能是遠古時代的一隻普通的狼犬。隨著時間的推移，人們已經培育出了身手敏捷、耐力十足，並擁有大長腿的灰狗，身材嬌小卻具有無畏精神的傑克羅素梗，四肢短小卻天生愛玩的哈巴狗，以及充滿智慧且善解人意的拉布拉多獵犬。這些只是用人工操縱的方式，通過選擇性育種以突顯某些性狀的範例。

在狗的所有身體構造差異之中，最引人注目的或許是頭骨所呈現出的複雜性狀。犬科動物的頭骨顯然比其他動物表現出更為複雜的多樣性。那麼頭骨中的大腦會發生什麼樣的變化呢？近來有一項研究，對十幾種不同類型的狗進行大腦成像，其結果表明狗大腦中的方向感與其口鼻部的長度息息相關。短鼻子的狗（比如扁平臉的哈巴狗），其腦部會向前旋轉15度，而位於腦部檢測氣體的嗅球就從大腦的前端移到了大腦的下方。嗅球的位移也許解釋了人們為什麼不用短鼻子的狗來嗅探毒品或炸彈。

不過若是任憑狗隨機交配繁殖數代之後，就會成為混種狗，到那時想要追溯狗的血統是非常困難的，不過混種狗的脾氣可能比純種狗要好得多。

耶和華，你知道我的先祖，是他們的基因代代傳承才有了今天的我。願我能用你透過先祖賦予我的恩賜來榮耀你。

蝙蝠

上帝造萬物，各按其時成為美好，又將永生安置在世人心裡。然而上帝從始至終的作為，人不能參透。傳道書3：11

我想不通為什麼蝙蝠會遭到如此多的誤解和非議。也許是當人們看到黑壓壓的蝙蝠群時，心裡浮現的唯一想法就是醜陋可鄙。隨便翻看幾張在batcon.org網站上發佈的照片，或是搜索恩斯特‧海克爾（Ernst Haeckel）在1904年繪製的蝙蝠圖像，就會發現牠們的面部特徵極其猙獰怪異。也許是因為我們很難理解在視力不佳的情況下牠們是如何避開物體飛行的，或者因為牠們曾被污衊是狂犬病的帶原者，還會飛進女人的頭髮裡纏作一團。不過，如果你肯花時間來研究蝙蝠，就會發現牠們算得上是造物主的得意之作。

生物學家將蝙蝠歸為哺乳動物，因為牠們長有毛皮且哺育下一代。要知道在世界上現存不到6千種哺乳動物中，有超過1千2百種是蝙蝠，大概許多人會為之震驚。牠是唯一一種真正可以飛翔的哺乳動物，也是數量最為可觀的哺乳動物。最小的蝙蝠體長不過一英吋多一點，重量不超過0.1盎司，而最大的蝙蝠展開雙翼則可達到5英呎長，體重在3磅左右。體型較大的蝙蝠通常以吃水果為生，偶爾吃些小魚、青蛙和其他哺乳動物。不過大概有四分之三的蝙蝠品種屬於小型蝙蝠，牠們以昆蟲為生。當體長不過三四英吋，重約半盎司的墨西哥游離尾蝠外出捕食時，每個小時據估計可吃掉1千隻昆蟲。在目前已知最大的墨西哥游離尾蝠棲息地，蝙蝠的數量已經達到2千萬隻左右。每天晚上，從靠近德州聖安東尼奧市的布蘭肯洞穴中，蝙蝠成群結隊地蜂擁而出，幾個小時後，就會在洞穴的上空形成一朵龐大的、迅速移動的黑雲。待到牠們回來時，大約200噸的昆蟲已成為腹中的美餐，這為周邊的農民們挽回了數百萬美金的損失以及購買殺蟲劑的費用。小型蝙蝠並不是瞎子，但視力的確欠佳，不過牠們利用回聲定位仍能精準地向獵物直撲過去。對於較小的飛蟲，如蚊子，牠們直接用嘴巴就可以捕捉，若是對付像飛蛾一般較大的昆蟲，牠們會像捕手一樣先用爪子裹住飛蛾的翼尖或尾部，抓牢飛蟲，然後送到長滿尖利牙齒的嘴邊大嚼特嚼起來。

科學家們擔心，許多蝙蝠的棲息地如今正在衰減。蝙蝠相繼死亡的原因包括殺蟲劑的使用、棲息地遭到破壞以及疾病的傳播。牠們是上帝精妙的創造物，為生態環境作出巨大貢獻，我們必須更了解蝙蝠，關心牠們的生存。

 耶和華，在你不可勝數的創造物中，真的有醜陋無比或一無是處的受造物嗎？

白鼻綜合症

我們知道，一切受造之物一同歎息，勞苦，直到如今。羅馬書8：22

2006年2月16日，一位洞穴攝影愛好者在霍威洞穴拍下了幾張蝙蝠冬眠的照片，這個洞穴位於紐約州奧爾巴尼市以西約35英里處，是一處商業、旅遊勝地。從照片上看，幾隻小褐蝠都有一個白鼻子。這是一種尚未被發現的新蝙蝠嗎？人們經過仔細研究後，發現這白色的「毛皮」是真菌感染了蝙蝠的口鼻處。這種真菌有時也會感染蝙蝠的耳朵，甚至翅膀。2006年至2007年的冬季，附近的三個洞穴中都出現了被感染的蝙蝠。到了第二年冬天，研究蝙蝠的科學家們開始警覺起來，因為這種感染已經蔓延到紐約、佛蒙特州、麻薩諸塞州、康乃狄克州和賓夕法尼亞州的29個洞穴及廢棄的礦井中。次年，新罕布夏州和西維吉尼亞州也出現了白鼻子的蝙蝠。在這些受感染的棲息地，大批的蝙蝠死去。難道是這種真菌的錯嗎？如果是，我們該怎麼辦呢？

研究人員認定這種真菌與著名的地絲菌屬（Geomyces genus）大有關聯。它並不會感染人類或是不冬眠的蝙蝠，因為這種喜冷真菌在超過華氏68度的環境中無法生長。遭受最大打擊的是小褐蝠（Myotis lucifugus），但此次真菌爆發也影響了至少五種其他種類的蝙蝠。調查數據顯示，在受感染的棲息地，有四分之三的蝙蝠死亡，甚至有些棲息地已經完全遭到破壞。受感染的蝙蝠在冬眠期間會出現體重下降，之後活活餓死的情況。科學家們想要弄清在秋季蝙蝠需要為冬眠而大量進食的時候，這種真菌是否會阻礙牠們攝取足夠的食物，還是這些蝙蝠存夠了脂肪準備過冬時，真菌卻使牠們的冬眠習性產生變化？就在我寫這篇文章的時候，證據似乎指向了後項假設，因為這種真菌不會引發炎症或是刺激蝙蝠的反應系統的啟動。最合理的猜測是受感染的蝙蝠在冬眠時會提前醒來，這樣它們便無法保持節能的狀態，從而消耗掉過多的脂肪，以致最後無法捱過整個冬天。如今人們正在尋找一種解救蝙蝠免遭滅頂之災的良方，我們能夠及時找到補救的措施嗎？

主啊，在我們的周圍處處顯出罪的存在。所有的創造物同受勞苦。當我們因著信與罪惡鬥爭時，求你使我們明白如何照顧那些你所託付給我們的其他受造之物。

睡眠慣性

我躺下睡覺，我醒著，耶和華都保佑我。詩篇3：5

當你一覺醒來，要花多久時間才能將昏沉的狀態從你大腦中趕跑呢？你是會忽然醒來後就精力充沛，做好迎接新的一天的準備，還是在醒來後還會有幾個小時的起床氣？科學家們正在研究睡眠慣性——就是在突然被喚醒後仍昏昏沉沉，身體無法立刻正常運作，還想要睡一下的傾向——因為許多人在被叫醒後需要迅速高效地投入工作。一大清早若有火警，消防員們就必須奔赴火線，醫生在值大夜班時需要小憩，一旦有任何突發情況就必須立即從睡眠中清醒，恢復高效能的狀態。

在你睡覺前，若有睡眠剝奪的情況，那麼睡眠慣性則會明顯加重。如果你剛剛睡著並進入深層非快速動眼期睡眠時，卻被叫醒，那麼方向感迷失和沒精打采的情況會特別明顯。另外，其他的因素是你的生理節奏和體溫，人們在睡覺的時候，體溫通常會下降。如果在體溫降低的情況下被喚醒，那麼你可能需要更長的時間才能完全恢復清醒。

在睡眠期間，大腦會進行能量儲備的恢復，大腦中的腺苷水平也會升高。常見的腺苷由腺嘌呤、核糖，以及一種已知的中樞神經系統抑制劑組成，腺苷附著於細胞膜受體上，能夠促進睡眠。研究表明，咖啡因能夠阻斷腺苷所附著的受體，從而消減腺苷對睡眠的影響。有一項針對睡眠慣性的研究，其研究對象為28位21－47歲的健康成年男子，在參加為期10天的研究之前，他們在兩週的時間內不抽煙、不喝酒、不吃藥，也不喝咖啡。參與實驗者有3天適應期，僅做基本測試，接下來的88個小時則必須保持清醒，每12個小時有2小時的打盹時間。時間一到就會有人大聲將他們叫醒，並立刻開始進行神經行為表現測試。在7次的休息時間，其中有些受測試者會服用咖啡因片劑，其血液中的咖啡因含量會保持在每公升3－4毫克的水平，而其他人則服用安慰劑。無論是研究人員還是受測試者都不清楚具體的狀況。結果表明，持續服用低劑量咖啡因的人所表現出的睡眠慣性並沒有服用安慰劑的人那樣明顯。

 主啊，即便我不喝咖啡也能保持警醒，是因為你有其他的方法可以消減每晚腺苷的來襲。能夠有一整晚香甜的睡眠，清晨精神煥發地迎接新的一天，這是多麼寶貴的祝福。

天上的資料庫

我塗去你的過犯，像厚雲消散；塗去你的罪惡，如薄霧消失。你當歸向我，因我救贖了你。以賽亞書44：22

當我第一次讀到天上有一本生命冊的時候，就在心裡勾勒出它的樣子。既然有這麼多人的名字，那麼它一定是一本大大的分類賬，優雅的黑色皮革封面上以黃金為裝飾，裡面每一頁都是高級的羊皮紙，用最上乘的皮革製成。墨水呢？當然要用印度墨水——自古以來就用它，這是一種品質極高的墨水。我彷彿看到一隻纖纖素手拿起一支羽毛筆記錄著名字與檔案，這是用優雅天鵝身上那潔白的飛羽製成的筆。每天，天上的書記員就會忠實地記錄每個人的姓名以及所發生的所有事情。

可是現在，當我想到這個世界上的芸芸眾生，想到有多少姓名和時間要被記錄在冊，也知道上帝必定掌握最先進的資料庫技術（毫無疑問，祂所擁有的科技是我們想都想不到的）的時候，就不禁想要坐下來仔細考慮一下這本生命冊究竟是什麼樣子。若是進入關於我的「頁面」，會不會有我的照片在上面，也許是一段3D影片剪輯，彩色畫面，並配有七個揚聲器的環繞立體聲？亦或更加先進，也許是我一生時光，從始至終的全彩高清紀錄片？不管用什麼方式來播放，在天上的檔案館裡，所有的點點滴滴都被如實記錄下來——完整詳實、全面備份、無比安全，不會出現任何意外。

但是……不過……等等！在我每天的生活中有多少不光彩的事啊！我可不想被任何人看到，許多細節顯得我又醜陋、又可憎；我可不想在自己的紀錄片中出現這些事情。主啊！求求你，有沒有什麼方法可以消除我紀錄片中的不良行為？天上是不是也有刪除鍵，還可以將刪除的部分再層層覆蓋起來？還有，我的主啊，備份的文件怎麼辦呢？它們也被抹去了嗎？

噢，我那快要蹦出來的心臟，請你慢下來！慢下來！仔細傾聽我的救主藉著今天的經文要向我說些什麼。這是真的嗎？因為我聽到祂說：「大衛，我的孩子，不要害怕。你的罪已被赦免了，是的，所有的罪，它們已經不存在了。整個宇宙中再也找不到關於它們的記錄，我已塗抹了你的過犯。歸向我吧！因我救贖了你。」

啊，這奇蹟中的奇蹟，這就是福音。這就是恩典。這就是永不棄我的愛。這是我所不配得的。謝謝你，耶穌基督。

審判

因為人所做的事，連一切隱藏的事，無論是善是惡，上帝都必審問。傳道書12：14

在生活中，我所學到的最艱難卻又不得不學的教訓之一，就是人生根本不公平。好人遭遇不幸，壞人卻春風得意。在最弱小、最無辜的孩子身上也會有無法置信的可怕之事發生。他們到底做了什麼，要遭遇到這樣的災難呢？這根本不公平！

在我們的地球上的確存在著邪惡，鐵證之一就是無情的殺戮、性虐待、毒打、精神上的虐待與忽視，特別是針對嬰幼兒的種種惡行，還有什麼比這更能徹底地揭露撒但惡毒的嘴臉呢？他憎恨上帝所愛的一切，誓要用盡一切卑劣的手段殺戮、殘害生靈，在精神上迫害他們，使一代又一代陷入無盡的痛苦與毀滅之中。天父上帝義憤填膺，大聲疾呼：夠了！住手吧！

我認識那些幾十年來住在社區裡，勤勞、善良、誠實、敬畏上帝的人們，他們無私地奉獻出自己的時間和資源來建設這個社區。後來災難發生了，也許是一場洪水、龍捲風，或是一次山崩。起初，他們會因逃過一劫而心存感激，讚美那位看顧他們的上帝，但是他們如今一貧如洗，一切都要從頭再來，這對他們而言難道公平嗎？

我知道許多家庭，由於來勢洶洶的癌症，他們失去了嬰孩、兒童、母親、父親。年紀輕輕卻失掉了生命，英年早逝，生命的火焰就這樣熄滅了，這太不公平了！

我認識太多勤懇的工人，他們在各個機構、企業或組織中工作，卻被某位過度管控、缺乏信心且不稱職的老闆炒了魷魚。雖然所有申訴的管道都經過反覆推敲，以防止司法不公——但這一切都無濟於事。這些人沒了工作，失掉了尊嚴和自我價值，連養老金也失去了。有時壞上司得到晉升，似乎他們身上總是好事連連，人生真的不公平！

世界的惡者露出心滿意足的獰笑。苦惱、痛苦與紛爭無處不在，但到這世界的末了：審判！將會有公平臨到眾人，每一件事都會得到裁決——公正的裁決。

耶和華，這是何等偉大的審判之日。求你再次提醒我不要向那虧待我的人尋仇。祝福你，我公正的法官，偉大的復仇者。

非洲水牛

我小子們哪，我把這些話寫給你們，是要你們不犯罪。若有人犯罪，在父那裡我們有一位中保，就是那義者耶穌基督。約翰一書2：1

網路上有一段精彩絕倫的影片，名叫《克魯格國家公園之戰》(The Battle at Kruger)。畫面上一小群非洲水牛正沿著對面河岸緩緩前行，氣候炎熱難耐。這時攝影師的鏡頭一轉，在河的對岸還有一小群獅子，大概五六隻，懶洋洋地躺在岸邊，離水牛群只有100碼左右，可是因為位於下風處，水牛並沒有發現牠們。一隻高大威猛的公牛昂首挺胸地走在最前面，頭上頂著的碩大犄角也隨著步伐左右搖擺。獅群卻個個壓低了身子，死盯著不斷前進的公牛，一英吋一英吋地挪動。水牛依然沒有察覺到獅子的存在。突然領頭的公牛停住了，彷彿嗅著空氣中的氣味，搖晃著大腦袋，警惕地盯著前方。這時，牠發現了正在埋伏的獅群，便猛地轉身，揚蹄飛奔，向之前走來的方向奔逃。其他的水牛雖然搞不清楚怎麼回事，但也跟著領頭的公牛逃命。

只一會兒工夫，獅群就追了上來。其中一隻獅子不去追成年公牛，卻揚起前掌將一隻小牛犢撲倒在地，瞬間一獅一牛掉入河中。另外三隻獅子迅速圍上來加入戰局，試著要將小牛從河裡拉出來，無奈河岸濕滑陡峭，小牛也拼了命地往河裡鑽，在這裡牠暫時安全，又有獅子跳下河要助一臂之力，這時，好戲登場了，兩隻巨大的鱷魚也來蹚這趟渾水。雙方瞬時成了拔河比賽，幾隻獅子拼命要將小牛拉上這個滑溜的斜坡，兩隻鱷魚則佔盡天時地利，發揮主場優勢要將小牛拉下河。眼看到了嘴邊的美食要飛了，獅群最終奮力一搏，居然將小牛拉上了岸，接著牠們便要將驚魂未定的小牛咬死。接著我看到了令人驚異的一幕，水牛們鼓足了勇氣，牠們緊緊地排在一起，回來救小牛了。只見牠們低下頭，露出尖利的犄角，向獅群示威。有些獅子顯然害怕起來，面對團團圍住牠們的水牛，力量顯然懸殊，於是跳入水中逃跑了。還有幾隻獅子依然不肯放棄牠們的獵物，死死地壓著不鬆開。這時一隻公牛頭一低，角一挑，就將一隻獅子撂倒在地。就這樣，戰局起了變化。看著自己的親人們越來越近，小水牛也奮力地想要站起來。水牛們強大的陣勢逼得獅群節節敗退，最後只得放棄了牠們的獵物。逃出魔爪的小水牛安全地回到了牛群中，似乎並沒有大礙。水牛們乘勝追擊，直到獅子被趕到了樹叢中方才罷休。當所有人都認為這隻可憐的小牛必死無疑時，愛的超凡力量最後贏得了勝利。

我的天父，我的上帝，謝謝你回來搭救我。不管在人的眼中我是多麼無可救藥，你都有辦法為我辯護。

亮白、超白、純白

凡得勝的必這樣穿白衣，我也必不從生命冊上塗抹他的名；且要在我父面前，和我父眾使者面前，認他的名。啟示錄3：5

紙張越白，我們就越喜歡。為了給紙張增白，我們學會了用礦物質和黏土來做塗層或是添加化合物使紙張更加反光，這樣做出來的紙張不僅重而且貴。那麼我們是怎樣對待牙齒的呢？難道會覺得它們太白了嗎？肯定不會，我們會去做牙齒漂白讓它們看上去更加潔白。

白色是非常亮眼的顏色，尤其是當一隻白色的小甲蟲在白色的真菌周圍爬來爬去的時候。白色的甲蟲是極為罕見的，甲蟲大多是黑色、棕色、棕褐色，甚至有些是彩色的，但是這一隻卻是白色的，牠被命名為白金龜（Cyphochilus），不是因為反光的緣故而顯白，而是真的通體全白。這種耀眼的白色是因為它全身覆蓋著細小的鱗片。科學家起初只是好奇，繼而欣喜若狂，因為或許，只是或許，他們能夠發現一種變白的方法。研究該項目的首席科學家彼得‧武庫西奇（Peter Vukusic）利用電子顯微鏡和其他精密儀器對鱗片進行了研究，發現這些鱗片呈光子晶體結構，這就意味著這種精心設計所呈現的、看似毫無章法的超薄鱗片組織結構，會將射入的光線全部反射出去。我們在學校曾經學過，白色的物體能夠反射所有的光線。如今科學家們正致力於仿造這種光子晶體結構，使得超白的紙張也可以更輕更薄。還有許多其他應用領域也在不斷探索之中。

白色是純潔的象徵，代表潔淨、一塵不染，我們希望衣服也能這樣。洗衣精廣告中經常會宣傳自家的品牌能使洗出來的衣服更加亮白，不過馬可福音中描述耶穌登山變相時，形容祂的衣服「放光，極其潔白，地上漂布的，沒有一個能漂得那樣白。」（馬可福音9：3）

看那田裡的莊稼已經熟了（譯者按：英文為發白），可以收割了（約翰福音4：35），我期待著我的主坐在白雲上回來接我（啟示錄14：14），祂將賜給我一塊白石，上面寫著我的新名（啟示錄2：17），又為我穿上白袍，這是用羔羊的血洗白的衣服（啟示錄7：14），那位好像人子的頭髮潔白如羊毛（啟示錄1：14），祂曾身騎白馬（啟示錄6：2），又坐在白色的大寶座上（啟示錄20：11）。

潔白如雪、純潔無比的主啊，求你用牛膝草潔淨我，我就乾淨；求你洗滌我，我就比雪更白。我願成為聖潔，毫無瑕疵。

不治之症

祂對我說：「我的恩典夠你用的，因為我的能力是在人的軟弱上顯得完全。」所以，我更喜歡誇自己的軟弱，好叫基督的能力覆庇我。哥林多後書12：9

在17號染色體的正中央有近20個基因，這是一個非常重要的家族。幸運的是，對於我們大多數人來說，這些被稱為Wnt家族的基因都是盡忠職守的工人。它們要為信號蛋白編碼，來控制細胞在生長過程中分化的進行及結束。早期胚胎發育關鍵步驟中的許多細節，都取決於Wnt基因能否準確無誤地進行複雜的編碼工作。

在極少數的情況下，當一個或多個Wnt基因中的兩個編碼工作都存在缺陷時，等胎兒足月生下後會患有先天性四肢切斷症，最明顯的缺陷就是這些嬰兒天生沒有胳膊和腿——即便是這樣，他們也是幸運兒，受到的傷害最小。因為大多數患有此症的嬰兒會死於因身體畸形導致的其他嚴重的身體缺陷。

力克‧胡哲（Nick Vujicic）就是這樣一位倖存者，他患有先天性四肢切斷症，目前住在加州。雖然他身體殘缺，但在我眼中他卻無比高大，也許你也曾聽說過這位「沒手、沒腳、沒煩惱」的力克‧胡哲。

你能想像得到，當力克年輕的父母第一次看到他們沒手沒腳的長子時，一定崩潰了。力克在澳洲的布里斯本長大，那裡的法律不允許他在普通的學校接受教育，想必他的童年非常痛苦。待到法律准許後，他終於等到了夢寐以求的教育機會，卻受到其他孩子無情的嘲弄和欺負，他一度痛苦到想要自殺。好在上帝拉拔著他走出了抑鬱消沉的低谷，力克知道他並不是唯一一個患有不治之症的人。最終，他不再祈求上帝讓他長出胳膊和腿了，他決定要彰顯天父的榮耀。所以他就用他那原本應是左腳的小肉球上的兩個趾頭，開始學習看似不可能的技能，接電話、刮鬍子、喝水、刷牙。他不但大學畢業，還拿到了會計和財務規劃雙學位。如今他成了一位聞名世界的勵志演說家、作家，他參演的電影也屢獲殊榮。他的演講使得成千上萬的人不再沉溺於自己的不幸，在力克故事的激勵下，他們為自己所擁有的而感謝上帝，他們投入工作，用他們的恩賜來造福他人。

 耶和華，求你赦免我的專顧自己與自哀自憐。幫助我最大程度地發揮你所賜予我的恩賜，去榮耀你的聖名。

蚊子

主人說：「這是仇敵做的。」馬太福音13：28

蒼蠅的拉丁語是musca，在西班牙語中這個字的最小級就是mosquito，意為「小蒼蠅」，英文的蚊子一詞Mosquito亦源源自於它。用兩隻翅膀再加上一對桿狀的平衡器來保持平衡，蚊子可以算是真正的飛行家了，當然，它也愛到處惹麻煩。公平點說，只有某些種類的雌蚊會吸恆溫動物的血，而且只在即將產卵之際，因為它們需要補充血蛋白質。

　　世界上有超過3,500種蚊子，僅在美國本土就有超過175種蚊子。當然，也有大量的變種能夠讓昆蟲學家和寄生蟲學家們忙得焦頭爛額。人們之所以這麼注重蚊子是因為它們能夠傳播包括瘧疾在內的幾種嚴重的疾病。有一類名為瘧蚊屬的蚊子包括460種，其中不到四分之一種的蚊子甚至能夠攜帶瘧疾，不到一半的蚊子會傳播各種瘧原蟲以及致病寄生蟲。儘管只有少數瘧蚊屬的蚊子進行這骯髒的勾當，但每年死於瘧疾的人口約有65萬人。除此之外，數百萬人因蚊蟲叮咬而飽受衰弱性疾病和其他併發症的折磨。

　　除了瘧疾之外，各種吸血蚊子也傳播登革熱、黃熱病和西尼羅河病毒等致命性的疾病。亞特蘭大疾病控制中心估計，每年有多達1億人感染登革熱。那麼蚊子是不是一無是處？如果牠們滅絕了，這個世界是否能變得更美好？想要正確理解這一問題，就要先記住這只是極少數蚊子造成的禍害，卻使所有蚊子蒙受不白之冤。大多數蚊子只吸取植物花蜜，例如蝴蝶，而且巨蚊屬下有95種蚊子，完全不會吸血，而且牠們的幼蟲是以捕食其他蚊蟲的卵維生。在我們與蚊媒疾病作鬥爭時，它們其實是我們的盟友。蚊子唾液的成分在醫學研究中是極具價值的。研究人員已經成功從中分離出幾十種蛋白質，其作用包括抑制或阻斷人體免疫系統，防止血液凝結或幫助消化糖類和蛋白質。如今根據蚊子的唾液模型能夠研製出更加便於使用的抗凝劑。蚊子是一種奇妙的昆蟲——上帝美妙的創造之物。只不過不幸的是，有一個恨惡上帝子民的魔鬼將一部分的蚊子劫持了，納入自己麾下。

　　我的主，在你復臨之前，你希望我做些什麼來減輕魔鬼藉助兇險的瘧疾帶來的痛苦、疾病與死亡呢？

DNA的倍增

祂的神蹟何其大！祂的奇事何其盛！祂的國是永遠的；祂的權柄存到萬代！
但以理書4：3

今天早晨，我在YouTube網站上看到一段影片，名叫《DNA複製》。它是從公共廣播公司（PBS）製作的《DNA：生命的奧秘》系列中截取的片段，向人們展示了一條DNA雙鏈分子是如何精確地被複製成為兩條一模一樣的信息儲存分子鏈的。

光是看到那條親代DNA分子鏈，我就已經倍感驚異了，一條細長的雙鏈螺旋分子，沿軸心旋轉，當它從右向左快速解開時，右邊就呈現出兩條新鏈。視頻以精良的動畫展現了一種球狀蛋白質（一種酶）將雙螺旋結構打開，將雙鏈轉化成為兩條單鏈的過程，很像是用拉鏈頭拉開夾克衫時候的情景。DNA聚合酶會將核苷酸加入兩條新形成的鏈條中的一條，核苷酸是構建DNA的鹼基對。DNA聚合酶會以每秒約50個核苷酸的速度仔細地為每個鹼基配上特定的互補鹼基。另一條DNA單鏈也以相同的速度獲得與其酸鹼基相匹配的核苷酸，但由於DNA聚合酶的工作順序，它會對這條單鏈進行反向建構。在這條科學家稱為滯後鏈的複製過程中，還有幾種其他的酶也會參與。

如有機會的話建議你去看一看這段影片。這些小小的酶好像機器般的緊密工作一定會讓你為之驚歎，它們的工作速度堪稱瘋狂，但每一步都精確有序，所生產出來的也是兩條完全相同的DNA雙螺旋分子。

細菌DNA的環狀染色體的複製速度還要更快，每秒約有500個核苷酸與其互補鹼基配對，形成醣類與磷酸骨架。若是將細菌中的DNA展開，其長度只佔到一英吋的一小部分。而若將單一人體細胞中的DNA分子拉成直線，則有約兩碼那麼長，有46個染色體，被緊緊地包裹在直徑只有幾微米的細胞核中。這兩碼的DNA中有約30億對鹼基對（60億個核苷酸），每次細胞分裂時都要進行複製。比如我們身上的皮膚細胞，每天都要進行分裂。這項工作範圍之廣，所需精準度之高時刻激勵著我要注意細節，做好自己的本職工作。

主，你手所做的，何其偉大，何其壯麗。我要用手捂口，驚奇站立。除了讚美之辭，我無話可說。

DNA包裝

祂行大事，不可測度，行奇事，不可勝數。約伯記9：10

在你身體的每個細胞中，都有長約兩碼的DNA雙螺旋鏈，它們經過精心排列，並被包裹得緊緊的，看上去非常接近球體，尺寸大小不過一個句號的千分之一，但並非整個DNA都是可以或應該被包起來的。DNA的某些重要部分需要時刻保持活動狀態，並為製造蛋白質、核糖體、轉運核糖核酸和其他組織結構提供編碼。那麼DNA是如何被裝入每個人體細胞的46條染色體中的呢？

在人類尚未發現DNA之前，幾個世紀以來人類將縫線纏在線軸上，這樣線就不會變得亂糟糟了。不過自創世以來，生命的創造者就已深諳此道，只在形式上有所變化。首先，只有兩奈米粗的DNA雙螺旋（沒錯！直徑只有十億分之二米）會在一個「線軸」上繞兩圈且只繞兩圈，而「線軸」是由8個名叫組蛋白的球狀蛋白組成的，實際上是雙套4種不同的組蛋白。緊接著DNA鏈會繞在下一個雙套組蛋白上，二者距離很近。以這種方式不斷重複，最後這細細的雙螺旋鏈看起來就像是直徑10奈米的一小串珠鏈。科學家們將這串鏈子上的珠子稱為染色質核小體。接下來的過程令人嘖嘖稱奇，這條珠鏈被整整齊齊地盤在一起，以6個染色質核小體為一圈，形成的縝密結構被稱為30奈米染色質絲。

不過這還沒結束。這條被包裹得嚴嚴實實的30奈米染色質絲會盤成精確的環狀，環狀的一端附著在一條堅固的蛋白質構成的支架上，這就好像將一條長長的紗線釘到一條木銷子上，將6－8英吋長的紗線彎曲，以八分之一英吋為間隔，整齊地釘滿整條木銷子，看上去好像一根毛茸茸的木棍。所形成的這一結構比30奈米染色質絲寬了近10倍。不過最終這「木銷子」會被分解，因為這一結構本身是柔軟易彎折的。

300奈米蛋白纖維呈螺旋狀緊密折疊，形成寬度幾近3倍的結構，這就是人們所熟悉的染色體，在細胞分裂前會進行複製。當單個DNA分子進入含有所需成分的溶液中時，幾秒鐘之內，就會被包裝入染色體中。這使我看出，上帝對事物的控制遠遠超過我們所知道或了解的範疇。

謝謝你，耶和華。所有的細節你都一一看顧，使我能夠心無旁騖地愛人如己，並宣揚你救贖的福音。

瞎子看見

到了耶利哥；耶穌同門徒並許多人出耶利哥的時候，有一個討飯的瞎子，是底買的兒子巴底買，坐在路旁。馬可福音10：46

科里·哈斯 (Corey Haas) 與瞎子巴底買有什麼相同之處呢？你可能猜到了，他們都是盲人，不過後來奇蹟發生了，他們最終都重見天日。科里的失明是由一種名為萊伯氏先天性黑蒙症 (LCA) 的缺陷引起的。我們雖然不知道底買的兒子是如何變瞎的，但也許他與科里的遭遇相似，有幾十種遺傳缺陷都可導致失明。

一種基因的缺失會造成萊伯氏先天性黑蒙症，這是一種色素性視網膜炎。父母二人，若是其中一人的兩套染色體之一缺少該基因，那麼所生的孩子有四分之一的機率同樣缺少該基因。當科里還在襁褓中時，他就看不到，所以他不會伸手去抓放在眼前的東西，即便有什麼動靜，他也不會好奇地四處張望。可想而知，他的父母南茜和伊森一定感到現實的無比殘酷。自己的孩子看不見任何東西，這種痛苦對他們來說該是多麼沉重啊！不過就在科里十歲之前，他加入了一項臨床試驗，研究人員在他的一隻眼睛的視網膜細胞中植入了攜帶活體基因副本的病毒。病毒為載體，將基因帶入細胞。這樣缺失的基因就被嵌入科里的DNA中。不消幾天，基因就開始產生一種代號為RP365的蛋白質，這是科里的視網膜所無法產生，但它卻是多譜段光檢測過程中的重要環節，有了它才能正確視物。為了能夠從分子層面上剖析失明的原因，並找出一種有效的治療方式來治愈各種先天性黑蒙症，這真是醫學和分子生物學所帶來的奇蹟！

當我深入了解先天性黑蒙症造成失明的幾十種遺傳缺陷之一（更不用說其他致病因素，如意外事故、傷害和先天缺陷）時，我再次感悟到，耶穌不僅僅是一位一貧如洗的巡迴傳教士，在整個巴勒斯坦地區到處遊走做善事。耶穌曾是，並且現在也還是——全智、全知、全能的宇宙創造者。在祂還沒有親眼見到老巴底買之前，祂就清楚地知道是什麼導致了他的失明，而且耶穌有能力治癒他。在我看來耶穌至少要摸一摸這乞丐的眼睛，但《聖經》上卻只有這樣記載：「你去吧！你的信救了你了。」（52節）

耶和華，我也信靠你。我也想要看得到。求你開我的眼睛，使我能真真切切感受到你。

無菌技術

凡摸這些物件的，就為不潔淨。利未記15：27

個人若要在無菌區成功完成一項作業且不會意外引入任何污染物，需要豐富的知識以及反覆的練習。無菌操作是我在用細菌做實驗或進行動植物組織培養時，必需教會學生的一項技能。在任何現代化的手術室中，無菌技術對於預防術後感染和潛在的感染至關重要。

要知道，細菌、真菌孢子、病毒和其他潛在的污染物會潛伏在我們周圍，我們的皮膚上，甚至我們體內。有關細菌的最新研究表明，我們都是活生生的有機體縮影，曾在這個世界上生活過的所有人加在一起，也不如一個人身上和體內的細菌多。好在上帝為我們設立了幾條防線，讓細菌們都規規矩矩不敢越雷池一步。「貧瘠」和「無菌」，這兩個詞都是指在某一表面或操作檯面上無生命存在。活細菌的出現被稱之為感染。在這種情況下，細菌會出現，並快速生長、增值、分泌毒素，產生破壞，並最終導致化膿和腐爛。學生們很快會發現，接近於無菌這件事是不存在的。無菌與程度多寡無關。相反的，這是一種若非全有，否則就是全無的情況。我的學生們必須對自己的一舉一動都瞭若指掌。無論何時，他們必須清楚什麼是髒的（感染的），什麼是乾淨的（無菌的），並且絕不能讓這二者相互接觸。不允許髒的與乾淨的有所接觸，這一鐵律必須嚴格遵守，因為任何情況下，一旦髒的接觸了乾淨的，那麼乾淨的也變髒了。無論是在組織培養實驗室或是在手術台上，一旦此情形發生，那麼髒的絕對無法變乾淨──總是乾淨的變髒。

不過這一鐵律也有例外，在路加福音第八章結尾就講述了一個故事，這則故事是我的最愛。有個婦人擠過人群來到耶穌身邊，按律法她是不潔淨的，血漏病已經糾纏她十幾年。希伯來人的律法是很嚴格的，假若你患上血漏還是什麼其他的漏症，你就是不潔淨的。你不能觸摸任何人，因為你會使他們也變得不潔淨。你能想像出不能與人有肢體上的接觸，會給這婦人帶來何等的隔絕與孤立感嗎？她再也顧不得律法了，她伸出手來摸了耶穌的衣裳繼子。在這個有關信心的美好故事中，耶穌的純潔立刻潔淨了這個婦人。不可思議的事發生了。不潔淨的觸碰了潔淨的，反而也變成潔淨的了。噢，我也盼望著這事能發生在我身上。

 主耶穌，我需要你帶有潔淨功效的觸摸。求你現在就潔淨我的心。

8月 AUGUST

蘆筍

上帝看著一切所造的都甚好。創世記1：31

我很清楚，並非所有的人都喜歡吃蘆筍，可是我真的很愛它。每當天氣熱起來的時候，我就盼望著在那春季花園裡的涼爽土壤中、鑽出第一株蘆筍的嫩芽，並以每天七至八英吋的速度飛快生長。蘆筍原本生於歐洲沿海地區，清涼的鹽化土壤非常適宜它們生長，實際上，它們對鹽度的忍耐力比大多數園林植物強得多。

就是這種人們有時會稱其為「備用草」的植物，營養學家對其極高的營養價值讚不絕口。蘆筍不但飽和脂肪、膽固醇和鈉的含量低，而且還是泛酸、鎂、鈣、鋅、硒的絕佳來源。它甚至能提供更豐富的膳食纖維和蛋白質，尤其是天冬門醯胺。蘆筍中的維生素A、C、E、K、硫胺素、核黃素、煙酸、維生素B、葉酸以及鐵、磷、鉀、銅、錳等礦物質的含量也比一般維他命更高。

蘆筍無論是生食、或略微蒸過，或是用橄欖油、大蒜和香醋醃製後放入烤箱中烘烤四五分鐘，都會有一種令人願意為之付出一切的風味。有些人認為它有一種堅果味，也有人說它吃起來像是百合或茄子。但我仍然覺得，沒有什麼可以與之相媲美。

和花園裡種植的其他菜蔬不同，蘆筍的嫩芽剛剛從地面鑽出來就可以採摘下來了，若是等嫩芽長成葉子或枝條就晚了。我覺得與它最像的就是竹筍。不過，蘆筍芽要比任何種類的竹筍都要小得多，也鮮嫩得多。

蘆筍與大蒜、洋蔥一樣，也是百合家族的成員。耶穌很可能也吃過，因為人類從很早就開始了解並種植蘆筍了。有一幅古老的埃及壁畫可追溯至公元前3000年，上面就曾出現蘆筍。在基督降生幾百年前的一份早期羅馬食譜中就有記載如何料理蘆筍。

我感謝上帝賜下蘆筍作為禮物。它有一種特別的調調，是造物主譜出的愛的音符。

耶和華，你曾創造了許多令人讚歎的植物，不但豐富了我們的飲食，也為我們帶來快樂。特別感謝你，賜下蘆筍作我們的美食。

雞啼聲

彼得說：「你這個人！我不曉得你說的是什麼！」正說話之間，雞就叫了。

路加福音22：60

我記得有一天凌晨時分，我們一家被三四隻公雞叫醒了，牠們就在我們臥室的窗台下，扯著嗓子咕咕咕地鳴叫起來，每隻公雞都扯開大嗓門，擺出努力蓋過對方的氣勢。在我們來過夜的頭一天晚上，所有的雞都乖乖待在雞籠裡。那時四下裡悄然無聲，不過此一時彼一時。在這大清早的喧鬧聲中，我們是沒辦法好好睡覺了。

不過，公雞為什麼會打鳴呢？最合理的猜測是，雞和其他鳥類一樣，也是具有高度領土意識的。在標記和捍衛領土的活動中，雄性往往更為積極。鳥類是透過鳴叫、展示和攻擊行為來達成這一目標——那麼雞就採用打鳴、闊步走或轉圈圈，以及打架來捍衛領土。養雞的人就知道，無論白天還是夜裡，公雞都會打鳴。打鳴的頻率和時段通常取決於家禽的遺傳多樣性，個體性情以及雞舍的品質。據說，在不透光且隔音的雞舍裡，公雞在夜間沒有受到打擾，這樣周圍的社區也會因此得益，有更安靜的環境可以安歇。就在天剛剛破曉之際，你幾乎躲不過那連綿不絕的公雞報曉聲，這是牠每天一大早的例行公事，牠要向世界宣告，誰才是老大。一隻打鳴的公雞，其聲音強度超過80分貝。如果你恰好住在一條繁忙的道路旁，你所聽到的聲音強度也不過如此。

很久以前，當彼得在某個星期五的早晨聽到雞叫了第三遍時，他所想的並不是「這是一隻正在捍衛領土的雞」或「這雞叫得真響」。這咕咕的響亮叫聲宣告的是彼得一生中最慘痛的敗績。就在幾個小時前，他還在信誓旦旦地向耶穌表忠心，但當他否認耶穌的話音未落之際，公雞的叫聲就讓他真實地看見他所行之事的可憎面目。耶穌轉過身來看著他。我真的無法想像彼得有多麼傷心！細想起來，我一生的失敗率要比彼得高多了。若我意識到我沒能遵循對救主所作出的承諾時，是否也會感到無比傷痛？當我依靠自己的能力、自己的力量、自己的決心、自己魯莽的自信時，一定必敗無疑。但當我接受耶穌的邀請來警醒祈禱時，祂的大能就是我勝利的保障。

主耶穌，求你賜我悔改的心。用你充滿愛的目光使我得保障。願我能緊緊依偎在你寬恕的懷抱中。

「穴居者」鷦鷯

今夜雞叫以先，你要三次不認我。馬太福音26：34

這是一種體態嬌小的鳥，從頭至尾不過三四英吋，重量不過半盎司（約10克），但不要被牠小小的個頭迷惑了，因為當你聽到牠的叫聲時，可能會覺得這般洪亮的聲音必須得是比牠大很多的鳥兒才能發出的。實際上研究鳥類鳴叫的科學家們表示，若是鷦鷯能長到公雞的身量，那麼牠們的叫聲要比農場裡扯著嗓子叫的公雞洪亮十倍。在昨天的文章中，我們已經稍稍領略了公雞打鳴時的力量。

鷦鷯是其同類中唯一一類在各大洲——除了南極洲和澳洲之外——都能看到其活潑身影的鳥類。它的學名是troglodyte，意思是「穴居者」，之所以叫這個名字是因為這種小鳥總在岩石和樹木的小洞穴中出沒。在美國鳥類學者協會投票（2010年）將鷦鷯分為三個不同種類之前，生物學家已經識別出超過三十種鷦鷯亞種，要想所有的鳥類學家都同意為鷦鷯改名可能還需花上一段時間。與此同時，這小巧可愛的鷦鷯仍在世界各地以無與倫比的力量與熱情歡唱高歌，對於人們為牠到底屬於哪一種而吵得不可開交，牠們絲毫不在意。

仔細想一想，如果使徒彼得能在星期四的暗夜或是星期五的一大早將自己與那屬靈力量的泉源相接，那麼他很有可能抵住魔鬼的誘惑，寧願死也不會否認耶穌。難道耶穌不曾警告說彼得會不認祂嗎？耶穌對彼得說：「總要警醒禱告，免得入了迷惑。你們心靈固然願意，肉體卻軟弱了。」（馬可福音14：38）沒有從天而來的力量，彼得靠自己根本無法抵禦誘惑。所以當他圍在火邊取暖，旁邊的人問他是否是與耶穌一夥的，他便徹底失敗了。「我不認識你們說的這個人。」看哪，我們多麼需要從祈禱得來的力量！有了這力量，我們才能夠揚聲宣告，我們的主是宇宙的君王。

主耶穌，你是我抵擋誘惑的力量。你揚聲高呼，諸山震動，萬物靜聽。此刻，求你在祈禱中使我的心與你緊緊相連。

瘦瘦的胖小鼠

恨我的，我必追討他的罪，自父及子，直到三四代；愛我，守我誠命的，我
必向他們發慈愛，直到千代。出埃及記20：5－6

雖然人們也許說不清基因到底是什麼，但是也知道是基因決定了我們的特徵，如身高、眼睛的顏色等等。事實上，我們對於每一種遺傳特質都能找到對應控制的基因已經習以為常，所以當科學家們發現，基因本身已經消失，但所對應的特徵仍然出現在幾代人的身上時，便無比驚訝。

這過程究竟是怎樣的呢？當研究人員給正常小鼠餵食高脂肪食物時，小鼠就會像人類一樣發胖。更重要的是，超重的小鼠也會患上與超重人群相同的疾病──心血管疾病、高血壓，甚至胰島素異常。但是有一些小鼠體內出現一種基因，使牠們在吃高脂肪食物的同時仍能保持修長勻稱的體態，不像同伴那樣變胖。更妙的是，牠們也不生病。如果將苗條小鼠的基因放入肥胖的小鼠體內，您猜會怎麼樣？沒錯！肥胖的小鼠也變得苗條起來。這種基因能夠幫助牠們更快地代謝葡萄糖，使體重減輕，還變得更加健康。不過當這些由胖變瘦的小鼠生出下一代時，令人百思不得其解的現象就來了。雖然下一代小鼠仍然攝入高脂肪的食物，而且「減重」基因也已經不復存在，可是牠們仍能保持瘦小的體型。牠們並沒有遺傳到這種基因，而且對於接下來的幾代小鼠，即便沒有這種基因，並且攝入高脂肪食物，也仍然苗條。

這個例子是表觀遺傳學中的一種現象──在第一條誡命中所暗示，並在摩西五經中重申多次（出埃及記34：7；民數記14：18；申命記5：9），上帝論到要追討父母的罪，自父及子，最多到第四代。但是，每次提及懲罰，祂都伴隨著充滿愛的話語。上帝應許我們，祂有無盡的愛與恩典，對那些「愛我守我誡命的」，要向他們發慈愛直到千代。「耶和華……不輕易發怒，並有豐盛的慈愛……赦免罪孽、過犯，和罪惡。」（出埃及記34：6－7）

我們的生活方式會產生自然的後果，透過神秘的表觀遺傳效應可以延續數代。倘若知道我所做的能夠影響到我的孫子輩甚至曾孫輩，那我一定要停下來好好考慮，慎之又慎。我會選擇認真遵循健康生活的原則，順從上帝的律法。

 主啊，我今日就選擇遵從你的話語。

鎂

弟兄們，你們要謹慎，免得你們中間或有人存著不信的惡心，把永生上帝離棄了。希伯來書3：12

對於鎂，我抱有極大的興趣，這是一種在地殼和海水中常見的元素。葉綠素分子的「頭部」，也是由一個鎂原子形成中心原子。葉綠素是一種美麗的翡翠綠色素，可以吸收光線中的能量來推動植物的光合作用。在活細胞中的數百種生化反應都需要鎂的參與。作為人體中最豐富的元素之一，大部分的鎂儲存在骨骼中，餘下的在其他組織和器官中，還有極少的一部分在血液循環系統裡。據我所知，如果沒有鎂，生命亦將不復存在。

雖然鎂以離子的形式存在於我們四圍，並與其他元素結合，但它並不以游離金屬的形態存在於自然當中。當我們以化學方法得到金屬鎂時，它是一種明亮的銀色物質，燃燒時會發出熾烈的白光，因此人們在製作照明彈、煙火時會用到它，過去它還被用於製作攝影閃光燈中的細燈絲。在20世紀20年代，閃光燈還未被發明之前，攝影師會點燃金屬盤中細細的鎂粉（叫做閃光粉）來照亮攝影的對象。但由於閃光粉極其易燃，因此使用時需要萬分小心。

也許在你過生日的時候就見識過整人蠟燭。那頑固的火苗怎麼都吹不滅。好像有一股神奇的力量使它們一次又一次「死灰復燃」。但如果你仔細觀察，就會發現其中的奧妙。你會看到燭芯中會不時出現小小的爆炸，那是因為鎂粉片頻繁地燃起。當你試圖將蠟燭吹熄時，燭芯中的餘熱會點燃另一片鎂粉，這會讓還冒著青煙的蠟燭重新燃起。

試想一下，不相信上帝就好像整人蠟燭，你必須不斷地吹，直到最後火焰才能熄滅。不信上帝就是犯罪。難道上帝沒有一次又一次地證明祂是信實的嗎？生命體中鎂的存在和它無數美妙的功能，以及它在堅果、大豆、穀物和其他常見食物中廣泛存在，正是見證了上帝對我們的無限信實。要盡一切努力與不信的心爭戰，將其永遠消滅。

耶和華，願我能深深為你信實的諸多明證而深深折服，使不信的心被連根拔起，永遠地、徹底地被消滅。

質膜

認識你──獨一的真神，並且認識你所差來的耶穌基督，這就是永生。
約翰福音17：3

你能想像一座沒有牆的房子或是沒有毛皮的馬嗎？若是沒了皮膚，你還是你嗎？一瓶水能否不依靠容器而存在，或是一個包裹卻沒有外盒或包裝？現在你一定想問：「你瘋了嗎？」

我當然沒有瘋，只是在思考劃分內部與外部間屏障的重要性。在任何情況下，這種屏障標示著關鍵的邊界，將內部與外部分開，防止某些事物通過，同時也允許其他事物通過。在生活中，我們對界限習以為常，比如銀行金庫、柵欄、牆壁、隔板、抽屜、公文櫃、行李袋、三明治盒──這樣，你理解我說的意思了吧？容器、包裝以及隔板都是非常重要的。

那麼為什麼輕薄如蛛絲的細胞膜（也叫質膜），卻沒能因它重要的結構和功能而受到應有的尊重與欣賞呢？也許有些人會有一閃而過的想法，不過大多數人只把它當作一個大口袋，把好東西裝在裡面，壞東西擋在外面。沒錯！這的確是它的作用。不過它遠不止如此，細胞膜結構相對簡單，由兩層磷脂組成，多種蛋白質或嵌入或漂浮在磷脂基質上，還有一些脂質和蛋白質會飾以糖蛋白、糖質和細胞黏附分子（聽起來是不是很簡單？）質膜極其脆弱，一撕即破。而且不可思議的是，它是一種動態結構，各組成部分一直處於分子運動狀態。也許有人會問為什麼它沒有分崩離析或是分裂得一團糟？在正常機制中，只要細胞運轉正常，能量供給也跟得上，那麼質膜保持完整是沒有問題的。重要的是，若是細胞膜不能正常發揮作用，那麼就沒有任何工作能夠進行，也沒有能量會產生作用，因此就沒有光合作用，也沒有細胞呼吸──換言之，沒有生命的存在。要知道，人的生命就依賴於這個簡單界限的完整性。

雖然成年哺乳動物的紅血球在沒有細胞核、線粒體、核糖體、高爾基體或內質網的情況下依然可以生存三四個月，但若沒有了細胞膜，就連一秒也堅持不下去。

在我們的屬靈生命中，有沒有能與這重要界限相匹配的事呢？

主，我的上帝，既然我已經知道想要得到永生，最重要的就是認識你，為什麼我還是只願付出少得可憐的時間真正地來尋求你，認識你呢？

模型

不要效法這個世界，只要心意更新而變化，叫你們察驗何為上帝的善良、純全、可喜悅的旨意。羅馬書12：2

沿著漫長而陡峭的費爾德山徒步旅行至沃爾科特採石場，並不是新手背包客能夠駕馭得了的。不過，一旦你到了目的地，就會看到從踢馬谷到達斯蒂芬山，再到遠處的翡翠湖那攝人的美景，一路上再怎麼辛苦都是值得的。更令人想不到的意外收穫就是你腳下成千上萬的化石，走不了兩步你就一定會踩到化石。參觀者此時必須與伯吉斯頁岩基金會指派的嚮導簽約，自從這裡成了幽鶴國家公園後，加拿大公園管理局就不斷監測並保護該地區。多年前我訪問那裡時，人們還可以隨意挑一塊石頭，敲開，欣賞裡面的化石印。我們曾發現了大量的三葉蟲、蠕蟲、珊瑚蟲和海洋節肢動物。整個採石場中最常見的物種是一種像節肢動物的小型生物（Marrella splendens），目前還很難將它分類，因為它與我們目前所知的所有生物都不相像。

指導參觀的古生物學家們（研究古代生活遺跡的科學家們）告訴我們，大量不同種類的化石保存方式為人類提供了古代生活的種種證據。有一些動物在泥土或沙地中留下了腳印、生活過的洞穴、或是身體的印模。這種情況下並沒有生命體的殘骸，只有沉積物中的印記表明它們曾經在那裡，另一種化石類型則是動植物的屍骸。它也許由骨骼或牙齒組成。有時，動植物的單個分子已經被一一置換，直到整具殘骸礦化（變成石頭），就像大片礦化的森林和許多石化的鸚鵡螺。偶爾我們也會發現一個空洞或是印痕，那是因為在沉積物中曾經有生物躺在此處，不過隨著時間流逝，慢慢分解掉了。如果這個呈現出生物體態的空腔中堆滿了沉積物，那麼它就成為一個鑄件。鑄件能成型總要依靠模具，鑄件的細節自然取決於外部模具的質量和鑄件材料的顆粒大小。

保羅在羅馬書12：2中就用了模具與鑄件來比喻，他態度堅定地告訴我們有件事不能做。「不要效法這個世界」，他這樣告誡我們。不要任憑這個世界將你置入模具中，不要讓這個世界的體制來塑造你。他說，要變化！

耶和華，求你更新我的心意，使我明白你對我一生良善、純全的旨意。

基督是上帝

道成了肉身，住在我們中間，充充滿滿地有恩典有真理。我們也見過祂的榮光，正是父獨生子的榮光。約翰福音1：14

神如何取了人的血肉之軀，使祂能夠以人的形象與我們同住，並將天父的榮耀顯給我們看？單憑這一點，就已經是巨大的奧秘了，總讓我百思不得其解。但有一點我可以肯定，基督是上帝，這點毋庸置疑，因為：

唯有上帝，才能將我這顆如頑石般、自傲又自私的心制伏，使之柔軟。

唯有上帝，才能將我罪的奴僕的枷鎖打碎。

唯有上帝，才能將我從罪惡的混亂中救出來，賜我清明的心。

唯有上帝，即使在我掙扎著想要遠離祂時，依舊用慈繩愛索牽引著我。

唯有上帝，能用祂愛與接納的應許，使我頑抗的心漸漸平靜。

唯有上帝，才能說：「你的罪已被赦免，你可以放心，進來與我同樂吧！」

唯有上帝，能使我的痛苦與哀傷化為喜樂。

唯有上帝，能夠走入我淒涼悲苦的心，帶給我難以言喻的快樂。

唯有上帝，能夠闡明這個宇宙中精雕細琢的壯麗景觀。

唯有上帝，才能持守祂所賜下的諸般應許。

唯有上帝，可以用祂恩典的盛宴來滿足我靈魂深處的飢渴。

唯有上帝，可以對一個心存感激的忠僕而言，成為良善、溫柔的好主人。

唯有上帝，才能成為這樣的朋友良伴，永遠陪伴在我身邊。

唯有上帝，可以成為我孤獨靈魂的親愛伴侶——勝過世上一切佳偶。

唯有上帝，能夠成為可憐罪人的慈愛、溫柔的救主。

唯有上帝，可以為心靈傷痛的人帶來安慰。

唯有上帝，可以用祂一擲千金的財富來圍繞我無休無止的貧窮。

唯有上帝，可以治癒我的熱病，帶給我健康活力。

唯有上帝，能以祂閃耀的光輝驅散壓迫者的黑暗。

唯有上帝，可以進入我混亂的一生，使它變得秩序井然，無比美麗。

唯有上帝，面對我一再悖逆，卻不忍懲罰我，只願我回頭。

唯有上帝，即使我屢次將祂的愛拒之門外，但祂依然以豐富的恩典相待。

 榮耀歸於至高的上帝。耶和華行了大事。

貓鵲

就是凡稱為我名下的人，是我為自己的榮耀創造的，是我所做成，所造作的。以賽亞書43：7

你願不願意用你最可怕的敵人之名來為自己取名呢？這問題聽起來很奇怪，不是嗎？——要知道這名字的主人可是會吃掉你的。我們家的兩隻貓，只要聽見外面有鳥兒撞擊的聲音，便馬上進入全面警戒狀態。在我家房間的落地窗外，就有許多裝滿食物的餵鳥器，偶爾會有冒冒失失的鳥兒看到玻璃窗上反射出的天空，誤以為能夠在那兒翱翔，結果卻一頭撞到了玻璃上。若是撞得嚴重，鳥兒會喪命，但大多情況下，小鳥都會在最後的緊要關頭發現不對，緊急轉向，從側面撞上玻璃板，但這一下，足以使小鳥在玻璃上暈頭轉向好一陣子。我家的貓對這種聲音特別敏感，如果牠們碰巧在室外，那就意味著飯後點心送上門了。在我心裡不禁冒出一個念頭：「既然大多數的貓只要逮到小鳥都會毫不留情地吃掉，為什麼還有鳥要以『貓鵲』（又稱貓聲鳥）為名呢？」

在世界各地，至少有七種不同的鳥類被稱為貓鵲，得此名號是因為在牠們的鳴叫聲中居然有像貓咪一樣的叫聲。在非洲大陸，有一種與林鶯有血緣關係的貓鵲，而生活在澳洲和亞洲大陸的貓鵲卻更像是園丁鳥。美洲的貓鵲類似於模仿鳥（Mockingbird），與加勒比的打谷鳥有血緣關係。這七種鳴禽的唯一共同之處就是能發出悲傷的貓叫，像極了一隻迷路的貓，正因如此牠們才以其天敵被冠名。

小鳥、花栗鼠、蝸牛、苔蘚——沒有一個能選擇牠們自己的名字，因為從一開始，我們人類，也就是智人，已經為牠們起了名字。動植物的名字均由我們做主，不過到了各地區卻有了不同的名字，這也是為何科學家都遵循一項慣例，他們會認真仔細地為每一生物體起一個拉丁文學名。

仔細想一想，對於我的名字，我也沒什麼發言權。我所降生的家庭賦予我姓，我的父母為我選擇了名。然而，帶給我無限快樂，以奇妙與驚歎充滿我心的，是我偉大的創造主，我的救主願意稱我為祂名下的人。所以今天，我能無比自豪地以我最知心的朋友為名，我也決心不辜負祂所賜予我的新名。

主耶穌，我有沒有勇氣今天就帶上你的名牌呢？我需要你一步步的帶領，切勿讓我使你的聖名蒙羞。

擎光者

明亮之星，早晨之子啊，你何竟從天墜落？以賽亞書14：12

週末，我和親朋好友來到位於北卡羅萊納州和田納西州交界處的大煙山露營。在一片壯麗輝煌的晚霞中，太陽隱身，夜幕降臨，這是週五的晚上，已經進入安息日了。營邊的篝火若隱若現地閃爍著，當我走開準備去拾些柴火時，它們就跳入我的眼簾：小巧完美的蘑菇，蕈傘下是精緻筆直的蕈褶，纖弱的莖，在暗黑潮濕的木頭映襯下，整株蘑菇發出明亮的螢光綠。這是我以前從未見過的，多麼精緻美妙且出人意料的擎光者啊！

回到營地，我叫其他人一起來看這些在暗夜中發光的蘑菇。篝火早被我們忘卻，手電筒也關上了，我們的探索之旅也似乎更加深入，周圍出現了許多會發光的生物——是更多的發光蘑菇，一些腐爛的木材上佈滿了像發光蟲一樣發出光來的真菌菌絲，甚至偶爾也會飛來一隻螢火蟲。當我們的眼睛適應黑暗之後，甚至發現在厚厚的落葉中也有真菌菌絲發出幽幽綠光。

許多生命體都能夠發出肉眼可見的光。最著名的當屬螢火蟲和發光蟲，我們對它們非常熟悉。還有一些昆蟲及其幼蟲，某些蜘蛛和環節蠕蟲都可以發出可見光。在那個週五的夜晚我們所發現的真菌也是發光體。根據植物學家的說法，約有25種門類的真菌是能夠發出生物光的。如果你能冒險潛入永遠黑暗的深海中，你會發現在那裡的絕大多數生物都會自己發光。

由生物體產生的光顏色多樣化，包括螢火蟲和發光蟲發出的黃綠色，和一些真菌與許多海洋生物發出的藍綠色。某些真菌和海魚還會發出淡紅色的光，其他發出的則是紅色的光。各種發光生物之所以有這種本領，是要將獵物定位、引誘並捕捉，迷惑掠食者，或是吸引掠食者前來讓它們自相殘殺、尋找伴侶、照亮道路，或者與其他發光生物溝通，而有些生物發光則是為了隱藏。因為在海裡從下往上看，海洋生物會顯得很黑，所以一些墨魚就故意照亮自己的腹部，這樣可以與海面射下的光線相融合，這樣自己便不容易被發現。

在路錫甫墜落之前，他一定是一位了不起的擎光者。

主啊，路錫甫的墜落表明了若我想要行在光中，就必須時時刻刻在你裡面，因你是這世界的光。

壁虎的腳

求你扶持我，我便得救。詩篇119：117

你是否見過真正的壁虎？蓋可保險公司（GEICO）廣告裡的那隻全身綠油油、長著明亮大眼、伶牙俐齒的吉祥物可不算在內。如果你曾在熱帶地區待上一段時間，也許就能見到。壁虎是一種小蜥蝪，牠們的本領就是能爬上玻璃表面，並能高速穿過光滑的天花板。但是直到最近，牠們飛簷走壁的絕技謎團才解開。

數千種壁虎中大多數是住在室內的，而且房主也很歡迎這些小傢伙，因為牠們是捕捉、消滅昆蟲的高手，當然不會放過蚊子。如果你看過蓋可保險公司的廣告，就會發現除了濃厚的澳洲口音之外，這隻吉祥物還有一個非常可愛的小動作，就是眨眼睛，而大多數真正壁虎的眼瞼都是無法動的——牠們的眼睛上覆蓋著一層透明的膜。所以你偶爾會見到一隻壁虎正伸出舌頭來舔自己的眼睛，這樣可以保持清潔，但如果廣告也這麼做，一定不太好看，不是嗎？

有幾項實驗致力於研究壁虎腳掌上有趣的脊狀結構，試圖揭開牠們能在光滑的表面站穩腳跟的奧秘，壁虎的腳掌沒有黏性，也沒有鉤子，實驗結果表明，每隻壁虎腳上都有近50萬個細毛狀結構，學名為剛毛（setae），拉丁語意為鬃毛或絨毛。一根壁虎剛毛的直徑只有人類頭髮的十分之一。而真正有趣的地方是，每一根剛毛的末端具有更加細小扁平的分支，分叉數量介於1百到1千根之間，這樣的分支被稱為匙突，直徑只有0.2至0.5微米。當這樣的超微結構接近其他任何結構時，就會產生一種名為范德華力（Van der Waals）的微弱引力將二者吸附在一起。科學家們如今已經成功分離出單根剛毛，而它所能支撐的重量是人們基於研究所推算出的結果的10倍，壁虎之所以能夠飛簷走壁，秘密就在於范德華力。一隻壁虎有4隻腳，每隻腳上有5個趾頭，這樣壁虎有20個腳趾，透過計算我們可以得出如下結論，壁虎只要有一根腳趾與平面接觸，就能夠支撐起相當於其體重八倍的重量。

材料科學家們已經仿照壁虎腳上的超細絨毛製造出奈米纖維。有了這種奈米纖維，機器人能夠爬上玻璃牆，而塗有這種奈米纖維的高科技急救繃帶可以使傷口閉合，有利助其癒合。這種繃帶並無黏性，所以拆除的時候也不會痛。

🙏 宇宙中偉大的設計師啊，既然你能創造出壁虎的剛毛這種結構，你必定深知如何保守我，永遠不讓我離開。求你張開雙臂環抱著我，使我不至絆跌。

鯊魚皮

海中的魚也必向你說明。 約伯記12：8

探索頻道的《鯊魚週》節目一推出便大受歡迎，看來人人都熱愛鯊魚——尤其是那些在各大洋沿岸海域游弋的大白鯊。《鯊魚週》於1988年初登螢幕，歷年來收視始終不綴，是探索頻道的夏季熱門節目，大白鯊也似乎成為焦點，因為牠們體型巨大（約有20英呎長），且游速極快。到目前為止，《鯊魚週》節目在探索頻道已經播出了161集，收視率一直居高不下，吸引超過2千萬觀眾持續觀看。

鯊魚只是幾種軟骨魚綱中的一目，有超過400種，涵蓋了從只有六英吋長的侏儒鯊到長達四十英呎的鯨鯊。給我留下最深刻印象的是牠們完美的流線型身軀，在水中能夠異常輕鬆地來回穿梭。讓我們來看一看美麗而勻稱的灰礁鯊，鼻子突出，扁平且略顯單薄，像極了一塊楔子的尖端。從鼻子向後直到眼睛的部分逐漸變寬，到頭與身體相接的胸鰭部分則變得更寬。灰礁鯊的胸鰭看上去好像噴氣式戰鬥機的後掠翼，第一個背鰭的部位是整隻鯊魚最寬的地方，繼續往下看，會發現魚體變得瘦削，這一部分整體左右變薄，而非像鯊魚頭部似的上下變薄。到了第二個背鰭的地方，身體就很明顯地變成左右扁平的狀態。

更重要的是，為了在水中游得輕鬆愜意，鯊魚皮上覆蓋著一層近乎微觀的齒狀突起，所以牠們的皮膚摸起來好像粗糙的砂紙。透過顯微鏡觀察，每一片盾鱗看上去好像一架正在執行任務的微型隱形轟炸機。有了這種盾鱗，鯊魚在水中就有了巨大的優勢，因為它可以減少水流紊動和阻力，若是與體積接近、卻生著光滑皮膚的其他魚類相比，鯊魚能夠游得更快。這種粗糙、微觀結構複雜的皮膚還有另一個優勢，就是藤壺無法附著其上，甚至連細菌和藻類也無能為力。所以，鯊魚的皮膚上是找不到寄生蟲的，有了這一層皮膚，鯊魚不但乾乾淨淨，而且在水裡游得飛快。

生物工程師已經學會仿造構成粗糙鯊魚皮的微小盾鱗。速比濤（Speedo）泳衣公司正售賣一款名為快皮的泳裝，在以往的奧林匹克運動會上，大多數游泳選手都會選用。另外，基於這一結構還研發出抗菌表面，可以用於醫療領域。

所有鯊魚的主，我們已經從這些奇妙的生物身上學到了許多。牠們的壯美真真切切地說明了你創造的大能。

火焰墨魚

耶和華啊，眾神之中，誰能像你？誰能像你至聖至榮，可頌可畏，施行奇事？出埃及記15：11

我頭一回看到有關火焰墨魚的影片時，簡直不敢相信自己的眼睛。首先，墨魚根本算不得是一條魚——牠更像是隻章魚，不過觸手非常短。八爪魚、魷魚、鸚鵡螺和墨魚都屬於頭足類軟體動物（因為牠們的腳長在頭上）。到目前為止這些說明聽起來還算清楚。頭足動物體內有個威力強大的噴水器，當牠們需要快速逃離的時候，就會派上用場。牠們要溜走的時候，還會噴出一團黑色的墨汁故佈疑陣，好像咻地一聲就憑空消失一般。等等，好像越說越奇怪了。火焰墨魚體長只有三英吋（8釐米），但牠真可謂名符其實：火焰。

這小傢伙看上去真可以和拉斯維加斯的霓虹燈相媲美！YouTube網站上有幾個不錯的影片剪輯，目前最受歡迎的是「水下工作室」和「準備晚餐的火焰墨魚」。影片中的小墨魚看上去非常黯淡，而且時常如此。牠身著保護色，沿著海底的沙地「散步」，卻只用八隻腕足的其中兩隻和下腹部的兩隻鰭狀物。其餘的腕足兩隻向前伸直，兩隻在沙中尋找食物，還有兩隻在身體的上方舞動。當火焰墨魚發現晚餐的時候，牠會像一隻慢動作的青蛙一樣伸出長長舌頭（實際上是一隻觸角，末端有吸盤），將小蝦、小魚、蠕蟲和其他甲殼類動物猛地捲入腹中。這隻小傢伙其實帶有劇毒，牠的外觀已經宣告此一事實，防止飢餓的大魚或其他頭足動物把牠當作可口的點心。看看牠這一身絢麗的裝扮，「火焰」一名也由此得來。就在一瞬間，牠身上暗沉的棕色、雜色和沙色變成了淺白色，下腹部邊緣則鑲上了一圈不斷舞動的亮黃色的「裙擺」。上面的腕足變成白色，末端是鮮亮的粉紅色。下面的腕足則變成黑黃相間。最讓人驚歎的是，那黑色的V字線條會按照一定的節奏，從頭到尾略過火焰墨魚的整個身體。粉紅、艷黃和鮮紅色條紋也不斷出現。我所能想到的最佳比喻，就是牠像那燈光閃爍、不斷變幻顏色的拉斯維加斯招牌一樣華麗。

🙏 火焰墨魚的創造者，我知道這只是你諸多的美妙創造之一。你是全然奇妙的上帝，無人能與你相比。

古帕斯捷氏症侯群

他們的舌頭是毒箭，說話詭詐；人與鄰舍口說和平話，心卻謀害他。
耶利米書9：8

在第一次世界大戰期間，歐內斯特·威廉·古帕斯捷（Ernest William Goodpasture）還是一名在美國海軍服務的年輕病理學家。當時有一位年輕戰士接受治療，雖然懷疑患有流感，但他卻不斷咳血，腎臟中的小血管也受到感染，就連小便也帶血。他的病情非常危急，絕非流感所能導致。現在人們將這種病稱為古帕斯捷氏症侯群（又稱肺出血腎炎症侯群），是一種自體免疫系統過度活躍，攻擊自身細胞和組織的疾病。

現代醫學把近30種疾病歸入自體免疫性疾病，包括 I 型糖尿病、多發性硬化症、牛皮癬、類風濕性關節炎和較為罕見的古帕斯捷氏症侯群和韋格納氏肉芽腫病。不管怎樣，有些疾病我們越是研究，就會發覺它們越像是自體免疫性疾病。

自體免疫性疾病可以說是世界上最為惡劣的叛逆行徑之一。原本被指派為身體的保護者，卻突然抓狂，對完美且運行良好的身體系統發動猛烈攻擊。這會出現什麼問題呢？這就好比你的鞋子裡有石頭，使你的腳受了傷，但你和醫生都沒有發現傷害你的元兇，就只能用繃帶、藥膏，或是休息的方式來治療受傷的腳。同樣，對於自體免疫性疾病的第一輪治療通常旨在緩解病情。由於這些治療方法並不對症，療效無法持久。然而，像古帕斯捷這樣盡職的病理學家就會尋找真正的病因，也就是說，他們會試圖將鞋子中的石頭取出來。對於某些非常嚴重的病例，也會使用環孢菌素或他克莫司（一種真菌提取物）等抑制免疫系統藥物，但它們可能只在一段時間內有效，並且由於它們對目標並沒有選擇性，整個免疫系統都被這種藥物抑制，於是身體容易受到嚴重的感染或患上頑疾，而且在正常情況下，免疫系統都可將其一網打盡。我想要說的重點是自體免疫性疾病無法治癒，基因療法仍在臨床試驗階段，目前我們所能做的是減輕病人的痛苦，但這些只是權宜之計。

對於地球上的罪惡，唯一的對策就是徹底消滅。由於世人都犯了罪，所以我們唯一的安全之所就是藏身在基督裡。

主，求你用流出的寶血遮蓋我，使我在療癒後能夠存活，永遠與你同住。

氮循環

歸向耶和華——你們的上帝；因為祂有恩典，有憐憫，不輕易發怒，有豐盛的慈愛，並且後悔不降所說的災。約珥書2：13

平時愛種花花草草的人一定知道，植物需要大量的氮。在植物肥料中最常見的成分是硝酸鹽 (NO$_3^-$) 或銨 (NH$_4^+$) 離子——這兩種都是植物可以吸收的不同形態的氮。放在你車庫中的肥料袋上有三個數字，第一個數字表示這袋肥料中含有多少氮，另外兩個數字分別標示著磷和鉀的含量。由於氮是所有氨基酸 (構成蛋白質) 、核酸 (提供能量與遺傳信息) ，和大部分涉及光合作用的植物色素的重要組成部分，因此植物確實需要大量的氮。

氮氣作為地球大氣層中的主要成分，其濃度佔78%左右。所有生物系統中的氮加在一起也不及大氣中氮的百萬分之一。壞消息是，所有大氣中的氮都是由N$_2$分子組成——也就是兩個氮原子透過三個共價鍵緊密地結合在一起，想要打破這三重鍵可謂難上加難。由於植物不能直接吸收氮分子，所以它必須轉化為兩種可吸收的離子之一。

造物主以祂無比的智慧提供了幾種方法，可以將大氣中的氮分子轉化為可以溶於水的形式，這樣植物的根才可以吸收。雷電釋放出的巨大能量可以輕易將氮的三重鍵打破，將其變為硝酸鹽，藉著一場雷陣雨就可以將它送入大地的懷抱。你有沒有注意到，在雷電交加的暴雨過後，門前的草坪顯得格外翠綠欲滴？更重要的是，許多類細菌能改變氮的形態。固氮細菌能將大氣中的氮氣轉化為有利於植物生長的銨離子 (儘管在高濃度下它具有毒性) 。氨化細菌也可以製造出銨離子，但它是藉由分解動植物而產生的。你可以去聞聞堆肥的味道，那就是氨的惡臭味。幸虧還有一種被稱為硝化細菌的細菌家族，它們能將銨離子轉化為更加安全的硝酸鹽 (你也許能猜到，真正的循環過程比我說的可複雜多了) 。最後反硝化細菌會將硝酸鹽轉化成為大氣中的氮氣，這樣就完成了整個循環過程。我們所事奉的創造主是多麼絕頂聰明啊！

創造如此精彩循環的主，有時我會遠離你。求你不要讓我離開。請你一次次地將我帶回來，將更多的教訓指示我。

雙刃劍

拿著聖靈的寶劍，就是上帝的道。以弗所書6：17

我慢慢地將劍從劍鞘中拔出來，這是一把手工精湛的劍，劍身光滑，質地堅實。看來能打造出這把利劍的人，一定是造詣非凡的鑄劍高手。劍身無論重量或比例都堪稱完美，雕工細緻入微，毫無瑕疵。清晨的光線彷彿在這極度平滑的鋼面上跳起舞來，看得我眼花撩亂。這真是一件藝術精品。我用指尖小心翼翼地碰了碰如剃刀般鋒利的劍刃，想像著血肉之軀在它面前是多麼不堪一擊。作為一個愛好和平的人，雖然我深知這武器在戰鬥中是首選，但還是不忍心用它來傷害任何人。還好，現在它只是一件展示品，僅供典禮和陳列使用。

慢著！現在仍有一場戰爭在持續——一場極度激烈而嚴酷的戰爭。鬥爭的焦點就是你我的忠誠。你會背叛耶穌嗎？除非你手持一把好劍，每天將它磨得鋒利無比，否則你很容易陷入信仰妥協的致命危險中。要想打贏這場屬靈的戰鬥，最重要的一件武器就是你的真理之劍。知道並活在上帝的話語中，這是攸關生死的。為了在這場鬥爭中生存，我們必須保守真理。

現在還有沒有人關心真理呢？由常識傳媒機構（CSM）所做的一項調查顯示，在受訪的國高中生之中，有近四分之一的學生認為用手機做小抄不算作弊，有三分之一的學生在考試和隨堂測驗中都做過小抄。在結婚誓言、報稅表、政府合同等等上做些手腳，似乎成了司空見慣的事。科學家偽造實驗數據，僱員偷老闆的東西，商店行竊極為常見，以至於商家不得不提高商品價格，將損失轉嫁到所有人身上，盜版音樂和軟體如今也引起了媒體的關注。這個世界充斥了謊言、欺騙與狡詐——這一切都起源於在伊甸園中的第一個謊言：「你們不一定死。」（創世記3：4）

耶穌來，就是要救我們脫離謊言的暴政，正是謊言導致了人與人之間的猜忌和破碎的關係。上帝的道，就是聖靈的寶劍，就是真理。祂說：「我就是道路、真理、生命；若不藉著我，沒有人能到父那裡去。」（約翰福音14：6）基督徒應該熱愛真理，學習真理，把真理存在心中，活在生命裡。沒有這把鋒利的寶劍，我們就無法辨明真理與虛妄。

主，我是否因疏忽而使我的寶劍失去利刃呢？求你幫助我，花時間學習你的話語，讓這把劍時刻保持鋒利。

永遠的良伴

我就常與你們同在，直到世界的末了。馬太福音28：20

等一等！耶穌說這話當真嗎？「我就常與你們同在。」祂這話的含義不是很直截了當嗎？這個簡單的陳述句已經表明了何人（我＝耶穌自稱）、何時（就＝事實陳述，現在）、何事（與你們同在）以及多久（常＝一個涵蓋了所有時間的詞）。讓我們再讀一遍！上帝的應許不是說：「我將常與你們同在。」，那是指將來的事。這也不是一個附帶任何條件的承諾：「如果你做到這一點，我就要與你們同在。」這句話就是簡單陳述當下的事實。「我就常與你們同在。」如果你接著往下讀完耶穌所說的整句話就會明白，祂再次強調、確立了這一應許所持續的時間。「我就常與你們同在，直到世界的末了。」你明白了嗎？——直到末了。等一下，還有一處細節我們要注意。在英文版《聖經》中，在這一應許之前還有兩個詞，足以保證其真實性：「而且肯定」（And surely）。這就好像耶穌在對我們說：「你可以堅信這一點，千萬不要忘記。現在就注意聽。」這樣的用語是要提醒你，接下來的內容是至關重要的。

所以有個問題我必須要捫心自問：「如果我堅信這話是真的，那麼為什麼我無法做到，在任何時候都按著這樣的真理來生活？」每天我所做的事，都在向我的妻子、我的家人、我的鄰居們表明，我根本不相信耶穌說的這句話。

譬如說，有些時候——事實上是許多次——我對妻子的態度是很粗魯的。倘若當時有鄰居在場，我是不會這麼做的。而且我那永遠的良伴特別要求我要愛這個女人——為祂的緣故去愛。那麼當祂在一旁觀看的時候，我怎能表現得如此無禮？我不想讓孩子們看的電影，自己卻在電視上看得津津有味，如果我知道耶穌就在我身旁，我還會神態自若地坐在那裡繼續看嗎？當那個臉色蒼白、無家可歸的人來到我面前，我卻對他的需求漠然以對，這是怎麼回事呢？若是換作耶穌，祂會直視他的眼睛，眼神充滿憐憫，至少也會溫柔地拍拍他的肩膀來鼓勵他，而不是躲開他求助的眼神，自顧自地走過，而我就是這麼做的。有一次，我和朋友出去吃飯，我不但吃了許多，而且整餐都在談我最近一次的旅行，說我接下來做夢都想要買的東西，從頭到尾滔滔不絕。回想起來，我簡直不敢相信那時我沒有將我身邊這位永遠的良伴介紹給在座的朋友，告訴他們祂為我的生命付出了什麼。你現在明白我說的話了吧？我的整個生命就是在宣告，我真的不相信耶穌這句最簡單的聲明：「我就常與你們同在。」

永遠的良伴哪，求你原諒我的不信。我現在選擇相信你的應許，求你幫助我除去不信的心。

打仗

你要為真道打那美好的仗。提摩太前書6：12

讓我們花上幾分鐘來觀察一列行軍蟻。現在我們正處在中美洲巴拿馬的叢林中，清晨時分，行軍蟻已經集結完畢，等待出發。在樹根附近的營地裡，有將近一百萬隻螞蟻，這支規模龐大的軍隊呈扇形散開，各隊的螞蟻向著不同方向進發尋找食物。這場景看起來好像是在高速公路的高峰時段，只不過沒有反向的車道。螞蟻們就沿著出發的隊列來回奔跑。來，我們靠近一點，就可以看出這一列隊伍其實是幾種螞蟻的奇怪組合，有看似沒什麼威脅性的小螞蟻，還有樣貌邪惡，一對鐵鉗像彎劍似的兵蟻和體型中等的螞蟻。牠們不但身材大小不一，顏色也不同。有些是棕褐色，還有些是深褐色，所有的螞蟻都在向前疾行，一秒也不耽誤。

從隊列的前頭，螞蟻們四散開來尋找食物。一隻螞蟻迎頭撞上一隻螞蚱，就好像沒看到一樣。其實，這些螞蟻的確沒有眼睛，它們什麼都看不到，是依靠感覺和偵察蟻留下的氣味來導航。受驚的螞蚱迅速跳開，不想恰巧落入螞蟻大軍的重重包圍之中，可見其他的螞蟻立刻發起進攻，一擁而上，最小的螞蟻緊緊抱住螞蚱，死命地叮咬。體型稍大的螞蟻揚起如利剪般的下顎，在螞蚱還在苦苦掙扎時，就將牠的腿和翅膀卸了下來，而配備了鐵鉗的大螞蟻則肩負守衛工作，時刻關注著其他螞蟻的安全，工蟻也聚上來，將螞蚱的殘肢碎片一一收集起來。有些比它們大了許多倍的殘肢需要工蟻們齊心協力才能拉動。看來任務頗為艱巨，但它們最終還是成功將其拉回大營，而那些辛勞的戰士早已投入了新的戰鬥中。

行軍蟻一直處於警戒狀態，它們生性好鬥，只要不是自己人，都要拼個你死我活——體型大小都不是問題。只要遇到，連叮帶咬，就是不鬆口。每天，行軍蟻群在森林中前進約200碼，將一切昆蟲、蜘蛛、蠍子和其他節肢動物和小動物清除淨盡。這支帶有使命的隊伍，無論如何都會堅持不懈。

在屬靈的戰爭中，我們是否態度散漫？也許我們需要向這支在中美和南美洲的螞蟻大軍好好學習了。

在高天之上的耶和華，謝謝你裝備我加入這場屬靈的戰鬥。求你使我全心全意地投入這激烈的戰鬥中。

神奇的實驗裝置

行事為人就當像光明的子女。光明所結的果子就是一切良善、公義、誠實。
以弗所書5：8-9

這是一種罕見的情況。幾十年來，我一直在教生物課，帶領學生進行實驗，探索光合作用的奧秘，但這種情況我也只見過幾次。這種令我和學生們都非常驚訝的現象是，一串微小的氣泡從斜切的水生植物莖部末端冒出來。植物完全浸泡在水中，莖部末端切口朝上，葉片朝下倒置。冒出的氣泡呈一列縱隊——每秒冒出三到四個。因為這項實驗旨在研究光合作用，因此我們也將一束明亮的燈光打在植物上，這樣很容易看到氣泡的產生。當我們把燈關掉的時候，氣泡就立刻不見了，燈一打開，就又有氣泡立刻冒出來。當我們接連不斷地將燈開關數次後，就會出現少量的氣泡脈衝，好像一連串的虛線（---）將植物的切口和水面連在了一起。有位富有創意的學生按照一定的節奏控制光的開關，結果用氣泡以點線的形式拼出了摩斯密碼。這很像機關槍的彈道軌跡，顯然，這種泡泡子彈飛起來可是慢多了。

受大腦指揮操縱電燈開關的手指，和能均勻釋放出少量氧氣（氣泡）、反應高度敏銳的植物之間唯一的聯繫，就是投射在植物上的光線。如果將燈移開幾英吋，氣泡的產生就會稍稍變慢。若是用一隻手從光柱中穿過，就會產生肉眼可見、不同間隔的氣泡脈衝。正如我前文中提到的，這是一種神奇的實驗裝置，並不是每次試驗都能達到這一效果。想來必是在莖部末端的切口恰好形成一個角度，使植物產生的所有氧氣都從莖部的某一點上冒出來。在多數情況下我們所觀察到的試驗現象，是水中的植物遍佈著所滲出的小小氧氣泡，就好像整株植物都在冒汗似的。

如果你有興趣，可以在搜索引擎上輸入「水蘊草光合作用」（photosynthesis elodea），照著網上的圖片和說明，你也可以自己動手做實驗。如果幸運的話，說不定你的裝置也可以得到同樣的效果。光合作用是二氧化碳和水在葉綠素和光的作用下發生反應產生葡萄糖和氧氣的過程。你也看到了光合作用對光線的反應非常敏銳。

耶和華，願我今日也可以迅速回應你福音的真光，歡迎聖靈在我的生命中結出果子。

東西

我們因著信，就知道諸世界是藉神的話造成的；這樣，所看見的，並不是從顯然之物造出來的。希伯來書11：3

東西有可能愛上我嗎？也許實際情況正好相反。不管怎樣，在我的生活空間裡，東西是越堆越多了。相信你也和我一樣。最近，強烈龍捲風在塔斯卡盧薩、伯明翰、普特拉、林戈爾德、阿皮森以及數百個大城市和小型社區肆虐，將受災戶人群所有的財產都毫無保留的公開展示出來。報紙和網路上的照片，顯現出一片破敗的景象，所有的東西都亂作一團。有一所沒有被完全摧毀的房子，部分房頂和牆體早已不知去向，剩下一座螺旋式樓梯孤零零地指向蒼天。昔日封閉的餐廳如今有了露天景觀，在萬里無雲的藍天下，一瓶花靜靜地待在精緻的古舊餐桌上，而主位上是一台被大風沿街刮來，早已破破爛爛的洗衣機。刊載於《紐約時報》的一篇評論文章寫道：「說起龍捲風，我首先想到的是風，想到它們是如何無情地將我們家撕得粉碎，那保留在房間裡的，我們欣賞、擁有的東西，就被狂風藏著、攜帶著，跑了60英里，100英里，直到這些物品像一場小雪、一陣雨和幾顆流星，慢慢散落下來，撿到它們的人也再也辨認不出它們原來的模樣。」

　　物理學家們總有打開原子一探究竟的熱情，所以他們也使用了類似的策略。當然他們不會坐等一場強風將原子刮開，他們要將物體中的粒子相互撞擊，有時能夠將其爆裂，這樣就可以研究裡面究竟有什麼了。為此，他們必須先準備一個巨大的磁環和電子設備。為了讓粒子（電子、質子或其反粒子）運動得出奇的快，機器會發射兩束經過嚴格控制、互相對射的粒子流。這有點類似於互相對射子彈，看它們相撞時會有什麼結果。實驗室中粒子流對撞的區域，到處都精心安放了粒子與能量檢測器，能夠報告從碰撞中產生的碎屑。在經歷了反覆試驗，並認真研究了所得結果後，物理學家們對於原子微粒的構成也有了新的認識。這就好像分析那些被龍捲風卷來的垃圾，這項工作也許能夠提高龍捲風的可預測性。

　　耶和華，當我思念你所創造的一切，看到你手的工作，就深感我的渺小，我算什麼，你竟顧念我？求你將你的深情厚意指教我。教導我如何去愛。

沒藥

（他們）拿沒藥調和的酒給耶穌，祂卻不受。馬可福音15：23

生活在炎熱乾燥地區的植物，就是旱生植物（xerophytes，xero＝乾旱，phyte＝植物）。為了能在極度缺水的環境中生存下來，旱生植物也練就了一身的本領，比如它們有的生著小小的淺色葉片，要麼就是多毛或蠟質葉片，葉子也許會頻繁掉落，以避免水分流失，有的則有發達的根部系統，能從多石的土壤深處汲取水分，有的莖肉質肥厚，可以儲存那些少得可憐的水分，有的身披盔甲，各樣的尖刺使得動物無從吃起，還有的利用各種化學物質，讓自己的味道難以下嚥。

所以，如果我領你去乾旱的阿拉伯半島，或是過了紅海到索馬利亞，亦或到衣索比亞附近的沙漠灌木低地看看，就會經常看到在貧瘠而多石的焦土上，一棵低矮多刺的灌木生得稀稀落落，掙扎度日。從學術上來講，我們所找到的這棵樹屬於沒藥屬（Commiphora）。沒藥屬植物的枝幹矮小肥厚，覆蓋著薄如紙片、極易剝落的樹皮，但別看它其貌不揚，它可是貯存水分的高手。沒藥樹長出的葉子也是小小的，上面覆蓋著一層細密的蠟質鱗片，這樣的結構能夠有效地降低穿過氣孔並從葉片表面帶走水分的氣流，而且這種樹極其多刺。當人們削掉樹皮時，會有一種散發著微微香氣、半透明的黏性樹脂從切口處滲透出來，並在表面凝結。許多世紀以來，人們一直使用這種方法收集樹脂。當樹脂完全乾燥變硬後，就會呈現出不規則的水滴型，依舊散發著令人愉悅的香味。在人們眼中，沒藥樹和相關樹種所分泌的樹脂非常珍貴，可以用於製作熏香、防腐香料、香水和藥品。有時，出產沒藥的成本要比等量的黃金還要高。上帝曾經曉諭摩西一份製作聖膏油的配方，裡面就含有沒藥（出埃及記30：23）。

在艱苦的沙漠生活中，卻出現了沒藥這樣珍貴的香料，它可以作防腐劑，可以成為獻給愛人的芬芳香水，可以作為宗教儀式用香，或是作為聖膏中的關鍵配料。它的故事給了在暗夜中獨嘗痛苦的我予無限希望。當生活變得枯燥無味、失去意義，或是當我被批評、中傷時，我就想到了沒藥樹，想到了它在窘迫痛苦中釋放出的美麗。上帝所造之物，都有顯出美麗的時刻。

耶和華，我要將自己的生命獻上，求主看顧保守，我深知在你手中，即便是最深沉的痛苦也能開出最美麗的花。願你的旨意全然成就。

結果子的葡萄樹

從今以後，我不再喝這葡萄汁，直到我在我父的國裡同你們喝新的那日子。

馬太福音26：29

每年到了這個時候，我們都喜歡去當地的葡萄園，採摘那又新鮮又飽滿的葡萄。那一串串的葡萄數也數不清，色澤鮮艷的果子上薄薄地結了一層灰色霜樣的果蠟，模樣甚是惹人喜愛。在夏日的暖陽中，成熟的葡萄所散發出的香氣令人陶醉不已。一排排整齊的葡萄架逐漸向遠方延伸，直到山頭，葡萄的品種、顏色各不相同，不過都碩果纍纍。這上百種的葡萄品種都有著美麗的名字：康科德、丘比特、瓦倫西亞、斯特本、侯爵、維納斯、塞內加、蘇丹娜、卡托巴——這張表還未列盡呢！每年我們來到這個葡萄園時，都會到處品嘗品嘗，看看我們最喜歡哪一種葡萄。說不定我們的口味與去年不同了呢？也許他們又引入了新品種？一連幾個夏天，我們都認為最美味的品種非斯特本葡萄莫屬。我們深深愛上它的色澤，以及其濃厚、甜蜜的口感，還有一絲彷彿香料的果味摻雜其中。

用莊園主人提供給我們的大剪刀，用不了幾分鐘就能剪下一串串沉甸甸的葡萄，幾個購物袋一下子就裝滿了。現在，我們就有時間四處閒逛，嘗嘗鮮，穿過這肥沃的農田去欣賞佳美的景色了。接下來要做的就是將葡萄原封不動地放入冰箱保存，等吃的時候再拿出來。每次只拿出一餐的量，用清水洗過，將這一串仔細檢查，摘掉壞了的葡萄，接著將它們放入錐形的過濾器中進行壓榨。當葡萄汁滿了一杯時，你就可以盡情享用了。

鮮榨果汁的口感與香味是無與倫比的。為了弄清將鮮榨果汁放入冰箱幾個小時後會發生什麼變化，我們特意留了一些果汁來做實驗，結果令人失望。僅僅幾個小時，葡萄汁無論色澤還是香氣都沒有之前那麼濃郁了。當然，它仍然是一杯可口的果汁。但是當你嘗過鮮榨果汁後，就會明白二者真是天壤之別。我在思考，那在迦拿婚宴上從六口石缸中倒出的美酒之所以風味絕佳，只是因為「鮮榨」的緣故嗎？我想最大的不同之處在於，這是由造物主伊甸園中釀造的玉液瓊漿，它的原料從未受過許多世紀以來的枯萎、疾病和基因缺陷的輪番打擊，這才是我最想要品嘗的那杯葡萄汁。

舉世無雙的創造主啊，你此刻果真在盼望我們回家，一起舉杯喝新葡萄汁嗎？主耶穌，我多麼希望能在婚宴上與你一同慶賀。

連結

聖靈所結的果子，就是仁愛、喜樂、和平、忍耐、恩慈、良善、信實、溫柔、節制。這樣的事沒有律法禁止。加拉太書5：22-23

葉子能夠進行光合作用，植物能夠結果子，全賴光合細胞的幫助，那麼葉片中的每個光合細胞是怎樣得到供應呢？問題的答案就在於連結的細微之處。選擇一片葉子，仔細觀察它的脈絡，最容易看到的是葉子的主脈，接著它們會分支成為較小的次脈，就這樣不斷分支，不斷變細，最終成了一張細密的葉脈網，使得葉子上每一個微小的細胞，就算不是緊挨著葉脈，至少也與微細葉脈靠得非常近。葉脈由各種各樣長長的，像管子一樣的傳導細胞組成。有一類中空管狀的細胞被稱為管胞和導管，其主要功能就是將水和礦物質從植物根部運送至光合細胞的管道。若是沒了這些材料，光合作用也無法進行。另一種被稱為篩管的導管細胞是專門運送糖、氨基酸等光合作用的產物的。沒有了這些自由流動的輸出路線，光合作用再成功也是白忙一場。因此對於葉片來說，輸入與輸出的管道都是至關重要的。

慢著！我們應該好好思考一下，植物究竟是如何在每個時節從無到有建立起這些錯綜複雜的輸送管道呢？每片葉子中整間加工廠的佈局，從光合細胞到輸送線路，都是在冬芽或是夏末初秋季節就建好微觀模型了。細心的你若能剖開冬芽，就會發現來年春季所要迸發出的所有葉子都被嚴嚴實實卻又整整齊齊地包在裡面。若是將冬芽放在適宜的環境中，它就會結束休眠，萌發長大，冒出一片片嫩綠的葉子來。可惜葉子的一生轉瞬即逝，那麼葉子中的運輸管道是如何為更長久的樹幹與枝條的脈絡作出貢獻的呢？產生關鍵作用的還是連結，它的工作機制是這樣的，植物主莖中的維管束隨著旁支的分叉，也分出了更細小的維管組織。到了每片葉子的地方，從維管組織中就有一條更加細小的維管（或維管束）離開植物的莖和枝，進入葉片，這就是非常重要的葉跡。它也是葉片最初的葉脈，整個脈絡都是由它分裂而成，由它為細胞提供養分，也是由它收集細胞產物。若是破壞了葉跡，或在任何一點切斷了路徑，那麼這條輸送的管道也就徹底斷掉了，無論葉片或是枝條都會枯萎。在基督徒的生命中，連結也是非常重要的。與上帝間的連結若被割裂了，那麼就只剩下徒然奔忙的生命。

耶和華，求你再次提醒我，聖靈的果子並不出自於我，也並非我努力就能得到。唯有你才是那真葡萄樹。

我的耶穌，我愛你

你愛我嗎？ 約翰福音21：16

我的耶穌，我今天有告訴過你「我愛你」嗎？我是真的非常愛你，雖然我從未親眼看見你那飽含恩慈的明亮雙眼，和帶有釘痕的雙手；雖然我從未聽過你優美渾厚的聲音；雖然我從未感受到你柔軟溫暖的觸碰，但我依然愛你。我相信原因你已明瞭，但我仍希望能向你坦誠。

首先，我愛你，是因為在每一天的每一刻，你就賜予我生命的厚禮。這份禮物精彩、神秘，且富有意義。我的每個心跳，每次呼吸，眼睛的每次閃動，邁出的每個步伐，都是從你那裡而來的特殊禮物。我腦海中的每個想法，心裡的每支歌，唇上的每句話，都是你賜下的深切祝福。噢，無法測度的創造主，正因為你，我才能成為我自己——這便是我愛你的原因。

我愛你，是因為你自願脫下你的王袍，摘掉你的王冠，放下你的權杖，離開了宇宙的指揮中心，甘心成為無助的嬰兒，來到這個被罪捆綁的黑暗世界。你向我們展示了一種在天父的指引下，全然仰賴聖靈的生活。接著，你欣然接受了你不應得的死亡，是要為我的罪付上贖價，使我得著我不配得的生命。我沒有任何方法能夠報答你。這禮物之貴重，簡直令我無法相信。我只能謙卑地俯伏在你腳前，對你說：「謝謝你，我愛你，我將跟從你，跟隨你。」

我愛你，是因為你將我從奴役中釋放。我曾經落在你最頑固的敵人手中，彷彿被關進了一個暗無天日、陰冷潮濕的監獄中，恐懼、懷疑和痛苦輪番向我進攻：我害怕不知自己的將來會是怎樣，我害怕我所做的永遠都不夠好，我害怕自己永遠一事無成，究其原因，是因為每當我努力想要做「好」時，就一次次地被殘酷的現實擊敗。有時真想有一雙慧眼，看透其中的端倪。偶爾我也會隨意翻開《聖經》讀一讀你的話語，卻又開始滿心狐疑你是否真的存在。你到底在哪兒呢？你在乎我嗎？正因與你之間關係的破碎，才有那痛徹心扉的苦楚日夜折磨著我。就這樣一點點地，我想要尋求你。現在我每天都如飢似渴般，讀你充滿鼓勵、教導、安慰和慈愛的話語。

🙏 我的耶穌，我對你的愛日益深厚。求你教導我也愛身邊的人，像你所期望的一樣——因愛你去愛人。

卑賤、不潔、悲慘、令人厭惡、面目可憎

（約伯）我是卑賤的。約伯記40：4

（以賽亞）禍哉！我滅亡了！因為我是嘴唇不潔的人。以賽亞書6：5

（保羅）我真是苦啊！誰能救我脫離這取死的身體呢？羅馬書7：24

我聽到你說，你必須將自己的生命清掃乾淨了，才能來到耶穌的面前？因著你身上的污穢，祂一定不會喜悅你？因為你身上散發著死亡令人作嘔的惡臭，你必須先將自己徹底洗淨？然後再來到耶穌面前？這是你的心聲嗎？

　　我的朋友，請你仔細聽。人人都有這種想法，約伯、以賽亞、保羅——他們都曾有過同樣的感受，你可以從他們哽咽的啜泣聲中聽到他們說：「我的一生是如此卑賤、悲慘，如此不潔。」他們每個人都以不同的方式遇到了那聖者。在那令人敬畏的榮光之下，他們認識到自己最真實的本相。如果那些《聖經》中的偉人們看自己都是不潔且悲慘的，那麼世上的人誰又能脫離這種境況呢？所以如果你看清自己的本相是難以言表的卑鄙，實屬是件好事。因為這時，你能夠以你原本的模樣來到耶穌跟前。耶穌盼望你帶著真實的樣子來轉向祂。其實，也只有祂是我們得以潔淨的泉源。偉大的醫師耶穌基督，是祂，以大能的觸摸治癒了我們的盲目，是祂，將那公義的白袍披在我們肩上，也是祂，用那飽含深情的雙眼看著我們，說：「歡迎回家。我很高興看到你回來。你能回到我身邊，真是再好不過了。」

　　你難道沒有看出，我們為了要在神聖的主面前看起來體面而付出的所有努力都是毫無用處的——真的一點用處都沒有嗎？每一位曾經生活在世上的義人都曾有過這樣殘酷的經驗，看清自己的本相是如何卑鄙。無盡的羞恥攫住他們，口中不斷發出懺悔的聲音。當你認識到這一點時，你也能和他們一樣，看到福音帶來的真光。耶穌來不是要召義人，而是要召像你我一樣，卑賤、不潔、令人厭惡的罪人。祂不是為義人死，而是為罪人獻上自己的生命。

　　主耶穌，我向你承認我的罪孽。我是罪人。我是卑賤的人。求你洗淨我，使我潔白如雪。

約伯的籬笆

你豈不是四面圈上籬笆圍護他和他的家,並他一切所有的嗎?他手所做的都蒙你賜福;他的家產也在地上增多。約伯記1:10

在諾曼第登陸之日,當盟軍歷盡慘烈艱險,終於登上灘頭,按照計劃向內陸進軍時,卻發現他們需要突破當地灌木籬笆的重重包圍,這些籬笆可追溯至羅馬帝國時期。為了圈養家畜,諾曼人會搭建一個土丘,在上面圍上茂密的籬笆。枝繁葉茂的山楂樹和黑荊棘相互交錯,形成了一道密不透風的植被牆。在這一排排的灌木中還有其他錯落生長的樹木和植物,使得這道天然屏障更加堅不可摧。有了這些樹木作為掩護,田野中的小路就成了隧道。誰能想到這樣生機勃勃的籬笆竟成了許多盟軍野戰排的死亡陷阱,除了會在這錯綜複雜的樹籬中迷路之外,部隊之間的聯繫也受到干擾。就連大名鼎鼎的謝爾曼坦克也深受其害,當他們們想要將砲筒抬高到籬笆之上時,就很容易暴露在敵方的反坦克火炮之下,只能被動挨打。

幾年前,我曾去英國訪問,沿著那裡的鄉野小路散步。我發現處於兩排灌木籬笆之間的蜿蜒小徑,正是欣賞無限美景與生態多樣性的寶地。看著這裡,生著長長尖刺的山楂和長著多刺葉子的英國冬青,將它們腳下這一塊小小的土地保護得多麼周到。最初種下這些灌木是為了標記產業,並限制牛群的活動,而現在它們則效力於地區發展和規模更大的農業作業。

如果你需要一些隱私和安全感,比起柵欄,一行綠意盎然的籬笆牆也許是更好的選擇。首先要看看當地什麼植物長得最茁壯,再確定它們是否是常年綠葉植物。最後根據自身的需要,看該品種是否具有陰涼、耐旱等特性。

籬笆是非常有效的保護手段。這就是為什麼上帝在約伯和他的家周圍圈上籬笆的原因,時至今日,上帝依然在祂所愛的人四圍圈上籬笆,以保護他們免遭那惡者的攻擊。你有沒有經歷過籬笆帶來的祝福呢?你有沒有為這從天而來的保護獻上祈禱呢?

主,我知道你用這保護我產業的多刺籬笆,來比喻那些遵照你旨意、在我們周圍保護的大能天使。你曾差派天使搭救羅得和以利沙。我也要向你祈求這從天而來的保護。求你今日就圈上籬笆來保護我。

流行文化

因為，凡世界上的事，就像肉體的情慾、眼目的情慾，並今生的驕傲，都不是從父來的，乃是從世界來的。約翰一書2：16

流行文化的本質是什麼？如何定義最為恰當？作為基督的門徒，我們應當如何看待流行文化？最好是忽略、試著改變它，還是在無法對抗時欣然接受它？流行文化不就是主流與非主流之間的對比嗎？就算它不是時刻變化，但也是日新月異，不是嗎？流行文化對於我、我的孩子、我的教會和社區有什麼影響呢？

流行文化一直以來都存在於所有的社會中，它是被大多數人認定為優良且可以接受的概念和價值觀。在沒有媒體和好萊塢的情況下，過去的思想觀念只能是以較為鬆散、局部化，並且逐漸衰退的方式隨著社會進程緩緩流動。但如今，藉助電子媒體，能將信息的狂潮在時間與空間上進行有效整合、濃縮與聚焦，就算流行文化不能影響全球，也能給整個國家帶來巨大的影響力。文化偶像好似轉瞬即逝的流星，在螢幕上一夜成名後，只須片刻便淡出了公眾的視線。主流媒體聲嘶力竭地鼓吹對今日的擔憂，但真正應該感到羞愧的是其無休無止的標榜及美化。娛樂產業與所謂的新聞媒體同流合污，其使命就是要在大眾之間建立流行文化，貶低一切在靈性、性、歷史、藝術、科學、悲劇與死亡中的偉大之處。流行文化如今醉心於崇拜人、事、活動與思想。任何一種思想或信念都能成為一些人心中的真理，與其他所有真理地位相等，而且變幻莫測。

讓我們回到開篇的問題，流行文化的本質就是看什麼人或什麼事能夠登上舞台中心。無論是後現代的美國或世界各地，這舞台中心一直被人物、事情、活動和思想所佔據。我們所崇拜的是我們所購買或想要購買的東西，超級巨星或文化偶像，充滿異國情調的度假或極限運動、自我中心的概念和想法盛極一時。這樣的崇拜實質上就是拜偶像，是上帝所憎惡的。看著瑪拿西王帶領百姓陷入拜偶像的深淵，他的兒子約西亞在掌權後悔改了，呼籲他的子民回頭，來敬拜那位獨一的真神上帝。讀一讀歷代志下34章約西亞王是如何清除偶像，並規勸人們來敬拜真神的。他像以利亞一樣，將明確的選擇擺在了人們的面前。

 主，你親自來拯救我脫離當今邪惡的世代。願你獻上的重價不會白費。

號角

要用角聲讚美祂，鼓瑟彈琴讚美祂！詩篇150：3

我曾經學過吹小號，可惜，水平欠佳。但我仍然喜愛聽別人用小號吹奏出優美的旋律。小號界的大師級人物有路易斯‧阿姆斯壯、阿爾‧赫爾特、邁爾士‧戴維斯、吉萊斯皮、溫頓‧馬沙利斯、莫里斯‧安德烈、赫伯‧亞伯特、卡洛琳‧傑克遜、梅納德‧弗格森、賽維林森、哈利‧詹姆斯和戴夫‧塔沙。當人們使用小號來讚美上帝時，那樂曲就顯得氣勢格外恢弘。

　　將公羊角的角尖鑽上洞，並將其打磨成為淺杯狀，就製成了一個簡單的「小號」，這也是猶太人所熟知的羊角號。羊角號的歷史悠久而多彩多姿，幾個世紀以來，人們吹響它來召集人們進行獻祭和敬拜，宣告節期的到來，甚至在衝鋒陷陣時使敵人聞風喪膽。後來，人們似乎用羊角號來演奏樂曲。希伯來文*sho－v－far*特指這種用山羊角製成的樂器，而英文常譯作「trumpet」（小號），另外一個也被譯作「trumpets」（小號複數）的希伯來文是*cha－tzo－vtz－rot*。《聖經》第一次提到號角是在民數記的第十章，上帝曉諭摩西要做兩枝銀號，用以招聚會眾，並叫眾營起行。今日的學者們曾經就這種樂器究竟長什麼樣而爭論不休。它們的造型當然與我們今天所吹奏的小號有別，最合理的推測是，這兩支銀號也許更類似羊角號。今天，由於科技的長足發展，我們用銅管樂器或銀號能夠吹奏出更高品質的音樂。根據聲學原理，要在口型正確（口/唇和肌肉位置）的情況下氣流衝擊雙唇，並且對準號嘴，這樣吹出的聲音經由調音管、閥門和哨管後會變得響亮、柔和且穩定，整個過程堪稱複雜。音樂家們著書立作為要解釋如何使音樂更加精進。但其實，音樂的品質是細心設計、製作精良的樂器，再加上訓練有素、技藝高超的樂手之間產生完美融合。比如說，我也有一支精美的小號，可是從我的小號中傳出的聲音怎麼樣也和美妙的音樂搭不上邊。

　　在新英王欽定版《聖經》中，「號」出現了111次。我所渴望聽到的是第七位天使的號聲（啟示錄11：15），與號聲相伴的是從天而來的大聲音，宣告世上的國成了主基督的國，這是我所能想到最為美妙的音樂了。

　　主啊，即便是死人聽到你的號聲和大聲音也會有所回應。希望我在新天新地能夠有更多的時間學樂器。

立方體

城是四方的，長寬一樣。天使用葦子量那城，共有四千里，長、寬、高都是一樣。啟示錄21：16

正方體是一個包含六個面的3D物體，亦是五種柏拉圖立體之一。作為柏拉圖立體，這種凸面立體結構必須每一個側面都相同，且每一個頂點所連結的面數相等，角度也相等，因此只有五種凸面體符合柏拉圖立體的要求。它們分別是正四面體，有4個正三角形面，6條邊和4個角；立方體或正六面體，有6個正四邊形面，12條邊和8個角；正8面體，有8個正三角形面，12條邊，6個角；正12面體，有12個正五邊形面，30條邊和20個角；最後是正20面體，有20個正三角形面，30條邊和12個角。雖然人類自古就了解這樣的結構，不過是由希臘的數學家、與柏拉圖同時代的泰阿泰德首先提出，而且再也沒有其他的凸面體符合上述的標準。

我很喜歡在手裡把玩這些凸面體，去感受它們的每個角、每條邊，每個光滑的面，驚歎於它們所呈現出的美感與對稱。特別讓我著迷的是立方體，因為它在《聖經》中頗具意義，而且在自然界中也反覆出現。我之所以說它不斷出現，是因為我們常見的精製食鹽（氯化鈉晶體），粒粒都是美妙的立方體。當我把它們放在電子顯微鏡下觀察的時候，它們具有令人驚奇的完美。當然，有一些立方體可能會稍有缺失，但是晶體越小，它們呈現出立方體的可能性就越大。

此外，根據由之前兩數相加得出的斐波那契數列（亦稱黃金分割數列）為邊，繪製出的正方形（立方體的一面）最終會成為黃金螺旋。無論是數列1，2，3，5，8，13……還是螺旋線，都在自然界中不斷出現。

立方體在《聖經》中的含義則是：在所羅門聖殿中的至聖所就是一個完美的立方體，在天國的聖城也是如此。我們很難想像一個城市的長、寬、高都是1,367英里。沒錯，城市裡當然會有高層建築，但是可能有1,367英里那麼高嗎？據我們推想，也許在新耶路撒冷城裡，空間並不侷限於三個面向。我們只需要到時候自己去探索就好了。

萬王之王、萬主之主，還要等多久我們才能與你重聚，探索你為我們預備的美好天城，沐浴在你更加美好的慈愛中。

包裝憤怒

愛惜自己生命的，就失喪生命；在這世上恨惡自己生命的，就要保守生命到永生。約翰福音12：25

一份出自於英國的報告聲稱，每年有超過六萬人因試圖打開食物的外包裝而受傷，而據美國消費品安全委員會估計，2004年美國有超過6千人到急診室就診就是因開封包裝所致。打開現代化的塑料包裝不僅能令人感到沮喪——如果你用了不好用的工具，還會對你造成危害。

最近我聽到的一則故事，是一個不修邊幅的牛仔想要打開一個用塑料保麗龍包裝的包裹，裡面是一隻電動牙刷。結果他用手怎麼都撕不開，於是你猜他用了什麼——沒錯，他的牙齒！結果還是不管用。更令人不敢相信的是，即便用上了長刃獵刀，他還是不能如願。結果情急之下，他竟然拔出了自己的手槍，將包裹打了個稀巴爛，這絕對是一個「因包裝而憤怒」的例子。就在昨天，我還試著打開一盒薄脆餅乾的包裝。這包裝封得非常嚴實，我費了九牛二虎之力也撕不開，而且熱熔膠黏得也太結實了，我怎麼也打不開封口，若是沒有剪刀或小刀，就算我最終打開了包裝，估計裡面的餅乾也都碎成渣了。

許多昂貴的小型電子產品會使用耐用透明的塑料泡模包裝，業內人士稱它為蛤殼包裝（Oyster Packs）。設計者有意將其做成難以開啟的包裝，是為了減少或防止產品被盜，只有使用專門的工具才能將其取出來使用。不可否認的是，從保護產品的角度看來，包裝商的確做得非常成功。

仔細想一想我們就會發現，上帝自己也設計了一些食品包裝，都是幾乎打不開的。要想打開巴西堅果、黑胡桃和椰子吃到裡面的好東西，就需要專門的工具（即便這些工具只是一些大小正合適的石頭，也是非常必要的）。包裝憤怒（wrap rage，又稱開箱憤怒），是一種新型疾病嗎？有這樣的說法嗎？難道包裝憤怒和其他憤怒（例如道路憤怒、電腦憤怒或道路憤怒）不是一種自私的症狀嗎——我想怎樣就要怎樣，如若不然，便大發雷霆？跟隨耶穌就是要與以自我為中心的思想徹底斷絕關係（見約翰福音12：25）。

主啊，求你將你的道路指教我，我也想要滿足於我所擁有的一切。用你的話語再次向我保證：「我必不撇下你，也不丟棄你。」謝謝你，主耶穌。

四境平安

亞撒行耶和華他上帝眼中看為正的事。歷代志下14：2

正如舊約《聖經》中許多故事所描述的，在上帝選民的經驗中有一個不斷重複的主題，在數十年的動蕩、混亂、饑荒、貧困、外敵入侵的壓迫與囚禁之中，中間或出現數十年的平安、休養生息、豐盛與富裕。每一次的轉折，都取決於於他們對上帝的態度，就是那位帶領他們出埃及的獨一真神。

當上帝的選民全心全意尋求祂，聽從祂的話語，遵循祂的指示，單單敬拜祂，全然倚靠祂與敵人戰鬥，並供應他們一切所需的時候，他們就盡享繁榮昌盛，不但風調雨順，而且百戰百勝。更重要的是，他們可以在很長一段時間裡得享休息、和平與安定，他們的生活順遂──可以稱之完美。上帝的子民贏得外邦人的尊重，因為他們的上帝比其他任何神明更加強大、更加樂於傾聽，更加令人敬畏。

別忘了，他們還有一種對比十分鮮明的境遇。還有比這更深刻的教訓嗎？當他們忽視上帝時──亦或更糟，當他們敬拜其他偶像，並行可憎之事，靠自己去打仗，並自以為能過更好的生活時──事情就沒有如他們想像得那般順利。當好鬥的鄰國發動戰爭時，他們遭遇了可怕的失敗。那些沒有在戰爭中喪生的人，也淪為戰俘，被強迫做奴隸的工作。侵略者將他們國家和聖殿中的珍寶洗劫一空，雨水也不再降下，人們在饑荒與病痛中苦苦掙扎。就這樣，幾十年甚至幾代人過去了，生活成了徹頭徹尾的悲劇。

上帝如今也這樣行嗎？祂用許多的《聖經》章節來鼓勵我們要去試一試祂。「你們要嘗嘗主恩的滋味，便知道祂是美善；投靠祂的人有福了！」（詩篇34：8）「萬軍之耶和華說：你們要將當納的十分之一全然送入倉庫，使我家有糧，以此試試我，是否為你們敞開天上的窗戶，傾福與你們，甚至無處可容。」（瑪拉基書3：10）

你生命中唯一的目的就是要全心全意地尋求耶和華。當你找到祂的時候，就會體驗到祂無盡的慈愛，沐浴在祂豐盛的祝福中，你的心自然會發出回應。當你能夠日日與祂親近，就是與主並肩同行。

 主，我相信你。求你除去我不信的心。

9月 SEPTEMBER

肉桂

耶和華曉諭摩西說：「你要取上品的香料，就是流質的沒藥五百舍客勒，香肉桂一半，就是二百五十舍客勒，菖蒲二百五十舍客勒，桂皮五百舍客勒，都按著聖所的平，又取橄欖油一欣，按做香之法調和做成聖膏油。」
出埃及記30：22－25

今天讓我們來敬拜那創造肉桂的主，我們所熱愛的那熱氣騰騰、甫出爐的肉桂卷和日式咖哩飯都有這種美妙的香料。新鮮的肉桂質地溫潤，味甜而略帶辛辣，這主要是因為月桂樹家族的數十種熱帶灌木和樹木的內皮都含有三種精油。在肉桂中拔得頭籌的似乎是這種學名為錫蘭肉桂（Cinnamomum zeylanicum）的植物，意即「來自錫蘭島的肉桂」（錫蘭現稱斯里蘭卡）。緊隨其後的是一般肉桂，其品質稍遜於前者。肉桂皮中所含的精油賦予它絕妙的風味與香氣，使它成為眾多美食家與調香師的寵兒，不但挑逗人的味蕾，也使人聞之傾心。

但肉桂的用途不僅是調味料和飲料，或是作為香水的尾調、散發出持久香氣，古時人們就用它作防腐劑。埃及人就用肉桂和其他香料對屍體進行防腐處理。最近的科學研究發現，肉桂油以及所含的其他植物化學成分有許多藥用價值。

《聖經》中只有4次提到肉桂。第一次出現在出埃及記30：23，上帝給了摩西調配聖膏油的配方，摩西用它來塗抹會幕和其中的一切器具，一旦被膏，無論物件和地方都成為聖，且是「至聖」，凡接觸到至聖的都成為聖。上帝又吩咐摩西要膏亞倫和他的兒子，使他們供祭司的職分，這樣想來，我也渴望被膏，使我成為聖潔：「就如上帝從創立世界以前，……使我們在祂面前成為聖潔，無有瑕疵。」（以弗所書1：4）

耶和華啊，每當我嘗到或聞到肉桂的香氣，願它能提醒我，你已經揀選了我成為聖潔，願我的生命也能散發出令你喜悅的馨香之氣。

紅血球

*我們藉這愛子的血得蒙救贖，過犯得以赦免，乃是照祂豐富的恩典。*以弗所書1：7

人體四分之一的細胞是紅血球，呈漂亮的雙面凹圓餅狀，直徑只有0.00027英寸（7微米），通常每立方毫米血液中有四五百萬個紅血球。我們身體中將近一半的血液實際上是細胞，其餘的就是一種名為血漿的液體。當你被割傷，出血止住的時候，傷口所分泌出的黃色透明物質就是血清（血漿減去凝血成分）。

據研究身體各項功能的生理學家估計，人體每天每一秒都會製造出大約200萬個新紅血球。我們需要這些新細胞，是因為紅血球最多只能生存三四個月。你知道嗎？每一個紅血球在一分鐘之內就會在你的體內循環三次。它先從心臟進入肺部，找到氧氣後回到心臟，接著它被打出心臟，到達臟器的毛細血管床，最後再返回心臟。這就是一整個循環過程。每天，紅血球在你的體內循環超過4,300次，可見雖然它的壽命只有短短三四個月，可是跑過的路程還是相當可觀的。

要知道，紅血球是非常有彈性的。這是它們必備的技能，因為有些毛細管床極其細微，只能硬擠過去。在許多狹窄的「隘口」，紅血球先是擠作一團，接著排成一列依次通過，有時甚至會被擠得像熱狗一樣。不過一旦有了足夠的空間，它們會立刻彈回到原來兩面內陷的扁平圓盤狀。這樣獨特的形狀使它們有較大的容積，氣體交換會更加迅速。

循環系統中的紅血球在投身服務之前，已經放棄了自己的細胞核。用不了多久，它們會將線粒體、內質網和核糖體也丟掉，這樣盡最大可能為血紅素挪出了地方，它可是攜帶氧氣的珍貴蛋白質。

紅血球輸送氧氣和一些二氧化碳。血漿運送營養物質、代謝廢物和重要的調節激素。血液中的白細胞擔當防衛工作，對抗疾病。它們不斷地搜索每一個角落，一旦發現危險，立刻解決。正因為有這些重要的功能，因此失血會造成嚴重的後果。若是情況無法控制，很快就會導致死亡。但基督在十字架上湧流出的鮮血，是那些接受祂犧牲恩典之人承受永生的基礎。

耶穌，是你獻出了你的生命，因此我才能擁有生命。對此我懷有無限感激，我要接受你寶貴的禮物，過順從的生活，用一生來服事你。

保持簡單

你這樣行，就必得永生。路加福音10：28

如果你上過科學課，就一定做過科學實驗，那麼相信你也知道當實驗不順利的時候，心情是多麼沮喪？得出來的實驗數據都不如預期，這時你的老師突然冒出一句話：「這個世界上沒有無效的實驗。」這無疑是在傷口上撒鹽，你所得出的數據都是正確的數據，只是你做實驗不夠仔細，沒有控制好所有的變量，所以最後的結果才會讓人不忍直視。

例如，有一個測量溶液濃度對滲透壓，即溶液中滲透的強度影響的實驗，既常見又非常簡單。水穿透膜滲透至溶液濃度較高的區域，比如細胞內部，導致細胞因所謂的滲透壓而膨脹起來。這一概念對於所有生物學家來說非常重要，需要反覆測試及理解。人們用於測量滲透壓的裝置叫做滲透壓力計，它通常是一根一端呈喇叭形的玻璃管（長頸漏斗）。實驗過程是用橡皮筋將一片半透膜緊緊固定在喇叭形的一端，接著將含糖溶液注入長頸漏斗中。這時就盼望這半透膜完整無缺，千萬不要有任何紕漏。萬事俱備之後，你就可以將漏斗內的糖溶液水位做標記，將漏斗放入清水內，並開始計時。

學生們（和老師）所盼望的實驗結果是，清水會穿過半透膜進入糖溶液中，使得漏斗頸中的糖溶液的水位上升。水位上升的高度與剛開始實驗時的糖溶液濃度稱正比——糖溶液中含糖量越多，漏斗中的水位越高。

不過實際情況通常是，沒有任何變化，而且若是糖溶液的高度比外部清水的水位高出太多，那麼漏斗中糖溶液的水位很可能會下降。觀察到這一結果的學生往往會抱怨這個實驗根本沒效果。其實並非如此，這只能說明那張半透膜密封性太差。鑑於這一常見問題，我便用在任何五金店都可以買到的普通水管零件做了一套新實驗器材。只要將螺絲栓緊，就一定滴水不漏，它就是這麼簡單，而且行之有效。現在做實驗，我們很少會因為器材洩漏而得到亂七八糟的結果了。

我喜歡簡單易行且有效的方法。所以，我也喜歡在路加福音10：25－37所詳述的耶穌與年輕的律法師之間的簡單交流。

 主，沒有你的幫助，我就不能打從心裡愛你，且去愛你所愛的人。

專一的心

在約西亞以前沒有王像他盡心、盡性、盡力地歸向耶和華，遵行摩西的一切律法；在他以後也沒有興起一個王像他。列王記下23：25

每過一秒，我想要呼吸的需求就變得愈發迫切。我正在一個長長的泳池裡，想要以潛泳的方式從頭游到尾，可是事實證明歲月不饒人。剛游了一半多一點的距離，我的生理機能便再也無法承受，迫使我在還沒到達終點前就衝出了水面。為什麼會突然出現這樣的變化？因為我的身體強烈要求我吸入空氣，如果不及時停止憋氣，我真的要一命嗚呼了。

研究表明，一個人在沒有空氣的情況下只能存活四到五分鐘，沒有水的話，能活2－10天（根據周圍環境溫度），沒有食物則可以生存3－6週。對於那些被剝奪了基本需求的人來說，對於呼吸、飲水和進食的需求會逐漸增強，直至成為當務之急。我對於事情的優先順序產生突然的變化一直很有興趣，比如在發生火災、意外或重大疾病時，人會作何選擇？

是否有一件事的重要性可以超越其他任何事物？是否有一項承諾應該成為我的第一要務？無論生活豐富或困頓都要維持婚姻，這是一項難能可貴的認知，需要雙方予以承諾。無論是做生意或是跑馬拉松比賽，都需要長期的努力和艱苦的訓練。保持現有的生存狀態都需要空氣、水和食物。那麼未來的生活——永恆的生命——需要什麼呢？我是否應該對這終極任務予以絕對的重視呢？

在2011年版的新國際譯本《聖經》中，我們可以找到23處經文，直言不諱地指出上帝所要的服事是「你當盡心」，七節經文用「他們要盡心」，六節經文中說「他要盡心」，一節中說「她要一心」，兩節寫到「專一的心」，還有三節寫到「你要盡意」。《聖經》當中還用許多其他的敘述來形容全然的委身，如箴言4：26所說，「要修平你腳下的路，堅定你一切的道。」《聖經》說得清清楚楚，上帝所要的，是我們全然的委身，三心二意地來事奉上帝是絕對不可取的。以上的例子就是要說明，耶穌希望我們在服事中全力以赴。

我的主，在我所生活的世界中，生命的重心如走馬燈般時刻變化。雖然其中許多是有益的。但求你幫助我，專心致志地來做最重要的一件事——單單來服事你。

抗營養物質

你們不要求吃什麼，喝什麼，也不要掛心。路加福音12：29

科學家們如今發現，在富含纖維的穀物和豆類中所發現的肌醇六磷酸（Phytic acid），或叫植酸（酸鹽），竟是遏阻直腸癌的救星。儘管越來越多的食品部落客都加入了對它的探討，不過我想大多數人對這種肌醇六磷酸依舊所知甚少。若了解它是磷酸鹽在植物中的主要儲存形式，通常在堅果和種子的表皮或外殼中存在，當然也存在許多穀物當中，我們就不得不說，這是一種極為有效的儲存磷酸鹽的方式。磷酸鹽是一個磷原子，被四個氧原子包圍著，順帶還有兩個氫原子，使其呈酸性。植酸不過是六個碳原子形成的美麗圓環（乙烷），而每一個碳都帶有一個磷酸基。

那麼植酸是如何防止癌症的呢？它是透過與鐵、鋅、銅、鎂、鈣等金屬原子進行有效結合，使它們不可再被其他物質使用。化學家們根據植酸與營養物質相結合的方式而給它起名為螯合劑。癌細胞不能使用它們，也就意味著癌細胞所得到的營養物質隨即減少。

你也許會說：「等等！可是我的好細胞也需要營養物質啊！植酸占走了營養物質，那我的好細胞豈不是和癌細胞一樣都要挨餓了？」這答案是肯定的。所以從這一點來說，植酸是一種抗營養物質——一種減少小腸中營養物質吸收的分子。一些營養學家因此發文警示，控訴植酸是如何奪走了人體的營養素，這無疑給公眾帶來了過分的擔憂。沒錯！攝取均衡的營養是十分重要的，對於發展中國家來說，植酸的攝入可能會成為大問題，因為大多數的營養物質是從豆類或穀物中獲取的。

將磷酸鹽從肌醇六磷酸（或植酸）中分離出來的秘訣是植酸酶。小麥、黑麥和大麥等種子中已經含有植酸酶，所以在烹煮前進行浸泡可以讓植酸含量幾乎降為零。燕麥和玉米中沒有酶，所以浸泡的時候加一湯匙新鮮研磨的小麥、黑麥或大麥就可以產生同樣作用。種子發芽（變種子為幼苗）也可以降低植酸水平，將抗營養物質轉化為營養物質。

主啊，謝謝你，賜給我每日的糧食，並應許我毋須為其掛心。

止血的奇蹟

所以你們要彼此認罪，互相代求，使你們可以得醫治。義人祈禱所發的力量是大有功效的。 雅各書5：16

當你在修剪新摘下來的玫瑰時，一不留神就會被刺扎到手指，一小滴鮮血立刻就會冒出來，你會說：「沒關係，小事一樁！」，並不把它放在心上，繼續打理這些香氣四溢的鮮花。不如此刻你就隨我一起，來仔細地研究一下你所說的「小事一樁」吧！

從微觀的層面上看，當尖利的刺刺穿你柔嫩的肉時，實際上是撕裂了細胞，扯開了十幾條甚至更多的毛細血管以及一兩條小靜脈。密閉的血液循環系統被戳出了洞，精細的管道破裂導致血液湧出。在整個系統當中，任何體液的洩露都是危險的。也許你認為這不值一提，但身體機制卻不這麼認為，它們會立刻投入修復的工作。血管內皮細胞是一層扁平細胞，形成毛細血管壁和小動脈和小靜脈的內膜，撕裂的細胞會釋放出化學物質，立刻引發出血區域的細胞收縮。這些血管實際上被關閉了。血管周圍的肌肉收縮，將出血減少到最低程度，也許無法完全止住出血點，但血液流速會減緩。如果你覺得出血出得厲害了，你很有可能也會用手指按著傷口，接下來就是堵塞洩漏、修補血管的工作了。

在每立方毫米的血液中，有成千上萬精緻的血小板以及蛛絲一般輕薄的膜在不斷運行著。破碎的細胞碎片體積要比紅血球小，而且，只要超光滑的管道內皮細胞完好無損，血小板就會相安無事地繼續運作。一旦內皮細胞受到破壞，結締組織中的膠原被暴露在毛細血管之外，血小板便會黏附在膠原上，觸發開裂，內在成分溢出。這種化學物質會吸引其他的血小板聚集並附著其上。它們同時會引發更為強烈的細胞收縮，使血管收縮得更加緊實。簡而言之，從血管中流經的細胞如今已經聚集起來，將洩漏的地方堵住。

血液中的液體成分含有數百種蛋白質。其中有些凝血因子名叫XII、IX、X、凝血酶原、VIII、VII、XIII以及血纖蛋白原。從受損組織中釋放的化學物質會將凝血酶原轉化為凝血酶素，接著又將血纖蛋白原轉化為纖維蛋白，這是一種能阻止更多細胞滲漏的黏性蛋白質網。聽了這些，你心裡不會有感動嗎？

主啊，如果阻止出血對你來說都如此重要，那麼你為修補破碎的溝通管道又預備了怎樣的良方呢？

默想喜悅

他高興遵行耶和華的道。歷代志下17：6

「喜悅」是一個令人高興的詞，喚起人們心中輕鬆、滿足、愉悅以及純粹的快樂之感。它所描述的，是一位母親正充滿愛意地看著襁褓中嬰兒的小臉，是一位父親在教他的兒子騎著沒有輔助輪的自行車，是一位丈夫喜悅他幼年所娶的妻（箴言5：18），是一位妻子坐在丈夫的蔭下，嘗他甘甜果子的滋味（雅歌2：3）。

因此喜悅之情是在某個地方、某項活動或某人的陪伴中找到快樂。上帝為自己的榮耀創造了我們（以賽亞書43：7），祂因我們而歡欣快樂（詩篇18：19；西番雅書3：17）。如果我們依照上帝的命令尋求那永久的喜悅，那麼這種快樂或樂趣是對我們有益的，它們遠勝於欺騙者所偽造的、終將變為痛苦與悲傷的「喜悅」。

仔細閱讀下面的章節，因為它是一份蓋有上帝大印的神聖聲明：「你若在安息日掉轉你的腳步，在我聖日不以操作為喜樂，稱安息日為可喜樂的，稱耶和華的聖日為可尊重的；而且尊敬這日，不辦自己的私事，不隨自己的私意，不說自己的私話，你就以耶和華為樂。耶和華要使你乘駕地的高處，又以你祖雅各的產業養育你。這是耶和華親口說的。」（以賽亞書58：13-14）

我應該努力弄清楚，到底做什麼才能使我的主歡喜快樂，而且我要時刻注意，這件事非常重要。所幸的是，上帝的話語從不拐彎抹角或曖昧不明。在耶利米書9：23-24中，上帝就不斷強調了祂所喜愛的是什麼。「耶和華如此說：『智慧人不要因他的智慧誇口，勇士不要因他的勇力誇口，財主不要因他的財物誇口。誇口的卻因他有聰明，認識我是耶和華，又知道我喜悅在世上施行慈愛、公平，和公義，以此誇口。這是耶和華說的。』」

在這世上仁慈、良善、審判、公義的主啊，願我因你美麗榮耀的品格而歡喜快樂。的確，那就是「你的榮耀」！

尋求主

現在你們當立定心意，尋求耶和華你們的上帝。歷代志上22：19

獵犬之所以名聲大噪是因牠嗅覺靈敏，追蹤技術高超。也就是說，倘若一個人走過某個地區，幾天之後，獵犬仍然能夠嗅到空氣中殘留的味道並進行追蹤。雖說所有的狗鼻子都十分敏銳，但截至目前，獵犬的嗅覺依然穩居首位。獵犬屬於大型犬，能夠長到150磅，不過性情卻極為溫和——牠們沒有一丁點攻擊性，也不會傷害任何人。而且，當追蹤犯罪分子的時候，獵犬以及訓練員都必須受到警員的保護，因為獵犬既不能攻擊犯罪分子，也不會保護自己以及訓練員，牠就只是一種特別喜歡追蹤的動物。當我讀到一隻名叫修行者的獵犬的故事時，感到十分驚訝。牠能夠在一個叫愛麗絲的小女孩被綁架失蹤3天後進行追蹤。數百位親朋好友、鄰居和警察已經將這附近地區層層搜索過，但一無所獲，這個可憐的小女孩好像憑空消失了一般。雖然罪案現場已經被數百名前來幫助的人們完全破壞了，修行者依舊很快嗅到了愛麗絲的氣味，掉過頭沿街尋找。牠的鼻子不放過一絲一毫的線索，雖然脖子上的皮帶已箍得緊緊的，但牠仍拼命地拉著訓練員一直來到高速公路邊。愛麗絲是被人架上了車，沿著高速公路跑了十多英里，最後拐進峽谷區。在接下來的2天中，修行者跟著這微弱的氣味，最終找到了失蹤的女孩。我一邊讀這故事，一邊想原來獵犬在追蹤的時候是這麼專注，心無旁騖，一旦肩負任務，就連自己的健康和安全也不顧。

從這個故事中，我學到了兩個重要的教訓。第一，狗鎖定某種特定氣味並且追蹤的能力真是令人歎為觀止。隨著時間的流逝，氣味會逐漸稀釋，厲害的是狗就能嗅出那一萬億分之一的特定氣味，哪怕頸上的皮帶扯痛了牠，也要前去追蹤。這一定是上帝賦予牠的天性。對於狗為何能夠實現這一壯舉的身體構造與生理機能，人們還在研究之中，但我們應當先感謝上帝，是祂將這驚人的本領給予我們最好的朋友。多讀一讀修行者生前的故事，牠為社區所作出的傑出貢獻還遠遠不止如此呢！第二，我認為，我應該學習獵犬在追蹤氣味時專注的態度。因為我知道，我平時對於這位造物主兼最好朋友的尋求其實太過於敷衍，也就是說，當我週末有時間的時候我才會想起祂——我也不一定會找祂，或是有時當我遇到棘手的問題時，才跑來找祂。

 耶和華，你真的希望我以更多的努力來尋求你嗎？請幫助我做好準備，從現在開始，每天都這樣行。

聞一聞──這是什麼味道？

若全身是眼，從哪裡聽聲呢？若全身是耳，從哪裡聞味呢？哥林多前書12：17

這是什麼味道？為什麼我會順著聞到的氣味去找它的源頭？嗅覺的功能就是去嗅，聞到氣味為止。為此，我們每個人都有兩個嗅球，是從大腦延伸出來的突出物，處於鼻腔上部，分別對應兩個鼻腔。從嗅球中延伸、專門的神經細胞會穿越篩骨板，直達鼻黏膜，這樣樹突（神經末梢）就會滲入鼻腔頂部。樹突上有一層黏液和抗體以保護它們免受感染。我們所聞到的化學物質叫做氣味分子，聞嗅的時候會帶進大量氣味分子，並緊貼在鼻腔頂部，很快便溶解滲入黏膜表層。研究人員如今已經識別出約1千種作為氣味接收器的基因，我們平時使用到的只是極少的一部分。每一個專門的神經細胞對應著一種氣味接收器。因此，當一種特定的氣味（鑰匙）與神經細胞樹突膜中一個特定的接收器（鎖）對上的時候，神經細胞就會像拉響警報一樣發出信號。請見諒，關於氣味分子／接收器之間多重的信號轉換過程以及動作，在此我就不加贅述了，因為光是要進行概述，恐怕連一整張紙都不夠寫。

在每個鼻孔裡，上帝都為我們配備了獨立的系統，這樣我們所聞到的氣味也變得立體起來。我們能夠分辨出氣味從什麼方向飄過來，因為有一邊的氣味比另一邊強烈。大多數人都有一塊不足一平方英吋的嗅覺皮膜專為一個嗅球服務，而狗的每個嗅球則有13平方英吋的專屬嗅覺皮膜，牠們每平方英吋上皮細胞中的神經末梢數量要比人類高出100倍，這些數字告訴我們，狗的嗅覺要比人的嗅覺靈敏10萬到100萬倍。獵犬的鼻子更靈，比人高出1千萬到1億倍，而穩坐嗅覺冠軍寶座的則是灰熊，牠的嗅覺比獵犬的還要厲害7倍，這本領在牠們尋找食物的過程中可以派得上極大用場。

這樣看來，說到檢測氣味的能力，人類若與上帝所創造的其他生物相比，顯然微不足道，但上帝賦予我們探究其奧秘的能力、思考的能力，並能因創造主的無比智慧而發出讚美之音──這一點可是其他生物做不到的事。

耶和華，謝謝你賜予我感官。透過研究奇妙的感知力，能引導我歸向你。為此我萬分感激。

高光譜影像

愚昧無知的百姓啊，你們有眼不看，有耳不聽，現在當聽這話。耶利米書5：21

高光譜影像的精髓就是要看到原本看不見的東西。那在暗夜中找到奧薩馬·賓·拉登（Osama bin Laden）的老巢並將其正法的特種部隊，正是使用了前一年才研發出的高光譜成像技術，即使在沒有任何光線的情況下，也能看得清清楚楚。那麼它的原理是什麼呢？

人類眼中的視桿細胞和視錐細胞，會對波長在400－700奈米範圍內的電磁波作出反應。電磁波頻譜的範圍極其廣泛，人們所說可見的，或是有光的400－700奈米的波長區間實則是一個非常狹窄的波段，但只有處在這一波段，人們才能夠看到。在此頻譜之外，我們稱之為黑暗，雖然其中包含著大量電磁波，比如，散發出熱量的物體，不管是來自於體溫或是日間積蓄的熱量，都會放射出紅外線。它屬於電磁波輻射頻譜的肉眼不可見部分，而高光譜影像則是利用檢波器盡可能拓寬頻譜上的可見區間。

當然，人類許久之前就已經發明了紅外線探測儀，但人若是躲在一塊高溫岩石的後面或旁邊就能在紅外線檢測儀的監視下成功隱身。後來石油和採礦公司發現不同的礦物質會表現出獨特的光譜特徵，所以透過高空偵測某一地區，並用經過調整的檢波器進行拍攝，這樣一來，探礦人就可以找到他們原本看不到的礦藏了。

不久之後，研究人員便將類似技術應用於農業。植物所吸收和反射的輻射在其特徵上差別不大，如今人們利用這一點就可以從高空或太空中識別特定類型的植物。其實，每個物體的輻射光譜在其放射特徵上都有細微差異，透過精確調整檢波器，我們可以在穀物飼料中發現動物蛋白質污染物，這樣能夠有助於防止狂牛症的傳播。該技術具有數千種用途，即使是普通的掃描電子顯微鏡也可以安裝檢波器，就可以檢測出吸收了電子束的元素所發出的獨特X光特徵。因此，我們能夠在最細微的層面上，將不可見的變為可見的，而敬虔的精髓就在於要順服、跟從那看不見的上帝。

耶和華啊，我祈求你賜予我高屬靈性質的影像，這樣我就可以親眼看到並認識你，你是我獨一的真神，是我的救贖主。

散步

天起了涼風，耶和華上帝在園中行走。創世記3：8

我從來沒有想過這一點：上帝當時是趁涼爽的時候在園中散步。祂一定也很喜歡散步！你知道嗎？散步是最好的運動之一。它不需要任何昂貴的設備，也不需要專門跑到健身房才能進行。若是背重物行進，不但能鍛煉到所有肌肉群，對於關節也相對輕鬆。如果你經常進行長距離的健走，就會使你身體強健，體力充沛，而且心情愉悅。血液化學指標（例如膽固醇和醣類）也會改善，還能控制體重，養成每天健走的習慣的確大有助益。

一定要有一雙適合步行的運動鞋，給予身體較好的支撐力以及防震力。根據天氣狀況，穿著寬鬆分層式的衣服，這樣倘若走得熱了或是天氣轉涼的時候，你可以增減衣物進行調整，以保持舒適感。倘若每天你能夠先慢走進行熱身，等到身體暖和便停下來做伸展運動，隨著身體的舒展，身體也會感到涼爽。除了在固定的時間散步之外，找一個人陪你一起散步會讓你更容易堅持下來，更重要的是，你在身體變得更健康的同時，還能獲得一份深厚的友情。我堅信，以諾一定是找到了這個世界上最好的散步夥伴（創世記5：22）。

我和我的妻子多年來已經養成了散步、聊天的習慣，所以我們現身說法，告訴你箇中樂趣。散步是我們一天當中最喜愛的時光，可以海闊天空，無話不談。無論細雨連綿或陽光普照，颶風還是下雪，我們都不間斷。就算結了冰，需要全副武裝，並且冒著摔跤的風險，我們也樂此不疲。

與上帝同行，是指與上帝之間建立關係，這一比喻的內涵極為豐富。以諾和挪亞都曾與上帝同行。我很想知道比喻與現實之間的界限在何處變得模糊起來。他們真的肩並肩地同行嗎？大衛和希西家行了上帝所行的道。許多昏君卻行了耶羅波安或亞哈所行的道，這兩人都是邪惡君王的代表，而明君都行大衛、亞撒、約沙法所行的道，他們是帝王的模範。跟隨其他的偶像行事、按自己內心的決斷行事，或是根據人的戒律行事，都是違背上帝的律例典章的。走在和平與平等中就意味著同心，在阿摩司的暗喻中，他就曾問道兩個不同心的人是否有同行的可能（阿摩司書3：3）。

 耶和華，如今你還在天氣涼爽的時候散步嗎？今日，我能與你同行嗎？

羔羊之光

耶穌又對眾人說：「我是世界的光。跟從我的，就不在黑暗裡走，必要得著生命的光。」約翰福音8：12

當你在黑暗中行走時會發生什麼事？我所說的是徹底的黑暗，不是當燈熄滅後，你還可以從發光的時鐘、路燈，甚至月光的銀輝中得到一絲微光。至於接下來會發生什麼事，我想這完全取決於你對周圍地形的了解。如果是在自己家裡，即便是漆黑一片，你也可以應付得來，但若身處陌生的地方，一點光線也沒有，周圍陷入完全的黑暗——那麻煩就大了！完全沒有光的地方是極少的，不過洞穴深處就在此列。我曾經參加過幾次洞穴探險，所以我明白那種感覺，當你頭上的燈突然熄滅，不論是你自己關掉或是意外壞掉，你都會深深感到自己是無比脆弱，因此每一個洞穴探險者都會配備各種光源。在那種特殊的環境下，帶再多燈都不算多。當你帶的大燈熄滅後，你可以再打開一盞燈看看出了什麼狀況，仍舊可以繼續前進，但若是沒有光，什麼都做不成。

據估計，當今世界上仍有16億人住在沒有電的國家或地區。煤油燈可以在夜晚照亮，不過也會引發火災或導致灼傷，同時也會加劇碳排放量——蠟燭同樣也會如此，傳統的電池則太過昂貴，且無法回收。Light Up the World基金會（網站lutw.org）、BarefootPower.com、SuryaBijlee.com網站以及許多組織也向發展中國家以實惠的價格提供太陽能LED燈來照亮黑暗。尚比亞、斯里蘭卡、南非、阿富汗、宏都拉斯、印度和許多其他國家的人民非常喜愛這種物美價廉的照明系統。原先他們每月至少要花一美金來購買煤油，現在太陽所提供的能量就可以供他們在夜晚照明。得到這種照明燈的人都在欣喜地描述著入夜後他們的生活仍舊可以繼續，他們如今不再害怕黑暗和夜間出沒的動物，因為有了燈光，他們自己充滿了力量，且無比安全。

此類照亮世界的公益活動恰如其分地表現出這世界的真光帶給人們的安全與力量。這盞小小的LED燈只是一個模糊的縮影，代表著福音的真光如何照亮人的生命，使其充滿力量。

主啊，願我像那將太陽能LED燈帶向世界的組織一樣，盡心盡力地將這世界的光帶給落在黑暗之中的人。

課程大綱

我要在你的律例中自樂；我不忘記你的話。詩篇119：16

作教師的「福利」之一，就是我要為教授的每一門課編寫課程大綱。課程大綱是一份只有幾頁紙的簡單文件，它雖然簡短，卻十分重要，除了要註明教師的姓名、聯繫方式、課程名稱和學分之外，還要包括課程說明，告訴學生我們會用到哪些教材和實驗手冊，並且告知他們是否有線上學習資源及其使用方式。課程大綱詳細地說明了要想取得好成績，需要做到什麼，甚至也詳列了評分標準，即根據學生的不同表現可以獲得多少分。課程大綱也包括出勤、學術誠信、電子設備使用、安全條例等課程要求。簡而言之，課程大綱是我向學生提出的一份合約，讓他們明白我希望他們達到的標準。非常現實地說，我是立法者，也是法官，因為我的工作還包括最後為每位學生打分。

設想以下各種情況：有一位學生選修了我的課，結果卻與其他課衝堂，導致他經常無法上課。也許有學生帶了一本不同的教科書，是從在其他學校上學的親戚那裡借來的，因為課本很貴，他們不想花冤枉錢買一本最新版的教科書。有的學生實驗時間在安排上有衝突，所以希望能晚點來。有的學生根本沒有電腦，那我怎能指望他們使用該課程的線上資料呢？我敢打賭，你聽了這些問題會認為我在胡編亂造，對嗎？我倒真希望是這樣！其實這些只是經常發生的各種問題的一小部分。當我開設一門超過100名學生註冊的課程時，那我所要面對的混亂還遠不止這些呢！

經過我的觀察，那些能夠輕鬆取得好成績的學生通常都有一個共同特點，有些讀者可能已經猜到了——這些學生都會仔細地研讀，並完全理解課程大綱。

多年來我一直在教授這些課程，因此我知道想要掌握這些學生應該怎麼做，而且經過時間的驗證，我所提出的方法是正確的。我當然希望自己的學生能夠順利通過考核。從亙古以來，上帝支撐著整個宇宙的運行，祂的大綱比我的還短，只有十個清晰的命令（編按：這十個命令即十誡）。祂希望我滿有喜樂，也知道我怎樣做才能擁有它。此等重要的事，難道不值得我的關注嗎？

 耶和華，謝謝你清晰的律法。願它們成為我的喜悅。

真相

我實實在在地告訴你，我們所說的是我們知道的；我們所見證的是我們見過的；你們卻不領受我們的見證。約翰福音3：11

有段時間，我相信自己已經被海嘯般的資訊淹沒了。然而在浪潮退卻之後，才發現大部分的訊息都是謠言或誤傳。在當今社會之中，怎樣才能夠辨別真假？就拿兒童疫苗接種和自閉症之間的可能關聯，就是一場漫長的鬥爭。

這個故事說來話長，它原是從一位名叫安德魯·維克菲爾德（Andrew Wakefield）的英國腸胃病學家展開。維克菲爾德博士於1998年在英國醫學雜誌《柳葉刀》上發表了一項研究結果，聲稱麻疹、腮腺炎和風疹（又稱德國麻疹）的三合一疫苗（MMR）與自閉症之間有一定關聯，由此他得出結論，三種疫苗一起注射會造成自閉症，應予以分開。可是那時人們不知道的是，他已經為一種專門針對麻疹的疫苗申請了專利。

與此同時，美國人民已經開始關注其他三種兒童疫苗，其中都含有乙基汞（ethylmercury）防腐劑——硫柳汞（thimerosal）。維克菲爾德的文章一經發表，馬上就有人聲稱汞中毒是導致自閉症的元兇，因此疾病控制與預防中心（CDC）立刻要求醫學研究所（國家科學院的附屬單位）對這些疫苗與硫柳汞進行調查。一個由高級專家組成的研究小組於焉成立，對近十年來牽涉幾十萬兒童的數百項研究展開調查。早期的臨時報告嚴謹地指出綜合疫苗與硫柳汞並無危險，後期的報告基於更多的數據，立場就顯得更加堅定。但在這段時間裡，活動分子、家長團體和各路媒體誇大其詞，誓要揭露陰謀，甚至威脅要殺掉支持疫苗接種的科學家和捍衛者。在大西洋兩岸，這場辯論逐漸顯出其醜惡的一面。許多兒童因為沒有接種疫苗而死亡，與此同時，成千上萬的自閉症兒童也提出訴訟，要求賠償。

最終，真理終於浮出水面。人們發現維克菲爾德是個徹頭徹尾的騙子，因嚴重違反職業操守而面臨指控，《柳葉刀》也撤銷了他在1998年發表的文章。

 喜愛所有小孩的主啊，這個世界的大騙子是多麼希望看到這些鬥爭，他是多麼欣然看到你所愛的人受到傷害。主，願我們總能撥開雲霧見真相。

一個

身體只有一個，聖靈只有一個，正如你們蒙召同有一個指望。一主，一信，一洗，一上帝，就是眾人的父，超乎眾人之上，貫乎眾人之中，也住在眾人之內。以弗所書4：4-6

世間有種妙不可言的神奇力量。任何事物，如果沒有單一個體，那就意味著什麼都沒有——即相當於零。一旦有單一個體，那麼就會從一無所有 (0) 變成了一個 (1)。在機率學上，1就代表著某件事不可能不會發生，也就是說，它一定會發生，所以我們可以說，耶穌復臨的機率為百分之百，這是一件絕對且必然會發生的事情（約翰福音14：3）。還有一些有趣的事實：1是唯一一個平方與平方根都是其本身的數字。不僅如此，1是數列中的第一個整數，而且許多人認為它是數列中的第一個自然數。計算機都採用二進制系統，一個只用0和1的系統。在數位電子電路中採用邏輯（閘）門，或開啟或閉合，代表二進制中的0和1，再沒有其他數字了。

一代表統一，被定義為一種未劃分的、整體的或完整的狀態。中古英語「聯合」（unite）一詞源自古法語。在拉丁文中則寫作*unitas*。從中我們引申出歌唱中的「齊唱」（unison）以及「聯合」（unite）、「聯盟」（union）等詞。1858年6月16日，亞伯拉罕·林肯（Abraham Lincoln）發表了他著名的演說《分裂之家》，所依據的就是馬太福音12：25與路加福音11：17中耶穌的教訓。林肯說道：「『一家自相紛爭，必站立不住。』我相信這個政府不會長久地容忍這種半奴隸半自由的狀態，我不希望聯邦政府解體；我不希望這個家敗落；但我確實希望它能停止不和狀況。這件事情的結局必定是完全的選擇，而非折衷的結果。若非奴隸制的反對者阻止其蔓延，並讓公眾相信它最終將消失；否則就是它的鼓吹者促進其發展，直到它在全美國，無論是新或舊美國，南方還是北方，都是合法的。」那時他還沒有當選成為美國總統，這篇演講的核心也與當時的流行思想背道而馳，但卻是引導他在其總統生涯中將這個瀕臨破碎的國家合而為一的璀璨之星。在耶穌復活後，祂告訴門徒不要離開耶路撒冷，而要等待「受聖靈的洗」（使徒行傳1：5）。因此，十一位門徒便根據耶穌的指示，「同心合意地恆切禱告」（14節）直到他們被聖靈充滿（使徒行傳2：2）。這也是「1」的力量，就是合一的力量，一個團結的國家，一個合一的教會。

我獨一的主，唯一的上帝，求你使我們合而為一，成為一個身體，受一聖靈所感，接受你的引領，因為我們都有同一個信仰。

鹽的棋盤排列

鹽本是好的，若失了味，可用什麼叫它再鹹呢？ 馬可福音9：50

我坐在實驗室裡，新的電子顯微鏡的主控臺上。當光束掃描放在帕爾帖加熱冷卻置物臺的小鹽晶粒時，平板螢幕上就出現了一個四方的小立方體。我可以用光標控制標本室內的濕度。當我調整時，這個小立方體上出現了細密的水珠，幾秒鐘之內，鹽晶便溶解了。接著，我滑動光標降低濕度，小水滴開始收縮，當離子們紛紛在新的晶體中找到了自己的位置，一個個小小的鹽晶又出現了。水是如何使鹽晶消失的？隨著水被蒸發，鹽晶怎麼又回來了呢？

鈉離子帶有一個正電荷，氯離子則帶有一個負電荷，所以在一個晶體中，這兩個離子是排排坐的。當成千上萬個離子聚集在一起時，你永遠不會看到有兩個鈉離子在一起或兩個氯離子在一起（記住，相同電荷互相排斥）。試想你要將一大堆兩種顏色的盒子排列起來。堆的時候需要兩種顏色交替排列，無論橫向或縱向，絕對不能出現有兩個緊挨著的盒子顏色相同的情況，這就像用彩色的盒子來排列出一個棋盤。

在我的想像中，水分子就像是家喻戶曉的米老鼠標誌（一個簡單的黑色圓圈是米老鼠的臉，還有兩個小圈代表耳朵）。臉部的圈代表一個氧原子，每個耳朵都代表一個氫原子。鹽和水相互作用的奇妙之處，就像米老鼠的水分子如何聚攏在整齊的氯化鈉旁邊一樣。

無論是排列得整整齊齊的離子，還是水分子，都是攜帶電荷的，因此它們彼此間相互吸引。看！一個較大且攜帶負電的氯離子正被幾十個水分子帶正電的小耳朵團團圍住。它們齊心協力將氯離子從整齊的列隊中分出來，然後一起離開了。同樣，水分子中被拋下的一群帶負電的米老鼠臉，圍住一個帶正電的鈉離子，也將它與隊列隔開。簡言之，在水分子的包圍下，每一個鈉離子和每個氯離子紛紛被隔離，不允許它們再度集結。不過顯而易見的是，當水被蒸發後，整齊的隊伍又回來了，一個個離子排排站，又形成了完美的立方體。因此，既然我是按著上帝的形像被創造的，所以我也喜愛秩序與組織。

 耶和華，我要為生命中的簡潔與秩序獻上祈禱，願我能夠順從你的旨意。

確實如此

耶穌說：「我實實在在地告訴你們，還沒有亞伯拉罕就有了我。」約翰福音8：58

好萊塢紅星卡梅隆‧狄亞茲（Cameron Diaz）曾對婚姻發表個人看法，她說：「我覺得我們必須有自己的規則，不應該受到那些古老傳統的人際關係束縛，它們早已與我們的世界脫節了。」

但耶穌論到婚姻說：「那起初造人的，是造男造女，並且說：『因此，人要離開父母，與妻子連合，二人成為一體。』這經你們沒有念過嗎？既然如此，夫妻不再是兩個人，乃是一體的了。所以，神配合的，人不可分開。」（馬太福音19：4-6）

若讓理查‧道金斯（Richard Dawkins）來談談上帝，他會說：「上帝的存在不過就是一個科學假設。」（理查德‧道金斯曾支持一場宣傳活動，在倫敦巴士上的大型橫幅寫著：「上帝可能並不存在。停止憂慮，活在當下，享受生活。」）

若問耶穌有關上帝的事：「我實實在在地告訴你們，還沒有亞伯拉罕就有了我。」（約翰福音8：58）「你們稱呼我夫子，稱呼我主，你們說的不錯，我本來是。」（約翰福音13：13）

相對主義——認為不存在絕對的真理，我們對真理的認識取決於我們所認為的事實——它們打著不同的旗號出現在世人面前。真理相對主義和道德相對主義只是其中的兩個例子。倘若真理或道德的所有不同變體都一樣好，那意味著它們也同樣糟，那豈不是沒有任何意義？若有真理是放諸四海皆準的，卻與我所相信的稍有區別，那麼我也不會承認或改變我的看法，因為這會說明我原先所信奉的真理是不成立的。

《聖經》用再清楚不過的話語聲明自己就是真理的標準。「你的道就是真理。」（約翰福音17：17）「無謊言的上帝。」（提多書1：2）不要「中了人的詭計和欺騙的法術，被一切異教之風搖動，飄來飄去，就隨從各樣的異端。」（以弗所書4：14）相對主義的根源究竟是什麼？「聖靈明說，在後來的時候，必有人離棄真道，聽從那引誘人的邪靈和鬼魔的道理。」（提摩太前書4：1）

主耶穌，我向你承認我的罪孽。我是罪人。我是卑賤的人。求你洗淨我，使我潔白如雪。

默想繁榮

猶大人和耶路撒冷的居民哪，要聽我說：信耶和華——你們的上帝就必立穩；信祂的先知就必亨通。歷代志下20：20

繁榮、昌盛、功成名就——試問誰不喜歡？我們是不是相信成功與幸福必定形影不離？那麼我們成功的目標是什麼？應該通過什麼標準來衡量，以何種方式來定義？如果你聽過並認同「擁有最多玩具的就是贏家」這種概念，那麼你需要做的是數一數他有多少玩具，當然如果是財富，那就要看看他一共有多少錢，做了多少投資。那麼美女與權力呢？有多少人需要向你匯報，指望從你這裡領到薪水？當你命令「跳下去」的時候，有多少人會立刻服從？在音樂、藝術、表演、運動、收藏、公眾演講、醫學、或科學成就方面的天賦、技巧或能力——有些人，甚至可以說許多人都以其中的一個或幾個為目標，但在任何一個領域中，取得多大的成就才算夠？當我已經達標的時候，我怎麼才能知道？真的有感覺足矣的時候嗎？過往的歷史強烈證明了一件事：在上述領域越成功的人，越會產生無窮的欲望，想要取得更大的成功。急流勇退者實屬少數，在取得巨大成功後，只有少數幾個幸運兒能深刻感受保羅所說：「我無論在什麼景況都可以知足，這是我已經學會了。」（腓立比書4：11）保羅這番話，可謂字字珠璣。魔鬼欺騙我們，說只要我們得到越多就越幸福，所以，只要我有更多_____（你可以自行填上你想要的）的話，就會越幸福。

哈曼可以算得上是成功人士了，不但家財萬貫，還大權在握。所有人都跪拜他，除了末底改。可悲的是，他偏偏要末底改跪拜他，否則就怒氣填胸（以斯帖記3：5）。這個故事恰好說明，那種「想獲得更多」的執念往往使人引火自焚，結局只能是無盡的痛苦與毀滅。歷史還向我們展現了截然不同的故事，如果人們信靠上帝，接受祂藉著先知傳達的信息，上帝就會看顧祂的子民。他們能夠得享和平、安歇，生活繁榮昌盛。《聖經》中「你們只要求祂的國，這些東西就必加給你們了」的應許屢試不爽（路加福音12：31）。藉著耶利米，耶和華說：「智慧人不要因他的智慧誇口，勇士不要因他的勇力誇口，財主不要因他的財物誇口。誇口的卻因他有聰明，認識我是耶和華，又知道我喜悅在世上施行慈愛、公平，和公義，以此誇口。」（耶利米書9：23—24）.

 耶和華，求你使我藉著學習你的話語，滿懷欣喜地來認識你。

力量

祂是上帝榮耀所發的光輝,是上帝本體的真像,常用祂權能的命令托住萬有。**希伯來書1:3**

那些被閃電近距離擊中卻僥倖逃過一劫的人,說起閃電的驚人威力,與經歷過5級龍捲風或9.0級地震的倖存者所描述的不相上下。所有這些災難都釋放出巨大的能量,位能轉化為動能,造成人員傷亡,財富一夕之間遭到破壞——所有東西都被巨大的力量挪移,東西就是物質,而物質一定有質量。

大多數研究能量和質量的人,都曾堅信這兩者是不同且獨立的存在。直到阿爾伯特·愛因斯坦(Albert Einstein)發表了他十分著名、卻很少人能夠理解的等式E=mc2,並提出狹義相對論的理論之後才開始改觀。愛因斯坦的狹義相對論將能量與質量緊密地聯合起來,它向人們展示一個非常小的質量(m)如何產生巨大的能量(E)。反過來說,這個等式量化了一小塊物質所需的巨大能量。在這一等式中,產生無法想像之巨大能量的常數,就是光速(c)——這是個極大的數字:超過每秒186,000英里(接近每秒3億米)。但這還不夠大,等式中所出現的是c的平方,因此用質量乘以光速的平方(c²),就是你所獲得的能量。顯然,想要獲得巨大的動能就需要消耗或摧毀一小塊物質(這是我們從原子彈中所得到的直接教訓之一)。

當使用能夠將各種亞原子粒子打碎的粒子加速器進行實驗時,我們可以得出結論,愛因斯坦的質能方程反向也成立。當我們使用巨大的能量來加速極其微小的粒子(質量小),並使它們碰撞在一起時,透過犧牲動能就可以「創造」出更多質量。因此,粒子物理學家支持愛因斯坦的狹義相對論,並表示如果我們能使用足夠的能量,就可以創造物質(質量)。根據熱力學第一定律,能量不能被創造或毀滅,但可以從一種形式轉化為另一種形式(能量守恆定律)。可是,就算人類想要創造出針尖那麼大的物質,我們到哪兒尋來足夠的能量呢?就算將一千場龍捲風匯聚在一點上,所積累的能量也是不夠的,一千次地震也是無能為力的,只有上帝的話富有能量及權柄,能夠創造出我們生存的宇宙。祂是多麼神奇、多麼令人敬畏的上帝!

全能的主,當你發聲時,那巨大的力量令人膽戰心驚。我匍匐在地,敬拜你是創造萬有的上帝。

榮耀

一心一口榮耀上帝——我們主耶穌基督的父。羅馬書15：6

星期五下午日落時分，我最喜歡去費多戈島的伊利山頂迎接安息日的到來，它就位於華盛頓州的阿納科特斯鎮附近。有幾次我在日落前抵達，坐在一塊岩石上，向西望著胡安·德富卡海峽對面的聖胡安群島。就在這一片莊嚴的寂靜中，伊利湖就躺在我的腳下，遠方就是朗利灣和巴羅斯灣，接著便是巴羅斯島。更遠處的洛佩斯島上有隻小小的渡輪，穿過普吉特海峽時默默地切出一條筆直的水路。天氣晴朗之時，我甚至能看到溫哥華島的維多利亞，以及通往太平洋的胡安·德富卡海峽的開端。左邊是雄偉壯觀的奧林匹克山脈，終年不化的積雪覆蓋著山頂。夕陽西斜，海洋、天空、群島、覆蓋著森林、丘陵和積雪山脈的色彩與光影彼此交織，真是好一幅瑰麗的景象！在我的心中默默湧現出無數華美的樂章。

當我注視著創造主上帝所展示出的壯麗景觀時，就好像大衛進入聖殿坐在耶和華的面前（歷代志上17：16），又好像以利亞躲到山裡，上帝命他從洞中出來站在祂面前（列王記上19：11），與上帝交往的時光總是無比壯麗且深刻。我回想自己的生活，想到自己是多麼輕易就錯過了生命中最重要的事。我的行事曆總是擠滿了行程——還沒劃掉，就又添了更多。想要做完所有的事根本不可能——但到底要做到什麼程度才算做完呢？看起來光鮮亮麗或是取得成功，是不會對那在夕陽中與上帝的交談產生任何影響。追求賺大錢、事業、生活富裕自在似乎也無濟於事。

當我們與宇宙的上帝面對面之時，生命的重心就變得如水晶般清透。我此生唯一的使命就是要反映出上帝的榮耀。耶穌榮耀的首次彰顯是在迦拿的婚宴上（約翰福音2：11），那是祂生平第一次展現出神性。以賽亞書42：8和48：11清楚地表明，上帝絕不允許自己的榮耀歸給他人。因此我的生命也並不關乎我，而是要知道如何歸榮耀給天上的父，正如耶穌所教導的，祂也為我們立下榜樣（馬太福音5：16），這是每個迎接安息日的日落之時，我所領悟的教訓。

榮耀歸於至高的天父。要將耶和華所當得的榮耀歸給祂。因為國度、權柄、榮耀全是你的，直到永遠。阿們！

奇妙的水

給我們水喝吧。出埃及記17：2

水——H_2O，兩個氫原子和一個氧原子相結合，又名一氧化二氫或氧烷——是一種奇妙的分子，我堅信這一點。它出自於一位充滿愛意的設計師之手，作為所有生命形式的溶劑，也是大多數草本植物的加壓結構，還能夠穩定地球的溫度，水對於人類的益處不勝枚舉。但大部分的人認為這是理所當然的，因為只要打開水龍頭就有水流出來，所以絕不會對此再三思量。

水分子的相對分子質量為18（即一莫耳水=18克）。如此輕的分子大多數都以氣體的形式存在於自然界中，若是呈現液體，則氣化壓力很高，會迅速蒸發，甲醇就是一例，它的相對分子質量為32，幾乎是水分子的兩倍，但其蒸發速度極快。二氧化碳的分子質量是44，必須在強大的壓力之下才能液化。因此，水在自然的條件下能呈現出三種狀態（氣態、液態和固態）的確令人驚歎。

你也許會認為，好吧，能做到這一點，一定是有原因的。你的想法沒錯！原因就在於水分子獨特的形狀。氧原子位於中間，兩個氫原子以極性共價鍵與之相連。如果兩個氫原子處於同一水平面上，那麼水就真的要改頭換面了，它會變得更像是二氧化碳，一直以氣體的形態存在，但由於兩個氫原子是以某種角度結合在一起，因此水分子是高度極性的，這就是它的絕妙之處。這個104.5度的角使得每個水分子與其旋轉電子呈現出四面體結構，而四個頂點之間盡可能地拉開距離。四面體的兩個頂點帶有輕微負電荷，另外兩個帶有輕微正電荷。因此，水分子之間相互吸引，電荷相反的兩個頂點互相連結在一起。分子間的氫鍵賦予了水分子「喜歡」膩在一起的個性。試著從瓶子裡倒出最少量的水，你會發現，最少也得是一滴，因為水分子間黏在一起。分子間不相互沾黏的話，倒出來的時候更像是倒鹽或沙子。

水之所以擁有清潔、溶解、水合反應和穩定溫度的神奇力量，就是水分子的極性與其氫鍵的功勞。清潔的水真的是全能且慈愛的上帝，給予我們的一份厚禮。

眾水的主，求你清洗我，使我潔淨。主啊，我渴望暢飲那從你寶座中流出的生命活水。

水：冷、輕、硬

諸水堅硬如石頭；深淵之面凝結成冰。 約伯記38：30

正當你又熱又渴之際，有人奉上一大杯清水，再放上幾個冰塊，你就可以心滿意足地坐下來一飲而盡了。大多數人不會去想、更不會去欣賞固態的水與液態的水是如何相互作用的。固態的水（冰塊）總是浮在液態水的表面，這不是很奇怪的事嗎？

來吧，花一分鐘來思考一下。液體冷卻意味著分子運動速度減慢。逐漸慢下來的分子所佔據的空間變小，這樣單位體積內的分子數量會增多，也就是說冷卻的液體比熱的液體更稠密，而密度大則意味著移動緩慢的分子會沉到底部。這就是為什麼湖水的底層會較為涼爽，而海洋的深處則異常寒冷。冷的物質由於密度大總會下沉，但是為什麼水變冷結成冰後反而密度變小了呢？

秘密就在於水分子的四面體構造以及帶電的四個角。即使在室溫下，水分子也算得上是活力四射，它們亂蹦亂跳以致稍帶正電的角與其他水分子帶負電的角只能在瞬間相互作用。無論何時，它們可能只有兩三個角會與其他水分子產生連結，但這樣的相互作用力已經足夠縛住水分子，防止它們跳出水杯，瞬間變為氣體。只有當水分子具有巨大能量時才能做到這一點——也就是高溫蒸發。但當水冷卻下來的時候，也就是分子移動速度減緩，它們之間的互相作用也更加密切，分子間的連結更多，時間也更長。當溫度高於冰點幾度的時候，水的密度達到最大。

當水繼續冷卻的時候，分子移動速度太過緩慢以至於彼此之間開始建立永久性的氫鍵。然後當水結冰時，水分子形成結晶結構，大多數的分子與四個其他分子以氫鍵的形式相結合。為了形成這種穩固的結晶排列，水分子之間必須分離，以至於其體積要比同等重量的液態水多10%，這種排列方式使得密度變小，於是冰可以浮在水面上。若是水在石頭縫裡或是水管中結了冰，那麼水的膨脹會導致石頭或水管破裂；若是水結冰的順序是從下到上，那麼地球上的生物將無法生存，因為大部分的水將會被封鎖在太陽照不到的冰面深處，好在冰可以漂浮，每到春天就會迅速融化。雖然只是小小的細節，但對生命確是至關重要。

 耶和華，我要敬拜你，因你為生命的存續，將每一細節都考慮到了。

一同坐席

看哪，我站在門外叩門，若有聽見我聲音就開門的，我要進到他那裡去，我與他，他與我一同坐席。啟示錄3：20

這件事每一天都在發生，任何一種文明、城市、小鎮或村莊，無一例外。想要建立人際關係，或者變得更加密切，人們就會坐下來一起吃飯，這種習慣可謂天性。

在午餐或晚餐時間走進任何一家餐廳，或是在路邊的咖啡館裡靜靜觀察，一定會看到人們在吃飯的時候談生意，或是與從遠方來的朋友小聚。環顧四周，你肯定會發現幾對情侶，有些可能是剛剛認識，有些則愛得旁若無人、濃情蜜意（也許是在度蜜月），還有一些年長的夫婦在一起享受生活的樂趣。也許你還能看到一家人歡天喜地出來吃飯，或是將幾張桌子併桌舉行派對——慶祝生日或是退休。在一起吃飯是人類的天性。

邀請某人到自己家裡吃飯，標誌著一段重要關係的轉捩點。首先你要與對方約定時間和日期，接著詳細地定菜單，購買食材，將準備工作早早完成，確保一切都稱心如意——燈光、音樂、鮮花、高級瓷盤，水晶杯、光亮的銀器，新換洗的亞麻桌布，當然還有食物——所有的一切都是那麼完美，只等你們坐下來一起進餐了。所有這些精心的預備，以及對細節的執著，其實重點都不在於這餐飯——而是在於你所重視的這段關係。在傳杯弄盞之間，心也變得更加親密了，這才是我們所要追求的。

因此，當獨一的創造主上帝——宇宙的君王，萬主之主、萬王之王，走到我的門口輕敲，耐心地等待回應，接著又敲了敲，再等一等……也許是我不在家。天哪！怎麼可能，我明明在家。這門就是我的心門，通往我的心靈，我一直都在。祂知道，於是祂呼喚我的名，祂既不是收賬人，也不是放高利貸的人，祂是一位父親，盼望著與我建立關係。仔細聽聽祂的呼喚：「若有聽見我聲音就開門的，我要進到他那裡去，我與他，他與我一同坐席。」要知道，重要的不是吃飯——重要的是上帝與我的關係。

 主啊，請你進來，我們來一同坐席。不過更重要的是，讓我們傾心交談。

鱗翅

我若展開清晨的翅膀，飛到海極居住，就是在那裡，你的手必引導我；你的右手也必扶持我。詩篇139：9—10

那隻蝴蝶是飲了花蜜，醉了嗎？看牠飄忽不定地飛，落地的時候一定會摔得不輕。若硬要我說的話，它的飛行控制系統需要好好整修一番了！可出人意料的是，它輕輕地落到一朵花上，飽飲了花蜜後，又歪歪扭扭卻精準無比地落到旁邊的一朵花上去了。

蝴蝶和蛾都屬於昆蟲綱鱗翅目，顧名思義，「翅膀上生有鱗片」。用放大鏡觀察蝴蝶的翅膀，會發現它像極了用木瓦疊成的房頂。層層疊放的鱗片整齊地排列成行，每片鱗片的2/3或1/2都會被上一層遮住，而剩下的部分則會整齊地排成一行，你可以找一處木瓦房頂對比一下，這就是在放大鏡下蝴蝶翅膀的樣子。一旦你抓到一隻蝴蝶或是蛾，手上一定會沾滿粉狀的物質，你可以找一找蝴蝶翅膀上相應受損的位置，很有可能會發現鱗片被磨掉或震落的痕跡，手上的粉就是來自於這裡。

不過如果你用電子顯微鏡來觀察相應的受損區域，就會看到其實每個鱗片都是插進翅膀上的微小凹窩中。帶有微微收縮凹窩的管狀插槽在蝴蝶的裸翅上整齊地排列著，每一枚鱗片都有一小柄，中部略微隆起。當鱗片插入槽中時，那收縮的凹窩便將微微隆起的小柄裹住，只需輕輕一碰，鱗片就會從槽中脫落，形成粉塵，顯然這種損害是永久性的。

繼續增加顯微鏡的倍數，你會發現每一枚鱗片其實是一種網眼狀結構，由縱向延伸的脊狀結構組成。脊與脊之間較薄的區域其實有許多連接兩脊的交叉紋理結構，這種結構之間的空隙使之看上去很像美麗的蕾絲。若是換上更高倍的顯微鏡，你會看到脊狀結構是由相互重疊的指狀物焊接在一起構成的。就像是一長串被推倒的骨牌，每一個指狀物都壓在相鄰指狀物的上方。

在蝴蝶的翅膀中，除了深色來自於黑色素，其餘各種獨特而明亮的色彩都是這些細小鱗片的精細結構賦予的。

高天之上的父上帝，如果你在一枚小小蝴蝶翅膀的鱗片上都費了一番心血，那我為何還要懷疑你是否真的關心我生活中的點點滴滴呢？

閃耀的蝴蝶翅膀

「看哪,我必快來!賞罰在我,要照各人所行的報應他。我是阿拉法,我是俄梅戛;我是首先的,我是末後的;我是初,我是終。……我——耶穌差遣我的使者為眾教會將這些事向你們證明。我是大衛的根,又是他的後裔。我是明亮的晨星。」啟示錄22:12—16

安得烈大學自然歷史博物館中有幸收藏了一系列五彩斑斕的南美洲熱帶蝴蝶標本,無論形態或顏色都是在溫帶地區看不到的。每當我抽出昆蟲展示抽屜,向訪客們展示裡面排列整齊的標本時,人們總是對這些熱帶蝴蝶變幻莫測的色彩,與它們豐富的形態格外熱情。圍觀的人群總是情不自禁地發出由衷的讚歎。「真是太美了!」其中最受人們關注的是有著明亮金屬藍色的閃蝶、翅膀上生著巨大「眼睛」的貓頭鷹蝶,以及有著透明翅膀的透翅蝶。

喬治亞理工學院的科學家們正從事對蝴蝶翅膀的研究。王中林與他的同事們努力要研製一種光子晶體波導。波導由許多小到令人難以置信的重複性結構構成,這種幾何結構會以最終結構為基準,對光線進行限制或引導。換句話說,這種非常微小的結構會對放射的光線進行精準的控制。經過多年研究不懈,科學家們最終利用新技術,成功將0.1奈米(10^{-10}米)厚度的氧化鋁填充到蝴蝶鱗片的精細結構中。王中林透過控制複製過程的次數,還能夠調節在蝴蝶鱗片上塗層的厚度。

在完成塗層後,王中林將樣品加熱,除去原有的蝴蝶翅膀,並使鋁結晶化,所得到的就是蝴蝶翅膀微結構的金屬複製品。他說:「大自然中各樣結構的豐富性,單憑人類自己是永遠無法企及的。」所以以蝴蝶翅膀作為有機模板,他就可以用氧化鋁製作出精妙的複製品。

所有鋁複製結構都是沒有染色的,其本身厚度就能顯示出典型的顏色特徵。最薄的複製品看上去是綠色的,稍厚些的就會顯出黃色、粉紅和紫色。這些並非來自色素的顏色不會隨時間褪色或變色。大多數蝴蝶的顏色其實來自於翅膀上的超微結構,你能想像得到嗎?

耶和華啊,你顯然是一位喜愛秩序和結構的上帝,是一位熱愛美感與色彩的神。無論身處何處,我都能看到你創造的天才。

殘影

人不可自欺。你們中間若有人在這世界自以為有智慧，倒不如變作愚拙，好成為有智慧的。因這世界的智慧，在上帝看是愚拙。哥林多前書3：18-19

想像在黃色色塊上排列五十顆黑色星星，分為九排。從最上層開始，奇數行排六顆星，偶數行排五顆星。然後把黃色色塊擺在十三條綠黑相間水平條紋的左上角。

當我將這張圖投影到大螢幕上的時候，學生們立刻認出這是美國國旗，只是顏色不對。我請學生們盯著黃色區域下方約30秒鐘。接著，我們就來看純黑或純白的幻燈片，但是在學生們腦海中浮現的卻是顏色正確的紅白藍國旗。

透過將雙眼聚焦於一點，視網膜上的圖像也會停留在一點。當綠色條紋映在視網膜上時，檢測綠色視錐細胞會不斷地向大腦匯報這一結果，但過不了多久，傳輸信號所用到的化合物便消耗殆盡。我們稱之為視錐細胞脫色或疲勞。然而在綠色條紋區域中、相鄰的檢測紅色和藍色的視錐細胞卻蓄勢待發，時刻準備向大腦匯報。相對的當黃色區塊映照在視網膜上時，檢測紅色和綠色的視錐細胞共同發出表示黃色的信號，時間一長，同樣會造成視錐細胞脫色。

所以，當我們切換到全白或全黑的背景時，就會得到相同的視覺效果。白色背景會刺激所有視錐細胞，因為白色是所有顏色的組合。在本該反映出綠色條紋的區域，檢測紅色和藍色的視錐細胞可以有效工作，因此大腦得出的結果是紅色。大腦對黃色色塊的反應是藍色，因為檢測藍色的視錐細胞比其他細胞更為活躍。之前是黑色的地方顏色變淺，大腦給出的結果為白色。當幻燈片切換到全黑背景色時，會抑制所有視桿細胞和視錐細胞發送信號。但由於這些感光細胞並非完全失去功能，脫色的感光體不會作出什麼反應，所以你可以清楚地看到紅白藍圖像。這種情況會持續30-60秒，直到肩負信使重任的化合物重新恢復為止。

也許我們可以從上述經驗中學到一點，眼見並不一定為實，正因為我們的感官如此複雜，因此容易被迷惑。

主，求你使我謙卑地專注於你，這樣我就不會自欺，也不會被他人誤導。我甚願對你保持真實。

拍照

主若顯現，我們必要像祂，因為必得見祂的真體。約翰一書3：2

它們無處不在，而且，小到幾乎讓你注意不到它們。要知道很可能你每天都會被鏡頭拍到。走進商店、穿過十字路口、開車進入停車場、參加活動，你會發現一舉一動都被記錄下來。數位相機如今到處都是，大多數手機也兼具相機功能，只需輕輕一按，所有的景象就以像素（Pixels）的形式被保存下來。

當你打開相機的時候，圖像就會聚焦於硅傳感器，該傳感器由小型太陽能電池網格組成。網格上的每個位置（也就是每個太陽能電池）對應最終圖像上的一個像素。太陽能電池根據照在其上的光線強度將光能轉化為電能，光線越強，電流越大，太陽能電池電流越大，反映在最終圖片上的像素則越明亮。所以，當每一個太陽能電池都恪盡職守，確定了每個像素的亮度後，我們就可以得到一張漂亮的黑白照片。網格中的太陽能電池越多，代表它們的尺寸越小，則最終圖像的分辨率就越高。

那麼顏色如何產生呢？相機製造商通過在每個太陽能電池前面安裝一個更小的濾鏡網格（綠色、藍色和紅色）來達成這一目標。通過測量穿過三種顏色濾光片的每一種彩色光線來確定每個像素的顏色。一台400萬像素的相機意味著它能夠搜集400萬像素的數據，並組合成為一張照片。

我們的眼睛和數碼相機有著異曲同工之妙，其中也有能夠搜集太陽光的元件，名叫視錐細胞和視桿細胞，可以將光線轉化為電化學信號。每隻眼睛裡約有1.25億個視錐細胞，對於微光十分敏感，哪怕只有一個光子一樣可以察覺得到。每隻眼睛中還有600－700萬個視錐細胞，可以檢測顏色。視錐細胞分為三種型號，分別檢測紅、綠、還有藍色。正是因為它們分工協作，檢測範圍有所重疊，所以我們才可以區分出數百萬種不同的顏色。大多數視錐細胞集中在視網膜的中央凹（視力最清晰的區域），在邊緣視錐細胞數目大大減少。與之相反，大多數檢測微光的視桿細胞聚集在中央凹的外圍區域。這就是為什麼你感覺遙遠的星星發出微光，可當你直接去看的時候它們卻消失，可當目光一移開，它們會再度出現。

主耶穌，還有多久我們才能真真切切地見到你的容顏。我盼望著來學習你的良善與仁愛中的每個細節。

默想「約珥」

歸向耶和華——你們的上帝；因為祂有恩典，有憐憫，不輕易發怒，有豐盛的慈愛。 約珥書2：13

我們給兒子起名叫約珥。《聖經》中名叫約珥的人物有十幾個，其中最為著名的是一位先知，他是毗土珥的兒子，約珥書就是出自他的手筆。

約珥是個簡單的名字，英文只有四個字母（Joel）。前兩個字母代表耶和華（Jehovah），是上帝的特有的名字之一。Jehovah實際上是希伯來文*YHWH*，或*Yahweh*的英文寫法，在東正教以及保守的猶太人看來，上帝的名字太過於神聖，他們絕不敢直呼其名。當《聖經》中出現*YHWH*時，他們就以「Adoni」（我的主）代替。約珥的後兩個字母是上帝的另一個希伯來文名字。*El*意為上帝，在希伯來文《聖經》中，這個名字出現了兩千多次，另外一個詞以馬內利「Immanuel」（El代表上帝，immanu意為與我們同在），也是專指彌賽亞。簡單來說，約珥這個名字其實是以一個字陳述一句話，即「耶和華是上帝」。縱觀歷史，造物主一直被人類誤解、忽視並毀謗，倘若祂聽到有人叫約珥這個名字，又理解其中的含義，那麼上帝心裡該是何等歡喜。讓我們從以賽亞書53章中讀一小段，想像如果你是耶穌，你心裡會有什麼感受？「祂被藐視，被人厭棄；多受痛苦，常經憂患。祂被藐視，好像被人掩面不看的一樣；我們也不尊重祂⋯⋯祂被欺壓，在受苦的時候卻不開口；祂像羊羔被牽到宰殺之地。」（3－7節）

當你去拜訪你最好的朋友的時候，心裡是什麼感受？你一定是非常渴望見到他們。房間裡亮著燈，他們的車都停在車道上，屋內歡聲笑語，你按了按門鈴，等待了一陣子，又按了兩下，再等等還是沒人開門，於是你便叩了叩門。你的一個朋友躡手躡腳走到門邊，從旁邊的玻璃窗向外張望。你明明知道他看見你了，可是他仍然走回去，就是不開門。我想，到了這個時候我恐怕已經無法按捺心中的怒火了。如果他根本不在乎我，我為什麼要和他做朋友呢？這樣的友誼，我已經受夠了。「看哪，我站在門外叩門，若有聽見我聲音就開門的，我要進到他那裡去，我與他，他與我一同坐席。」（啟示錄3：20）約珥——耶和華是上帝。上帝最大的願望就是與我們成為朋友，發展友誼的第一步就是要領悟到，「耶和華是上帝，祂正在門外敲門。」

快請進，我的主。這麼久以來對你不理不睬，我感到非常抱歉。我們還可以做朋友嗎？

斑海豹的晶鬚

海中的魚也必向你說明。約伯記12：8

看看海豹那雙無辜的大眼睛，看看它油亮光滑的腦袋，褐色的皮毛上略有些斑點。在牠黑色三角形鼻子的兩側和嘴巴上方——你看到那些晶鬚了嗎？斑海豹上唇的兩側有一簇令人驚歎的長觸鬚（生物學家經常這樣稱呼），在牠們眼睛上方應該長眉毛的地方也有一些晶鬚。

十多年來，一組研究人員一直在訓練一隻名叫亨利的斑海豹，希望藉此了解牠是如何使用這些神奇的晶鬚的。人們一直以為，海豹的晶鬚對觸碰非常敏感，因此當牠瞄準獵物準備近距離發動突襲時，晶鬚會發揮極大作用——這是斑海豹典型的捕食方式。但在開展對亨利的訓練之前，我們對此只是猜測而已。羅伯斯特大學的沃爾夫·漢基（Wolf Hanke）教授帶領他的研究生們矇住了海豹的眼睛，並帶上耳機，這樣牠就看不到也聽不見科學家們到底做了什麼。他們在一小塊圍起來的水域中放入一艘由螺旋槳驅動的玩具潛水艇。潛水艇隨機行駛了幾秒種後，他們就將其關閉，與此同時，移除亨利的耳機，牠就會在水中尋找潛水艇的蹤跡。這時亨利仍被矇住雙眼，但牠只用敏銳的晶鬚，就可以找到被攪動的水的路徑（一種水動力學痕跡），並在326次試驗中準確找到潛水艇256次（準確率79%）。研究人員試過更多的實驗，他們讓亨利先等待片刻再去尋找潛水艇的蹤跡，結果表明斑海豹可以毫不費力地檢測到10秒、15秒甚至20秒之前的流體動力痕跡，準確率未受影響。科學家們對此感到非常吃驚，斑海豹的鬍鬚怎麼會如此敏感呢？科學家們知道海豹會使用牠們的鬍鬚，因為若是在牠們嘴上套一隻襪子，迫使牠們的鬍子向下，那麼牠們就完全失去追蹤的能力。

之後的實驗用一片鰭板代替潛水艇，結果表明亨利可以準確地追蹤到35秒前的軌跡。一旦超過這一時間，海豹就無法分辨。最近的實驗是讓亨利追蹤各種不同形狀的槳所產生的水動力蹤跡（在海中航行的路徑），以研究斑海豹是否能夠辨別形狀的不同，在多數情況下，牠是能做到的。要知道，牠可是矇住雙眼來做這些實驗的。

由於斑海豹不能發出聲納，而且經常必須在能見度很低的渾濁海水中捕獵，因此具備了追蹤魚兒游動產生的水動力軌跡的本領，這可謂如虎添翼。

耶和華，你在每個細節之處所展現出的創造天才都使我們嘖嘖稱奇。你是何等偉大的上帝！你創造、救贖了我們，配受一切的敬拜。

精金

我實在告訴你們，凡婦人所生的，沒有一個興起來大過施洗約翰的；然而天國裡最小的比他還大。馬太福音3：11

隨著金銀價格不斷攀升，投機的商人總是設法想發一筆橫財。礦藏的河床底部和沉積礦床通常會有少量的金銀，淘出來後可以製成小金錠或銀塊——但這屬於初級精煉。二次精煉是指回收堆積在人們抽屜中棄之不用的舊珠寶首飾、電子產品，金牙和其他物件上的金銀。

精煉是一門複雜的工藝，包含太多的步驟，無法在此一一詳述。不過大致都包括用酸性溶液和高溫對貴金屬進行提純和濃縮，剔除「基底金屬」（編按：基底金屬是指除了金、銀、白金等貴金屬之外的所有金屬），只留下金銀。

在高溫條件下，基底金屬和雜質無法與貴金屬共存，這就像極了罪惡在上帝面前無法站立得住。祂的光耀——祂的烈火——立刻燒滅罪惡。瑪拉基書3：2說祂如煉金之人的火，那可是非常熾熱的烈火。銀的熔點在華氏1763.20度（攝氏961.80度），金的熔點在華氏1947.50度（攝氏1064.20度）。撒加利亞書13：9宣告：「我……熬煉他們，如熬煉銀子；試煉他們，如試煉金子。」希伯來書12：29提醒我們，「我們的上帝乃是烈火。」這不禁使我聯想到，當三個希伯來年輕人沙得拉、米煞和亞伯尼歌被投入烈火窯中，上帝與他們同在，他們也沒有被烈火燒滅，這是否有象徵意義呢？他們三人站在上帝的面前，沒有被燒滅，尼布甲尼撒王的烈火窯並不重要，因為這三個人對上帝信實，他們可以像純金一樣經歷烈火的焚燒。這裡有何深層含義嗎？

我必須捫心自問，為何自己如此執著於罪惡。如果罪惡在上帝面前將被自動摧毀，那麼無疑任何被罪惡所捆綁的東西也會隨之煙消雲散。這就是為什麼耶穌曾警告我們：「倘若你一隻手，或是一隻腳，叫你跌倒，就砍下來丟掉。你缺一隻手，或是一隻腳，進入永生，強如有兩手兩腳被丟在永火裡。」（馬太福音18：8）當然，耶穌並不是在建議我們真的去截肢，而是用形象的比喻來強調與罪惡分離的重要性。

我的主，你是煉淨我的人，如有需要，就將我放入每日的試煉與不幸的烈焰中煉淨我。無論怎樣，求你使我為前面烈火般的審判做好準備。

我們的主，我們的上帝，

你是配得榮耀、尊貴、權柄的；

因為你創造了萬物，

 並且萬物是因你的旨意被創造而有的。

——啟示錄4:11

10月 OCTOBER

鋼鐵之心

我也要賜給你們一個新心，將新靈放在你們裡面。以西結書36：26

2005年，一座由德國藝術家朱利安・沃斯・安德烈亞（Julian Voss-Andreae）用玻璃與鋼鐵創作的雕像被安放在俄勒岡州波特蘭附近的萊克奧斯韋戈市，就在第一大街與A大道的交界處。這座名為鋼鐵之心的雕像，複製出了一個巨大、栩栩如生的血紅蛋白（又稱血紅素）分子。一開始，銀色的鋼板反射著耀眼的光澤，結果不到10天，鋼鐵中的鐵便與氧氣結合，整座雕塑變成棕褐色。一個月後，氧化作用彷彿施展了魔法，雕塑表面變成了濃重的深銹紅色。正如真正的血紅蛋白分子的功用一樣，這座鋼鐵雕塑也成功地鎖住了氧氣。生鏽的過程恰恰是藝術家匠心獨具，想要模擬血紅蛋白在人體內的重要作用。

在人體內，血紅蛋白在轉瞬間就能與氧氣發生反應。我們的身體中有數以萬億計的紅血球，而每個紅血球都含有約3億個血紅蛋白分子，這是一種分為四部分的奇妙蛋白質。血紅蛋白由4個亞基組成，每個亞基包含一條由約145種氨基酸組成的肽鏈，和一個將單個鐵原子緊緊圍在中間的非蛋白質血紅素分子。氧氣與鐵相結合後，每個血紅蛋白分子會將4個氧分子從肺部帶到人體各組織。

因此，血紅蛋白對於氧氣有一種天然的親和力，尤其是在二氧化碳含量低且呈鹼性的環境中——這正是肺部的典型特徵。不過有一細節非常神奇，當一個氧分子與亞基中的鐵在肺部相結合時，另外3個亞基的形狀會發生些微改變，大幅度提高他們與氧氣的結合能力，所以氧氣可以快速地被「裝載」到血紅蛋白分子上。相反的，在各組織中，二氧化碳的含量變高，整體環境呈酸性，情況就發生了逆轉——氧氣被卸下來。同樣，當一個氧分子被卸載時，形狀再次變化，所以卸載也變得輕鬆快捷。

血液在肺部裝滿氧氣，10秒之內，氧氣便透過毛細血管壁，進入到最需要它的地方。在接下來的10秒內，紅血球再次回到肺部裝載氧氣，如此周而復始、不斷循環。

血紅蛋白分子中的「鋼鐵之心」就是它——4個血紅素分子分別圍住的單個鐵原子——是它賦予血紅蛋白分子這項關鍵本領。在我的心中，有什麼成分能夠使得我的心與高天之上的天父親近呢？

 耶和華，我希望得到一顆肉心，能夠快速回應你的聖靈。

紫色馬鞭草

要記住：少種的少收，多種的多收。哥林多後書9：6

紫色馬鞭草是一種艷麗的多年生水生植物，原產於歐亞大陸，於19世紀初期被引入北美，在植物學家眼中，這種學名為千屈菜（Lythrum salicaria）的植物具有頑強的繁殖能力，能與許多當地的植物爭奪地盤，從而對濕地地區普通的動植物生活造成巨大影響。到了20世紀中晚期，美國和加拿大的植物學家們非常擔心入侵的植物會輕而易舉地取代整個沼澤地區，因為看起來其他濕地植物，尤其是牧草、莎草、香蒲等根本無法與之抗衡。在紫色馬鞭草原本生長的歐洲和亞洲地區，有昆蟲將其作為食物，如此一來，在昆蟲的管控下，它也無法過度生長，可是在北美洲，幾乎沒有任何生物以它為食。

也許這小小的種子是意外搭了便車，它跟著生羊毛或作為家畜飼養的綿羊的羊毛來到新的大陸。有時它是被作為一種園藝或藥用植物特意引進的，因為它能開出一簇簇紫色的美麗小花，植株也可入藥。紫色馬鞭草，正如其學名千屈菜所暗示的，含有千屈菜貳，是一種可用於減輕腹瀉和炎症的收斂劑。人們也用它治療細菌感染。當紫色馬鞭草的種子落入濕地棲地時，就能繁殖得特別旺盛。而且，它從植株各部分以及根部都可以分支生長，我想不到哪一種植物能夠比它生出更多的種子，每一株馬鞭草每年可以生出200－300萬粒種子，莖上開出的每一朵花裡面都有許多微小的種子，即使在土裡深埋多年仍能發芽。

在亞洲和歐洲，紫色馬鞭草是兩種名為Galerucella金花蟲的唯一食物，這些甲蟲會以其葉子和嫩芽為生。因此當生物學家在紫色馬鞭草肆虐的地區放上這種甲蟲後，就發現馬鞭草的數量逐漸減少，而香蒲、莎草和牧草也逐漸恢復了平衡。這種方式能夠完全根除馬鞭草嗎？當然不會！只是它不能再耀武揚威了。這些甲蟲會在地裡或是馬鞭草的莖部過冬，雌甲蟲會在每一季產下五百枚卵，這樣看來，甲蟲數量增長也指日可待。

有著驚人生產力的耶和華，你在大自然中給了我們許多豐盛的範例。願我也能如此慷慨地獻上我的時間與恩賜。

毛茸茸的蝙蝠翅膀

耶和華要保護你，免受一切的災害；祂要保護你的性命。詩篇121：7

有沒有想過為何蝙蝠的飛行可以如此精準？在觀看了蝙蝠飛行的慢動作影片後，我深深為之折服。作為唯一一種能夠持續進行動力飛行的哺乳動物，蝙蝠不像小鳥一樣長有羽毛，也沒有長尾巴來保持穩定，不過牠們的翼是由一層薄薄的皮膜組成，將肩部兩側與尾巴連接起來。翼膜由肩部生出，沿著上臂與前臂，覆蓋並連結了細長精緻的指骨，直連到尾部。在身體後側為翼膜提供支撐點的是短小的後腿，兩條後腿皆有翼膜連接，閉合成為小小的尾巴。我看到蝙蝠飛行的時候，大部分的動作都是由纖細的腳趾完成的，相比於前臂的微小動作，翼手流暢的動作可以為蝙蝠提供強大的上升力與衝力。蝙蝠在狹窄空間中飛行的慢動作影片展現令人難以置信的飛行特技，急轉彎、爬升、俯衝、對失速的控制及恢復等等，無一不精，而且牠著陸的方式可謂獨樹一格，不但要頭朝下飛行，還要用後爪抓住天花板把自己懸掛起來。蝙蝠這種複雜的飛行控制機制似乎是與生俱來的，因為即使是小蝙蝠也不用花時間練習飛行——牠們只要離開倒掛的地方就直接可以飛。

　　蘇珊妮・斯特爾博（Susanne Sterbing-D'Angelo）是馬里蘭大學學院公園的一名神經科學家，她對研究蝙蝠飛行控制系統有濃厚興趣。她在2011年6月21日的《美國國家科學院院刊》網路版上發表文章，證實了科研人員長久以來的猜想，認為覆蓋在看似無毛的蝙蝠翼膜上的一排排微型拱形毛，為其提供了飛行控制的訊息。她所進行的實驗包括找到與這些拱形毛相連，並能控制蝙蝠飛行的大腦皮層，用陣陣微風刺激蝙蝠雙翼，觀察相對應的腦部區域的反應，接著將這層拱形毛除去，並記錄會對飛行造成何種影響。所有的數據表明，蝙蝠能透過細微毛髮上的受體探測到氣壓數據。蝙蝠的電傳飛行控制系統顯然可以利用這些訊息對偏航和傾斜度進行調整，在俯衝時微微轉動身體改變雙翼位置、力量與角度，以防止在急轉彎的過程中失速。

　　主啊，為何我在事情未能如我所願的時候，就會變得憂心忡忡？如果我能牢記，所有的細節你已了然於心，那該多好啊！

野貓

你們所遇見的試探，無非是人所能受的。上帝是信實的，必不叫你們受試探過於所能受的；在受試探的時候，總要給你們開一條出路，叫你們能忍受得住。我所親愛的弟兄啊，你們要逃避拜偶像的事。哥林多前書10：13-14

每次看到她，她都像是剛剛打掃完煙囪的人一樣灰頭土臉，我們就給她起名為蘇迪（意為炭黑色）。許多年前的一個夏天，她像一隻野貓一樣出現在我家門前，大家都看出這是一隻玳瑁雜色貓。通常馴養動物會變成野生動物，要不是牠自己回到野外，就是牠原本就出生在那裡，還沒學會如何信任人類。我可以很肯定地說蘇迪出生在野外，因為即使十年來她一直受到人類的照顧與關愛，可是她依然我行我素，以自己的方式與我們打交道。

當她第一次在我們偏僻的農家小院附近遊蕩時，顯然已是飢腸轆轆。我們盤算著她可能是附近某位鄰居養的，所以一直忍住沒有去餵她。但是接下來的一個多月，她一直在附近流浪，時不時出現在樹林邊，闖入我們的生活圈，於是我們再也忍不住，就餵食了她，所以直到現在，她一直還待在這裡。

雖然我們無法得到確切的數字，但據估計在美國野貓的數量在3,000-6,000萬之間。在澳大利亞、紐西蘭和其他島國，野貓已被證實會造成其他物種的滅絕，特別是鳥類和小型哺乳動物。島嶼中的鳥類和小型哺乳動物的種群極其脆弱，是因為面對這些新型的掠食者，牠們天生無法抵禦。

在多種環境下，野貓往往可以成為頂級捕食者。不過在我家附近，野貓卻很容易受到隼、貓頭鷹、老鷹、狐狸、土狼和野狗的襲擊，在其他地區，狼、熊、美洲豹和其他大型貓科動物也會以牠們為食，所以野貓必須擅長逃脫和躲避。牠們之所以能在野外生存，也許是因為牠們永遠都保持警惕。

野貓的行為可以作為我的好榜樣，以躲避詭計多端的魔鬼。為什麼我在讀書、娛樂、聽音樂、上網和交朋友的時候，都有可能與危險糾纏不清？若我要逃避魔鬼，家裡有什麼東西是需要被立刻扔到垃圾堆裡的呢？

耶和華，求你來尋找我，明白我的心。求你堅定我的決心，將心靈打掃乾淨。

不要害怕

第七日乃為聖日，當向耶和華守為安息聖日。出埃及記35：2

安息日是個美好的日子，總在提醒我上帝在掌權。在這一日我可以全然放鬆，敬拜祂為我的主，我的上帝。有史以來最有智慧的人在傳道書12：13寫道：「這些事都已聽見了，總意就是：敬畏上帝，謹守祂的誡命，這是眾人所當盡的本分。」這裡所提到的「敬畏上帝」，並非害怕祂，而是要尊崇、愛慕上帝，全心依靠祂，謙卑順從祂的旨意度日。

當天使或是上帝自己向人類顯現傳達信息，或是上帝透過先知與人交通，他們的第一句話通常是「不要害怕」或「不要懼怕」。經文如下：

- 創世記26：24：「不要懼怕（亞伯拉罕）！因為我與你同在。」
- 創世記21：17：「不要害怕（夏甲），上帝已經聽見童子的聲音了。」
- 創世記46：3：「不要害怕（雅各），因為我必使你在那裡成為大族。」
- 約書亞記11：6：「你（約書亞）不要因他們懼怕……我必將他們交付以色列人全然殺了。」
- 以賽亞書44：2：「不要害怕。」
- 以賽亞書41：10和43：5：「你不要害怕，因為我與你同在。」
- 以賽亞書41：13：「不要害怕！我必幫助你。」
- 以賽亞書43：1：「你不要害怕！因為我救贖了你。」
- 但以理書10：19：「不要懼怕（但以理），願你平安！你總要堅強。」
- 約珥書2：21：「不要懼怕……因為耶和華行了大事。」
- 路加福音1：13：「撒迦利亞，不要害怕，因為你的祈禱已經被聽見了。」
- 路加福音1：30：「馬利亞，不要怕！你在上帝面前已經蒙恩了。」
- 路加福音2：10：「不要懼怕！我報給你們大喜的信息。」
- 啟示錄1：17：「不要懼怕（約翰）！我是首先的，我是末後的。」
- 啟示錄2：10：「你將要受的苦你不用怕。」

所以你看，安息日就是休息與歡樂的一天，因為耶和華我們的上帝作王，祂管理一切受造之物，我們不必感到害怕。

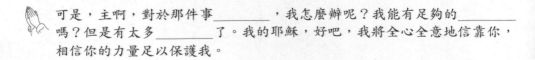

可是，主啊，對於那件事＿＿＿＿＿＿，我怎麼辦呢？我能有足夠的＿＿＿＿＿＿嗎？但是有太多＿＿＿＿＿＿了。我的耶穌，好吧，我將全心全意地信靠你，相信你的力量足以保護我。

豎琴

要用角聲讚美祂，鼓瑟彈琴讚美祂！詩篇150：3

當華麗清脆的豎琴聲響起時，有什麼聲音能比它更甜美、更優雅呢？看那雕刻精美的琴身，華貴的金箔色澤，優美的弧形琴頸，還有比豎琴更美的樂器嗎？不過英文這詞harp（豎琴）帶有負面含義。例如這句話：You keep harping on the fact that I need more sleep.（你總是嘮嘮叨叨地要我多睡一會）當中的「harp」意為反反覆覆地講同一件事。

豎琴無疑是現存最古老的撥弦樂器。在法國洞穴中的史前岩畫上，古埃及法老的墳墓中，甚至古巴比倫神廟的花瓶上，都有豎琴的圖像出現。當然，隨著歷史的變遷，豎琴的形狀、琴弦的數量和音質也發生了改變，從豎弓琴到天使琴，最後發展成為今天的踏板豎琴。

在《聖經》中從創世記4章到啟示錄18章，有53處經文提到豎琴，它被用於讚美上帝的歷史可謂悠久。猶八是亞當的後人，據說是所有彈奏豎琴之人的祖師（有些譯本譯為「七弦琴」）。撒母耳記上16：16，描述大衛生平第一次進入王宮是因為他「善於彈琴」，臣僕建議掃羅應該找一名樂師來平復他紛亂的心情，於是大衛被招來為掃羅王彈奏豎琴，安撫他的心，但這件事最終差點要了大衛的性命。大衛的詩篇中有16處經文談到豎琴，大多引用了詩篇33：2：「你們應當彈琴稱謝耶和華。」

在聖殿的敬拜中，豎琴手常常在一群音樂家中間，向上帝獻上讚美。我知道有一群利未人被分別出來讚美上帝，並演奏豎琴和其他樂器。在所羅門聖殿的獻殿大典上，也有成百上千的音樂家共同獻上精彩的表演。

耶和華，我想你一定已將那伴隨著豎琴聲、各種弦樂和鈸的大衛頌揚之聲錄製下來。我已經迫不及待的要去你的音樂檔案室裡聽一聽了。一切榮耀歸於主。

我的弟兄

大衛王就站起來，說：「我的弟兄，我的百姓啊，你們當聽我言。」歷代志上 28：2

我很幸運地擁有三兄弟。我知道在兄弟之中，我是父母最疼愛的那個兒子。但是我也知道，我的大哥、三弟和小弟（他現在也作爺爺了），對自己在父母心中的地位也都是如此認為且堅信——我才是爸媽最愛的兒子。因此，當我們一大家子聚在一起時，總會度過許多美好時光，這是多麼真切的情誼和愛意啊！如果我們有鬍子，那麼貴重的油一定會在母親廚房的地板上滴得到處都是（詩篇 133：1-2）。

當我想到大衛王的時候，他會以一種卓越的僕人式領袖的形象出現。他對於上帝，以及祂的帶領和順從，使他成為「合上帝心意的人」。當然，有時他會跑到上帝的前面，但最終總會回來，順服在上帝的權柄之下。當大衛年老的時候，就到了他要將王位傳給他人的時候。

當我讀到歷代志上28、29章的記載，說到大衛將王權傳給所羅門的故事時，不禁對大衛統治的權力與威嚴深表讚歎。他的一生中，曾征服了周邊列國，年年諸國來朝。從我們所讀到的來看，他深受人民愛戴，他在以色列作王40年——領導了兩代，甚至三代的人民。但當大衛王站起來發表告別演說時，他沒有稱他的子民為臣民、工人或屬下。他把他們當作兄弟，將自己放在與他們同等的位置上，他所說的話也表明他從沒有忘記上帝在申命記17章中，有關以色列民立王的指示。耶和華指示他們要從「弟兄中」（17節）選擇一人為王，這位王應該遵從祂的一切律法和律例，免得他「向弟兄心高氣傲」（20節）。

大衛的謙卑提醒著我，大多數跑在上帝前面的基督徒都是因著驕傲的心，最終他們會放棄信仰。驕傲導致了路錫甫的墮落。路易斯（C. S. Lewis）在他的書《返璞歸真》中寫道：「自從有世界以來，每個民族和每個家庭不幸的唯一根源便是這種驕傲……一個內心驕傲的人無法認識上帝。因為他驕傲，所以看不起人，看不起一切。」（第96頁）雖然大衛王大權在握，無比榮耀，但他將一切歸於上帝，稱他的百姓為「弟兄」。

耶和華，求你不厭其煩地教導我在你的引導之下，在生活的每個層面順從你的吩咐，並將一切榮耀與頌讚歸給你。

神奇的木材

「你們要上山取木料，建造這殿，我就因此喜樂，且得榮耀。」這是耶和華說的。哈該書1：8

在我看來，世上沒有任何愛好或職業能比木工更令人感到愉悅的了。耶穌做起木工一定是個高手，我彷彿能看到祂正在幫父親鑿出漂亮的楔形榫頭。除了櫥櫃之外，木材還能變成好多東西，它真是件神奇的材料！

撿一根樹枝剝去樹皮，你所看到的是一層光滑的表面。這是被稱為維管形成層的單一微觀細胞層，這就是木頭的生產線──在生長季節中一天天、一點點地產生木質細胞。紡錐形的細胞沿著縱向進行弦切向的分裂，它們會在現有的堅硬樹皮內部打造出一層長長的管狀細胞，即管胞或導管。透過加厚纖維素細胞壁，新生細胞將會成熟，並將木質素沉積在細胞壁上，接著細胞會漸漸死亡，只留下中空的木質化細胞壁，這就是新的導管，將水分從根莖輸送至新芽。在炎熱的夏日，一棵長成的大樹在水分充足的情況下一天可以從葉片上的氣孔中蒸發出300－400加侖的水。流動的水帶來一種稀釋的礦物質溶液，可用於光合作用。透過大氣中二氧化碳、水分和礦物質的互相作用，一大批被稱為植化素的有機化合物產生了，它們在樹木中被運送至各處使用，作為建構新細胞的材料，或是被儲存起來。當你鋸木頭的時候，你會聞到木料散發出陣陣香氣，那便是其中所含的化合物被釋放出來。

黑胡桃木是一種十分堅硬、紋理細密的木料，會散發出堅果的香氣。紅橡木木質較粗，多孔透氣，聞起來有一些酸味。有誰不喜歡白松那如黃油般潤滑的質地以及脂般的馨香呢？每一種木材都有其獨特的外觀、特有的香氣和最適宜的用途。例如，棒球棒是用梣木製成的，黑櫻桃木、黑胡桃木、桃花心木和橡木都是製造家具的上選材料，想要做工具的手柄當然要用山核桃木，紅木和雪松的抗腐蝕能力強，因此戶外工程木料非他們莫屬。想想那些充滿異國情調的樹木，如漬紋楓木和山毛櫸，非洲花梨和黑斑木，黑檀木、斑木、紫心木和玫瑰木，它們不但有驚人的美麗，而且功能繁多。各種樹木的外觀形態、紋理質地都不盡相同，沒有哪兩塊木料是完全相同的。你看得出我非常喜歡木材嗎？耶穌也一定非常喜歡木頭，因為祂精心將它們裝飾得如此美麗，並賦予其諸多功用。

噢，偉大的設計師，求你也按著你的計劃來使用我。

摩斯電碼

——•———— —•• •• ••• •——•• ———— •••——• 約翰一書4：8（摩斯密碼：沒有

愛心的，就不認識上帝，因為上帝就是愛。）

如果你看不懂上面存心節一連串電碼的意思，那你也許會認識這些符號 •••
————••• （三個點，三條線，三個點）。沒錯！這就是我們所熟知的國際通
用緊急求救電碼。

在計算機、ASCII字碼、特高頻電台以及無線電話尚未被發明之前，人們就
有了摩斯電碼。1836年，物理學家約瑟夫・亨利（Joseph Henry）、機械師和發明
家阿爾弗雷德・維爾（Alfred Vail）以及一位著名的肖像畫家塞繆爾・F・B・摩斯
（Samuel F. B. Morse）打算合作研製電報機。一開始他們設計並製造了一台奇特的裝
置，能夠從遠距離透過打開關閉電磁鐵來發出滴答的聲音。到了1844年，電報
線路第一次投入使用，觸針在移動的紙條上寫下一連串點和線的組合，人們可以
將其破譯為字母。到後來，接收員只需聽它發出的滴答聲，就可以知道所發來的
是什麼消息——他們甚至連紙條都不用看了。

一開始這套代碼只能代表數字，不過維爾後來將其擴展為可以表現字母和特
殊符號，例如句號和逗號。雖然聽起來難以置信，但當1927年查爾斯・林德伯
格（Charles Lindbergh）駕駛聖路易斯號飛越大西洋時，他沒有無線電，也沒有任何
與人聯繫的方式，他完全獨自一人完成征途。後來，飛機上裝配了無線電之後，
他們所使用的只有摩斯電碼。

有個故事講述了一個人看到報紙上的廣告後，就去應徵作摩斯電碼操作員。
按著地址，他來到一個嘈雜的辦公室，電報機的滴答聲不絕於耳。前台上只有一
個標識，告訴應徵者先填好表格，依次就坐等待面試，於是他填好了表，和另外
七個人一起耐心等待。不一會兒，這個新來的人就站了起來，推開辦公室的門走
了進去，並隨即把門關上。另外7個人一臉錯愕，心裡納悶著這傢伙也太沒禮貌
了。沒過幾分鐘，公司老闆出現了，對坐在外面的人表示謝意，並告訴他們已經
有了合適的人選。求職者們深感困惑，紛紛抱怨為什麼他們先到卻沒有面試的機
會。只見面試官微笑著說，他之前一直坐在辦公室裡用摩斯電碼發送一條消息：
「如果你聽懂了這句話，那麼請你進來，這份工作就是你的！」

 耶和華，求你指教我在塵世的喧嚷中聽到你的聲音。打開我的耳朵傾聽你
對我說的話。使我完全了解，不至偏差。

教師螞蟻

耶和華啊，求你將你的道指示我，將你的路教訓我！詩篇25：4

他的肢體語言看起來像是恨不得要大聲吶喊！在開課的第一天，單單是在教室後面的角落裡找個位子坐下就已經耗盡了他所有的自制與自律能力。他的下巴拉得長長的，眉頭緊縮，瞇起的眼睛裡滿是惱怒，這一切都表明他根本不願待在這裡，他對生物一點興趣也沒有。我看得出他在鬧情緒，特意對他表示熱烈的歡迎，最終他設法熬過了第一節課……然後是第二節課……接著是第三節課。可是這過程實在艱辛，閱讀能力差通常會導致成績差，不過至少他還堅持上課，並且開始與我有交流，對課程內容也慢慢熟悉起來。

作為一名教師，我的工作就好像要用一條大的看不見的橡皮筋將我每一位學生都圈進來。有些人急切地想走，這橡皮筋就把他們圈住，使他們靠近我，還有些學生就需要我使勁拉著走，有時即便橡皮筋已經拉得老長，能夠明顯感到張力，但是他們還是動也不動。果然，暑假惰性依舊威力無窮！僵持到最後，我終於感覺到輕微的移動，他們開始學習了。這時我再加把勁，要麼會使他們前進得更快，要麼橡皮筋可能會被扯斷。所以我一面要留心注意每一條橡皮筋的極限，一面暗暗努力把他們往前拉。如今，我們都在不斷前進，速度也跟上來了。噢，看哪！我們要碰到難題了，這時我的學生中會有一個或幾個突然喪失了學習的熱情，於是橡皮筋斷掉，我就要回來，耐心地重新連好橡皮筋，然後大家一起再次前行。

因地制宜，因材施教，師生之間要有不斷的互動，這在從前被認為只有人類才能做到。但如今，布里斯托爾大學的研究人員們在研究螞蟻的過程中，表示他們在至少一種螞蟻身上發現了教學／學習行為。那些發現了食物並且知道回家路線的螞蟻，經常會教其他的螞蟻。教師螞蟻會在前面帶路，另外一隻螞蟻會跟著它，如果沒有一隻「學生」螞蟻跟在後面，這位老師只需一半的時間就可以找到食物並且返回蟻穴。因為跟著它的那位學生總是到處逛，表現得頗為奇怪，其實它是要將附近的地形摸個透，所以教師螞蟻會慢慢走，等待另一隻螞蟻趕上來後再前進，走了一遍之後，學生螞蟻會趕快再走一遍或是自己也成為教師，能夠引導別的螞蟻。有時候，若是一隻學生螞蟻單純是要去把食物背回家，那麼仍然找不到回家的路。

🙏 耶和華，我曾走過多少彎路？我知道你一直在教導我要在平穩的路上前行。求你帶領我一同前行。

不要害怕

你不要害怕，因為我與你同在；不要驚惶，因為我是你的上帝。我必堅固你，我必幫助你；我必用我公義的右手扶持你。以賽亞書41：10

想在南極冰冷的海水中捕捉磷蝦和魚，最佳時間就是夜晚。由於這些小動物是企鵝的主要食物來源，所以企鵝若在夜晚捕魚是可以理解的。不過事實上，企鵝只在白天找東西吃，而白天根本就很難找到任何食物。大衛·安利（David Ainley）和格蘭特·巴德拉（Grant Ballard）於2011年6月在《極地生物學》雜誌上發表文章，聲稱是因掠食者的存在，企鵝才不敢在晚上下水。牠們的天敵豹斑海豹是白天睡覺，晚上活動。

似乎多數動物都有害怕的天敵，但銀背大猩猩、大象和河馬也許不會，而像獅子和老虎這樣的頂級掠食者更無所畏懼。牠們之所以沒有那麼害怕，也許是因為牠們擁有更多的控制權。恐懼往往與失去主控權有關——這就是人們在遭遇地震、龍捲風或恐怖襲擊後會變得特別害怕的原因之一。大型動物和頂級掠食者似乎對自己的生活有更強的掌控能力，而較為軟弱的被捕食的動物，必須充分運用牠們的智慧，發展出應對策略（如企鵝在白天狩獵）方得生存。

有一位實驗心理學家曾經用老鼠做過這樣一項實驗，以驗證恐懼與控制的設想。她先發出一種聲音，接著電擊老鼠的四肢，兩組老鼠中，有一組的配備中裝有踏板，只要老鼠站上去就可以馬上停止電擊——這是一種控制局面的方法，而另一組則沒有。後來，僅僅是發出聲音就可以引發老鼠害怕的情緒，而且沒有控制踏板的一組老鼠所表現出的恐懼，要比可控制局面的那一組強烈得多。

專門處理人類害怕和恐懼情緒的治療師們已經明白「暴露療法」——即系統減敏療法是認知行為療法的一種形式，對於平息恐懼非常有效。前來尋求幫助的人們通常會在一個安全的辦公室環境中開始談起他們的恐懼。接著，他們會在治療師的陪同下再次來到使他們懼怕的環境中，而治療師則會幫助他們意識到自己的恐懼是毫無根據且不理性的。我的上帝是偉大、擁有極大權勢及智慧的，完全可以控制每一種情形。只要與祂親近，全心全意地信任祂，我就毋須懼怕一絲一毫。

主啊，你是我的光，是我的拯救——我還要怕誰呢？你是我生命中的堡壘——我還要怕誰呢？

美妙的碰撞

上帝造萬物，各按其時成為美好，又將永生安置在世人心裡。然而上帝從始至終的作為，人不能參透。傳道書3：11

在谷歌的圖片搜索引擎中輸入「三葉星雲」（trifid nebula），只需0.19秒就可以找到33,500條搜索結果（若是在網頁模式下，搜索結果還要多四倍）。在我的電腦螢幕上出現了一幅幅美麗無比的星雲圖。若論到宇宙的美，我一直對位於距離地球7,600光年的人馬星座中的三葉星雲情有獨鐘。星雲的英文是Nebulas，之所以得名是因為它們一直呈現出模糊不清的狀態（nebulous，拉丁文意為雲或霧靄——也用來形容不清楚、模糊或不明確的狀態）。天文學家認為它屬於電離氫區（HⅡ），稱其為M20。電離氫區內、巨大的不規則電離氫氣體雲發出美麗的光輝，與相鄰的中性氫區（HⅠ）交相輝映，後者包含著中性氫原子和氫分子。好了，對於科學細節的研究到此為止。

三葉星雲的確絢麗奪目，從照片裡我看到在星雲的中央有一顆巨大且白得發亮的星星。在一片燦爛輝煌的明光中，那亮眼的白色逐漸消退，幻化出粉紅、藍、黃和橙色，精彩紛呈，看起來有點像一個巨大且邊界模糊的球形彩虹。由於天文學家所採樣的射線不同，三葉星雲的照片也變幻出不同的色彩。不過在所有的照片上，那明亮的發光區上都有幾道巨大的裂縫從中穿過，後面黑暗的空間彷彿要傾巢而出，或者換一種思考方式，你可以想像黑暗彷彿龐大的實體，從後面遮住了明光。

當然，三葉星雲只是宇宙當中眾多電離氫區中的一個。例如獵戶座大星雲，就是獵戶星座寶劍中的星星，是一個被公認為發光氣體雲而非單一恆星的電離氫區，還有其他美麗的星雲，馬頭星雲和火焰星雲（二者皆位於獵戶座）以及巨蛇星群中的老鷹星雲。

目前日本的天文學家正在利用智利的天文望遠鏡，對三葉星雲紅色區域多普勒進行仔細分析，以便得出星雲氣體流速的數據。他們得出的結論是當兩種不同的雲互相碰撞時，氣體就會發光。我們這位奇妙的上帝，能從宇宙間的碰撞中迸發出如此攝人心神的美麗。

主啊，你是否也常常在我的生命中這樣成就呢？你似乎特別善於使災難成為勝利，將淚珠化為鑽石，將痛苦變成喜樂與歡呼。榮耀歸於至高真神。

歌斐木和瀝青

你要用歌斐木造一隻方舟，分一間一間地造，裡外抹上松香。創世記6：14

上帝是一位了不起的材料科學家，同時祂也是一位相當出色的建築工程師。今天的經文只節選了上帝旨意的一小段，祂指示挪亞建造方舟的材料，這樣他和他的家人（希望還有別的乘客）以及動物們就可以逃過洪水一劫。讓我們花些時間來想一想上帝提供了哪些材料建造方舟。

歌斐木——到底是什麼樣的木料呢？這是個好問題！今天並沒有名叫歌斐木的樹。由於我們不知道挪亞原本的居所，所以我們也無法到那個地方看一看到底有哪些樹木。而且即便我們知道挪亞建造方舟的地點，也無法確定這些木材的來源，因為不知道在洪水之後，建造地區的生態環境經歷了怎樣的變化。亞當·克拉克的《聖經注釋》寫到，這種木材可能是柏樹，因為在亞拉臘山附近柏樹數量眾多，不過這也僅僅是猜測，但可以肯定的是，歌斐木一定是木材中的極品。只要想一想，一艘木船竟然可以在滅世的大洪水中挺了過來，沒有被那巨大的力量摧毀，就知道歌斐木是多麼堅實了。

我們也有一些堅固耐用、抗斷強度高的木料，胡桃木就相當不錯，工具手柄就是用它做的，因為它特別堅硬。柚木的硬度極高，抗腐防水，用來做方舟也是不錯的選擇，用金合歡樹和洋槐樹也可以，因為它們的強度與耐用性較好。木頭真是一種神奇的建築材料，不但輕而且結實。不管這艘長達450英呎長的方舟究竟用了什麼木材，它一定是堅固耐用，而且經過精心打造，這樣才能在前所未有的暴風雨侵襲下倖存。

《聖經》曾用了好幾個詞來指「瀝青」（譯按：中英文皆是如此），它可能就是今日經文中所說的松香（pitch），而更為恰當的詞則為bitumen，這是一種黑色且黏性極強的碳氫化合物，能夠從各處的地面滲出。在死海周圍，可以看到許多黑色的岩石露出地面，大量的瀝青會定期從死海底部的岩石裂縫中流出來，漂浮在海面。受熱後，瀝青會液化，然後冷卻變硬，好像石頭，由於它有黏性，所以《聖經》時代的人們用它做砌磚的灰泥。當年用來裝嬰兒摩西的那個小小蒲草箱，也在外面塗了一層瀝青使它不漏水。諾亞方舟裡裡外外都塗了一層瀝青，以此封住接合處，防止洪水滲進來。上帝所提供的，都是我們所需要的材料。

 創造堅硬木頭和黏稠瀝青的耶和華，前方風暴肆虐，求你加添我的力量，使我堅守承諾，遵照你的話語行事。

蝙蝠與風力渦輪機

論到人的行為，我藉著你嘴唇的言語自己謹守，不行強暴人的道路。詩篇17：4

蝙蝠是控制昆蟲數量的小能手，牠的工作可以為農民節省數百萬美金的殺蟲劑。你可曾試過抓一隻飛蟲？牠的行蹤飄忽不定，你就算費了九牛二虎之力也不一定抓得到。但是蝙蝠是箇中高手，牠們的回聲定位系統不但能輕而易舉地抓住飛蟲，還能在黑暗中引導牠們回巢。在捕食的過程中，牠們那曲折變幻的飛行路徑著實令人讚歎。

那麼為什麼會有人以蝙蝠為由，要停止建造用於發電的巨型風力渦輪機呢？為何在夜間起風時以及蝙蝠遷徙期間，風力渦輪機必須關閉？答案很簡單，若是某天夜裡起了微風，或是趕上大批蝙蝠外出覓食，第二天人們總會在風力渦輪機的基座附近發現大量死亡的蝙蝠，在蝙蝠遷徙的時節也會出現同樣的現象。是不是牠們被吸入渦輪機中，並與快速轉動的巨大渦輪葉片相撞導致死亡呢？要知道渦輪葉片的轉速有時甚至達到每小時數百英里。由於幾種蝙蝠如今面臨滅絕的危險，因此肩負管理環境重任的我們，有責任弄清楚到底發生什麼事。

最初人們認為這些蝙蝠和鳥類正是撞上了渦輪機葉片導致死亡的，因為只有這樣才說得通，但經過仔細研究和數十次解剖之後，謎團漸漸地揭開了。人們發現蝙蝠的死亡數量遠遠超過其他鳥類，而且在大部分死亡的鳥身上都有撞擊造成的損傷，與之形成顯明對比的是，幾乎半數死亡的蝙蝠身上沒有受到任何損傷，牠們是飛著飛著就從天上掉下來死了。解剖表明，這些蝙蝠都出現嚴重的內出血——具體地說，是肺部的毛細血管爆裂，肺部充血。鳥的肺部和蝙蝠的肺部大不相同，牠們的肺部更加堅韌，能夠適應突如其來的壓力變化。科學家們得出結論，風力渦輪機旋轉的葉片會導致周遭的氣壓下降。實驗表明，若氣壓下降4.4千帕（Kilopascals，氣象常用單位）足以使老鼠喪命，當渦輪機葉片旋轉之後，人們測得的氣壓下降數據為5－10千帕，無意間飛過這一領域的蝙蝠，肺部組織會即刻擴張，導致血管迅速爆裂。對於蝙蝠來說，甚至靠近渦輪機葉片也是足以致命的。

耶和華，與罪親近會對我的生命造成什麼影響？這是不是教導我要盡可能地遠離罪孽？求你使我明白，你的話語是我唯一的保障，使我遠離屬靈氣惡魔的攻擊。

因果關係

我兒所羅門哪，你當認識耶和華——你父的上帝，誠心樂意地事奉祂；因為祂鑒察眾人的心，知道一切心思意念。你若尋求祂，祂必使你尋見；你若離棄祂，祂必永遠丟棄你。歷代志上28：9

眼前有兩件事相繼發生：第一件事，「砰」地一聲巨響後，緊接著是玻璃跌落、摔得粉碎的聲音；第二件事，一場棒球練習正在前院進行得如火如荼，直到⋯⋯被打歪的球直接撞上落地窗的窗戶。不用多想你也能猜出事情發生的先後次序，對吧？

以任何兩件相繼發生的事為例，首先發生的總是原因，緊接著發生的就是結果，就是這麼簡單。你去拉貓的尾巴（原因），就會聽到一聲哀號（結果）。你在帆船底部鑿一個洞（原因），它就會進水（第一個結果），接著下沉（第二個結果），然後你就要游回岸上（第三個結果），召一輛計程車回家（第四個結果）。有些原因會引發一連串的結果。

特定的原因是否總是會帶來相同的結果呢？高爾夫球手當然希望如此。這就是為什麼他們要反覆練習。他們認為，如果你能以完全相同的方式擊球，那麼球就會被打去同樣的地方。打高爾夫球的挑戰在於控制揮桿的方式、天氣、球場等諸多變數，最終要將小白球打進洞內。科學家們也信奉特定的原因總會引發相同的結果，所以科學實驗的難點就在於要控制所有的變數，如果他們堅信大自然本就是變幻莫測，那麼大多數的科學家都會放棄他們的追求。

約伯的故事告訴我們，有時我們所不知道的因素（原因），會導致我們也許無法理解的結果。約伯所做的一切無可指責（原因），但由於宇宙間一個小小的實驗，他的生活變得面目全非。他的朋友指責他做了錯事，雖然約伯不明白到底為什麼，顯然也不願接受這殘酷的現實，但他對上帝永不動搖的信心卻讓他最終度過難關，不過大多數情況下，因與果是可以預測的，也是能夠理解的。

耶和華，我已經預備好要服事你。你對我的期望是什麼呢？我今日要按著你的旨意行事為人，遵從你的律法與聖言。不過，主啊，所有的結果都掌握在你的手中，我無需為此感到絲毫擔憂。我完全信靠你。

蝶的一生

要向祂唱詩、歌頌，談論祂一切奇妙的作為。歷代志上16：9

———片馬利筋（又稱乳草）葉子下，一隻雌帝王蝶像是在用她的腹部作畫一般塗抹著什麼，大大的翅膀像一塊鑲嵌著黑邊的黃色彩窗玻璃。她正在產卵，有時會多達500枚卵，兩三天內，這些好像日本燈籠的黃色小卵開始變得透明了些，在裡面有黑色的點點動來動去。如果我們細心觀察就會發現，靠近卵的頂端正在形成一個洞，一隻頂著可怕的大眼睛，渾身夾雜著黑色條紋的黃綠色毛毛蟲正拼盡全力要從剛剛挖好的洞裡爬出來，一旦它從封閉的卵殼中解放，就會立刻轉身，將卵殼吃掉。

帝王蝶的幼蟲以馬利筋葉為生，它們會用釘狀的肛門和長在腹部的腹足緊緊抓住葉子的邊緣，然後不停大吃大嚼，每日漸長。唯有在蛻皮的時候，它才會停下來，將蛻下來的皮吃掉，一連幾週，就這樣不停地吃，蛻皮長大，比在卵中的體型要大上3千倍。

幼蟲齡的最後階段（最終長成體型最大的毛毛蟲）英俊瀟灑，黃綠色的身體上配以黑白條紋。由於一直以馬利筋葉為食，所以身體裡面都是有毒的糖苷，這種物質對於鳥類和哺乳動物都是有害的，因此，即便穿得如此多彩，也能放膽招搖過市。當某樣生物吃起來不太可口，又能使掠食者中毒時，多半就會以花俏的外表來將這件事公諸於世。兩條長長的黑色肉質「角」長在頭頂，較短的兩條長在尾巴上，它們能夠幫助這隻胖胖的大毛毛蟲發現危險。現在到了見證奇蹟的時刻，這隻毛毛蟲會找到一處嫩枝或樹枝背面，吐出大量強韌的絲將自己的末端固定在上面，接著它放鬆下來，頭朝下倒掛著。它這時看上去，就好像已經死了一樣，只不過偶爾會擺動。不久，你就會看到它那件帥氣的條紋大衣從背後裂開了縫，隨著更加劇烈的擺動和蠕動，這些外皮被蛻了下來，留下一個分段狀的蛹。隨著時間的推移，上面的分段漸漸消失，變為一個綠色的懸蛹，它的顏色逐漸加深，漸漸變成半透明狀，因此你可以看到蝶蛹裡發生的事情。很快，蛹殼就沿著蝴蝶的背部裂開，它便自己掙脫，舒展著精細的腿、觸鬚和長而捲曲的口器，並花上幾個小時讓自己短小起皺的翅膀變得完整且美麗。

 主啊，看著你將肥胖的毛毛蟲變成一隻優美精巧的蝴蝶，讓我更加確信你有能力將我從一個自私的罪人變成一個擁有良善、慷慨靈魂的人。我已準備好了。

朋友

於是大衛王進去，坐在耶和華面前。歷代志上17：16

　　位皮膚黝黑、目光和善的男子步履沉重地穿過走廊。他在小小的私人聖堂前停了停，摘下頭上的王冠，把它放在搖曳油燈旁的小桌子上。只見他彎腰垂首，恭恭敬敬地進入香柏木鑲嵌的房間，輕輕地坐在墊子上。此時，他回憶起過去幾個月發生的事情。國內的官長召開大會，同意他的提議，一致投票透過要將上帝的約櫃從基列耶琳亞比拿達的家中搬到耶路撒冷。音樂聲、歡呼聲、歌頌聲，一切都是那麼順利。約櫃被抬到一輛兩頭牛拉的新車上，架得高高的，成為眾人矚目的焦點，沒想到，牛突然失了前蹄，約櫃在上面搖晃時，烏撒便伸手去扶。

　　大衛王沮喪地搖著頭，他想起了他是如何恨自己，為什麼沒有遵從上帝的指示，結果使烏撒白白送了性命。原本歡樂的慶典瞬間變為哀悼，他們於是暫時將約櫃放在俄別以東的家中，上帝當然格外賜福這一家人，現在，三個月過去了，這一次，大衛將所有事照著上帝的指示安排得妥妥貼貼——經過自潔儀式的祭司們按著指令用槓抬約櫃。當停下獻祭的時候，就伴隨著歌聲、樂聲，人們也歡呼舞蹈。大衛回想起帳幕敬拜的恢復，不禁露出笑容，想起那首為這盛況而作的感恩的詩歌，他的心中洋溢著喜樂（歷代志上16：8－36）。

　　大衛回宮以後，不斷回味著一整天的感受。他穿過那由勇士守衛、精雕細琢的香柏木大門，逕自走過門廳，進入內室。這房間裡鑲嵌著最上乘的香柏木，並飾以精金。此時他心中有個問題不斷縈繞：「為什麼我住在富麗堂皇的宮殿裡，而我的上帝反而住在幔子裡？」很快，他找到先知拿單，與他商議此事。拿單一開始支持他的想法，只不過第二天，他來見大衛，帶給他來自上帝的口信，大衛聽了多麼失望啊！原來他並不是那個可以建造聖殿的人，他的兒子才有這樣的特權。

　　所以，大衛如今坐在上帝面前，好像朋友一般談著天。沒關係，上帝，唯有你了解一切，我會照你說的去做，謝謝你的賜福。

　　噢，主，我的上帝。求你賜我一顆渴望坐下來與你談天的心，一顆尋求你旨意的心。賜給我一顆立刻順服、長久遵從你命令的心。

機率

我實實在在地告訴你們，信的人有永生。約翰福音6：47

與你在廣告或政治辯論中所聽到的，以及你自己所想像的科學相反，事實上，真正的科學家不會「證明」任何事。他們所做的是提出假設，進行測試，建立最符合實驗數據的理論與模型。在他們所有的工作中，都離不開機率，他們需要證明，在給定的X條件下，Y事件發生的機率很高（或是機率很低，視具體情況而定）。好吧！撇開其他不談，也許科學家們可以「證明」的就是科學上的一切都是有待商確的。就以重力為例，我們每個人每天都受重力影響。艾薩克‧牛頓（Isaac Newton）在1868年已經向英國皇家學會提出了萬有引力定律，這一模型能夠恰如其分地將物體間的引力表現出來，即使今天我們在計算天體軌道的時候仍能用上這條定律。所以，這是已被確定的真理，對嗎？錯！物理學家們仍在試圖弄清引力究竟是如何作用的，所以即便是萬有引力定律如今仍處於爭論之中。

一位法國的數學家、哲學家，在機率理論的完善與成熟方面作出許多貢獻，他就是布萊士‧帕斯卡（Blaise Pascal），從小被譽為神童，是機械計算器的發明者。他的著作《沉思錄》，是在他去世後發表的一本筆記合集，在書中帕斯卡寫了關於上帝的存在以及如何對此事進行思考的過程。他相信上帝是不可理解的——我們根本無法了解祂。他說，人無法靠理性來確定上帝是否存在，所以在《沉思錄》的第233條中，他建議應透過如下的邏輯推論來作出決定：

只有兩種可能性——上帝要麼存在，要麼不存在。你必須作出選擇，相信或不相信，不會只有一個選項。如果你選擇相信祂，那麼只會有兩種結果，如果祂確實存在，那麼你就贏得一切；如果祂不存在，你也沒失去什麼。接著來思考另一個選擇，你選擇不相信上帝，那麼也有兩種——僅有兩種——結果。如果上帝真的存在，你將失去一切；但如果祂不存在，對你也沒什麼壞處。鑒於其結果是如果你不相信，你將失去一切，以及如果你相信，你就贏得一切，帕斯卡認為這在哲學上是一個顯而易見的選擇。人應該選擇相信上帝，這一有關上帝存在的邏輯被稱為「帕斯卡的賭注」。

好在我們有主耶穌的話語為證。「實實在在」意思是「毫無疑問」，這不是一場賭博或一場遊戲的機率，而是確確實實要發生的事。

 耶和華，我選擇相信你就是我的上帝。

石蛾

所以，你們因信基督耶穌都是上帝的兒子。你們受洗歸入基督的都是披戴基督了。加拉太書3：26—27

這個人如果走在十五、十六世紀的英國鄉間小道上，也許看起來不會這麼突兀，但是，這位身上的外套幾乎被大大小小的布料和絲帶蓋住的卡迪斯人，卻著實吸引了我們的注意力。想必我們當時在那裡目不轉睛地盯著他看的樣子，在他眼裡成為一種邀請，於是他走過來想要向我們兜售掛在他外套上的織物和絲帶。

難怪昆蟲學家為了紀念這些沿街銷售布匹的卡迪斯人，會給石蛾起一個名字，叫卡迪斯蛾。要知道，石蛾的幼蟲通常生活在溪底或是湖床上，它們會吐絲建造出光滑的小管子當作自己的家。就像卡迪斯人一樣，它們會找來沙子、礫石和各類植物來裝飾這個小管子，這樣做能夠產生偽裝作用，使之成為安全的避難所。我還記得第一次看到石蛾幼蟲在平靜的池塘中爬過的情景，它身體的下半部分始終待在一個漂亮的沙管中，當我用手指一碰，它就立刻縮到管子裡去了。後來我發現類似的小管子，是用絲將細礫石黏合而成的，對於其貌不揚的石蛾幼蟲（石蠶）來說，這是非常溫馨的小家了。

數週的時間內，石蛾幼蟲會在河底尋找殘渣來吃，接著就將巢殼的兩端封閉，在內部化蛹。當水溫到達合適的溫度時（較冷），所有的石蛾蛹就會在同一時間段內將繭咬穿，游到水面上，在那裡變為成蟲。石蛾有許多不同種類，都在不同時期破繭而出，所以會有幾波成蟲出現，它們是魚類的重要食物來源。所以當許多成蟲同時出現的時候，你恰巧開車穿過，那麼它們就會堵住車的空調系統，或是將你的車弄得一團糟。

石蛾的幼蟲深諳穿衣之道。若是沒有了小管子，它們很容易被魚兒發現，成為其腹中美食。不過安然待在漂亮的管子中時，天敵就看不到它們那胖嘟嘟好像毛毛蟲一樣肥碩的身體了。同樣，上帝教導我們要穿戴基督的義袍，藏身在基督裡面，成為基督的肢體。當我們正確地穿戴完畢，別人再看我們時，他們看到的就是基督和祂的公義。

耶和華，我真想衣著得體地進入你的國。求你用你的義袍遮蓋我，因為我所有的衣服都是污穢不堪的。

腐殖質

有農夫和修理葡萄園的人，因為他喜悅農事。歷代志下26：10

創造萬物的上帝對於祂創造的每一個細節都經過深思熟慮。你也許會覺得塵土就是一切事物最終的歸宿——像是這個世界的垃圾堆——上帝應該不會對它有太多的關注。試想，當任何事物走向滅亡時，即便是一輛車，它最終都會被回收利用，分解為微粒，回歸大地，與泥土混在一起。也許這需要很長一段時間，不過就算是堅硬的岩石也逃不過這種命運，它會裂解變為沙粒，繼而成為泥沙，最終變為粘土。當生物腐敗時，會被一層層更小的生物吃掉並循環利用。最終，有機物質會變成一種叫做天然有機物的特殊物質（土壤科學家或地球化學家稱為NOM），大多數NOM是由腐殖質組成的。什麼是腐殖質？它們為何如此重要？

國際腐殖質協會（沒錯，真的有這樣的組織，其大多數成員來自發開發國家）甚至在為腐殖質下定義時都覺得困難，他們認為腐殖質是由生物體分解所產生的體積較大、複雜，但高度穩定的有機分子組成的。大分子往往呈棕色或黑色，其原子量從200－20,000個原子質量單位不等，通常是因動植物分解所產生的，比如木質素、角質、蠟質、單寧酸、樹脂、纖維素、其他醣類以及蛋白質和脂肪。以不同的方式組合而成的分子，以極具創意的排列構成複雜的天然有機物。時至今日，這些分子依舊抵制以任何一種方式結晶，所以人類也沒辦法以平常用來分析化合物的X射線晶體分析法來確定其分子結構。那麼這些與堆肥成分相似的棕色混合物，究竟有什麼作用呢？

雖然我們無法百分之百確定，但這些天然有機物在許多方面是不可或缺的，例如水分的保持、調節土壤酸鹼值、鎖住土壤中的礦物質防止其滲入更深的地層、提高土壤肥力，以及為人類的「食物」加添一些土壤細菌。就像英明的君王烏西雅，即使唯有上帝才知道土壤的化學成分以及祂如何設計其工作體系，但好的農夫對肥沃的土壤外觀和質感卻瞭如指掌。

神奇的大分子腐殖質的主和創造者啊，正如我們需要了解你所賜予我們的禮物一樣，求你教導我們成為一名能夠善待土地的管家。

預備好

所以，你們也要預備，因為你們想不到的時候，人子就來了。馬太福音24：44

你有沒有瀏覽過www.ready.gov的網站？這個名叫「美國，時刻準備著」的網站是屬於公益廣告活動的一部分，始於2003年，旨在提高民眾對於可能發生的災難的應對能力。一旦發生大地震、火山爆發、洪水、海嘯、龍捲風、森林大火、雪災、國內騷亂或戰爭，整個大地將戰慄不已。如果真有需要「美國時刻準備著」的時候，那就是現在！

這個網站所宣傳的主要內容是：❶需要準備一個急救箱，放有水、食物、急救用品和其他重要應急裝備。將它整理好，隨時可取用，因為一旦災難發生，根本沒時間慢慢找東西。❷要制定計劃，出城後要聯繫誰，相互之間如何彼此聯繫。記下重要的電話號碼以及計劃的路線，方便災後重聚。❸對最有可能影響你的災難類型進行了解，有針對性地做好準備。

既然對於這些每天都有可能發生，且即刻就能改變生命的事件做準備是如此重要，那麼去為整個世界上最重要的事做好準備更是至關重要。到了世界的末了，耶穌再回到地球執行祂偉大的救援行動時，將沒有任何急救箱、緊急聯繫電話或安全地點能夠使你得享平安。讓我們來看一看記載在馬可福音13章，耶穌基督給門徒們的相關教導：「你們要謹慎，免得有人迷惑你們……你們聽見打仗和打仗的風聲，不要驚慌。這些事是必須有的，只是末期還沒有到。民要攻打民，國要攻打國；多處必有地震、饑荒。這都是災難的起頭。但你們要謹慎……並且你們要為我的名被眾人恨惡。惟有忍耐到底的，必然得救……在房上的，不要下來，也不要進去拿家裡的東西……那時，他們要看見人子有大能力、大榮耀，駕雲降臨。祂要差遣天使，把祂的選民，從四方，從地極直到天邊，都招聚了來。」（5－27節）

懷愛倫說：「請注意世上發生的大風暴……我們的生命，無論今生還是永生，都要依靠上帝。我們的處境需要格外警惕，完全悔改歸正，毫無保留地完全獻身於上帝。然而我們似乎在閒坐著，好像癱瘓了一樣。願天上的上帝喚醒我們！」（《信息選粹》第二卷，原文52頁）

 天上的上帝，求你喚醒我們。願我們能預備好，在空中與你相見。

未出母腹

我未將你造在腹中，我已曉得你；你未出母胎，我已分別你為聖；我已派你作列國的先知。耶利米書1：5

當你意識到上帝在你未出母腹之前就已經了解你生命的點點滴滴，你是否覺得很窩心呢？得知祂為你的一生預備了一個特別的計劃，你是否感到滿足且平安呢？如果這一切都是真的——我堅信這是真的——那麼我來到這個世界上就不是偶然的，你和我都是偉大計劃中的一份子。以下僅是我信仰基礎的一部分：

上帝曾對亞伯拉罕說，他的後裔要為奴4百多年 (創世記15：13)，結果正如上帝所說的 (出埃及記1：12)。有神人預言了約西亞王的出生，以及他作王後所做的事 (列王記上13：2)，3百年後，他果真按著預言來到祭壇前，將人骨燒在其上，污穢了壇 (列王記下23：16)。

以賽亞預言將來有一位名叫居魯士的波斯王，將下令重建耶路撒冷 (以賽亞書44：28；45：1)，1百年後，事情就這樣成了 (以斯拉記1、3、4、5章)。彌迦預言了耶穌將出生在伯利恆 (彌迦書5：2)，7百年後這話得到了應驗 (馬太福音2：1)。

大衛預言耶穌的手和腳將被刺穿 (詩篇22：16)，約一千年後，這件事成真了 (馬太福音27章，約翰福音19章)。大衛也預言了耶穌的骨頭一根也不會斷 (詩篇34：20)，這事也發生了 (約翰福音19：33)，還有更細微之事：大衛預言他們會拈鬮分耶穌的衣服 (詩篇22：18)，結果也絲毫不差 (約翰福音19：23-24)。

舊約中有關彌賽亞的預言多達數百條，而在新約中都被一一驗證，分毫不差。在但以理書和啟示錄中的預言告訴我未來將要發生的事情，唯有一位充滿愛的上帝才會將未來的事情告訴我，以減輕我的惶恐與憂慮。就像先知阿摩司所說：「主耶和華若不將奧秘指示祂的僕人眾先知，就一無所行。」 (阿摩司書3：7) 耶和華自己也對每一個人說：「我知道我向你們所懷的意念是賜平安的意念，不是降災禍的意念，要叫你們末後有指望。」 (耶利米書29：11)

🙏 耶和華啊，我的一切你都了解。求你堅定我的決心，順從你所為我訂定的計劃。

長頸鹿

耶和華啊，眾神之中，誰能像你？誰能像你至聖至榮，可頌可畏，施行奇事？ 出埃及記15：11

你曾經試過倒掛在倒立機上嗎（也有人叫它倒立架）？乍看之下，它呈現A字結構，其上有一塊短帆布或金屬作為「台板」，可以繞軸旋轉——讓人不禁想起兒時玩的蹺蹺板。使用的時候，只需將支架旋轉下來，這樣你站立的時候，就可以將腳踝安全地固定在台板的末端。接著利用扶手使雙腿上揚，直到頭部向下傾斜。想要嘗試更為劇烈的療程，只需要加大傾斜的角度，繼續這樣做，最終你就會雙腳朝上，頭朝下地被懸掛起來，血液湧向你的頭部，雙頰變紅，眼睛似乎也脹痛起來。這樣對你能產生什麼益處呢？

倒立機的設計理念是要透過懸掛雙腳倒立，緩解脊椎因重力而受到的壓力，使血液逆向流入頭部。有些人聲稱這樣做對後背和關節有好處，而且人的大腦需要大量血液——好吧！這樣做肯定能得到不少血液。湧向臉部、頭皮和大腦的血液會讓人精神振奮，經常進行倒立療法的人深信它有治療效果。當你回復到直立狀態，血液會從你的頭部流走，這時你會感到一陣暈眩——就像是久坐之後突然起身的感覺一樣。如果你認為這樣做會讓你感到頭暈目眩，那就想想長頸鹿的處境吧！長頸鹿的頭部通常比心臟高出12英呎（人類大約只高出1英呎），那麼當牠在水坑中飲水時，勢必要低下頭，這時頭部會處於心臟以下七英呎的地方，等牠抬起頭來，這高度的差距幾近20英呎，可是牠卻不會暈過去。是什麼使長頸鹿能逃脫暈眩的咒詛呢？

首先，長頸鹿有一身類似重型抗荷服的皮膚。皮膚有一英吋厚，非常結實強韌，其次，雖然一隻成年雄性長頸鹿只有成人重量的10－12倍，但心臟卻是普通人類心臟重量的40倍。第三，長頸鹿脖子大動脈和靜脈的直徑，能讓一般的灌溉用水管相形見絀，而且和人類的頸靜脈不同，長頸鹿的血管有特殊的肌肉和瓣膜，能夠控制頭部和頸部的血壓。人們曾對長頸鹿頭部的血壓進行大略的測量，結果顯示無論抬頭或低頭，其血壓始終保持在200mmHg（毫米汞柱）左右（人類血壓約在120mmHg）。當我們願意花時間用手指來感受上帝創造之物的脈搏時，就會發現祂造物的奇蹟比比皆是。

耶和華，不管我們探索何種問題，你都已經提供了令人嘖嘖稱奇的完美答案。謝謝你，因你對每一個細節都如此關注。

細菌聲納

耶和華必然等候，要施恩給你們；必然興起，好憐憫你們。因為耶和華是公平的上帝；凡等候祂的都是有福的！以賽亞書30：18

讓我們將目光轉向一種常見的益生菌，看看今天能夠從中學到什麼功課。這種原名為乳酸糞鏈球菌的細菌，由於能夠形成長長的鏈球狀，並且生活在人類和哺乳動物的腸道中，因此生物學家將其歸入腸球菌屬。益生菌一詞的含義是「對生命有益」，這是人類為某些含有活性細菌的食品補充劑起的綽號，在許多健康食品店都可以買得到。然而腸球菌屬的菌株並不都是有益的，有些菌株可能是致命的，而且一般情況下，它們對抗生素具有很強的抗藥性。

幾十年來，科學家們發現糞腸球菌會產生一種名叫溶細胞素的蛋白質，其功用恰如其名，它是「細胞毀滅者」。這種細菌會將細胞殺死，釋放出其中的營養物質，供自己生存生長所需。這種微生物通常會製造出少量的溶細胞素，當附近沒有細胞的時候，就沒有必要釋放這種物質，這樣做完全是浪費。當周圍有細胞出現時，糞腸球菌會開足馬力生產出溶細胞素，化身成為心狠手辣的殺手。科學家們一直很想弄明白，究竟這種細菌是如何知道什麼時候需要增加溶細胞素的產量的。它沒有眼睛，也沒有耳朵，怎麼能夠發現有細胞出現呢？

研究人員發現，溶細胞素其實是由兩種蛋白質組成的。若以具象形容，這一大一小兩種亞基在外出巡邏的時候總是手拉著手。當遇到靶細胞時，大的亞基就會鬆開小亞基的手，開始對細胞發動攻擊，而解放的小亞基會飛奔回去報告細胞所在位置，並且加大溶細胞素的生產量。只要大小亞基在手牽手的時候，小亞基就無法匯報情況，一旦與另外的細胞發生接觸，小亞基就會立刻拉響警鐘。

這一系統與發出信號的聲納或雷達系統極為相似。當信號接觸到物體時，就會向接收機發出一個較微弱的信號，提供相關信息。耶和華切望我們聽到祂的聲音，祂日夜巡行，尋找願意回應祂的心靈。祂的道、祂在地上的生活、聖靈、奇妙的創造都清清楚楚地彰顯了祂的愛，表明祂盼望著我們的回應。「耶和華啊，我在這裡，我的心甚願回應你的愛。」

主啊，求你切莫放棄我。你滿有忍耐與良善。求你聆聽我心中的呼喚。

木蟻

地上有四樣小物，卻甚聰明：螞蟻是無力之類，卻在夏天預備糧食。
箴言30：24—25

假設你在家裡發現了一些黑色或紅色的大螞蟻，它們是不是那種令人聞風喪膽，會將你的房子拆得七零八落的木蟻呢？你怎麼判斷家裡有沒有木蟻？許多螞蟻長得都很像，不過弓背蟻屬的木蟻通常體型較大，模樣猙獰，會對房屋造成巨大破壞，所以最好是懂得如何辨別它們。我曾研究過許多木蟻，形體大小不一，但都有兩個共同點。你可以從側面觀察其外形，最簡單的方法就是將螞蟻放入三明治袋子或是信封中，隨即放入冰箱裡冰一會兒，這樣它就動不了了，現在來觀察它的外形，如果你在其腰部關節看到一個小小的齒狀結構，並且身體中間部分頂部輪廓線條光滑，沒有凹陷，那麼就恭喜你，這隻就是木蟻無疑了。

和白蟻不同，木蟻並不吃木頭，但是它們會在質地較軟且潮濕的木頭上挖出一條隧道，供它們築巢，並養育下一代。所以，如果你家的水槽、水龍頭，水管漏水，或是屋頂或其他什麼地方始終保持濕漉漉的狀態，木蟻就喜歡將安樂窩放在那裡，而且它們會造成極大的損害。除此以外，它們在夜間外出覓食，就會趁你睡著時在你臉上爬來爬去。

所以，當你在房間裡發現這些大螞蟻時，就應該去找一找它們的蟻穴。看看牠們怎樣進到房間裡來，接著將所有縫隙堵死，修理漏水的地方，並從當地的五金店裡買一些噴劑來處理。不過要注意的是，這些大螞蟻可能住在附近腐爛的樹樁或樹下，晚上溜進家裡也許只為尋找食物。它們幾乎什麼都能吃，甜食、脂肪、植物、動物，甚至其他昆蟲。所以如果你在房間裡發現木蟻，並不意味著它們一定和你住在同一屋簷下，它們也許住在附近，進來吃個宵夜罷了。

木蟻對人類有任何貢獻嗎？當然有。它們會對倒下的樹木和樹枝做回收處理。一旦木頭變得夠柔軟，它們便馬不停蹄地開始在裡面挖隧道。從它們身上我們也能學得重要的教訓。在箴言這樣富有智慧的書卷中，智慧人所羅門寫到，螞蟻教導我們首先要勤勞，其次，我們應該事先規劃，為將來做準備。這種昆蟲會齊心協力一同工作，不但分擔工作，也分享食物。當然，如果我們願意花時間探索，它們還可以帶來更多的教訓。

 創造螞蟻的主，你希望我從你所造之物身上學到教訓，求你指教我。

細胞凋亡小體

就有火從天降下，燒滅了他們。那迷惑他們的魔鬼被扔在硫磺的火湖裡。
啟示錄20：9-10

我在研究細胞凋亡的生物過程時，始終按耐不住心中的訝異。如果你對細胞精妙而複雜的一生有所了解，你就會得出這樣的結論，細胞的每一項活動都是為了使其存活而量身打造的。大多數細胞不是在迅速繁殖，就是已經成熟並兢兢業業的工作——無論做什麼，那都是它們的天職。

另一方面，發生在像人類這樣多細胞生物體內的細胞凋亡是一種消滅細胞的過程。細胞凋亡是一種程序性的細胞死亡，整個系統複雜到令人百思不得其解，它會將細胞及其痕跡都消除淨盡。當然，只有在正常發育的過程中、需要移除細胞的情況下，細胞凋亡程序才會啟動，譬如胎兒手指間的細胞。另外一個原因是，當細胞被病毒感染，或是發生癌變，並且瘋狂進行複製的情況下，就必須被清除，為了防止這些有害細胞進一步擴散，及時將其殺死是非常必要的。當細胞凋亡不能有效發揮作用時，就會導致癌症，或是類風濕性關節炎，但如果它過度發揮，就會將正常的細胞也順帶殺掉，於是可能導致帕金森氏症、阿茲海默症、妊娠毒血症或其他退化性疾病。所以為了讓一切都能正常運行，細胞凋亡必須運作得恰到好處——難怪系統設計得如此精妙。

按照英文的字面意思，細胞凋亡與蛋白質有關，舉例來說，有半胱氨酸蛋白酶家族、脫氧核糖核酸酶、死亡受體，和一種顆粒酶。在眾多通路中最使我感興趣的是建構一個名叫凋亡小體的多蛋白質複合物。建造完成後，凋亡小體看上去像是一隻七角流星鏢，它的任務就是啟動procaspase-9，進而觸發其他半胱氨酸蛋白酶，啟動細胞凋零的一連串程序。咻！終於成功了！

僅僅為了清除一個微小的細胞，就大費周章設計如此複雜精妙的系統，這讓我更加確信，上帝為了消除罪惡及其始作俑者，一定也精心設計了一套行之有效的系統，將這可怕的毒瘤剷除，以免殃及其他星球的居民。

主，感謝你設計並建造了這些精巧的清潔系統。你真是一位充滿愛與秩序的上帝。

梔子花

那一隻羊羔要在黃昏的時候獻上，照著早晨的素祭和奠祭的禮辦理，作為獻給耶和華馨香的火祭。**出埃及記29：41**

你會以嗅覺來選擇最愛的花嗎？還是靠觸覺來選擇？我相信我們當中大多數人其實是透過視覺來選擇最喜愛的花。當面對一個精心設計的花園時，誰不會被它的絢麗多彩深深吸引呢？然而梔子花就是一種與眾不同的花，它最大的吸引力在於沁人心脾的芳香。在我生命中兩位最重要的母親都特別喜愛梔子花，並且都在自己的花園中種植了這種喜酸性的植物，我的母親和我妻子的母親都為梔子花的香氣深感沉醉。

梔子花（Gardenias）得名於亞歷山大‧戈登（Alexander Garden），他是一位外科醫師，獨立戰爭前住在南卡羅萊納州查爾斯鎮。作為一名對動植物都懷有濃厚興趣的自然學家，戈登醫生會定期收集各類植物標本，並寄給他的朋友卡爾‧林奈（Carolus Linnaeus），後者是當時最著名的分類學家（在生物學家中專門從事為生物分類與命名工作）。為了表示感謝，林奈將這種屬於咖啡家族、香氣四溢的花朵以戈登的名字來命名。梔子花的葉子是深綠色，堅韌革質的葉片常年青綠，在它們的映襯下，那五瓣的花朵愈發顯得嬌艷動人。梔子花屬下有142種花。有些花朵的中央會帶一抹淡黃色，但大多都是散發著馥郁芳香的純白花朵，因此常常出現在新娘的捧花裡。

說起香味，《聖經》中反覆提到上帝會因祂的子民在祭壇上燃燒祭牲所發出的「馨香之氣」吸引。聖香所發出的香氣是敬拜的一部分，這一點我可以理解，但是動物燃燒所發出的味道，真能叫做馨香之氣？按著《聖經》中的做法，舊約時代的獻祭其實體驗了死亡的恐怖，尤其是犯罪的結果導致無辜者的死亡，獻祭要求罪人殺死一隻無辜的羔羊，來預表那將要來者——生動地表現出基督在十字架上為人類而死。今天我所犯的罪，又殘忍的將鐵釘刺入無辜受害的主的手和腳。令人難以理解的是，我對祂的這份貴重禮物是否表達出我的崇敬、感恩，並接受祂的馨香之氣。相比之下，面對祂為我獻上的無與倫比的愛與生命之禮，我的拒絕、冷漠、忘恩負義，就散發出讓人難以忍受的惡臭。

主，感謝你獻上生命作為賜予我的禮物，願我深切的感激與接納能化作馨香之氣，使你歡喜。

兩項偉大的計劃

風從何道來，骨頭在懷孕婦人的胎中如何長成，你尚且不得知道；這樣，行萬事之上帝的作為，你更不得知道。傳道書11：5

可能大多數人都聽過原先預訂於2003年完成的人類基因組計劃。這一為期14年、預算高達數十億美金的計劃，是要為人類細胞中2萬至2萬5千個基因的60億核苷酸測序，雖然對外公佈這項計劃已經完成，但在未來的10年中，仍有許多工作要做。你也可以想像，我們至今還不知道真正被測序的到底有多少基因，這是因為基因重疊以及一段DNA序列可以透過不同的拼接方式產生多種蛋白質。再者，在46條人類染色體的末端區域之中含有高度重複的DNA序列，因此無法精確測序。

那麼我們從中能學到什麼呢？首先，人類基因組（我們所有基因的總和）是極其複雜且高度有序的。我們必須承認，我們真的不知道人體中到底含有多少基因，我們曾經以為人類已經掌握了基因工作的原理，可是現在我們才意識到事情並不如我們想像的那麼簡單。更深入的研究表明人類DNA的大部分（近99%）都不是基因，大多數非基因DNA都是重複序列，並且DNA控制這些序列。另外，我們發現人類與其他生物有許多相同的DNA。

2009年，大批神經學家開始進行人類連接組計劃。連接組是指生物體神經系統中所有的神經元和突觸的圖表，該項目為期五年，是由美國國家衛生研究院（NIH）底下的16個部門分為兩組共同協作，希望透過繪製大腦的圖譜來加強人類對大腦工作機制的了解。其中一個以大學為首的研究組，目前正在為1,200名參與者繪製連接組，包括許多孿生子，旨在確定大腦結構與功能的關係，以及環境對大腦結構的影響。另外一個大學與醫院研究機構組成的研究組，則使用了最先進的核磁共振技術，追蹤水在大腦細胞中的運動軌跡，以繪製出高分辨率的大腦路徑圖。將所有的數據整合並進行分析，可以幫助人類治療精神疾病和常見的腦部病病。

我彷彿可以看到，當科學家們揭示祂所創造之物的奧妙時，這個世界偉大的創造主和設計者正站在暗處專心地看著，滿面笑容。

🙏 我的被造奇妙可畏，我願將生命獻上服事你。今天你希望我為你的國做些什麼呢？

山羊

（祂）把綿羊安置在右邊，山羊在左邊。馬太福音25：33

大多數會爬樹的動物都會利用尖尖的爪子來抓或握，並且用強壯的短腿和長長的尾巴來保持平衡，人類則會用繩索或背帶攀爬。所以，當我們發現生著長腿、短尾巴的有蹄動物——山羊能夠爬樹的時候，就感到非常奇怪，但我真的親眼見過。在非洲大陸，若金合歡樹的樹枝生得低矮，而地面上牧草又寥寥無幾時，人們常會看到山羊爬到樹上去吃高處的樹葉。牠們在樹枝上跳來跳去的樣子，從遠處看，就好像一大群松鼠。信不信由你，我還記得曾經見過一隻山羊從兩棵並排的樹中間爬上去，活像一位在兩塊巨石間、沿著狹窄岩縫攀爬的攀岩者，那隻山羊就用牠的前腿抵住一棵樹，後腿抵住另一棵樹，交錯攀爬到10－15英呎的高處尋找食物，而且你一定也在陡峭的懸崖上見過牠們，身姿敏捷地從一塊小小的立足點上跳到另一塊上。

山羊是人類最早馴養的動物之一，可以負擔重物，也能提供羊奶和肉供人們食用。牠們的糞便可以用來做燃料和肥料，羊毛可以用來製成上好的織物和布料。山羊的皮製成的袋子可以用來盛水或盛酒，也可以做成皮帶或其他皮革製品。外科醫生在縫合的時候會用細細的羊腸線，有時候也叫貓腸線，可是它並不來自於貓的身上，而是來自於被馴養的家畜，山羊角則可以做樂器和勺子。由於山羊的好奇心強，而且十分聰明，所以牠們很容易訓練，即使在很貧瘠的地方，也很容易養活。針對貧困人口所做的援助計劃中，常會安排贈送山羊給他們，因為養山羊用途廣泛，效益也很可觀。山羊是偶蹄動物，胃分四室，有一個瘤胃。牠們被歸類為食樹枝葉動物，而非食草動物，所以其實牠們喜歡啃食灌木植物和雜草，反而不愛在草地上吃草。就人類所知，牠們幾乎什麼都吃，有這樣的名聲是因為牠們就像人類嬰兒一樣，喜歡用嘴巴來探索事物。只要是能吃的，牠們都會吃掉，而且，牠們即使沒有吃東西的時候，看上去也像在嚼著什麼似的。

《聖經》裡時常提到山羊，牠們是群居動物，可做食物，羊毛可做布料，可作為贖罪祭獻上，在預言中象徵國家，並且在耶穌分別得救與失喪之人時，代表那些上帝所不認識的人。

創造了多功能山羊的主，謝謝你賜給我們這些動物，牠們為我們無私地奉獻了一切。願我能以牠們為榜樣，也盡心盡力地去服事他人。

11月 NOVEMBER

寵物迪迪

所以，我們要好好運用上帝給我們的不同恩賜，做應該做的事。羅馬書12：6（現代中文譯本《聖經》）

童年時期的我在衣索比亞長大，當時我所擁有的第一批寵物裡，其中有一隻是迪迪，這是我們給牠起的名字。當時我們一家人住在衣索比亞的金比鎮，一些當地的村民送給我們一隻只有小狗那麼大的小羚羊，我之所以會記得這麼清楚是因為有一張照片，我正坐在草地上，拿著瓶子餵一隻小羚羊喝水。那隻小羚羊就是迪迪，在所有羚羊中牠的體型最小，也叫叢林小羚或灰遁羚，重量只有20磅多一點，成年時站起來大概有20英吋高。1758年，卡爾‧林奈（Carolus Linnaeus）為這一物種起名為灰小羚羊（學名：Sylvicapra grimmia），如今該屬已有近20個亞種，是因為牠們的棲息地範圍較廣，而且體型嬌小，不會像其他羚羊一樣作長途旅行。

　　國際自然保護聯盟在2008年對灰遁羚的數量進行評估，認為已達到數以百萬計。牠們的數量之所以能如此龐大可能歸結於以下幾種原因：首先，牠們體型嬌小，根本入不了大型的貓科動物或其他狩獵者的眼裡。相對較小的雄性大部分的時間會待在高地，對各樣的危險保持警惕，而體型較大的雌性則喜歡待在灌木叢中，可以有更多掩護。這種小羚羊絲毫不介意住在村莊附近，可以與人類和平共處。最後，小羚羊幾乎什麼都能吃，而且在沒有水的情況下也能生存很久，這是其他種類羚羊沒有的本領。任何植物都可以成為牠們的盤中餐——嫩芽、莖、根和果實。昆蟲、小型哺乳動物、小鳥、青蛙和蜥蜴也都是牠們的食物，實在沒有東西吃的話，腐肉也可以湊合填飽肚子。牠們所吃掉的植物及其中的水分就可以滿足大部分對於水的需求。

　　灰遁羚在面對掠食者時只有一招保護措施，就是隱沒在周圍的環境中。牠們太小了，跑也跑不快，而且小角只有幾英吋長，用來當作武器實在是差強人意。但是牠們絲毫不擔心自己是最小最弱的，相反的，牠們只是盡其力運用許多上帝賜予的技能和適應的能力。現實情況是，與任何非洲的羚羊相比，牠們的分佈範圍都是最廣泛的。

　　賜下所有恩賜與能力的主，求你幫助我使用你所賜給我的屬靈恩賜，可以將你的國度擴展到整個世界。

歷代志上16章：大衛的頌讚之歌

因耶和華為大，當受極大的讚美。歷代志上16：25

我不知道對上帝的讚美之中，還有哪一種能比歷代志上16：8－36所記載的大衛的「頌讚之歌」來得更美妙、更動人？當上帝的約櫃終於放入大衛特意在耶路撒冷為它搭建的帳幕中時，大衛唱了這首詩歌。此乃國家之幸事，伴隨著各樣歡慶與盛大的慶典，處處洋溢著對上帝讚美。

「你們要稱謝耶和華，求告祂的名，在萬民中傳揚祂的作為！要向祂唱詩、歌頌，談論祂一切奇妙的作為。要以祂的聖命誇耀；尋求耶和華的人，心中應當歡喜。要尋求耶和華與祂的能力，時常尋求祂的面。祂僕人以色列的後裔，祂所揀選雅各的子孫哪，你們要紀念祂奇妙的作為和祂的奇事，並祂口中的判語。祂是耶和華——我們的上帝，全地都有祂的判斷。你們要紀念祂的約，直到永遠；祂所吩咐的話，直到千代，就是與亞伯拉罕所立的約，向以撒所起的誓言。祂又將這約向雅各定為律例，向以色列定為永遠的約，說：我必將迦南地賜給你，作你產業的分。當時你們人丁有限，數目稀少，並且在那地為寄居的；他們從這邦遊到那邦，從這國行到那國。耶和華不容什麼人欺負他們，為他們的緣故責備君王，說：不可難為我受膏的人，也不可惡待我的先知。

全地都要向耶和華歌唱！天天傳揚祂的救恩，在列邦中述說祂的榮耀，在萬民中述說祂的奇事。因為耶和華為大，當受極大的讚美；祂在萬神之上，當受敬畏。外邦的神都屬虛無，唯獨耶和華創造諸天。有尊榮和威嚴在祂面前，有能力和喜樂在祂聖所。民眾的萬族啊，你們要將榮耀能力歸給耶和華，都歸給耶和華。要將耶和華名所當得的榮耀歸給祂，拿供物來奉到祂面前。

應當稱謝耶和華；因祂本為善，祂的慈愛永遠長存！要說：拯救我們的上帝啊，求你救我們，聚集我們，使我們脫離外邦，我們好稱讚你的聖名，以讚美你為誇勝。耶和華——以色列的上帝，從亙古直到永遠，是應當稱頌的！」

（歷代志上16：8-36）

 耶和華啊，求你今日垂聽我讚美的禱告與感謝。你是我至高的上帝。

快速

父怎樣叫死人起來，使他們活著，子也照樣隨自己的意思使人活著。約翰福音5：21

「快速」quick這個英文字（及其詞類變化）在新英王欽定版的《聖經》中出現60次，而在舊英王欽定版《聖經》中出現74次，之所以造成這種差距是因為我們在使用quick一詞上有所變化。我們可以將今日經文的英王欽定版《聖經》版本拿來做對比：「父怎樣叫死人起來，使他們復活（原文用quickeneth），子也照樣隨自己的意思使人復活（原文用quickeneth）。」還有別處經文提到上帝是審判活人（原文用quick）和死人的主（使徒行傳10：42）或這叫死人復活（原文用quickeneth）（羅馬書4：17；8：11），所以quick從前有「活著」或「在世」的意思。這是可以理解的，不是嗎？若是quick有活著的意思，那麼相比之下，死亡可以說相當地慢了。

那麼多快才算快呢？你知道你的反應時間是多少嗎？想檢測其實很容易。只要在谷歌裡搜索「反應時間」，就可以找到一些有趣的在線測試，可以測一測你的反應速度究竟有多快。我得花231毫秒才能對光線變化作出反應。當你早上起床時，可以再來測一測，看看你一大早先來做這件事時，反應速度會慢多少。到戶外進行快走鍛煉也許會使你的平均反應時間縮短幾毫秒。當你開車的時候，反應速度是至關重要的，若是車速達到每小時55英里，相當於每秒幾乎前進81英呎，這時如果你需要半秒的時間來作出反應，那麼在你的腳鬆開油門之前，至少已經開出車長的兩倍距離了。當人血液中的酒精濃度到達0.02%，就會延緩反應的速度，所以只要喝了酒就不應該開車，也不應該做任何需要快速反應的事情。當血液中的酒精濃度到達超出規定的0.08%時，反應速度和判斷力早已不復存在了。酒精往往會將反應時間延長到無限——死人是不會有什麼反應的，至少在上帝使他們加速（復活）之前都是如此。

耶穌在馬太福音24章用了許多表示迫切的詞，其用意何在呢【「立刻」（29節），「近了」，「正在門口了」（33節），「這世代」（34節），「要預備」（44節）】？這種迫切感在啟示錄3：11和22章中表現得更為明顯（「快」或是「快來」）。顯然，「快」或「不久」都是相對用語，如果我跟我的主管說我就「快」完成報告了，那麼它也許是指今天稍晚時，或是這週末，或是今年的下半年，這就要看我如何衡量「快」這個字。想一想，對某些人來說，「快」意味著「今天」，如果今天會有15萬5千人死去，對於他們來說，耶穌復臨只不過是轉瞬之間。這樣，才真叫快呢！

🙏 主啊，還有多久你才會來接我？會是今天嗎？我已經準備好了，隨時等候你的到來，因我全然相信你的應許。

朱紅色和深紅色

他們給祂脫了衣服，穿上一件朱紅色袍子。**馬太福音27：28**

「**要**用藍色、紫色、朱紅色線，細麻來做」，這句話在上帝針對製作會幕院子入口處的帷子、帳幕的幔子、以弗得、腰帶和胸牌所下達的指令中反覆出現。可是當時那些在沙漠中流浪的以色列民從那裡找到染料來作出藍色、紫色和朱紅色呢？在古代，這些顏色都是異常珍貴，很難得到的，唯有皇室成員才負擔得起。顯然，藍色和紫色的染料來自於遍滿地中海沿岸的海洋貝類，而朱紅色或深紅色的染料則來自於低等介殼蟲。介殼蟲分為約24個家族，超過7,500種，半數以上為化石記錄，它們是以吸食植物汁液聞名的昆蟲軍團，都長著管狀的口針，可以刺入植物中吃到甜甜的汁液。它們要做的就是吸乾植物，接著產下幼蟲。其中最為惡名昭彰的壞蟲就是粉介殼蟲，它們是蚜蟲和白蠅的親密戰友，除了造成數十億美金的作物損失外，這些小蟲還透過其骯髒的口器在植物間傳播疾病。別看它們體型微小，破壞力可大著呢！

自從阿茲特克族時代以來，人們發現用一種以吸食仙人掌維生的介殼蟲可以染出鮮艷的朱紅色，以供皇室成員使用。它們還有一個十分響亮的名字——胭脂蟲。它們能產生胭脂紅酸，這樣其他昆蟲會不喜歡這味道，它們全身體重的近四分之一是鮮紅色的染料，我們稱之為胭脂紅，可以用做食用色素、紡織染料，甚至可以用於製作唇膏。由於大部分人工合成的紅色染料都有致癌性，因此人們再度轉向從這種胭脂蟲中提取天然染料。

不過胭脂紅是西方世界到了十四、十五世紀才發現的染料，那麼在出埃及記和基督時代，人們用什麼來染出紅色呢？科學家們和《聖經》學者們在經過大量研究之後，發現了另一種名叫紅蚧或絳蚧（Kermes echinatus）的介殼蟲會從生長在地中海周圍的橡樹汲取養分，它們就是出埃及記和以賽亞書中提到的「Shani」（希伯來文「紅」的意思）染料的來源。紅蚧所產的鮮紅色卵比任何植物性紅色染料還要更加鮮紅，就連「腓紅」（crimson）這個詞也出自於紅蚧（Kermes）。如果那些羅馬兵丁知道那位身著皇室朱紅袍子、遭到他們無情戲弄的人究竟是誰，他們一定會對祂畢恭畢敬。終有一天，他們一定會這麼做，在不久的將來，人人都要在祂面前下拜。

🙏 藍色、紫色和朱紅色的創造者，我的罪雖像朱紅，但那被鮮血浸透的十架會使我潔白如雪。

三角點

我將耶和華常擺在我面前，因祂在我右邊，我便不致搖動。詩篇16：8

在徒步旅行、參觀歷史遺蹟或是其他名勝古蹟的時候，我曾經多次見過它們，你一定也見過。在美國，三角測量站或三角點就是一個小小的銅圓盤，大約三四英吋，被嵌入混凝土中。在圓盤的外圈邊緣刻著一圈字：美國海岸與大地測量局，內圈寫上：信息供華盛頓主管參考，最裡面一圈則寫著：破壞此標誌者，處以罰款250美金或監禁！在圓盤的最中央，是一個以圓點為正中心的等邊三角形。在將圓盤封入水泥之前，安放三角點的測量員會將測量局的名稱和年份刻在上面，例如：「米德斯牧場，1891」。米德斯牧場三角點可以說是美國的地理中心，更重要的是，從1927年到1984年採用更為精確的參照點以前，它幾乎是整個美國土地測量時所使用的參照點。三角點圓盤的一般用法是，當你能順利地閱讀上面的文字時，你所面對的就是北方。你也許不知道的是，這個圓盤其實是一個大約4英呎的混凝土柱子的頂端，往下幾英吋的地方其實有一個一模一樣的圓盤，這樣做是為了當表面一層被外力破壞後，三角點標記仍能得以保留。

世界各地的不同政府轄區都會設置三角測量站。三角點能為測量員提供穩定的參照物，不過陸地實際是在緩慢漂移的──幾年才會移動一英吋──這樣三角點就失去了準確性，而精準正是這個時代所需要的。2007年，美國政府就利用極其精準的GPS測量技術建立了美國國家空間參考系統。

在《歷代願望》一書中，作者懷愛倫在描述施洗約翰必須像岩石那般堅定時，她寫到：「約翰要出去作耶和華的使者……這樣的使者必須是聖潔的……他必須有健全的體格、智力和靈力。因此他需要控制飲食和情慾來控制自己的能力，以便傲立於世，不為環境所動搖，如同曠野的岩石和山嶺一樣。」（原文第100頁）

 耶和華，求你使我作你永不動搖的三角點。在我的生活中為你堅定站立。

睡眠的秘密

我必安然躺下睡覺，因為獨有你——耶和華使我安然居住。詩篇4：8

當工作堆積如山卻苦於沒有時間去做時，為什麼我們還要每天花6－10個小時，進入一種靜止且無意識的狀態呢？我的貓看上去一天至少也要睡20個小時。一向從生存和健康角度思考的進化論者來說，這著實是個謎，而且對於動物更是如此，牠們有更多的休息時間，既喪失了對掠食動物的警惕，又不去尋找食物，也不為配偶和領地打架，不交配，也不照看牠們幼小的孩子。睡眠似乎不太符合邏輯，但卻是必要的，幾乎所有的動物都要花時間睡覺或休眠。那麼我們呢？

儘管世界各地成立了上千所的睡眠研究中心，有成千上萬訓練有素的人們在研究睡眠，但他們所達成的共識是，睡眠時的生理機能依然成謎。我們知道，在睡眠的過程中，大腦仍會保持極度活躍的狀態，而肌肉則會處於休眠狀態。科學家們已經觀察到睡眠的五個階段，涉及到不同類型的腦電波活動。睡眠時，身體會產生生長激素，這就是為什麼嬰兒、孩童和青少年會比成人需要更多的睡眠，不過生長激素也參與了細胞的維護工作，這就說明為何成人同樣需要睡眠。目前科學界一致認為，在人類睡眠過程中，大腦會處理我們清醒時的所做所想，類似於整理數據資料檔或是每天對電腦進行維護的工作，這叫做記憶鞏固，是大腦修復的一種形式。人們還發現，因壓力造成的損害會在睡眠中得到修復，關於睡眠的諸多奧秘仍是人們不倦探究的對象。

另外，如果我們睡眠不足，就會產生嚴重的問題。哪怕只有一小時的睡眠被剝奪，也會造成反應時間延長，使人很難頭腦清晰地進行思考或是集中注意力解決問題，這就解釋了為何學生挑燈夜戰的苦讀之後，反而在考試中表現不佳，我的學生如果作息規律並且每天鍛煉，那麼在學業上會更加出色。與睡眠充足的人相比，睡眠不足的人通常更易作出糟糕的決定或選擇，工作表現較差，會承擔更大風險，無論開車、在家或工作，都會出現更多的事故，容易發胖，情緒易怒，血壓更高，更易患上心臟病，身體抵抗力較差等等。我們如果睡得香甜，便可以榮耀上帝。

 耶和華，知道我所有關心的一切都掌握在你手裡，這讓我睡得更加香甜。

睡眠障礙

不得合眼睡著。創世記31：40

如果到了睡覺時間，你躺在床上數小時，但翻來覆去就是睡不著，是不是會感到煩躁呢？每個人都會有這樣的經歷。但當失眠成為習慣，也許正是失眠症這種睡眠障礙悄然形成之時。失眠就是指無法入睡，也有其他各種症狀，亦是由不同原因造成的。

有些人長期有入睡的問題。他們感到身體疲憊，也早早上床準備休息，可是要輾轉反側幾個小時才能睡著。失眠症的另一種表現是你去睡覺時，其實只是醒著躺在那裡一連幾個小時，這些症狀可能是由於各種原因造成的，比如配偶會打鼾，貓會跳到床上，臥室裡光線太強，或是噪音干擾。如果這種情況經常發生，那麼你一定患上了失眠症。

有些人可以睡得著，而且一睡一整夜。可是到了早晨，卻沒有精力充沛的感覺，他們根本沒有體會到耶利米書31：26中所描述的那種香甜的睡眠，這種疲憊的狀況可能是由睡眠呼吸中止造成的，這是另一種潛在的嚴重睡眠障礙，使人在晚上無法進入深度睡眠。那些患有睡眠窒息症的人會有呼吸紊亂的現象，也許會停止呼吸10－20秒。如果一個小時會出現20－30次呼吸暫停的情況，那麼就需要引起注意了。在發生中樞性窒息的情況下，大腦通知身體進行下一次呼吸的速度會變慢。通常情況下，人們會將睡眠窒息症稱為「阻塞性睡眠呼吸暫停」，通常與體重過重以及形體不勻稱有關，因為在躺下睡覺的時候，鬆散的軟組織就會放鬆下來，導致呼吸道受壓迫。

患有不寧腿症候群（RLS）也可能會導致失眠，這是一種由於腿部強烈的不適感而必須不斷移動腿部的症候群。不寧腿症候群往往是各種其他疾病所導致的結果，其中也有遺傳因素。

嗜睡症，這是一種終身的慢性睡眠障礙，患者在白天的時候會頻繁地進入睡眠。它並非精神疾病，但確實是一種神經系統障礙，因為不知出於什麼原因，大腦產生的一種名叫下視丘素或食慾素的重要神經肽含量不足。在所有主要脊椎動物類群體內都有下視丘素／食慾素，當他們與受體發生反應時，就會造成清醒的狀態，缺乏激素或是受體都會導致嗜睡症。

主耶穌，謝謝你賜下睡眠，也為那些有著醫療知識的醫生們而感謝你，因為他們能夠幫助我們減少睡眠障礙造成的影響。

枕頭

便拾起那地方的一塊石頭枕在頭下，在那裡躺臥睡了。創世記28：11

我必須承認，我向來對創世記28章中的這個故事感到納悶。我從來沒想過用石頭作枕頭晚上也許會睡得更好，顯然對於雅各來說這是有用的，因為《聖經》接下來就描述了上帝在那一晚給了他一個美妙的夢境。那麼怎樣做晚上才能睡得好呢？

人們經過研究已經發現了一些能使睡眠品質提高的因素。首先你要制定出你能夠堅持的睡眠計劃——包括週末，如果沒有計劃或是過一種作息混亂的生活，那麼只會造成日夜顛倒。睡眠環境也很重要，在過熱或太冷的環境下，是很難入睡的，溫度的變化可能打斷你的美夢，所以最好是控制在恆溫狀態。太吵鬧或太安靜都可能對睡眠造成影響，滴答作響的時鐘或是滴水的水龍頭也許讓你睡不著覺，但或許能讓你睡得很甜，這取決於你的習慣，所以噪音的水準應與你的需要和習慣相適應。要讓你的床鋪和枕頭保持乾淨整潔，電視和電腦最好不要放在臥室裡。臥室的光線應保持昏暗，不要擺放夜燈或是亮度較高的鬧鐘。

研究表明，午睡時間太久會讓人在夜晚變得難以入眠，而且吃飯吃得晚，或是吃得多都會讓人睡意全無，就像有些藥品、非處方藥和補品一樣，咖啡因、尼古丁和酒精等也會擾亂人的睡眠。有益於睡眠的日間運動包括每天做一些光照療法——最好在戶外的陽光下，至少運動30分鐘。花時間進行定期戶外劇烈運動——若能在睡前幾個小時結束——也會對睡眠有幫助。

當快到平日裡的就寢時間時，應當有意識地放鬆心情，從白天的勞碌中擺脫出來，養成閱讀或聽音樂的好習慣，洗個熱水澡，儘管科學文獻中並不會提到敬拜與睡眠的關係，但若能花時間讀一讀《聖經》、默想，並感謝上帝帶給你一整天的祝福，就是為夜晚甜蜜的睡眠做準備。把你所牽掛的一切都交給祂，這是有益的，因為祂是為我們背負重擔的上帝，我們豈不是常常因為害怕、或是心裡琢磨各種問題、破碎的人際關係和生活的壓力而無法入睡嗎？箴言3：24－26向我們保證，我們一定可以睡得香甜，因為耶和華站在我們這一邊。

 耶和華，謝謝您使我安心休息。這真是你送給我的一件美物。

安息日休息

因為今天是向耶和華守的安息日。出埃及記16：25

美國有線電視新聞網頭條的斗大標題寫著：「經濟形勢嚴峻，一週工作7天成常態。」沒錯！當代的確有相當一部分人需要每天都工作，有些人打好幾份工，幾乎沒有休息時間。與壓力相關的疾病越來越多，婚姻與孩童都深受其害，休閒時光已成泡影，個人、家庭和社會都受到傷害。

我非常感謝上帝為我特別設立了一天來休息。等等！真的是為我設立的一天嗎？當然，千真萬確！耶穌自己親口說過，安息日是為人設立的，而人不是為安息日設立的。所以沒錯，它是為你、為我而設立的，在這一天我們不必去工作，外出購物、繳納賬單、制定日程、給花園除草或是修剪草坪，這些統統都可以拋到腦後。我喜歡把每一個安息日看作是每週一場24小時的約會，對象就是在整個宇宙中最愛我的那一位，週六一整天，我都可以專注定睛於我的救主，按著祂的樣式去做無私與仁愛的服事。

迄今為止，我和我太太已經約會幾十年了。我們都很喜歡週末的夜晚，能夠從生活的諸多壓力中抽身，簡簡單單地享受在一起的時光。有時，我們會一起做計劃，也許一起去雜貨店購物、到商場散步、去最愛的餐廳吃飯、到附近的樹林中遠足或是越野滑雪。一起做什麼其實並不重要，重要的是我們能夠遠離壓力，有時間見面，解決問題，就心裡的問題進行開誠布公的交流。這種維護關係的方法還包括每天在固定的時間讀書給對方聽。去年我們將懷愛倫所著「歷代爭戰叢書」系列的五本書都讀完了，今年我們打算用這種方式來讀「安得烈《聖經》研讀本」系列。花時間在一起對於建立和維護人與人之間的關係是至關重要的。

試想，宇宙的創造主要求我每週留出一天的時間來和祂在一起，共同為這段關係而努力。祂要我每週都利用這段時間，來紀念最初創造大週中所彰顯的、令人拍案叫絕的創意，讓人心生敬畏的偉大能力以及難以置信的和諧架構，世間的一切由此產生──這個地球和一切生命形式及所有生命維持系統。這位永恆的上帝，掌握宇宙最高權柄的創造者，希望我來見祂，因為祂甚願與我建立關係。如果我不理睬祂，反而跑去工作，就只是為了要多賺幾塊錢，這樣未免太無禮了。

 至高無上的耶和華，有時我會表現得不尊重你，求你饒恕我。願我能永遠將改善我們之間的關係放在心上。

復活

祂從死裡復活了。馬太福音28：7

1668年，弗朗西斯科·雷迪（Francesco Redi）首次發表了生物學界最顛撲不破的規則——「一切生命皆來自於蛋」——這是從一系列著名的肉和蛆蟲的實驗中得出的結論。藉著這些實驗，雷迪開始反駁當時流行的亞里斯多德的觀點，即生命可以自發產生。1844年大失望事件過後不久，法國著名的微生物學家路易斯·巴斯德（Louis Pasteur）和德國偉大的病理學家魯道夫·菲爾紹（Rudolph Virchow）所進行的實驗卻對雷迪早期的結論作出修正：「唯有生命能產生生命。」時至今日，現在科學能做到的也只是一再證實這一概念，所以我們可以肯定地說，死亡就是沒有生命，無法復活，即使用最先進的科學技術也無法讓人死而復生。

不過在2010年5月21日，J·克雷格·文特爾（J. Craig Venter）不是發表聲明宣佈他的研究小組已經創造出人造生命了嗎？但事實是，文特爾的研究小組利用已知的DNA序列電腦數據，合成了絲狀支原體（一種已知基因代碼最短的細菌）的基因代碼，也就是DNA序列，接著他們移除了山羊支原體（相當於絲狀支原體的堂兄弟）的基因代碼，最後他們將合成的DNA植入失去遺傳物質的山羊支原體中。經過艱苦的努力，他們成功地培育出改良的細菌，並複製出數十億的細菌。這樣說來，即便是文特爾研究小組的發言人也無法將他們的工作說成是一種突破，說他們是從非生命體中創造了生命。畢竟，對DNA進行合成，並將它從一個生物體移植到另一個生物體中是分子生物實驗室的常規做法，而且多年來一直如此，所以它並非是新的突破。

這條定律唯有一次被打破，就是基督從死裡復活。這證明了祂的神性和祂至高無上的權柄，這是一切基督教信仰的基石。生命的創造者耶穌，所有的遺傳代碼都是出於祂的手。不僅如此，祂還為基因代碼創造了可以發揮作用的舞台——細胞。祂戰勝了死亡和墳墓，給我們帶來永生的希望。「然而，叫耶穌從死裡復活者的靈若住在你們心裡，那叫基督耶穌從死裡復活的，也必藉著住在你們心裡的聖靈，使你們必死的身體又活過來。」（羅馬書8：11）

 謝謝你，耶穌，謝謝你賜予我們生命。感謝你為我的罪付上沉重的代價。

避蚊胺

我所親愛的弟兄啊，你們要逃避拜偶像的事。哥林多前書10：14

你可以研究一下市面上大多數的驅蟲劑，會發現有效成分中一定會有避蚊胺（DEET）。這種已使用超過六十年的避蚊胺是一種淡黃色的油狀物，由美軍研製，來保護那些需要長期待在蚊蟲滋生的熱帶叢林中的軍人們。避蚊胺在大多數市售驅蚊劑中都有，因為它的確有效。你噴一些在皮膚或衣服上，就可以防止蚊子或蜱蟲的叮咬，也斷絕了它們傳播各樣嚴重疾病的途徑，如瘧疾、黃熱病、腦炎、登革熱和西尼羅河病毒。不過，避蚊胺是如何發揮作用的呢？想要找出問題的答案還是挺困難的。

一些研究表明，避蚊胺抑制了蚊子的嗅覺，另一些實驗則顯示蚊子根本不喜歡避蚊胺的味道。研究結果指出，從動物身上散溢出的二氧化碳會吸引昆蟲，若你在戶外身處於蚊蟲滋生的環境中，你就會發現蚊子會在你所在之處的下風向嗅出氣味，接著它們會順著這股越來越濃的二氧化碳的味道飛來，直至在你身上悄然降落。早期研究表明避蚊胺抑制了蚊蟲察覺到二氧化碳的能力，但現在看來情況並非如此。

除了二氧化碳之外，我們的皮膚還能散發出幾種具揮發性體味的化學物質，例如蘑菇醇、乳酸和其他化合物，由汗液和皮膚細菌產生。蚊子的觸角上生著許多特定的化學物質探測器，能夠輕而易舉地發現這些物質，這樣它就能溜進家裡，準備享受饕餮盛宴。

最近的一項研究由加州大學和亞利桑那州大學的昆蟲學家們攜手進行，他們在蚊子的觸角上發現了一種短毛結構，這是另一種化學受體，即使避蚊胺濃度極低，它也能感覺得到，並且隨著避蚊胺濃度的增加，所發出的信號也愈加頻繁。這些研究的結果表明避蚊胺並沒有如原本人們所想像的阻擋效果。研究報告清楚地指出蚊子的神經系統有相應配備能夠嗅出避蚊胺的味道，並會盡可能地避開它。

如果我們擁有充足的避罪胺該有多好啊？有了它，不但能夠察覺罪惡，還能夠憎惡罪惡。好消息是避罪胺確實存在，它真正的名字叫做基督的心。

 主耶穌，我祈求你賜我一個極其靈敏的罪惡探測器（良心）。

硬著頸項

我拿什麼報答耶和華向我所賜的一切厚恩？詩篇116：12

硬著頸項：如果你的脖子真的很硬，那種感覺真是糟透了。但我必須承認，在舊約《聖經》中出現13次和新約中出現1次關於硬著頸項的描述還是蠻有趣的。在新約使徒行傳7：15的經文中使用了希臘文*sklero*（堅硬的）和*tracheloi*（脖子）來形容當時百姓的狀態。在摩西五經中有一些描述硬著頸項的經文所使用的是希伯來語。令人驚訝的是，其他大部分經文都是在說那些硬著頸項的人們。這是一種自願承擔的狀態，生動地描述出一副固執、無情、反叛、粗暴、對管教毫無反應的樣貌。

細細想來，我一生中那些不得不忍受的脖子僵硬的時刻，有一些是因為遭遇車禍，我的頭被猛地轉了一下，或是在做體操或進行其他體育活動時，忽然被扭到，還有幾次可能由於細菌或病毒感染導致頸部肌肉痙攣，或睡姿不恰當引起的。不過有幾次扭傷脖子是因為我使自己的頸部始終保持緊張狀態，而且這完全是沒有必要的。比如在我學習或是專注於某件事時，就會長時間地保持一種奇怪的姿勢，比如看書時用手臂撐住頭——這樣的動作以及其他動作都會引起頸部疼痛的症狀，好在這種疼痛感會消失，通常不需要肌肉鬆弛劑或是其他治療。

當我兒時在宣教地區生活的時候，我曾花大把的時間去觀察那些當地人，他們將特別重的東西頂在頭上來搬運。每次我見到他們都是一臉驚訝，不過雖然他們的頸部肌肉緊繃，汗如雨下，面部也因疼痛而扭曲著，但是作為一個人，他們真的能夠用頭負重走上好幾公里。毫無疑問，為了做到這一點，他們就要使脖子變得僵硬，頸部肌肉變得緊實，這樣才能承受重物的壓力。這不僅使我聯想到，我是否也常常在罪的重壓之下硬著頸項？我頑固的抵抗是否常常意味著我必須自己負重去走更遠的路？

主，我選擇將自己的重擔卸在你的十字架下。我選擇去愛，去順從，這樣做不是為了贏得救贖，而是因你對我的所有良善恩惠所發出的感激之情。

品牌

主——我的上帝啊，我要一心稱贊你；我要榮耀你的名，直到永遠。詩篇86：12

自1986年起，我就在安得烈大學教書，這是基督復臨安息日會教育系統中的大學之一。學校與教會向來都對任何針對它們的名稱或商標——如果你喜歡，也可以說是品牌——的侵權行為保持警覺性。若擅自改變標誌的顏色或形狀，或有人盜用其名稱，或以任何方式進行歪曲它們都會被立刻發現，並予以密切關注，若有必要，將會訴諸法律。

當然，「商標」一詞原本來是描述牛仔們在自家農場的動物身上烙下標誌，以作為辨識的行為。直至今日，每一主要機構都有自己的品牌，包括名稱、標誌、商標或標記，以表明各自的身分。受到法律保護的品牌就成了註冊商標，各大公司都會僱大批律師來保護所註冊的名稱和商標。

名字裡總是蘊含著深刻的含義。上帝用手在堅硬石板上寫下的第三條誡命是這樣的：「不可妄稱耶和華你上帝的名；因為妄稱耶和華名的，耶和華必不以他為無罪。」（出埃及記20：7）聽上去這是一件非常嚴肅的事。若你向人請教這含義，那麼很有可能他們會告訴你當你罵人的時候不能用到上帝的名。好吧！這算是個好的開始，但也許更重要的含義是，當你並不真正認識祂，也不遵守祂的誡命時，就不要自稱是祂的兒女。字典中「妄」的含義是「無效」或「沒有成功」。換句話說，未能正確地使用祂的名或是不能公正地表達祂的名，都屬於妄稱祂的名。當我和妻子結婚的時候，她冠了我的姓，她能夠被稱為斯坦恩夫人，是我莫大的榮幸。

當讀到上帝在出埃及記34：6－7中講述自己名字的時候，我被祂的仁慈、良善和慈愛深深打動。祂宣告自己是：「耶和華，耶和華，是有憐憫有恩典的上帝，不輕易發怒，並有豐盛的慈愛和誠實，為千萬人存留慈愛，赦免罪孽、過犯，和罪惡。」接著在民數記6：23，祂又說：「他們要如此奉我的名為以色列人祝福；我也要賜福給他們。」上帝將祂的名字放在我身上，並且賜福我。這是一件多麼令人欣喜若狂的事啊！

 耶和華啊，你的聖名對於我來說無比寶貴。願我永遠能保護你的品牌。

雅比斯的禱告——噢，甚願你賜福予我

你不給我祝福，我就不容你去。*創世記32：26*

在一大堆既樣板又難發音的古猶太家族名字、血統和家譜之中，《聖經》作者突然暫停，插入了雅比斯的禱告，對於這位虔誠的人，我們所知甚少。除了這節經文——在猶大家族一連串枯燥無味的名單當中突然出現——還有另外一處由兩句話組成的經文（歷代志上4：9），就是雅比斯生平傳記的全部。另外一句使我們對他印象深刻的經文（10節）如實地記錄他的兩句禱告，最後以上帝應允他所求的作為結束。從這簡短的禱告中，我們可以看出雅比斯是個虔誠的人，他認識上帝，對祂充滿信心，並且完全忠於祂。

經文先表明雅比斯來自於猶大支派，接著告訴我們，「雅比斯比他的眾弟兄更尊貴，他的母親給他起名叫雅比斯。」（9節）為什麼母親給他起這個名字呢？她說，因為「我生他甚是痛苦。」（9節）分娩本來就痛不是嗎？尤其當時沒有脊椎麻醉術，也沒有止痛藥。有一些解經家認為雅比斯可能是私生子，所以他的母親不僅在生理上疼痛，在情感上也備受折磨。不管怎樣，他的名字的含義就是「痛苦」。可以說，無論何時我聽到「_____感到難過」（空格中你可以自己填寫）的時候，心裡總不是滋味。怪不得雅比斯要在上帝面前傾心吐意求祂賜福，但這並不是一個簡簡單單「求你賜福我」的請求，注意他在一開始時所表現出的憂慮【「哦，甚願你」（10節），以及特意強調「大大賜福」】，這也許是來自於他內心深處痛苦的呻吟。

重點在於雅比斯向上帝求祝福的時候真是直言不諱，就像雅各整夜與上帝角力，在痛苦與絕望中發出吶喊。我們也一樣，必須與上帝實話實說，告訴祂我們的需求。要對上帝誠實，祂是我們至高的主宰，要懷有一顆全然想要了解祂的心。詩篇66：18清楚地告訴我們要對上帝誠實，只有這樣祂才會聽我們的禱告，上帝想要保佑我們。「我們若照祂的旨意求什麼，祂就聽我們，這是我們向祂所存坦然無懼的心。」（約翰一書5：14）雅各書4：2說，「你們得不著，是因為你們不求。」

耶和華，看哪，我真的誠誠實實地向你祈求。求你鑒查我的心，聆聽我的聲音。哦，我是多麼切願你也賜福予我。

雅比斯的禱告──擴張我的境界

雅比斯求告以色列的上帝說：「甚願你賜福與我，擴張我的境界，常與我同在，保佑我不遭患難，不受艱苦。」上帝就應允他所求的。歷代志上4：10

在20世紀30年代，甘蔗甲蟲曾一度在澳大利亞東北部的甘蔗田中肆虐，於是農夫們就從夏威夷引進數千隻海蟾蜍（Bufo marinus），並將牠們放到被甲蟲破壞的甘蔗田裡。人們給牠們取了個十分貼切的名字，甘蔗蟾蜍，因為牠們極為有效地控制了甘蔗甲蟲的數量。這種體型龐大的陸地蟾蜍，不但有劇毒，而且繁殖能力極強，以驚人的速度向島國的南方和西方擴散。在最初的幾十年裡，甘蔗蟾蜍以每年超過6英里的速度入侵新的地域。如今，70年過後，牠們的範圍就以每年45英里的速度向前推進。據說，這種巨型蟾蜍（據說當作寵物後，牠的重量可接近6磅，從頭到腳約21英吋）在夜晚沿著路或穿越柵欄的速度是最快的。最讓人感到驚奇的是，根據科學家們從各個檢查點搜集來的數據表明，帶路的蟾蜍的腿通常要比跟隨前進的小兵們更長。正因為具有侵略性的特點，因此最受科學界的關注：牠原本的棲息地是中美洲和南美洲，如今已經被成功引入一些位於加勒比海和太平洋的熱帶島國，以控制當地的昆蟲數量。但是讓人們大跌眼鏡的是，牠繁殖得過多過快，以致許多人將它當作害蟲。

雅比斯特別要求上帝成就的一件事就是擴張他的境界，保佑他進入生命中的新領域。如果雅比斯真是個私生子，那他就沒有作為合法的兒子所有的財產繼承權，所以他祈禱的是合情合理的──求上帝賜給他生存的空間。更有可能的是，他是在請求上帝拓展他服事的範圍。這難道不是我們每個人都應該祈求的事嗎？一直待在自己的舒適圈意味著我們認為即使沒有上帝的幫助，憑藉自己的力量，我們也可以擺平所有的事。只有當我們試圖去做不可能的事之時，上帝才會彰顯出祂的大能。

 耶和華，我敢不敢憑著信跨出那一步，去做你所要求我的事呢？你明白我的內心有多恐懼。只有在你的幫助下，我才可以放心大膽地祈求你來擴展我的疆界。請你現在就聆聽我發自內心的祈禱。

雅比斯的禱告——你的手常與我同在

「哦，我是多麼切願你大大賜福與我，擴張我的境界，你的手常與我同在，你能有所作為、使我不遭災害，不受痛苦啊！」上帝就使他所求的成就。

歷代志上4：10（呂振中譯本《聖經》）

雅比斯向上帝求的第二個祝福是上帝的手常與自己同在。讓我們花幾分鐘時間來思考一下上帝的手。手工製作、打磨、雕刻，全手工或手工製品，這些詞語都意味著高品質，手工製作的東西總是會受到人們特別的關注。我們所做的大部分工作多多少少都會用到手。你若仔細觀察那些常公開演講的人，他們的手也發揮出傳遞信息的作用。人類的雙手能夠製作陶器和木器、裁剪布料、寫作論文、播種收割，還能做麵包，它們能做的事成千上萬，既有好事也有壞事。

讀一讀《聖經》就會發現，第一次暗示上帝的手出現是在創造亞當的時候，我們可以想像耶和華用地上的塵土將他塑造成形的情景，但此處僅為推測。第一處明確提到上帝的手的經文出現在創世記49章。雅各已經年邁，快要死了，在聖靈的感動下，他為他的兒子們祝福，並且告訴他們將來所要發生的事情。到了第22節，雅各說到了曾被哥哥們苦害的約瑟，接著在24節，雅各說約瑟手中的弓依舊堅強，是「因著雅各之大能者的手」。在這裡我覺得有趣的是，手的力量來自於它所依附的手臂的力量。在出埃及記和申命記中，摩西反覆提到了大能的手和伸出來的膀臂。在詩篇136章中，大衛將上帝大能的手與用永遠長存的慈愛聯繫起來，所羅門在奉獻聖殿的禱告中也提到了這一點，列王記下17章的作者和先知耶利米和以西結曾反復提到上帝大能的手和伸出來的膀臂。大多數經文都在描述上帝將以色列人領出埃及的故事，但在耶利米書32：17，則將上帝大能的手和伸出的膀臂與天地萬物的創造聯繫在一起，以西結書則將大能的手和臂膀，與被擄之人返回家鄉，以及認識上帝連結起來。這些經文旨在讓我們知道上帝是至高無上的，我們應該回轉歸向祂。

 主啊，求你用大能的手保護我，緊緊擁抱著我。

雅比斯的禱告──保佑我不遭患難

「甚願你賜福與我,擴張我的境界,常與我同在,保佑我不遭患難,不受艱苦。」上帝就應允他所求的。歷代志上4:10

在馬太福音6章所記載的主禱文中也祈求上帝拯救我們脫離兇惡,或是惡者,所以雅比斯所求的另一個具體的祝福──保守他不遭患難,是十分重要的。而且《聖經》清楚地指明患難來自於那惡者,是迷惑普天下的撒但(使徒行傳13:10;啟示錄12:9)。我們以軟弱來對抗黑暗的權勢,面對那惡者我們毫無招架之力。

我家裡養了兩隻貓,牠們整日流連在我們家的後陽台,看上去好像在睡覺,其實就是在陽光下擺出一副懶洋洋的樣子。有時牠們側臥著伸展身體,有時則踡縮起來好像一個球,把頭埋進身體裡面看不到,無論什麼動作,牠們看上去都好像根本不在乎周圍發生什麼,一門心思想要打盹,一副人畜無害的乖巧模樣。可是,若有小山雀一不留神,冒冒失失地從落地窗飛進來,就會立刻驚動兩隻貓咪,瞬間牠們就會發動攻擊,這可憐的小鳥根本無力反抗,牠的唯一指望就是我們這些貓的「主人們」,能夠先來保護牠,使牠免遭厄運。

警覺的貓咪和昏了頭的小鳥之間這種實力的懸殊,就好像我面對那惡者時所有的勝算。我能夠成功脫身的機率有多高呢?零!雅比斯一定意識到這個問題了。魔鬼也有一支訓練有素的邪惡大軍,牠們知道我每一個弱點,並且誘惑我與牠們為伍,唯一能使我得平安的就是雅比斯的禱告:「保佑我不遭患難。」

也許這是為何詩篇第一篇便開宗明義地指明,那些不從惡人計謀的人是何等有福。注意詩篇中所使用的動詞:在罪人的道路上行走、停頓、站立,接著坐在褻慢人的座位上。當我行過的時候,邪惡彷彿有一股吸引力在牽著我,讓我不禁停下來看一看,接著引導我坐下盡情享樂。在曠野禁食40天後,耶穌受到了魔鬼的試探,但祂沒有依靠自己的力量,而是藉助上帝話語的力量擊退試探,並命令撒但退後──用祂自己的話說:「退去吧!」

耶和華,我毫無能力抵抗那惡者。求你保佑我不遭患難。但若邪惡真的靠近我,我指望你為我打贏這場戰鬥。

雅比斯的禱告——不受艱苦

「甚願你賜福與我，擴張我的境界，常與我同在，保佑我不遭患難，不受艱苦。」上帝就應允他所求的。歷代志上4：10（編按：不受艱苦，英文原意為「願我不會帶來痛苦」）

當我們屈從邪惡的勢力時，就會給其他人帶來痛苦。我們應留意上述經文中的因果關係。如果上帝願意保守我脫離患難，那我就不應該成為別人痛苦的根源，我無法想像掃羅王的所做作為會給為他彈琴的大衛造成多大的傷痛。就像把一根金屬線來回彎折直到它斷裂一樣，掃羅對於大衛時而歡喜、時而痛恨的情感，一定會使他們之間的關係異常緊張。

那麼掃羅（保羅）和早期基督教會之間的關係又是如何呢？他是否令耶路撒冷和周圍城鎮的基督徒們身心俱疲？沒錯！他的確這樣做了。他的迫害與殺戮使基督徒不得不轉入地下。無疑的，掃羅生命中那邪惡的意念給基督徒帶來了痛苦，這就是撒但最高的目標——透過傷害祂的兒女使上帝陷入痛苦。

我完全可以理解雅比斯向上帝所求的最後一項祝福。在我一生中經歷過太多的痛苦，最終讓我明白，大多的痛苦是由於與我身邊最親近的人關係破裂造成的。我最不想做的一件事就是給我所愛的人帶來痛苦，而事實上，我就是那個最有可能去做這件事的人。

兩個年輕人彼此相互吸引，墜入愛河。他們之間的關係變得親密，戀愛的熾熱使他們無法離開彼此。但好景不長，出於某種原因，年輕的女生擔心自己的選擇並不明智，於是拒絕走下去，選擇了事業和另一位愛人，這個男生的心被傷透了。

雖然在我們身上無法完美地彰顯出上帝的品格，但我們的確都是按著上帝的形像被創造的。我們被賦予的一項特質，就是有能力去深愛別人，但愛越是刻骨銘心，所要承受的風險也就越大。如果愛被拒絕，或被踐踏了呢？我們愛得越深，就痛得越深。

耶和華，現在我終於明白了。你是從亙古以來最無可比擬的愛人，所以若是關係破裂，你會感到整個宇宙中最深切的痛苦。主，我祈求你使我遠離罪惡，使你不會因我而遭受痛苦。

雅比斯的禱告——上帝就應允他所求的

「甚願你賜福與我，擴張我的境界，常與我同在，保佑我不遭患難，不受艱苦。」上帝就應允他所求的。歷代志上4：10

在我短暫的一生中所學到的一件事，就是上帝正站在人們身旁，渴望去滿足那些懊悔、順從、忠貞、謙卑的僕人所發出的呼求。作為一位滿有豐盛、寬容慷慨且無比慈愛的上帝，祂深知如何將上好的禮物賜給人，祂也渴望給人祝福。

接下來的幾分鐘讓我們來默想前人為我們所作的見證：「並且要吃得飽足，在你們的地上安然居住。」（利未記26：5）「現在你喜悅賜福與僕人的家，可以永存在你面前。耶和華啊，你已經賜福，還要賜福到永遠。」（歷代志上17：27）「你必將生命的道路指示我。在你面前有滿足的喜樂；在你右手中有永遠的福樂」（詩篇16：11）。「你以美福迎接他，把精金的冠冕戴在他頭上。他向你求壽……你使他有洪福，直到永遠，又使他在你面前歡喜快樂。」（詩篇21：3-6）「你的慈惠、你為敬畏你的人所珍藏、為避難於你裡面的人在人類面前所施行的，何其豐富啊！」（詩篇31：19）「當感謝祂，稱頌祂的名！因為耶和華本為善。祂的慈愛存到永遠；祂的信實直到萬代。」（詩篇100：4-5）「萬民都舉目仰望你；你隨時給他們食物。你張手，使有生氣的都隨願飽足。」（詩篇145：15-16）「你們要留意聽我的話就能吃那美物，得享肥甘，心中喜樂……你素不認識的國民，你也必召來；素不認識你的國民也必向你奔跑，都因耶和華——你的上帝以色列的聖者，因為祂已經榮耀你。」（以賽亞書55：2-5）「那時，你看見就有光榮；你心又跳動又寬暢；因為大海豐盛的貨物必轉來歸你；列國的財寶也必來歸你。」（以賽亞書60：5）

耶和華，既然你對我如此慷慨，為什麼我還要對人那麼吝嗇呢？請原諒我貪婪的罪。願我成為向別人傳遞你慈愛與祝福的管道。

察覺凝視

求你掉轉眼目不看我，因你的眼目使我驚亂。雅歌6：5

眼神接觸。直視對方的眼睛實在是一種強而有力的行為！戀人之間常常會這樣做，因為這是建立親密關係的重要因素。父母寵溺地看著嬰兒的眼睛，嬰兒也睜大眼睛盯著父母。透過凝視對方的雙眼，以尋找當前對話的含義及語境，這是非語言交流中的重要組成部分。我剛才聽到的話——是出於愛心，還是無禮？眼睛是會說話的，而且它們從不說謊。

根據文化習慣的不同，保持目光接觸可以被解讀為力量、可靠和誠實的象徵（西方文化），或者是挑釁的信號，或代表粗魯和傲慢（東方文化）。男性之間的眼神交流可能是權力鬥爭的一部分，而女性之間的眼神接觸可能有極為廣泛的內涵。若發生在兩性之間，則通常表示一種特別的興趣，眼神交流（拋媚眼）通常是調情的一種方式。

與目光接觸有著密切關係的是凝視察覺，這是一種可以正確辨別某人正在盯著何處看的能力。你不僅可以準確判斷出某個人是在關注你？還是在注意你身邊發生的事情？還能夠看出他們是盯著你的眼睛？或是你鼻頭上的污漬？亦或是你牙縫中殘留的菜渣？我們能夠敏銳地感覺到別人觀察的位置，而且研究表明人類對此類判斷具有高度準確性。現在有許多教師，包括我自己，不再為某個學生是否正在作弊而糾結。如果在測驗或隨堂考的過程中，某個學生的目光在別人的試卷上稍作停留，那老師一定會馬上制止。如果我的學生盯著我——他們的監考老師——看的時間比做試卷的時間還要長，那麼他們通常是在等待機會，只要我一分心，他們就會伺機作弊，這種情況我已經司空見慣了。

詩人大衛說得很清楚，「耶和華的眼目看顧義人。」（詩篇34：15）祂的看顧從來不會停止，就像慈愛的父母，他們一刻也不想將目光從嬰兒身上挪開，我們的天父也是這樣深深地愛著我們每個人。有任何跡象表明我們感受到祂的凝望嗎？我們回應祂愛的眼神了嗎？我們透過每日的默想與祈禱注目祂了嗎？上帝的凝視感知很可能比我們的要敏銳得多。我不禁陷入沉思，為何有時我表現得敬虔無比，心卻早已跑到九霄雲外呢？

耶和華，當我定睛於你，凝望你那親和的面龐，求你使世間萬物在你榮耀與恩典的光照下變得黯淡無比。

菖蒲

你沒有用銀子為我買菖蒲，也沒有用祭物的脂油使我飽足；倒使我因你的罪惡服勞，使我因你的罪孽厭煩。以賽亞書43：24

這種濕地植物還有許多常見的英文名字，如香蒲（sweet flag）、甜莎草（sweet sedge）、甜燈心草（sweet rush）、甜根（sweet root）、菖蒲（sweet cane）、甜香桃木（sweet myrtle）或肉桂莎草（cinnamon sedge），可是它既不是一種燈心草，也不是莎草，而是一種學名為Acorus calamus的單子葉植物。在聖靈的感動下，先知以賽亞為上帝發聲，譴責以色列民不但沒有為祂買「香蒲」（當代《聖經》譯本），反而讓祂因他們的罪惡厭煩。那麼我們該向上帝獻上的這種散發芳香的植物是什麼呢？

香蒲包括一些生長在北美洲北部地區、喜馬拉雅山、中國、日本、緬甸和泰國的植物品種，不但常見，而且分佈廣泛。作為一種眾人皆知的藥品和香料，菖蒲被廣泛交易，已為人類服務了數千年。只需咀嚼一小塊帶有香味的菖蒲莖，再加上一點根，就能夠減輕牙痛、緩解噁心、減少腹脹，並且刺激消化系統。若增加劑量可以誘發嘔吐，而不會對人體有害，因為它並無毒性。由於菖蒲含有一種名叫細辛醚的有機醚，因此能夠消滅昆蟲和細菌。它是一種強抗氧化劑，其精油有一種令人愉悅的、類似柑橘的芳香，使它在香水產業中也能嶄露頭角。

雅歌中提到好多植物，菖蒲、肉桂、哪噠、番紅花，和其他散發著馥郁香氣的香料。所以問題來了，今天我應該如何對待我的愛人——我的主？祂是永恆不變且無條件地愛著我，祂的心始終牽掛著我，祂如此渴望與我建立個人的關係，我又作何反應呢？我是否故意犯罪與祂作對，還是只顧忙自己的事，完全忽略祂的存在？亦或是我常常回到祂面前，獻上為祂準備的最上等、最芳香、最昂貴也最甜蜜的禮物？我有沒有經常徵求祂的意見，在我思考時不忘與祂對話？也許此時，當我聽到風拂過菖蒲叢而沙沙作響時，我會聽到祂的聲音，以愛與崇敬之心作出回應。

掌管萬有的主，你所賜給我的如此豐厚。除了你賜給我的一切之外——時間、精力、順從，我還有什麼可以獻上給你呢？

我的子民

我要作他們的上帝；他們要作我的子民。哥林多後書6：16

2011年4月27日，我當時正在觀看家用攝影機所拍下的龍捲風畫面，這場超級風暴正瘋狂蹂躪著阿拉巴馬州的塔斯卡盧薩。鏡頭外有個聲音不斷喊著：「噢，我的上帝啊！」這話聽上去並不是在祈禱，也不是在向上帝求告，而是在目擊到這場浩劫規模之大、威力之兇殘後所表現出的震驚與畏懼。這幾段影片又再次加深了我的印象，因為現在人們太過隨意地使用「噢，我的上帝！」（Oh, My God！簡稱OMG）這句話了，在日常的簡訊和社交網站上，OMG隨處可見，許多人根本沒有注意到「我的上帝」一詞中的深刻含義。我是多麼希望領略上帝的威嚴與至高的權力。

《聖經》作者們經常使用「我的上帝」這一包含所有格的表達方式。根據《聖經》版本的不同，這一短語會出現的次數約130－150次不等（幾乎一半出自詩篇）。以下我舉三個例子說明《聖經》如何使用此表達方式。「我禱告的時候提到你，常為你感謝我的神。」（腓利門書4節）「至於我，我要仰望耶和華，要等候那救我的上帝；我的上帝必應允我。」（彌迦書7：7）「你是我的上帝，我要稱謝你！你是我的上帝，我要尊崇你！」（詩篇118：28）縱觀所有的經文，「我的上帝」基本上都出現在感恩、讚美和祈禱中，這一短句是要高舉上帝，並且表現出一種個人的關係。「噢，我的上帝啊！」在《聖經》中一次都沒有出現，這一點不值得我們深思嗎？是不是因為這種稱呼輕視、褻瀆了上帝的聖名呢？

另一方面，在新英王欽定版《聖經》中有218處用到了「我的子民」。我曾經數過，有185次是用在上帝「因我的子民歡喜」（以賽亞書65：19，當代《聖經》譯本），或是悲歎道「我因我子民的創傷，傷心欲絕；我哀痛，驚慌失措。」（耶利米書8：21，同上）在《聖經》中，上帝心心念念的「我的子民」，使我感受到上帝多麼渴望與我們建立個人的關係。32處「我的子民」則包含了一種雙向關係的概念：「我要作他們的上帝；他們要作我的子民。」（哥林多後書6：16）能夠表現出上帝渴望這種關係的點睛之筆出現在耶利米書24：7，上帝是這樣說的：「我要賜他們認識我的心，知道我是耶和華。他們要作我的子民，我要作他們的上帝，因為他們要一心歸向我。」

 耶和華啊，你是我的上帝。求你使我永不否認你的名，也不妄稱你的名。

片尾字幕

父啊，我在哪裡，願你所賜給我的人也同我在那裡，叫他們看見你所賜給我的榮耀；因為創立世界以前，你已經愛我了。約翰福音17：24

1956年，一個名叫J·T·哈利的人捐出了他位於喬治亞洲奧爾巴尼市西北、位於松語路旁的土地，該地約6.3英畝，其用途是為了新建一所希爾伍德浸信會教堂。每逢週日都會有大約300位信徒，到附近暫借的陸軍預備役大樓中聚會，他們迫切地想要一處永久的家。多年來教會一直穩定增長，如今希爾伍德浸信會已成長為一所小型的超級教會，有數千位信徒，擁有許多產業，並開拓大量外展型事工。他們最著名的事工莫過於電影製作，每部電影的劇本編寫、演出、出品以及宣傳大多由教友們一力承擔。在只有一台攝影機和2萬美金預算的情況下，2003年4月9日，希爾伍德浸信會教會推出了他們的首部電影《飛輪》（Flywheel）。到了2006年，他們推出第二部電影《永不放棄》（Facing the Giants），以10萬美金的預算完成，而至今票房超過千萬美金。2年後，《搶救愛情40天》（Fireproof）問世。電影預算高達100萬美金，助演陣容有1千2百位志願者，全部都來自希爾伍德浸信會。僅在美國，《搶救愛情40天》的票房收入就超過3,300萬美金。接著，他們的第四部電影《勇氣之名》（Courageous）的預算超過了100萬美金。所有這些基督教電影都凸顯了上帝與祂無盡的恩典，描繪了普通人在面對現實生活中各樣事物時，所體會到的重要屬靈教訓。電影的創作者們希望將一切榮耀歸給上帝，為了確保這一點。他們花了許多時間禱告，祈求上帝親自指引。

我喜歡在眾人都走出電影院時，靜靜地留下來看一看片尾的字幕。一開始羅列的名字都很清晰：主演陣容、製片人、導演等等。接著字體就變小了，內容也越來越密集，幾乎看不清寫了什麼：那些負責化妝、佈景、道具、伙食、運輸、餐點、照顧兒童等千頭萬緒的雜事的人，都羅列在上面，其中大多都是甚願將榮耀歸給上帝的希爾伍德浸信會的信徒們。唯有上帝理應得到所有的榮譽，是祂提供了一切的資源，所有的靈感，和所需的天賦——所有的一切。如果沒有祂，就什麼也沒有。

耶和華，當我們試圖為自己爭取榮譽時，求你寬恕我們。沒有你，我們什麼也不能做。

殿役

耶穌回答說：「我實實在在地告訴你們，所有犯罪的就是罪的奴僕。奴僕不能永遠住在家裡；兒子是永遠住在家裡。所以天父的兒子若叫你們自由，你們就真自由了。」約翰福音8：34—36

每當我看到他們，或是在書上讀到他們的故事時，我的心都要碎了。他們在每一個國家似乎都以不同的形式而存在著。在印度，種姓制度複雜而森嚴，他們在其中被稱為「達利特賤民」或「不可接觸者」，而在日本，他們叫作「部落民」。琉球島上有琉球人，巴里島有首陀羅，在斯里蘭卡的不同地區，住著Kinnaraya、Rodiya、Demala Gattara——他們都是被社會拋棄的階層。在非洲的許多國家，存在著低級種姓制度，奈及利亞的Osus，住在某些西非國家的Jonow，塞內加爾的Jaam，盧安達的胡圖人，衣索比亞的Watta，以及索馬利亞的Madhiban，這份名單中包括世界各國中不同類型的奴隸。

國際反奴隸組織是一個國際的非政府機構和遊說團，它為了廢除奴隸制已奮鬥了近兩個世紀。根據該組織的定義，奴隸是被當作商品售賣、被迫工作卻得不到任何報酬，並且完全依靠所謂僱主的憐憫而生存的人。雖然世界上大多數國家皆廢除了奴隸制，但它仍然陰魂不散，以各種形式出現在每個政權內部，例如童工、為清償貸款而工作的抵債勞工、早婚和強迫婚姻、非法販賣男人、婦女和兒童，以及奴隸後裔等等。據估計，世界範圍內的奴隸總數高達1,200－2,700萬，與世界總人口相比雖然比例極少，但現今卻有可能是有史以來奴隸最多的時期。

當以色列人要征服迦南地的時候，基遍人便齊心協力、精心設下了一個圈套，他們穿著到處縫縫補補的舊衣服和舊鞋，拿著裂開的皮酒袋和發霉的餅。對於基遍人來說，這是一次攸關生死的行動，因此他們竭盡全力，要讓約書亞上當。約書亞本應該求問上帝，但他沒有，結果上了當，與基遍人立了約，後來真相大白的時候（事情總會走到這一步），基遍人便成了為上帝的殿劈柴挑水的人。這些在迦南社會階層中處於最底層的人，被分別開來照料聖殿，服事利未人。如今，這些人不就正是耶穌要來釋放，使他們得自由的人嗎？

耶穌，當你在地球上生活的時候，即使對那些被社會所撇下的棄兒，都充滿慈愛與溫柔。求你指教我這顆破碎的心，按著你立下的榜樣，對人間的悲苦溫柔以待。

資訊爆炸的世代

我兒，還有一層，你當受勸戒：著書多，沒有窮盡；讀書多，身體疲倦。
傳道書12：12

每一天我們都面對著如洪水般湧來的電子郵件、信息和網頁資訊，更不用說那些精彩的書籍、期刊和雜誌了。除此以外，我們還能得到電子書、影片下載、DVD和各類廣告，信息幾乎是呈現對數比例增長。1989年理查德·沃爾曼（Richard Saul Wurman）所撰寫的《資訊焦慮》一書指出，在17世紀，一個英國人一生所能獲得的資訊量還不如現在當天一份《紐約時報》上的資訊量多。那麼今天又有什麼變化呢？

有史以來最有智慧的人曾經說過，長時間閱讀大量新書會使人「身體疲倦」。在我看來，這就是壓力。你同意嗎？而且所羅門早在1439年古騰堡發明活字印刷術之前就說了這話。一旦印刷機開始工作，不久就會有浩如煙海的書如潮水般湧來，一個人窮盡一生也讀不完。20世紀70年代早期，當我在研究所讀書的時候，傳統觀念認為科學文獻會以每天1千篇的速度增長。對於一個面臨博士大考的年輕研究生來說，簡直如同千斤重擔壓在肩頭，即使在順利的情況下，我一天也只能夠看幾篇論文而已。然而這樣的增長速度若是和現在資訊爆炸的驚人速度相比，著實是小巫見大巫了。現在我們正處於網路時代，只要有一台電腦，誰都可以發佈任何訊息，如此一來，便出現了大量的輔助資訊，所羅門所提到的問題到了今日依然振聾發聵，如果我們不加以節制，就一定會倍感壓力。但我們也可以根據自己在有限生命中的追求，來仔細選擇所要吸收的資訊，以此應對每日的工作。

以前，出版商、音樂公司和電影公司在決定出版與否時，會根據這件商品是否會帶來經濟效益作出抉擇，因為生產成本高，相對的風險也大，可是現在，每個人都可以用很少的費用，甚至是免費出版各種格式的數位化出版物，那麼我就必須對資訊的數量和質量進行篩選，以滿足我個人使命的需要。我需要上帝每天來調整我的資訊過濾器，這樣我才能保持毫無壓力的狀態，並以個人使命為生活重心。

耶和華啊，求你調整我的資訊過濾器，使我聽到你的聲音，立刻回應你的旨意。

夜間的異象

我故此沒有違背那從天上來的異象。使徒行傳26：19

我們每個人一定都經歷過這樣的事情。曾有無數次，修車修到一半的時候，或是努力解決複雜的人際關係問題，或者完全投入研究工作，或是需要發明一個小裝置來完成緊急任務……大多都是我走到死胡同的時候，找不到任何的解決辦法、沒辦法將那顆螺絲轉開、歧見無法解決，最終導致與同事的爭吵、研究變量就是無法得到控制、找不到任何方法能跳脫這一在工程學上的兩難境地。天晚了，我也累了，筋疲力盡的我癱倒在床上，只能把事情交給上帝。「耶和華，我知道整個宇宙都由你照管，但如果你有辦法，你可否告訴我呢？這算不得什麼大事，真的，但如果我找不到解決的辦法，我的車就不能再開了、我不得不將那個人解僱、沿著這一方向所進行的研究就算是白費了——永遠都沒有用了。對於那個小裝置，我真的盡力了，還是做不出來。」接下來，奇妙的事情發生了！就在夜裡，在半夢半醒之間，事情的解決辦法就這樣浮現在我的腦海裡，看上去是那麼簡單，在那一刻靈光乍現。到底是從哪裡冒出這個念頭呢？我還得耐著性子等到早晨才能將這絕妙的方法付諸實踐，結果當然是可行的。就在這時，宇宙的主宰就站在旁邊，祂提出一個問題：你想不想知道這絕妙的點子從哪兒來的呢？

這種情況已經發生過許多次，根本不可能是巧合。我堅信有一位全能的上帝，祂特別喜愛為祂的孩子們帶來驚喜。丟失的鑰匙找到了、微積分問題的答案解開了，祂為每件事的發生安排了適當的時間和地點使得人們可以相遇，讓一男一女可以開始珍愛一生的愛情之旅——上帝就是以這種神秘而精彩的方式施行奇事。

先知阿摩司向我們保證，「主耶和華若不將奧秘指示祂的僕人——眾先知，就一無所行。」（阿摩司書3：7）這種啟示大部分以夜間異象的形式發生，幾乎每一次所看到的異象都是令人不安的景象。真正的先知往往不願透露所看到的場景，而急切地想要自我鼓吹的假先知們卻尋求「異象」。近來上帝向你指示了什麼呢？要立刻順服糾正錯誤的行為，棄絕隱秘的罪，並祈求上帝的寬恕。也許上帝賜下的異象並非全彩大圖，但對於我們來說，一定有個清晰的印象或是微小的聲音告訴我們：「這就是正路。」

我的主，我的上帝，謝謝你在寂靜的夜裡對我說話。求你教導我安靜己心，更加仔細地聆聽你的話語。

鞋子

又用平安的福音當作預備走路的鞋穿在腳上。以弗所書6：15

想要在走路或是跑步時保護雙腳，有許多不同的方法。幾十年前我曾在非洲看到買鞋的顧客赤腳站在一片橡膠輪胎上，售貨員／鞋店老闆會沿著腳的大小畫個樣子，剪下橡膠片，接著用皮革或植物纖維將簡易的鞋底綁在顧客的腳上，這樣一雙鞋就做好了，也許比《聖經》時代人們所穿的鞋稍有改進。

在荷蘭，我曾觀察過鞋匠如何用一大塊堅實的木頭雕刻鞋子，這種鞋子叫做荷蘭木鞋。據說穿起來不會不舒服，但是走路時會發出響聲，這就說明穿著這樣的鞋子你就無法躡手躡腳地靠近別人。在低窪潮濕的荷蘭農場裡，這些木材要比皮革耐用得多，在歐洲其他地方，幾個世紀以來人們穿著木屐，就是用皮革做鞋面，釘在木質的鞋底上。

如今，鞋子的保護作用也許已經減少了，有些人穿鞋子主要是為了追求時尚。有時看著他們穿著奇形怪狀的鞋子蹣跚前行，我真不敢相信這鞋子是舒適、安全，或是符合身體力學的。對於身體力學的研究如今已有長足發展，因此現在大部分的鞋子穿起來既舒服，又能產生保護作用。你可以想想它們諸多的功能：工作時穿的鐵頭長靴、又緊又薄的攀岩鞋、輕便的跑鞋、自行車鞋、帶有橡膠頭的高爾夫鞋、配有鞋釘的足球鞋和棒球鞋，還有帶有冰爪適合冰岩攀登的鞋。

近來的一次散步中，不知怎麼，一塊小小的石子溜進我的鞋子裡，沒過多久，它就跑到我前腳掌的正下方，彷彿被困住一樣動也不動。我的腳無論怎麼動，也沒辦法把它移到鞋子邊緣腳踩不到的地方。最後，我只得停下來，把鞋子脫掉，將小石頭找出來丟掉，等我重新穿上鞋，我才發現自己的腳已經受傷了。原來穿上上帝的全副軍裝，並且以平安的福音為鞋穿在腳上是那麼重要。雖然穿鞋子所花的時間要比拿起劍或戴上頭盔的時間長，但是在戰鬥中，你的腳非常重要。要不然你如何站立、搏鬥、追逐或逃跑呢？腳若受到損傷，你的戰鬥力就會瞬間下降。

主，我是否還需要更多的準備，方能在福音中站穩腳跟？求你教我如何穿戴你的全副軍裝，打一場漂亮的信仰之戰。

凡事謝恩？不會吧！

凡事謝恩；因為這是上帝在基督耶穌裡向你們所定的旨意。帖撒羅尼迦前書5：18

當我從醫生辦公室出來的時候，手裡握著寫著「癌症」字樣的診斷書，並被告知只有3個月可活的時候，我有什麼心情去表示感謝？在親手埋葬了相伴23年的靈魂伴侶後，怎麼可能會有感恩的心？如果從車庫開車出來，結果撞死了自己剛會走路的小孩，那時怎麼會有一絲感謝的念頭？是的！這就是真實的生活，但保羅說，我們應該凡事謝恩，他是認真的嗎？

當我讀到發生在17世紀早期到中期的30年戰爭時，那慘絕人寰的種種行為使我心中憤懣難平。戰爭肇始於德國，最終歐洲大部分國家被捲入其中，雖說政治和宗教差異會推波助瀾，但戰爭的起因並不明確，從那時對戰爭的描述裡，當時彷彿是無法無天的時代，沒有報酬的士兵們成群結隊地在街上遊蕩，殺人放火、姦淫擄掠、無惡不作，他們就這樣從敵人手中大肆掠奪作為報酬，隨著鄉村徹底被毀，城市裡的人們死於疾病和饑荒。

艾倫堡是德國的一個小城，位於萊比錫的東北方，戰爭給那裡帶來滅頂之災，方圓數里的鄉民們逃到這裡尋求庇護。而敵人來包圍了小城，切斷了所有供應，災民太多而口糧又太少，饑荒和瘟疫肆虐全鎮，大批的人死亡。馬丁·林卡（Martin Rinkart）和其他三位神職人員每天要主持數十次葬禮。後來兩位神職人員病逝，另一位也設法逃走，林卡獨自留了下來承擔一切——每天四五十場葬禮。在戰爭結束前，人們只得將逝去的親人埋在壕溝裡，僅在艾倫堡就有4,480人喪生。一天，林卡的太太身患重病死了，有一種說法是在經歷了悲痛欲絕的一天後，林卡為他的孩子們寫下一篇祈禱辭，另一種版本是，他在戰爭結束後，立刻作了一首曲子以示慶賀。無論哪個故事是真的，他的感恩詩中都洋溢著對上帝的信任，顯示無論在何種境況下，他都以滿懷感恩的心說：「今當齊來謝主，以心以手以聲音，主既完成奇事，使人歡頌主聖名……但願恩慈之主，時常伴我到終身。」

 耶和華，感謝你教導我無論在何種情況下，我總能與你同心同聲，並為你所賜下的一切而獻上感謝。

番茄螟蛉、棉鈴蟲，或玉米穗蟲

次日黎明，上帝卻安排一條蟲子咬這蓖麻，以至枯槁。約拿書4：7

信不信由你，這三個名字——番茄螟蛉、棉鈴蟲，玉米穗蟲——其實指的都是同一類小蟲，該用哪一個名字就看你在哪裡找到這隻小蟲。

這種什麼都吃、頗具破壞能力的蠕蟲是一種叫鈴夜蛾屬的蛾子的幼蟲。幼蟲蟲體上有黃色、棕褐色、褐色和黃或橘色的縱向條紋，背部中央是一條深色的點狀線，身體兩側有黑色斑點，有時會出現綠色，甚至粉紅色的線條，它的頭呈深橘色，幼蟲化蛹，成蟲出現後就換了一副模樣。一隻毛茸茸的棕色飛蛾，胖胖的身子顯得其貌不揚，條狀的紋路直指翅膀邊緣，其中深色的圓點若隱若現。

幸運的是，有一種體形較小、從不叮人的黃蜂，名叫管側溝繭蜂，其嗅覺非常靈敏（更確切地說，是有著極為敏感、檢測化學物質的觸角），能夠準確找到蠕蟲的糞便。當找到棉鈴蟲時，管側溝繭蜂會先叮牠一下，然後在它癱瘓的身體裡產一枚卵。這卵很快孵化成為黃蜂幼蟲，就潛伏在棉鈴蟲幼蟲的體內，喝血吃肉，在它變成成蟲前將它殺掉。

近來針對捕獵棉鈴蟲的黃蜂所進行的研究表明，人們可以訓練它去追蹤任何一種氣味，哪怕這種氣味的濃度低到難以置信——只有十億分之幾。就像巴普洛夫可以訓練狗形成條件反射，只要聽見鈴響就流口水，經過訓練的管側溝繭蜂也會對特定的氣味作出反應。當某種氣味出現時，它們就會得到一滴糖水作為獎勵，經過這種短暫且簡單的訓練後，管側溝繭蜂可以檢測出潰瘍，或者透過檢查患者的呼吸，對於特定的癌症作出反應。還有其他的訓練，可以使它們鑒定植物真菌疾病、炸彈或藥物等。配有精良的氣味檢測裝備、身長僅半英吋的黃蜂工作起來不但幾乎不要薪水，而且訓練起來比狗要容易得多了。

有些蟲子會帶來毀滅，有些則會阻止這些破壞，上帝賦予生物的才能簡直令人咋舌。我有沒有用我的才能來推進上帝和平的國度呢？

　耶和華，今日求你使我的感覺敏銳，能感受到沮喪、痛苦或憤怒的情緒。求你帶我到那些需要傾聽、幫助之人的身邊。求你教我使用被聖靈膏抹的恩賜，一切榮耀與頌讚歸於你。

秘密

隱秘的事是屬於耶和華我們的上帝的；惟有明顯的事是永遠屬我們和我們子孫的，好叫我們遵行這律法上的一切話。申命記29：29

當你將真理與這些陳述相比較時，求聖靈向你揭示真理的光輝。「生物學就是一門學問，旨在研究看上去好像因某種目的而被設計出來的複雜機體。」（理查·道金斯，選自《盲眼鐘錶匠：為何進化論的鐵證揭示了一個未經設計的宇宙》，第1頁）接著在該書的第3頁，作者在描述了建造飛機這一漫長而有既定目的的過程之後，他寫到：「將各部件有序組裝成為目標明確的裝置，這一過程是我們所知道且了解的，因為這是我們能直接體驗到的……我們每一個人都是一台機器，像是一架飛機，只不過要複雜得多。那麼我們是不是在製圖板上被設計出來，由一位技術嫻熟的工程師組裝而成呢？答案是否定的！」

「生物學家必須永遠牢記一點，他們所看到的不是設計，而是進化。」（諾貝爾獎得主弗朗西斯·克里克，選自《瘋狂的追求》，第138頁）

「迫使我們用物質解釋的方法來詮釋現象世界的，不是科學方法或科學機構，事實恰恰相反，是我們對於物質起因有先入為主的解讀，並以此為基礎去創造研究設備和一整套理論來論證物質解釋，無論這是多麼違反直覺，無論在外行人眼中是多麼神秘莫測。另外，唯物論是絕對的，我們絕不允許怪力亂神之說有可乘之機。」（哈佛大學生物學教授理查德·列萬廷，選自《紐約書評》，1997年1月9日，第6頁）

「任何受過教育的人都不會再對所謂進化論的正確性提出質疑，因為我們現在確知它就是簡單事實。」（恩斯特·邁爾，哈佛大學退休動物學教授，選自《進化是什麼》，第141頁）

這些節選讓我想起保羅在以弗所書4：17－18中所說的話：「所以我說，且在主裡確實地說，你們行事不要再像外邦人存虛妄的心行事。他們心地昏昧，與上帝所賜的生命隔絕了，都因自己無知，心裡剛硬。」

 主啊，求你使我能留心聽你那微小的聲音。

我們的主，我們的上帝，

你是配得榮耀、尊貴、權柄的；

因為你創造了萬物，

 並且萬物是因你的旨意被創造而有的。

——啟示錄4:11

12月 DECEMBER

年年春除草劑

倚靠耶和華的，必得豐裕。 箴言28：25

　　一個春日明媚的早晨，我和妻子按著往日的習慣外出散步，沿途都是剛剛播種的田園、果園和葡萄園。當路過一片玉米田時，我們看到那些茂密的雜草長得幾乎要超過旁邊一排排整齊的玉米了，我倆還饒有興趣地計算著若要將這些田裡的雜草除掉要費多久時間，而且還算出若是再將玉米田畦間的土鬆上幾遍，需要多少功夫。我們還特別討論到這塊田的主人若是不想玉米苗被雜草蓋住，需要怎麼做。不過，就在幾天後，我們發現所有雜草葉子的尖端都變黃了，而玉米苗卻絲毫沒有受到影響。

　　年年春（又稱農達）是世界上最常用的除草劑。1970年，約翰·弗蘭茨（John Franz）發現了這一物質，它的主要有效成分是草甘膦，是一種最簡單的氨基酸——甘氨酸——稍作改良後的產物。所有生物都需要甘氨酸，而且它們都自己生產。草甘膦是個簡稱，其完整的化學名稱為磷酸甘氨酸——甘氨酸的末端帶著一個甲基磷酸。草甘膦透過一種植物中的酶來達到殺死植株的效果，這種酶不但名字長，其作用更是重要，名為EPSPS（莽草酸羥基乙烯轉移酶）的酶會催化生化反應，植物細胞會產生三種帶有芳香環的重要氨基酸，分別是苯丙氨酸、色氨酸和酪氨酸。和甘氨酸一樣，所有活細胞都需要這三種氨基酸，但動物細胞卻無法製造出來，因此動物透過植物性食物來攝取。由於植物必須製造這三種氨基酸，所以EPSPS機制尤為重要。

　　這種草甘膦除草劑能夠鎖住有效成分進入EPSPS的催化部位，效果就好像一片斷掉的鑰匙卡在鎖孔裡，這樣植物必死無疑，但動物不受任何影響，這就是為什麼單單美國一個國家，每年就要用掉近五萬噸的草甘膦，在世界各地，它大幅度降低了有毒除草劑的使用。但我們經過的那片玉米田是怎麼回事呢？為什麼玉米沒有跟著遭了毒手？孟山都公司（美國一家跨國農業生技公司）特意研發出含有不同莽草酸羥基乙烯轉移酶的大豆、棉花、苜蓿、芥菜籽、高粱和玉米，因此不受草甘膦的影響。

　耶和華，罪惡好像噴灑在植物上的年年春除草劑，到處奪人性命。當你來收割莊稼的時候，我怎樣才能抵抗到底、站立得住呢？求你賜我信心與依靠，使我對那致命的罪的瘟疫產生免疫力，求你教導我要如同你一樣憎惡罪惡。

導航

他們心裡常常迷糊，竟不曉得我的作為！希伯來書3：10

我曾經帶著一群學生，跟著嚮導沿著小路深入亞馬遜雨林。在徒步大約一個小時後，幾個學生為要拍攝小型毒蛙而落在後面。後來我們就分成兩隊，一隊跟著嚮導，另一隊就得靠自己。我當然是選擇和這些慢吞吞的學生一起，以防他們走丟了，但問題是，我也從來沒有走過這條路，在這片雨林當中，我們都是新手，所以當這條小路一分為二時，沒人知道該選擇哪一條路。而我們正身處於茂密雨林的深處，就算是沿著小路往回走，也需要極大的運氣才行。該怎麼辦呢？層層疊疊的樹葉將陽光遮得嚴實，昏暗的光線向四面八方散開來，根本無法確認太陽的位置。如果你曾經歷過失去方向感，哪怕只有幾分鐘的時間，你也會感到一股絕望無助的涼意漫過整個身子。

古代的探險家們乘坐巴爾沙木筏在一望無際的海面上前行，他們能夠準確地從太平洋上的一個島嶼到達另一個島嶼。托爾・海爾達爾（Thor Heyerdahl）在他的史詩巨著《孤筏重洋》中描述了早期的水手們的導航方式，他們會用腳感受海浪的節奏，捕捉一種幾乎感覺不到的反射波浪，這是由於地平線以外看不見的島嶼造成的，它真是一種太過奇妙的方法。他指出，這些人在導航方面堪稱專家，因為他們的感官極其敏銳，能夠捕捉到重要的線索，只需看到星星，並且感受到風和浪，他們就能在一望無際的海洋中準確定位島嶼。

據說那些騎著駱駝穿越大漠的商隊也有同樣的本領。在沒有地圖、指南針和衛星導航GPS的年代，他們所能依靠的就是星星，即使沙丘被狂風移動，也無關緊要，因為他們對於尋找有用的導航線索非常拿手。

在GPS尚未被發明之前，我記得在陌生的城市中我能夠透過地圖和地標來找路，走了一兩遍之後，就不需要再依靠地圖了。不過今天，有了值得信賴且無孔不入的GPS裝置，我感覺自己和許多人一樣，正在失去方向感，因為現在我所依靠的是完全不同的線索了。

那麼在我的屬靈征途中，需要用什麼來導航呢？我曾關注過自己走的方向嗎？還是一直在隨波逐流？其實就如同在生活中一樣，如果我不去注意可靠的提示，很快就會迷路了。

🙏 主耶穌，求你領我回家。你信實的話語是我所心愛的，你的力量與陪伴常帶給我安慰，你那微小的聲音使我安心。謝謝你，我的耶穌。

鳥類的遷徙

鷹雀飛翔，展開翅膀一直向南，豈是藉你的智慧嗎？約伯記39：26

在進行長距離的季節性遷徙之後，鳥類是如何年復一年的往返回到自己原本的家呢？難道牠們的小腦袋裡有內建的地圖？也許腦子裡面有羅盤？亦或牠們能夠透過太陽的偏振光來準確測定太陽的角度？那麼那些在夜間飛行的小鳥，是否還多準備了一份星象圖呢？或者牠們單靠聽或聞就可以辨別方向？

考慮到鳥兒和過冬地點的類別繁多，也許牠們會採用不同的導航方法。不過我們可以來看看以下的小故事，僅供參考：

• 甫出生的小鳥在參加生平第一次長距離遷徙時，是找不到過冬之地的路徑。這就表明鳥類並非生來就自帶羅盤，知道過冬的地點，牠們在第一次旅行中是需要父母或親人的陪同的。

• 研究人員曾對一群貓雀的嗅覺進行暫時性的干擾，發現牠們辨識方向的能力也隨之消失。另一群貓雀雖然嗅覺不受干擾，但頭部卻配上了磁鐵，不過牠們的導航能力不受干擾，說明嗅覺比磁力線索更加重要。

• 椋鳥在多雲的天氣很難辨別方向。不過如果看得到太陽，牠們的方向感就毫無問題，也許牠們是靠著太陽指引方向。

• 由於大多數鳥類在晚上的時候不會停止遷徙，研究人員就將鳥兒放入天文館中一個特製的籠子裡，籠子本身傾斜的設計使得鳥兒會一直在中間飛行。鳥兒根據投射星座的位置來正確定位，而非單一的星星，當天空沒有星星時，牠們就會迷失方向，看來牠們真的會隨身攜帶星象圖。

• 德國科學家將一直飼養在室內的鳥兒放入一個見不到星星和太陽的房間，牠們仍舊會在正確的方向上下移動。當科學家們用導線線圈改變地球微弱磁場所產生的方向時，鳥兒在飛行的方向上也隨之作出了明顯且適當的調整，這讓研究人員得出結論，某些鳥類的確會使用磁羅盤來定位。

經過數十年的研究，科學界對於鳥類如何使用自己的「地圖」和「羅盤」，並以此精準地找到方向仍然沒有定論。不過這是一個具有濃厚趣味的問題，未來我們可以在永恆的時光中繼續探討。

 耶和華，在鳥類季節性的遷徙之中，所表現出的時間與空間的秩序井然，你顯出了極大榮耀。願我也能照你的旨意過我的一生，使你得榮耀。

臭腳丫

那報佳音，傳平安，報好信，傳救恩的，對錫安說：你的神作王了！這人的腳登山何等佳美！以賽亞書52：7

雌性非洲瘧蚊「鍾愛」趁著人入睡時，在人的腳上吸血。這其中原因是否是因為當蚊子在人頭上嗡嗡作響，顯然像是向受害人發出警報而遭受突如其來的致命一掌時，因此腳就成了它的另一個目標？但是，這小小的蚊子是如何在夜幕中找到腳趾間那一丁點柔軟的地方呢？

為了根除瘧疾——這世界上最兇殘的殺手之一，比爾及梅琳達·蓋茲基金會曾經贊助了許多針對瘧疾及其媒介——非洲甘比亞瘧蚊的研究。雌蚊產卵的時候，像是一隻浮在平靜水面上的竹筏，但它需要攝取血液中的蛋白質，所以確切來說真正嗜血的只有雌蚊。人類發現，雌蚊為了找到血液，竟然配備了秘密武器。在雌蚊的觸角、下顎須、口器的不同部分以及用來插入血管吸血的精細刺針上都佈滿了短毛，而短毛上則密密麻麻排列著化學傳感器。

事實證明，雌蚊有二氧化碳探測器。隨著入睡之人每一次呼吸所排出的氣體不斷擴張，蚊子就可以敏銳地探測到來源，它會警覺地順著不斷升高的二氧化碳濃度前進。因為大部分的二氧化碳來自於嘴巴和鼻孔，這是入睡者的頭部，對蚊子來說風險太大，它不敢輕易嘗試，但是當蚊子進入離潛在受害者只有幾碼的範圍之內後，其他氣味會分散蚊子的注意力，並且有效地抑制二氧化碳探測器的工作，因此蚊子的導航系統實際上會切換到另一套探測細菌氣溫的傳感器上，這種細菌會寄生在汗涔涔的腳和腳趾的皮膚上。科學家們已經發現腳有十種不同的味道，其中九種對於蚊子來說魅力無法抗拒，五種氣味會有效阻止二氧化碳的探測。這項實驗結果表明，基於抑制二氧化碳檢測的驅蟲劑顯然威力不足，蚊蟲控制更有效的方法也許是用臭腳丫的氣味設下陷阱誘捕蚊子。在房間裡設下幾個陷阱，許多嗜血的雌性甘比亞瘧蚊會被一網打盡，繼而使人們免於苦難和死亡。這令我想到那傳平安之信的腳蹤是何等佳美。

> 耶和華，求你以極富創造力的方式來使用我，幫助減輕他人的痛苦，傳揚好消息給人，我們的上帝如今正坐在聖寶座上。

螞蟻的足跡

你或向左或向右，你必聽見後邊有聲音說：「這是正路，要行在其間。」
以賽亞書30：21

「**親**愛的，廚房裡又有螞蟻啦！快來看！」這是我妻子驚恐的叫聲，我馬上放下手頭的工作跑去廚房。果然，這位不速之客正急匆匆地穿過廚房檯面，繞過水槽，翻過檯面邊緣，與另一隻朝著別的方向前進的螞蟻打了個照面，雙方停下來，互相觸碰了幾下，便繼續往前走，最終鑽進瓷磚和踢腳線之間針尖大的小孔中，隨即便消失了蹤影。其實並沒有多少隻螞蟻，但廚房是我妻子的地盤，對於她來說唯一一種好螞蟻就是死螞蟻。當這些《聖經》中教授智慧的小老師們著急地穿過我家廚房的時候，她是不會表現出絲毫惻隱之心的。

但我這身為生物學家的丈夫，一聽到她發出「快來看！」的命令時，顯然是將此作為難能可貴的實驗機會。所以，我就趴在廚房的地磚上，好奇地看著這些螞蟻沿著一條看不到的路徑來來回回地奔忙著。我用手指蘸了點口水，將一部分路徑擦除，好像在擦油性筆寫的記號。沒過幾秒就有一隻小傢伙沿著路走了過來，當它走到我用手指劃過的地方時，就停了下來，彷彿有一道牆擋住了去路。只見它轉過身，沿著來時的路走了一段，彷彿在檢查自己是不是走錯了路，接著它又折返，到了被口水擦過的地方踟躕不前。從另外一邊來的螞蟻們也是同樣的狀況，一時之間，間隙兩邊的螞蟻都如墜五里霧，而它們中間其實只隔了半英吋，它們四下尋找道路，好像也愈加大膽而堅定，不一會兒，它們就在那看不見的鴻溝旁邊建起了一條隱形的彎道，於是又重新上路了。

對於這些觸角上生有靈敏的化學探測器的螞蟻來說，這條看不見的道路其實是由信息素搭建而成、且真實存在的軌道。我所觀察的這些螞蟻一定是用腹部來標記道路，因為它們除了急匆匆地奔跑之外，什麼也沒有做。如果我用海綿蘸一點洗潔精，就可以將這條長長的路徑抹掉——這會讓這些可憐的螞蟻大感困惑，但當我一個小時後再來看的時候，它們已經開拓了一條新道路了。

但現在我親愛的妻子已經受夠了我的實驗，她想要這些螞蟻趕快離開她的廚房，越遠越好，接下來我只好進入圍剿模式了。

🙏 耶和華，我要遵循你聖靈的引導，就像螞蟻緊緊追蹤信息素一樣。求你幫助我聆聽你的聲音，順從你的旨意。

滅絕

耶和華的大日臨近，臨近而且甚快，乃是耶和華日子的風聲；勇士必痛痛地哭號。西番雅書1：14

當蟻聽到上帝命令說要生養眾多時，它們確實放在心上了。螞蟻學家估計螞蟻的數量要比其他任何種類的昆蟲都要多，到目前為止，他們已經為1萬1千種螞蟻命名，預計還有9千種尚未被發現。為何螞蟻如此重要？因為每個蟻群中，螞蟻的數量都極為驚人。在巴西雨林中的螞蟻數量是其他所有叢林兩棲動物、爬行動物、鳥類和哺乳動物總和的4倍！世界上找不到螞蟻的地方只有南北極和終年積雪的山頂。

在大多數情況下，螞蟻只顧忙自己的事，就是尋找食物以及繁殖下一代。不過它們常常與人類的生活產生交集。每當火蟻將地盤擴大到我們的院子裡，或看見收穫蟻在我們的花園中到處挖洞，或是廚蟻大搖大擺地登堂入室，以及小黑螞蟻和油蟻在廚房裡搜刮食物時，我們當然要立刻採取措施。一旦螞蟻有了豐富的食物與合適的巢穴，它們的蟻群就會擴張，屆時我們就會看到它們蜂擁而來、著陸、撕掉自己的翅膀，繼而悄悄地展開新一輪的地下活動。

當螞蟻入侵家裡時，有些人會打電話叫滅蟲專家。如果是專業人員，他們就會知道你所在地區的害蟲種類，並在你家周圍四處搜索，最後再設下螞蟻捕捉器或是噴灑有毒殺蟲劑。雖然這種方法極為有效，但是殺蟲劑並無針對性，不僅連益蟲也無辜被消滅，還可能對寵物和人造成潛在的傷害。有沒有一種安全無毒的替代品呢？

當我在家裡發現螞蟻走過的路徑時，就會做一種溶劑，用兩匙的水混合四分之一匙硼砂（在商店裡總與洗潔劑放在一起）和半匙砂糖，然後攪拌直至糖和硼砂完全溶解。透過研究螞蟻的足跡，我會試著找出離蟻穴最近的地方，接著在一小塊鋁箔紙上滴上一些特意為它們調製的「佳釀」。如果這些螞蟻愛吃糖，一定很快就會發現這地方並紛紛圍上來。先是填飽自己的肚子，接著將它帶回蟻穴分享給其他成員，包括最重要的蟻后。一兩天後，問題便解決，螞蟻團盡數消滅。如果是油蟻，硼砂會與油脂結合。無論如何，硼砂都會使螞蟻脫水而死，一網打盡。

主，我感謝你賜下天然的產品，使一些小動物的數量可以得到控制。我盼望著有一天，宇宙中所有的罪惡都能被消滅，你和平的國度將永遠繁榮昌盛。

皮膚

凡摸著的人就都好了。馬可福音6：56

　　旦你的目光與它接觸，就很難從它身上移開。這是一幅十六世紀出自於西班牙藝術家加斯帕‧貝塞拉 (Gaspar Becerra) 之手的黑白蝕刻版畫，現存於倫敦皇家藝術學院。這幅作品於1556年問世，名為「一個剝了自己皮的男人」。畫中的人站在那裡，左手拿刀，渾身的肌肉組織清晰可見，並且好像精細的人體解剖圖一般被作上標記。而他身體最大的器官——他的皮膚——被高高地舉起，不但蓋住了他的右手，還一直垂到膝蓋以下。這男人的目光死死地盯著這從前覆蓋他全身的東西，這也是我們每個人都會精心照料的——皮膚。貝塞拉的剝了皮的男人似乎是人體世界展覽品之一的靈感來源（如果不算是模仿的話），人體世界是塑化身體標本的巡迴展出。

　　人的皮膚約有九磅重，本身就有著鮮明的對比以及奇妙的結構。輕輕地觸摸臉頰、頸部和肩膀的皮膚，是那麼柔軟順滑，與之形成鮮明對比的是在腳跟、腳踝或肘部的堅硬角質層。看看你的拇指和食指之間的皮膚是如何形成褶皺，相比之下，鼻子、髖部和上臂的皮膚卻是多麼緊實。你也許注意到大腿和手臂內側的皮膚並不是很敏感，而指尖、嘴唇或眼睛周圍的皮膚卻是極度敏感的。這樣的對比還有許多——有毛的皮膚和無毛的皮膚，油膩的和乾燥的，厚的和薄的，黑色素沉澱和無色素的，不出汗的和從不停止出汗的。

　　我們皮膚有許多重要的功能，哪怕失去一小部分都有可能是危及生命的。它能夠保護我們不會變得過於乾燥，可以控制體溫，對於可能傷害我們的細菌和病原體來說，它是一道天然屏障，並且它有許多感測器，可以感受到觸摸、壓力、熱、冷和傷害。而且我相信，這種奇妙的器官還有另一個重要的功能，就是與他人交流，特別是對最為親近和鍾愛的人，無論是出於傷害或是愛意，身體接觸所表現的情感總是強烈的。無論在何種文化中，一巴掌打在臉上和一拳捶在肚子上都傳達了相同的恨意。嬰兒體驗到的第一種有意義的溝通方式，就是身體的接觸，這是人與人之間互動和連結最有效的媒介，就像是對於將要離世之人的臨終關懷一樣。那麼我的皮膚是如何與周圍的人接觸溝通的呢？

　　主，我是多麼渴望感受到你愛的擁抱，撫摸你為我們留下的傷痕。我的救主，求你使用我的皮膚，我的指尖和我溫柔的觸碰，將你的愛傳給他人。

比利時馬利諾犬

但命令的總歸就是愛；這愛是從清潔的心和無虧的良心，無偽的信心生出來的。提摩太前書1：5

我正在安大略國際機場排隊等候接受安檢，準備飛往芝加哥。正在這時，我看見牠沿著乘客的隊伍一路迅速地跑過來，壓低鼻子東嗅西聞，頭也跟著來回擺動。牠的工作夥伴是一位身材粗壯的警官，穿著防彈背心，理著執法人員常見的三分頭。他兩隻手都牽著狗繩，一隻手高一隻手低，同時低聲向他的警犬夥伴下指令。後來我了解到這是一隻比利時馬利諾犬。這一品種的工作犬深受執法部門喜愛，因為牠們體形適中，毛色也討人喜歡。這種比利時牧羊犬略小於德國牧羊犬，因此更容易掌控，毛色從淺褐色到赤褐色不等，即使深色的部位也比德國牧羊犬要淺，因此在高溫的條件下，牠的表現會更好。

當時我站在人群中觀察，這隻比利時馬利諾犬真是搜尋炸彈的高手。幸運的是牠這樣沿路走了一圈，其中並沒有坐下來一次，而且，這對夥伴接著去了樓上，到航站大樓成千上百的乘客中去嗅探危險的氣息，幸好整個過程中，牠一次也沒有坐下來。這些犬隻經過嚴格的訓練，只要聞到火藥味或是任何類型的商用或軍用爆炸物就會立刻坐下來，所以只要狗一直走，一直在工作，就證明沒有危險狀況。當牠們坐下來的時候，該區域立刻會被清場，拆彈小組會帶著機器人前來調查。這些警犬都經過精心訓練以辨認各種類型的爆炸物，而且牠們每週都要進行練習和重新認證，所以找炸彈對牠們來說易如反掌。在訓練期間，牠們通常只需要幾分鐘的時間就可以找到在大型噴氣式客機中隱藏的多枚炸彈。這種狗屬於高能量犬隻，特點就是熱愛工作。

維護公共安全需要時刻保持警惕，經常訓練，並有明確的使命。那麼靈性安全難道不需要類似的措施嗎？上帝給我們每個人良心，警告我們什麼是對，什麼是錯，保護我們免遭危險。當然，這也需要我們保持警惕，操練信心，遵照上帝的話語，使我們的良知保持警覺、時刻敏銳。

主，求你以永恆的方式引領我。賜我堅定的意志，絕不放任自己，定要遠避罪惡。

長笛

眾民跟隨他上來，且吹笛，大大歡呼，聲音震地。列王記上1：40

長笛是構造最簡單的樂器之一，當然也是最古老的樂器之一，在尚未有文字記錄的史前時期就已經出現了。就算是小孩子也能很快發現，對準中空的草莖（或瓶子）吹氣就能發出悠揚的音調。用不了多久，他們就會弄清楚原來粗細不同的草莖（或瓶子）所發出的音高也不同。管口越小，發出的聲音越高，管口越大，發出的音調則越低。一端封閉的草莖（或瓶子）就是簡易版的亥姆霍茲共鳴器。當氣流吹過共鳴器頂端，引發共鳴器內部氣壓波動時，便會產生共鳴。

想要了解其工作原理，可先從單一波動如何產生入手。在容器頂部流通的空氣產生波動，進入共振腔，造成腔內氣壓上升，壓力逐漸累積直到大過外部氣壓後，會驅使氣體排出共振腔。由於慣性的作用，會對氣壓造成過度補償，從而腔室內的氣壓略低於外部，而內部氣壓導致空氣回流，開始了新一輪的波動，就像是一個彈跳的簧片，空氣波在腔室中進進出出。為了防止波動漸漸消失，從端口吹過的氣流會持續加入能量，這種壓力脈衝會在腔室中產生共鳴的聲音。

長笛是一種聲腔諧振器。笛管中的空氣受到吹孔處空氣流動所產生的壓力脈衝的影響，會產生諧調運動。長笛的腔是開放式的，其大小（和共振頻率）由開啟的閥門決定。空腔越大，發出的音調越低。向吹孔處吹送的空氣越多，所發出的聲音也就越大。

想要將長笛吹出聲音，你必須以正確的角度和頻率將氣流吹入孔中，這不但需要技巧，還需要大量的練習。管笛和直笛通常較容易掌握，以正確的角度將氣流從笛頭直接吹入笛身，即可產生波動。警用口哨、木直笛、陶笛和管風琴都是直笛的衍生物。

主啊，雖然我對樂器的構造不甚了解，但我仍要揚聲讚美、崇拜你。長笛與管風琴所發出的樂聲將我的心與你緊緊相連。

天賦

你們中間凡心裡有智慧的都要來做耶和華一切所吩咐的。出埃及記35：10

他是我的一名學生，那時我在大學裡剛剛開始自己的教學生涯，他選修了我其中一門課程。從研究所畢業不久的我，帶著嶄新的學位證書，上面的墨跡都未乾，真可謂「新鮮出爐」。事實證明，他可能沒從我身上學到什麼東西，我卻從他那裡受益良多，我很感激他給予我的教訓，就像是大學教授的至理名言，深刻且永遠地影響了我的教職生涯。

他的肩膀厚實，長長的頭髮經常亂作一團，鼻子上架著厚厚的黑邊眼鏡，牙齒歪歪扭扭，臉上也滿是粉刺，也許因為其貌不揚，他不善交際，總是一副畏畏縮縮的樣子。他向來沉默寡言，即使說起話來，聲音也是沙啞難聽，有時欲言又止，過於謹慎。他的衣著雖然乾淨，不過樣式老舊，大小也不合適，走路的時候就像一隻年邁的駱駝，不僅步伐笨拙，還一路搖頭晃腦。上課時，我們幾乎沒什麼互動，和許多選修生物的學生一樣，他覺得這門課難如登天。儘管這門課是通識教育要求的基礎課程，可是他感覺力不從心，這一點我倆都清楚，但我們也都盡了力。學期結束的時候，他雖以低分通過，但至少不用重修了。如果那時候我需要為他寫推薦信的話，我真的絞盡腦汁也寫不出幾句好話。後來發生了一件事，我已經不記得當時我為什麼要去另一所教堂，但是我的學生就在那裡，坐在一條特製的長椅上彈奏著巨大的管風琴，他的目光透過厚厚的玻璃鏡片盯著面前的樂譜，手腳並用地在鍵盤和踏板上飛舞，那動作真是驚人的優美流暢。他臉上流露出的神情，彷彿他正遨遊在音樂的海洋中，他的身心靈完全投入其中，用「此曲只應天上有」來形容他的音樂，真是無比貼切。聚會之後，我有幸與我從前的學生聊了一會兒，在這種情況下，他表現得鎮定自若，從容自信，我簡直要懷疑他是不是換了一個人。

在交談的過程中，我才知道這個身材瘦削、不善交際的學生不僅會彈奏管風琴，當學校沒課的時候，他還參與了管風琴的建造、安裝和調音。當我還只是在課堂上、透過樹木結構和功能的知識來展現自己的教學技能時，他已經能將這些木材，打磨成管子、鍵盤、踏板和風箱，使它們發出美妙的樂音聲來讚美它們的創造主。

🙏 主啊，求你原諒我總是如此輕率地給別人貼上標籤。願我看待別人也能如同你一樣，為你所賜予的天賦而歡喜快樂。

表現焦慮

人把你們拉去交官的時候，不要預先思慮說什麼；到那時候，賜給你們什麼話，你們就說什麼；因為說話的不是你們，乃是聖靈。馬可福音13：11

「公開演講」，光是說出這個詞就讓我緊張得口乾舌燥，心臟開始劇烈地跳動，胃也跟著扭成一團；或是當我站在一群大人物面前時，我的腦子瞬間也是變成一片空白。我為大型演講仔細預備、精心組織的絕妙想法就像是秋風中舞動的落葉，步伐輕快地從我的大腦中溜走了。無論是專業的演講家、音樂家、演員或菜鳥，我們總有怯場的經歷，面對人群，我們變得呼吸困難，汗如雨下，血壓也飆升。

我想這樣的情況並不能反映出你身體的狀況。這種反應是自動產生的（實際上是自主的），很難透過理性的思維過程進行控制。交感神經系統會開足馬力，使你在或戰或逃的反應中處於最佳狀態，而且在這種情況下，逃避似乎是更好的選擇。然而這裡牽涉到太多的利害關係，你只能鼓足勇氣站起來，去發表演講，去大聲歌唱，或是去完成後空翻三圈轉體360度落地。

有沒有治療怯場焦慮的方法呢？有幾種方法會有所幫助。首先要做的應該就是多練習，提前預備好演講的內容，把歌唱熟，將所有的要點一一記錄下來，然後反覆排演、練習。因沒有做好準備而擔心是正常的，而且是好事一椿，我們可以由此學會要精心準備才能消除恐懼。接下來，就是要將演講看作一次有趣的經歷。想想一下，你正從熱切的聽眾中間汲取能量，精彩的演講是一件令人感到快樂與享受的事情。另外的策略就是以平常心看待這次演講。它到底有多重要？如果你搞砸了，會發生什麼事情？你母親還會愛你嗎？上帝還會愛你嗎？當然！你想要做得漂亮，想要全力以赴，但這一件事不足以成就你，同樣也不足以毀滅你。最後，對於我來說，最關鍵的一點是我這一生的成敗其實並不真正關乎我。我在世上的日子，最終衡量的標準並不是我有多麼成功，而是我怎樣榮耀上帝，祂已經賜予我才幹與技能，我應該如何使用這些來榮耀祂？

 主耶穌，你曾經說過你在地上所說的一切話並非出自於你，而是來自天上的父。願我也能與主連結，將榮耀歸於你。

其貌不揚的花

祂在耶和華面前生長如嫩芽，像根出於乾地。祂無佳形美容；我們看見祂的時候，也無美貌使我們羨慕祂。以賽亞書53：2

我發現一種有趣的現象，有些節日總與一些特色植物聯繫緊密：復活節百合，聖誕節的松杉柏樹，聖派翠克節的幸運草，這當中自然少不了情人節的玫瑰花。其實有幾種特色植物都與年終大慶聖誕節有關，槲寄生和冬青都有其獨特的美，可是你有沒有在聖誕季見過聖誕紅，那深綠的樹葉配上嬌艷的紅花？這些引人注目的植物才是當季的寵兒，因為它們正符合聖誕的顏色。在一大簇美麗的聖誕紅前面，什麼植物都會黯然失色。到了12月初聖誕紅開始變色的時候，我們當地的一處溫室就真的成為紅綠相間的海洋。

但如果你仔細觀察，你會發現這種花實在太過樸素。即使你說它「醜陋」、「平凡無奇」、「難看」也不為過，如果你發現這鮮紅色的「花瓣」看起來和葉子很像，那麼你就答對了，它們根本就不是花瓣，植物學家稱其為苞片，苞片就是經過修飾的葉子，它們圍著一簇普普通通的小黃花。這種生在耶誕紅中被稱為杯狀花序的醜陋小花的確肩負著花朵的使命，它以一種極為低調的方式製造花粉粒和種子。

各種有關聖誕紅和聖誕節的傳說都起源於墨西哥，在那裡聖誕紅能長到15英呎高。有一種傳說借用了部分聖嬰降臨的場景，說貧窮的墨西哥孩子將他們所擁有的、最愛的禮物奉獻給那躺在馬槽的嬰孩基督，而其他的孩子則嘲笑、譏諷這些貧苦的孩子所採來獻上的草。但是奇蹟發生了，在這束雜草上生出鮮紅的星狀葉片，顯示出那來自真心的愛的禮物才是超越一切的貴重。

耶穌就像聖誕紅一樣，在《聖經》中的描述也是外表平凡無奇，毫無吸引人之處。但是祂的降生、死亡和復活的故事，卻激發出無法抑制的愛，展現出難以言表的美麗與壯觀。為什麼不把自己最好的獻給耶穌，看祂如何將你所獻上的變成最美的？

 主耶穌，今天我把我的真心和生命，以及我所有的一切都獻給你。雖然它並不漂亮，但它是我所能拿出的、最好最珍貴的禮物。願它藉著你恩典的奇蹟成為美麗，願它今日就榮耀你的名。

聖誕紅

上帝造萬物,各按其時成為美好,又將永生安置在世人心裡。然而上帝從始至終的作為,人不能參透。傳道書3:11

在聖誕季為我們的家庭、教堂和公司帶來一抹節日色彩的美麗聖誕紅,其實是喬爾·羅伯茨·波音賽特(Joel Roberts Poinsett)留給我們的遺產。波音賽特生於南卡羅萊納州,接受過高等教育,精通五種語言,曾在州議會任職,之後進入美國國會,於1825年被任命為首任駐墨西哥公使。波音賽特還是一位頗有成就的植物學家,他對那些在墨西哥南部生得亮麗璀璨的大戟屬一品紅(聖誕紅的學名,意為「最美麗的大戟」)一見傾心。像大多數阿茲特克人的名字一樣,這種植物的阿茲特克名字也非常拗口——我們來慢慢地讀出它的名字:瑰特嵐紹希朵。聖誕紅還有其他的名字,聖誕星、伯利恆之星、龍蝦花、一品紅、火焰花等等。難怪科學家喜歡用學名,以防混淆。

自從波音賽特將這種植物引進北美以來,它已經成為花店的銷售寵兒,人們開始對它們的習性進行深入研究。怎樣才能使這種灌木植物小到足以成為盆栽植物呢?在什麼條件下,苞葉會變成紅色、粉紅或是白色呢?種植者們發現這種植物只有到了冬季,白天短夜晚長的時候才會開花。實際上,要使它在聖誕節期間、因應時節去開花,人們還是費了一番功夫的,需要從十月開始每晚「讓它們提前睡覺」。在它們長達14至14.5個小時的睡眠中,哪怕只短暫地接觸到光,也會阻止其花期。在兩個多月的時間裡,這些植物必須適應長夜,這樣才能形成它們特有的、色澤鮮艷的苞片。

對於身處曠野的摩西來說,那性格鍛煉和發展之中的「漫漫長夜」是難以忍受的。在這個聖誕節,你有經歷過難熬的痛苦之夜嗎?我曾聽溫特立·菲普斯(Wintley Phipps)牧師說:「只有在痛苦煎熬的熔爐中,才能燃起你最為崇高的夢想。上帝賜下最為貴重的禮物,是為了報償你所經歷的一切。」要緊緊握住這應許,上帝造萬物,各按其時成為美好。

 主啊,當我還在漆黑的母腹中時,你將我造成。我一生所注定的日子,在它們尚未到來之前,都已寫在你的冊上。不管我要經歷多麼深沉而痛苦的暗夜,求你讓我全然信靠你。

良藥苦口

於是地發生了青草和結種子的菜蔬，各從其類；並結果子的樹木，各從其類；果子都包著核。上帝看著是好的。創世記1：12

聖誕花是開花植物大戟科家族的一員，這個龐大而繁雜的家族有超過7,500位家庭成員，其中最大的大戟屬就有超過2,100種植物。它們中大多數都有白色或偶有黃色的乳狀汁液，在受壓的情況下，會迅速釋出甚至是噴出。有時哪怕只是輕輕的一碰都會破壞大戟科植物的表皮，汁液也隨即分泌出來。一旦接觸到空氣，汁液就會迅速凝固，封住受損之處。更重要的是，這種汁液包含一種橡膠狀的乳膠，並含有各種毒性不一的化學物質，會對那些想要以大戟屬植物果腹的昆蟲、蝸牛，甚至哺乳動物痛下殺手。還有多種類型的汁液會對皮膚和眼睛造成嚴重的刺激，某些植物的汁液比辣椒中的辣椒素還要刺激一萬到十萬倍。若是一不小心將大戟屬植物的汁液弄到眼睛裡，那別提有多痛苦了，幾天之內都會影響視力，但不會造成長久影響。若是食用某些大戟屬植物會造成嘔吐或消化不良，但除非你對乳膠嚴重過敏，否則也不會有太大的副作用，但有一些大戟屬植物是含有劇毒的。

　　這些大戟屬植物難道沒有任何好處嗎？由於這類植物種類繁多，而且每種植物含有各樣的有機化合物，所以在藥物治療領域，大戟屬植物顯然發揮了重要的作用。數百年來，由多種大戟屬植物調和而成的製劑在民間醫藥中佔據一席之地。許多報導都指出，大戟屬植物的萃取物能夠緩解消化不良，治療疝氣和癌症，清除人體腸道內的寄生蟲，治療皮膚病、偏頭疼等等。近來我最感興趣的實驗就是用添加到培養基中的大戟屬植物萃取物培養癌細胞，結果不但癌細胞沒有增長，正常的細胞也不受影響。這對於藥理學家來說不啻為福音，他們正致力於尋找一種會選擇性地攻擊癌細胞、卻沒有副作用的植物性藥物。研究人員還研發了能夠消滅蝸牛和昆蟲的化合物。當然，我們的創造主了解祂所造的一切。在最先進的分析儀器和最前沿的生物分子學知識的幫助下，我們也能更透徹地理解這句話：「上帝看著是好的。」

 耶和華，請讓我生命中痛苦的過往成為療癒他人傷痛的良藥。

遺願清單

我從來不認識你們，……離開我去吧！馬太福音7：23

在你的遺願清單中，有多少願望已經完成了呢？哪一個是最重要的？你是不是還未列下遺願清單？有些讀者也許會問：「什麼是遺願清單？」簡而言之，遺願清單就是一張表單，上面列有你在離世之前想要去做、或是已完成的所有事情。在bucketlist.org的網站上你可以看到別人所寫的清單，人們的願望五花八門，有些人的很簡單，比如坐火車，或是在雨中熱吻；有些人的就比較難，比如參觀巨石陣、參加一次賽車比賽、遊遍全美五十個州、爬中國的萬里長城、在泰姬陵前拍照留念、攀登聖母峰、去迪士尼樂園遊玩，或是在死海中漂流。

心願清單或任務清單已經不新鮮了。當我們日日忙於經營生活時，這些清單讓我們一直走在正確的軌道上，但相比之下，遺願清單是最為重要的。在2008年同名電影《一路玩到掛》（The Bucket List）大賣後，這個詞也跟著流行起來，影片講述了兩個身分背景截然不同的人，罹患肺癌後因在醫院共用一個病房而成為摯交的故事。其中一位是汽車修理技師，是個愛家的人，他寫了一份清單，列下在他死前想要完成的事，但當醫生說他只剩下一年的生命時，他失望極了，認定他永遠無法完成這些願望了。而他的病友是一位家財萬貫的商業鉅子，他無意間看到這份清單，就堅持兩個人一定要完成所有的願望，所有的費用由他來承擔，所以這不可思議的一對病友跑去跳傘，一起狩獵，還一道去參觀世界七大奇蹟。在大金字塔之巔，他們倆推心置腹地談起了家庭關係的重要，以及他們為此遭遇的成功與失敗。這部影片就是要告訴我們，人與人之間的關係才是彌足珍貴的。

沒錯！有計劃是好事，向著長期目標努力也是好事，定下願望清單——哪怕是遺願清單都是好事。若是沒了這些目標，我們所做的很有可能就是捕風，這個世界、這時代的精神，都在激發著人們最大的衝動，要人們樂在當下，滿足自己自私的慾望。我很想在bucklist.org的網站上找出這一條清單願望：「在救主耶穌的腳邊站立。」是的，這是我真實的願望。可是我轉念一想，我們不都是站在耶穌的腳邊嗎？無論好壞，這都是不爭的事實，在我看來，我們的清單上只需要列一件事：耶穌基督認識我！

　主啊，你認識我嗎？我有沒有懷著一顆迫切專一的心來尋求你呢？我是否劃去在清單上所有的內容，使尋求你成為我首要、最終及唯一的願望呢？

心材

主耶和華啊，求你眷念我，上帝啊，求你賜我這一次的力量。士師記16：28

在多數情況下，樹木年復一年地扎根於同一地點，一路成長。若要看出它們是否增高，就必須以一開始成長的照片為對照，一旦有了對比，你就會對樹木的成長感到非常驚訝。

樹木中的大多數細胞是木質部中運送水分的死細胞，木質部是樹木重要的組成部分。隨著樹木的生長，樹幹中心的細胞會停止運作，因為連續不斷的水分供應會被破壞，只有在木質部最後幾層年輪中還保有水分的輸送線，才能將養分傳送到樹幹中。任何對於這條送水通道的破壞（可能是昆蟲造成的損害、空氣栓塞或冰凍）都會使得細胞再也無法重建被損毀的輸送路徑。問題是，早已退役的木質部細胞是中空的管子。真菌、細菌、木蟻、千足蟲和其他尋找食物和住處的生物最喜歡的就是陰暗潮濕的環境，成長中的樹木會產生大量副產品，許多樹木會產生樹脂、蠟質或萜烯，其中有些是光合作用產生的廢物，有些甚至含有劇毒，會對其他生物造成威脅。雖然許多木頭都有防水、堅硬、耐用的特性，但不管怎樣，有些樹木還是將這些副產品運送到樹幹的中心，沉積在中空的木質部細胞中。當樹心的軸向組織中都被填滿了這些物質後，木頭的顏色和密度都會發生改變，這兩種特徵能夠幫助我們分辨心材和邊材，邊材負責輸送養分，而心材可使樹木堅韌。樹木的心材不一定總是可以逃脫腐朽的命運，因為也許從外表上看一棵樹分明是好的，但樹心卻可能早已完全腐爛了，不過從表面上看，這棵樹依然枝繁葉茂。

但當暴風雨來臨的時候，中空的樹木總是最先遭受摧殘，因為它比不上實心的樹木那麼結實。這讓我不禁聯想到，我與耶穌同行的核心是什麼。我是否正過著禱告的生活，可以從生命的源頭不斷汲取力量呢？我是否花時間將《聖經》中的話刻在心裡呢？

高天之上的主，求你保守我的心，免遭這個世界的腐朽和侵蝕，使我能在生命的風暴中站立得穩。

鈸

大衛和以色列眾人在上帝前用琴、瑟、鑼、鼓、號作樂，極力跳舞歌唱。
歷代志上13：8

若想要在一首曲子中特別強調一記音符，還有比用鈸適時地加一點響亮的「撞擊聲」更好的方式嗎？我喜歡大衛在詩篇150：5中所寫的，「用大響的鈸讚美祂！用高聲的鈸讚美祂！」用這種方式來讚美上帝，一定熱情四溢！很明顯的，經文中提到的鈸並不是源自於土耳其的手指鈸，它一定是我們今天在大型交響樂團中看到的聲若洪鐘的大型鈸。「在上帝的聖所讚美祂！在祂顯能力的穹蒼讚美祂！」（1節）。也許，這就是上帝稱大衛為「合祂心意的人」（撒母耳記上13：14）的原因之一，說到讚美上帝，大衛一定盡其所能。

鈸主要起源於土耳其，當地有許多主要的鐃鈸製造商，如派斯特、知音、薩賓、麥爾打擊樂等，他們精心設計了各種用途的鈸，因此其聲音不僅只是一味響亮而已。品質較佳的鈸是由各種不同比例的鐘用青銅製成的（鐘和鑼都是用這種青銅製成），通常由80%的銅和20%的錫和其他微量添加材料組成。在被熔鑄成型後，有些會被捶打或伸展，以達到合適的厚度和音高。較為便宜的鈸錫含量少於10%，可以由煅鑄青銅片直接壓成型，但即使經過捶打和伸展，它們的聲音也無法達到熔鑄銅鈸的深度。

一名專業的打擊樂手在很多時候都能用上銅鈸。詩篇150篇描述的鈸的大響，可以輕易蓋過整個管弦樂隊在fff（樂譜的「最強」符號）時發出的聲音，有些人用「震耳欲聾」來形容它極強的穿透力。除了響亮的「重擊」之外，演奏者也可以用單片鈸敲擊另一片鈸沿發出「單擊音」，或是用單片鈸邊緣從內向外刮擦另一片鈸發出「刮擦音」，或用鈸沿相互摩擦發出「嘶嘶」的聲音，或是發出「踩擦音」，即大力敲擊兩片鈸後，使它們保持貼合，不再發出任何響聲。

精湛的工藝水準結合不懈的努力，才能做出一對最上等的鈸，成為特別適合用來讚美上帝的樂器。

 耶和華，求你鑒查我，查看我的讚美是否深刻，是否真誠。

牛瘟

坐寶座的說：「看哪，我將一切都更新了！」又說：「你要寫上；因這些話是可信的，是真實的。」啟示錄21：5

《**紐**約時報》大肆報導了這個消息：「牛瘟，牛的剋星，如今已滅絕了！」牛瘟是什麼？和我又有什麼關係呢？

任何一位會說德語的人都會告訴你牛瘟（rinderpest）的意思是「在牛群中傳播的瘟疫」，但他們也許不知道，這種在牛和其他分趾蹄動物中傳播的疾病其實是一種病毒感染，與犬瘟熱和人類的麻疹有密切的關係。雖然牛瘟並不直接感染人類，但在牛大批死亡後，會有數以百萬計的人死於飢餓或受到極大損失。動物在被感染後不久，就會發高燒，眼睛充血，口鼻處出現潰瘍，整個腸道潮紅發炎，很快牠們就會因脫水和蛋白質不平衡而死亡。這種病毒對於缺乏免疫力的牲畜來說是冷血殺手。對於依賴牛、山羊、綿羊或水牛生存的人們來說，這種疾病將徹底破壞他們的生活。而且它對羚羊、捻角羚和長頸鹿等野生動物也會帶來傷害。

雖然有些人將矛頭對準了上帝對埃及降下的第五災（出埃及記9：3-7）──法老的牛群大批死亡，但近日來自日本的基因分析表明，這種病毒極有可能起源於13世紀的中亞。自從第一次大爆發造成破壞以來，在幾個世紀中，牛瘟襲捲了歐洲、印度、地中海、非洲和英國，幾乎沒有任何東方國家能夠逃脫它的魔爪。

1761年世界上第一所獸醫學校向這種病毒宣戰，1924年，世界動物衛生組織成立，為了在國際間延續這份努力。人們盡其所能對這種病毒進行隔離、免疫和監控，最終將其控制在非洲遊牧畜群的小島上。結果1979年牛瘟在別處爆發，證明人們高興得太早了。針對疫苗、教育和方案的繼續改進最終減少了隔離地區的污染，1998年人們對牛瘟發起的最後防治終於取得了勝利。2001年，世界上最後一隻已知感染該病毒的動物宣告死亡。十年來，獸醫、研究科學家和牛場主人都為此屏住呼吸。現在，慶祝的時刻終於來臨了！

主耶穌啊，我願你來。你來是要獎賞你忠實的追隨者，屆時一切的軟弱和疾病都必被根除。

平安的果子——默想希伯來書12：11

凡管教的事，當時不覺得快樂，反覺得愁苦；後來卻為那經練過的人結出平安的果子，就是義。希伯來書12：11

生活告訴我們，倘若沒有付出，就沒有回報。在成為一名舉世聞名的神經外科醫生之前，總要經歷艱苦的學習生涯以及住院醫師培訓——問問班·卡森（Ben Carson）醫生就知道了。跑一場馬拉松需要數年的訓練，而比賽本身的競爭更是嚴苛，創辦企業需要以多年的辛勞為基礎，方能從商業計劃轉化為成熟的業務。對於林恩·希爾（Lynn Hill）來說，她能夠在一天之內完成徒手攀岩酋長巨石（又稱船長岩，EL Capitan），這是她數年來自律與刻苦訓練的結果。同樣的，想要建立一個自由的共和國，人民必須懷抱願景，並為之奮鬥，為它付出他們所擁有的一切。

水手們與狂風巨浪奮鬥數日，在暴風雨中盡力維持船隻向前航行，終於等到風平浪靜。世事總是先苦後甜，參孫先殺了獅子，然後找到了蜂蜜；在大衛將迦南地人趕走之後，國中才得享太平。三個希伯來勇士從烈火窯中走出來，才能宣告所有人都必須敬拜至高的上帝。在1844年大失望之後，三天使的信息又重新燃起人們的信心。我們必須先清理土地，開墾土壤，播下種子後，方能享受豐收的喜悅。

那為什麼我們要期待基督徒的生活會有所不同呢？我們現在所面臨的考驗和磨難，怎麼可能大過我們所期待的事呢？想想在耶穌復活的清晨那大聲的呼喊和嘹亮的號角聲吧！在那個歡樂的早晨，你會和你心愛的人重聚，那時我們要被接升天，在空中與主相遇。想像一下我們前去聖城的旅程，當你接近那城的時候，就會領略到它的光輝。你將要走遍城中的街道，在玻璃海邊漫步，在公園裡徜徉，那裡沒有垃圾、沒有犯罪、沒有嚴寒和酷暑。找到你的新家之後，你會一個房間一個房間的參觀，再到陽台上去欣賞風景。在這個黑暗的世界上，沒有什麼困苦能使我放棄回歸天家的念頭。

主耶穌，當我感到沮喪失望的時候，求你讓我想起你所經歷過的痛苦。在你看來，這些磨難與領我回家的喜悅相比真是不值一提。

感恩之心

當稱謝進入祂的門；當讚美進入祂的院。 詩篇100：4

在繁茂的「美德」花園中，感恩不只對土壤，對陽光和雨露來說——它都是不可或缺的。感恩是無論在何種境遇下都懷有感謝的心，這是一種在聽取現狀報告之後，還能立刻講出一連串祝福的能力。它並不是對問題、擔憂和所欠缺的視而不見，它是一種恩賜，使我們能為自己擁有的感到喜樂，不因自己沒有的發出抱怨。

　　1941年12月7日發生了舉世震驚的珍珠港事件，10天之後，切斯特·尼米茲（Chester W. Nimitz）被任命為美國太平洋艦隊指揮官。尼米茲在聖誕節當天巡視了滿目瘡痍的港口，太平洋艦隊屬下的八艘戰列艦、三艘巡洋艦、四艘驅逐艦、五艘其他船隻和一處船塢均遭到嚴重破壞，有188架飛機被摧毀，159架遭到破壞。這次偷襲造成2,403人死亡（包括68名平民），並有1,178人受傷。美軍遭受前所未有的重創，整個國家籠罩在一片愁雲慘霧中。後來，有人問起尼米茲對這一切有何感想，他懷抱著積極的態度，指出了敵軍所犯下的三個重大錯誤：❶偷襲發生在週日上午，當時大部分軍人都在岸上休假，因此傷亡相對較輕。❷太平洋戰場所有燃料依舊可供使用，因為敵軍並未對燃料儲存位置進行軍事攻擊。❸除了一處船塢之外，所有修理船舶的船塢都未受損毀。大部分被擊沉或受損的船隻都是可以修好的，而且都聚集在淺水區附近，很快就可重返戰場。

　　針對感恩及幸福所做的科學研究，目前正也取得最終且一致的結果。根據埃蒙斯和麥卡洛的研究結果（《個性與社會心理學期刊》84，2（2003）：377－389），那些每天寫下自己感恩經歷的人，比起會把問題或大事小情都放在心裡的人，會享受「更多積極的影響」，他們更有可能幫助他人或提供情感的支持。習慣感恩的人在個人目標上也完成得更為出色，他們甚至能表現出更高的「積極狀態」，比如熱情、決心和精力。

 主啊，我的心裡對你充滿感激。因為你賜予我生命，並讓我明白你的愛與救贖之恩，你保護我免受傷害；另外，你賜給我朋友、家人、食物，讓我的心快樂。我還有何求呢？

人類最好的朋友

婦人回答說：「主啊，不錯；但是狗在桌子底下也吃孩子們的碎渣兒。」
馬可福音7：28

當你聽到「人類最好的朋友」時，最先浮現在腦海中的是什麼呢？如果你的想法和我一樣，那麼也許你會想到最喜歡的狗，或是你現在或曾經養過的寵物。你也許知道狗天生喜歡與人親近，當你散步的時候，牠們會跑在你前面，還會不時地回過頭來看看你在哪裡，當你停下來休息時，牠們會坐在你的腳邊，有時牠們會撿來一根棍子或石頭，希望你將它扔出去，這樣你們可以一起玩樂。這樣愛你的狗還會在陌生人面前保護你，即便為你賠上性命牠也心甘情願。

《不能言語的朋友》是麻薩諸塞州防止虐待動物協會所出版的刊物，在1878年11月的期刊上登載過一篇文章，講述了一隻名叫德爾塔的狗的故事。在維蘇威火山爆發前一段時間，德爾塔和牠的主人賽維林住在赫庫蘭尼姆城，德爾塔不僅救了溺水的主人一命，還曾經保護他免受一群強盜的騷擾。牠還曾勇敢地從一隻母狼那裡叼來了一窩幼狼。牠的主人賽維林有一個兒子，德爾塔是他最好的朋友，也是他的保鏢。當火山爆發將整個城市吞沒的時候，德爾塔用身子蓋住了自己的小主人，可惜無濟於事。後來，人們將他們葬在一起。

在當今世代，雖說狗的確對人服務周到（各類工作犬，如：警犬、守門犬、牧羊犬、營救犬、導盲犬和寵物犬），但《聖經》的47處經文卻沒有為狗說幾句好話，約伯記30：1以貶低的方式提到牧羊犬。在耶穌與迦南婦人的交流中，我們可以看出當時狗也許作為寵物，與人同住，並撿桌子上掉下的食物碎渣來吃，就像今天一樣。據推測，狗可能肩負著看門的任務（參見出埃及記11：7）。不過，《聖經》大多以消極貶低的方式提到狗：牠們是食腐動物（出埃及記22：31；列王記上14：11；16：4；21：19），是有著種種惡習的動物（士師記7：5-6；詩篇22：20；59：14；箴言26：11），是被遺棄的動物（撒母耳記上17：43；24：14；列王記下8：13；腓立比書3：2；啟示錄22：15）。《聖經》中根本沒有提到狗對人類的忠誠與服務。這不禁讓我思考，為什麼現在狗如此受人喜愛？是否上帝希望自己也能成為人類最好的朋友呢？

主啊，你的關愛、關心、供應、醫治、保護和拯救才是對我來說無比重要的事。求你賜給我一顆只忠誠於你的心。

芒果

袖行大事，不可測度，行奇事，不可勝數。約伯記9：10

自從2001年第一次相遇後，奈達（Nida）和普拉希多·羅奎茲（Placido Roquiz）就成了我們的密友，他們定期會從南佛羅里達州寄來驚喜——一大箱水果。這是你能想像到最好的芒果了，首先，它們個個碩大肥美，即使是用兩隻大手握住芒果，指尖也碰不著。這芒果果皮光滑，整體呈綠色，夾雜著橘黃和紅色。芒果核只有細細的一條，佔不了多少地方。果肉柔嫩多汁，幾乎吃不出什麼纖維。那味道……這樣說吧！那味道應該很像生命樹果子的味道。芒果又香又甜，帶有絲絲香料的味道，光憑隻字片語，實在無法形容其美味。

可惜有些人天生就不能吃芒果，只要吃一點他們的嘴巴和臉上就會起疹子。芒果、野葛、毒櫟、毒漆樹都是漆樹科的家庭成員，它們的汁液中都含有一種名叫漆酚的化學物質，會導致某些人患上嚴重的接觸性皮膚炎。這個家族的另一個成員是漆樹，又叫清漆樹或日本漆樹，生漆就是從這種樹上採的，漆器也是由漆樹製成。你也許能猜到，生漆也會引起嚴重的皮疹，需要小心處理，腰果也是這個有趣家族的成員之一。

芒果樹通常生得特別高大（高達100英呎）。由於它根系發達，產地氣候也溫和，因此它們結果子的時間也很長。作為為數不多的熱帶果樹之一，幾個世紀以來一直被作為特殊育種對象，並接受異花授粉，所以至今已有超過1千種品種，主要分佈在無霜地區，因為一旦氣候變冷（低於華氏400度），它們的花和果實都會受不了。若談到在世上受歡迎的程度，芒果與香蕉的消耗比率為3：1，與蘋果的消耗比率為10：1，所以芒果應該才是當之無愧的「水果之王」。

啟示錄的作者約翰描述了生命樹，他雖然只一筆帶過，但我們仍深感困惑，因為這棵樹生長在河的這邊與那邊，聽上去好像是一棵有兩根樹幹的大樹。這棵樹結12樣水果，每月都結果子，這表示它是結12種不同的水果嗎？有沒有可能其中有和芒果很相似的？在它的葉子裡到底有什麼神奇的因子可以醫治萬民？

 耶和華，是你創造了這最奇妙的芒果，是你領我們來到生命樹前。

今天

這說明了上帝為什麼另外定了一天，即一個「今天」……「今天，如果你聽見上帝的聲音，你們不要頑固。」希伯來書4：7

班傑明·富蘭克林說得好：「一個今天抵得上兩個明天。」因為今天是我們所擁有的、唯一的一天。昨日已逝，我們無法讓時光倒流，去做任何尚未成就的事，也無法重返昨天，將我們搞砸的事一筆勾銷，或是將拿手的工作再做一遍。我們所擁有的只有今天。明天還沒有到呢！誰能保證自己一定有明天呢？這樣說來，我們今天應該做什麼？我將怎樣度過這寶貴的時光？

時間到底是什麼？很明顯，時間摸不到，無法保存，也無法積蓄，你可以測量它的長度，等它過了你也可以做上記號，但是只要你身處地球之上，你就無法讓時間加速，也不能使它停止，因為它就這樣永不停歇地、一秒一秒地向前邁進。有人認為時間是宇宙的一個次元，用來表現事物或事件特質，還有一些人更喜歡將時間看作抽象的事物，是一種對比、排序事件的方式。當然，太空人和天文學家為了從事其工作，必須以極其精準的方式測量時間。對於他們來說，時間的流逝是穩定的，就像沙漏中的沙子從一個小孔中滑落——或者更準確地說，像是氨原子或銫133的共振頻率，國家標準與技術研究所、美國海軍天文台以及國際度量衡局都會採用這個，大多數的原子鐘都使用銫133，因為其原子以恆定的頻率振動。當你數到這種元素振蕩了9,192,631,770次，那麼所用的時間就是一秒。一秒鐘過去了，永遠不再回來。正像你所猜到的一樣，一秒鐘滴答就過去了，想要數出銫133的振蕩次數，我們確實需要非常快的計數裝置才行。

今天你的時間也在流逝，你會用它來從事建造還是拆毀的工作？你會用時間來宣傳自己和自己的事業，還是用時間來宣揚上帝和祂的國？每時每刻都是上帝所賜予的禮物。詩人說：「這是耶和華所定的日子，我們在其中要高興歡喜！」（詩篇118：24）主耶穌也宣告說：「趁著白日，我們必須做那差我來者的工；黑夜將到，就沒有人能做工了。」（約翰福音9：4）

主耶穌，我立志要趁著今天以你為榜樣，做天父的工。讓我的每一決策都能立時轉向你。求你使我的心向著聖靈敞開。

日日新鮮

內中有留到早晨的，就生蟲變臭了。出埃及記16：20

烹調是一門藝術，其中最重要的就是食材的新鮮度。當天摘採的水果和蔬菜，剛出爐的麵包，新做的義大利麵，這些都至關重要。若是在某個特殊的場合，就絕不能從盒子裡拿出之前做好、已經變得硬邦邦的乾麵條，加上冷凍菠菜，又硬又乾的奶酪和早已開封的醬料來做一道菠菜千層麵招待客人。相反的，你需要使用剛剛做好的自製千層麵皮，並且加上從菜園裡剛採下的新鮮菠菜來做。將這些食材與新鮮的小塊莫薩里拉起司球一起放入水中，再加入新鮮的乳清乾酪、現磨的帕爾森乾酪，配上新鮮的番茄，剛摘的紅蔥、月桂葉、羅勒和西洋芹製成的醬料。也許你還會用到一些乾燥的百里香、奧勒岡葉，或是一兩罐番茄醬。當你為尊貴的客人烹飪美食時，新鮮才是王道。

你可以試試將新鮮的蔬菜和蘑菇放在一起炒，然後再用放了一段時日的蔬菜和蘑菇炒一盤作比較，就是那些看上去乾巴巴，到處斑斑點點，聞起來已有些味道的菜，二者的差別還是頗為明顯。即使我們有了現代冷藏設備，但是蔬菜從被摘下的那一刻起就已經開始變壞了，所以對於口味挑剔的人來說，一定要用你所能得到、最新鮮的食材來烹煮食物。

不過，請別誤會我的意思。若只為填飽肚子，我倒是非常愛吃剩菜剩飯的人，它們就是上帝供應豐富的生動例證。對於某些食物來說，新鮮並不一定就好，放置一段時間或是烹煮也許是使食材發生化學變化的重要步驟，使其更加可口或更具營養。但對於大多數食物來講，新鮮還是最重要的。

試想，當以色列人在西奈山的曠野安營或四處流浪時，要讓超過百萬之眾和他們的牲口吃飽喝足是多麼繁重的工作啊！也只有上帝能勝任這項工作，祂有一種奇蹟般的解決辦法，就是每日降下嗎哪。它教會了人們要日日依靠上帝，並且了解安息日是神聖不可侵犯的日子。鑒於我對於新鮮的執著追求，我可以體會到第二天他們看到那生蟲發臭的嗎哪時的失望與厭惡之情。不過讓我們來讀一讀申命記8：7－9，上帝為祂的選民所計劃的：「因為耶和華你的上帝領你進入美地……你在那地不缺食物，一無所缺。」

滿有恩慈仁愛的主，求你使我滿懷熱忱，每日領受你生命的話語。求你賜我不可過夜的當日教訓。求你指教我每日清晨以你永恆的話語作食物。

禮物

不要懼怕！我報給你們大喜的信息，是關乎萬民的；因今天在大衛的城裡，為你們生了救主，就是主基督。路加福音2：10-11

整個宇宙的上帝如何化為馬利亞子宮中的一顆受精卵，按著正常的時間長成胎兒，器官發育成熟，並且聽著她的祈禱、歌唱與談話？這一切奧秘我們不得而知，而且，引發我們探討的還遠不止這些。未婚先孕在當時已是相當嚴重的醜聞，成為人妻更是平添了壓力。我們試想身為約瑟妻子的馬利亞有何感受——的確，一定有許多苦楚可訴。到了快要臨盆的時候，她還騎著一頭驢走了至少80英里，沿著崎嶇的山路一路顛簸來到了伯利恆。到了目的地他們卻找不到旅店住下，她早已筋疲力盡了，該怎麼辦呢？孩子就快要出生，那只有牲口棚可以住了。

生孩子真不是件容易的事。這就是為什麼「分娩」（labor）又有「勞動」的含義。因為這一過程不但艱難，而且痛苦，我想，正因為整個天庭都在關注救主的出生，所以當時一定有受過特別訓練的天使在場。也許他們是來幫忙的；有的按壓子宮，有的扶正嬰兒的頭，有的在調節催產素的分泌以增強宮縮的力度。這樣的設想還挺合理的，不是嗎？當約瑟打了水來，馬利亞和小耶穌已經準備好要清理一下了。夫妻倆將小嬰兒用水洗了，用鹽輕輕地擦遍全身，用布裹緊後，把他放在馬槽裡。

與此同時，在曠野裡有牧羊人按著夜間的更次看顧羊群。突然間，黑暗散盡，耀眼的光芒比一千盞照明燈還要亮。一位天使站在他們身旁，主的榮光四面環繞。牧羊人都嚇壞了，若是我也一定嚇得渾身發抖。但是你聽，「不要懼怕！我報給你們大喜的信息，是關乎萬民的。」喔，大能的天使，在耶穌誕生的清晨，是你在對我說話嗎？這是關乎萬民的大好信息？是的！我聽見你的話了。這時，那光芒似乎更加耀眼了，天上的天使合唱團在高歌讚美，這是一場多麼氣勢磅礡的福音音樂會啊！

主耶穌，我感謝你，你將你的生命、服事和犧牲作為禮物賜予我們。我以謙卑的心領受你救贖的恩典。

猶太人的婚禮

我去原是為你們預備地方去。約翰福音14：2

這場在迦南地加利利小鎮上的婚禮，一開始與其他的婚禮並沒有什麼不同。首先，愛情可能並不是構成婚姻的要素，從我們對於那個時代的了解，可以知道這一切大概是這樣發生的：在婚禮舉辦約一年之前，很有可能是新郎的父親為他選擇了一位新娘（我們暫且稱他為班恩，他十來歲的未婚妻名叫以斯帖）。根據當地風俗，班恩和他的父親會去以斯帖家裡向她的父親提親。若是獲得女方父親的首肯，便可與她訂立婚約，並遞給她一杯酒。若是女方和他一同飲酒，那麼婚約就生效，他就應該付一大筆聘金給未婚妻的父親——以補償新娘的父親在撫養期間所有的花費。等這一切儀式結束，班恩就要對以斯帖說一番話，其中就有「我去是為你預備地方去」等話語。之後，班恩要回到他父親的家裡，建造一處新房。完成後，就要開始為接下來為期一週的婚宴預備食物、飲料以及一切所需用的。新房必須得到父親的認可，一切必須按部就班。當有人問到班恩何時結婚時，他的標準回答應該是：「我不知道，唯有我父知道。」

與此同時，以斯帖一直在等待，為婚禮作準備。每次出門時，她都要蒙上面紗，表示自己已被分別為聖，有人出價買了她。婚禮的日子一天天臨近的時候，她的伴娘會與她一起日夜等待，她們為自己的燈另外備了油，因為新郎經常在夜間到來，沒有人知道班恩什麼時候會回來接她。突然間，人聲鼎沸，這一刻就這樣到來了。班恩和他的朋友們吹響公羊號角，預示著婚禮行將完畢。以斯帖的父兄允許以斯帖被「劫走」，送入新房，沿途一派祥和與喜慶。班恩和以斯帖直接進入新房，代表二人終成眷屬，親朋好友在外面歡喜快樂。正當他們縱情吃喝時，意想不到的事情發生了，所有預備的酒都喝光了。

耶穌的母親馬利亞是新郎家的朋友，很可能是幫助他們準備食物和飲料，並且照料客人的負責人。天哪！沒有酒了嗎？（未完待續）

我最親愛的新郎，我知道你正在準備新房。我渴望你早日回來。我要修剪燈芯，灌滿燈油，等待你的到來。

以水變酒

把缸倒滿了水。約翰福音2：7

在猶太人的結婚典禮上酒不夠喝，是一件令人頭疼的問題。馬利亞作為婚宴的主辦人之一，也要負起一些責任。好在她的兒子耶穌和他的眾門徒也應邀來參加婚宴。他們什麼時候到達，《聖經》並沒有提到，但當所有的酒都被倒空的時候，他們就在現場。馬利亞並沒有表現出絲毫的擔心或慌張，她知道耶穌就是眾人期待已久的彌賽亞。她把這件事承擔下來，對耶穌說：「他們沒有酒了。」（約翰福音2：3）她只是簡單地陳述了事實。耶穌會怎麼做呢？

用現代用語來覆述耶穌的話應該是：「母親，為什麼要告訴我呢？我的時候還沒有到。」一開始耶穌使用的「婦人」是敬語，當耶穌被掛在十字架上不忘安置自己的母親時也是用同樣的詞，接著耶穌問：「我與你有什麼相干？我的時候還沒有到。」這樣聽上去好像馬利亞正眼巴巴地盼望耶穌解決酒水的問題，而耶穌卻將她拒之門外。這時馬利亞沒有回答祂，她的做法我很欣賞，接下來她向站在旁邊端著空杯子的僕人們下達指令。不管耶穌最後說了什麼，她向祂點點頭，然後對僕人們說：「祂告訴你們什麼，你們就做什麼。」（5節）

耶穌指著六口石缸，對僕人們說：「把缸倒滿了水。」那平靜的音調，不會引起任何人的注意。要求灌滿水缸，這要求一點也不稀奇，每個水缸都能盛20－30加侖的水，是猶太人行潔淨禮時用的。將水缸倒滿水是小事一樁，可是接下來發生的事就令人驚訝且非同尋常了。僕人們遵照指令，耶穌怎麼說他們就怎麼做，之後耶穌說：「現在可以舀出來，送給管筵席的。」（第8節）僕人心裡也許會嘀咕想著：「天哪，這樣做不好吧！」但是他們還是照著吩咐，盛滿了一杯送了過去，結果這是最上乘的葡萄酒（編按：有學者認為它是未發酵的），因為用鮮榨的葡萄汁製作的一定是最為甜美的。

宇宙萬物的創造者難道只能透過光合作用來生產汁液嗎？當然不是！祂每日的工作就是創造奇蹟。

創造每日奇蹟的主，我盼望能像馬利亞一樣，與你有面對面的交誼。我敢不敢像她那樣信任你呢？耶和華啊，求你使我也有如此的信心。

信件

你們就是我們的薦信，寫在我們的心裡，被眾人所知道所念誦的。你們明顯是基督的信，藉著我們修成的。不是用墨寫的，乃是用永生神的靈寫的；不是寫在石版上，乃是寫在心版上。哥林多後書3：2-3

事實上，我並沒有期待能收到他們的回信，不過我還是一眼認出了他們的地址。在前幾封信中，我們就一個共同關注的問題交換了意見，所以我猜想這封信的內容大抵還是如此吧！讀完了信，我才發現這實際上是一封言辭懇切的感謝信，感謝我曾幫助他們，不過那已經是很久之前的事，我已經完全不記得了。無論是感謝信、錄取通知書、回絕函、介紹信、辭職信或推薦信，總之信件是一種清晰且正式表達重要思想的溝通方式。

如今我們太過依賴電子郵件，所以很少人能寫出字體整齊美觀的信件了。拿出一張品質精良的信紙，用上你最好的鋼筆，當你把筆握在手中，用筆尖輕輕滑過紙面，寫下一行行美麗的文字時，這種感覺妙不可言。整潔娟秀的手寫筆記中總有一種雋永的美感，僅這一點，電子郵件就無法與之相媲美。

我好想知道大衛曾經親筆書寫、封印並交給赫人烏利亞帶給約押的那封信是什麼模樣？也許是寫在很粗糙的莎草紙上，或許用的就是蘆葦筆。不管怎樣，烏利亞遞送的是他自己的死亡判決書，這大概是有史以來，一個人帶給長官的信件中，最可怕的一種吧！

大多數的信件都是寫給某個人的。通常信封上會標上「機密」二字以示警告，而公開信件則是寫給所有相關人士，所包含的信息是每個人都應當知道的。在今天我們引用的經文中，一開始保羅詢問收信者是否像別人一樣需要一封舉薦信，接著他告訴對方，他／她實際上就是一封舉薦信，他說的也正是指你和我。保羅說：「你們就是基督的信，被眾人所知道所念誦的。」接下來他補充道，這封信不是用墨水寫成，也不是寫在石板上，而是寫在「心版上」。我現在仍舊在思考這種說法，我是一封來自於上帝的舉薦信，祂親手將祂的律法寫在我的心上，並宣告祂是我的上帝，我是祂的子民。

耶和華，你的意思是我是一封被眾人所知曉、並朗讀的公開信？天父啊，若我的生命沒有結出聖靈的果子，那麼此事一定無法成就。求你現在就幫助我。

眼睛震顫

又要定睛注視為我們的信心創始成終的耶穌。希伯來書12：2

這項實驗需要兩個人。在光線充足的地方，二人靠近站立，以你可以清楚觀察到對方眼睛的距離為宜，接著請對方專心盯著一件靜止的物體，如果你細心，就會看到對方眼睛正不斷地進行細微的跳動。人眼的這種無意識的細微顫動叫做「眼睛震顫」，一直以來是人類研究的重點。為什麼眼睛無法鎖定目標，保持完全的靜止？是什麼造成了眼睛震顫，它的功能是什麼？有一種理論是說，這種微小的跳動能為視網膜不同的區域提供監測的機會，為大腦提供了更為優質的圖像，還有一種結論認為眼睛震顫可以使我們更快地發現視野中的新物體，出現在圖像中的任何新東西都會得到即時的關注。不過還有理論認為，如果眼珠保持靜止，那麼當視覺細胞疲勞時，我們所觀看的物體會從視野中漸漸消失。眼睛會透過不斷移動圖像來使用不同的視覺細胞。

希伯來書第12章中的命令是要我們注目看耶穌，因祂是「信心的創始成終者」（2節）。曾有多少次，我看著耶穌，然後目光又回到自己身上，自信地想著「我的信心很堅定」。但如果耶穌是信心的創始成終者，那麼我所有的信心都是來自於祂，我需要定睛注視祂。

我們來聽聽這些話。「我是緊緊握住基督的、我的快樂在耶穌基督裡、我想要在婚姻事工上服事上帝、我認為這個教會應該多發展城市佈道事工、我今年打算要帶3（或30）個人來到上帝面前。」你看出來了嗎？這些話的重點都在於自身而非耶穌基督。要記得，撒但要努力達成的就是要我們把注意力集中在自己身上，忘掉基督。聖靈的工作則是要將我們的目光從自己身上拉開，而定睛於基督身上。

凡事指望耶穌的人就有希望（參見約伯記8：13）。是耶穌用手扶持我，用祂堅實的臂膀護衛我，使我不至行差踏錯（詩篇18：35；139：10）。拯救我的，不是我在基督裡的喜樂，我所做的也不是我的工作，而是我父的工作，若不是依照基督的旨意，我的禱告就全無力量。唉，我真的是常常轉眼不看耶穌。

　我的耶穌，求你看著我的眼睛；當我的目光從你身上移開，並對周圍的人說「看看我！看看我所完成的一切」的時候，求你提醒我。主，求你不要使我看自己過於所當看的。

靜電

上帝行事有高大的能力；教訓人的有誰像祂呢？約伯記36：22

今天透過閱讀本書，你是否對上帝的創造有一番新體會呢？如果有，我要讚美上帝，因為這正是本書的目的之一。書中提到的許多知識無疑你早已知曉，不過重溫這些知識無傷大雅，而且這是頌讚、敬拜我們偉大上帝的良機。如你所想，等待人們探索的領域如此廣袤，等待我們揭示的上帝創造之美如此多元而豐厚，還有更多自然界與造物主品格之間的聯繫極待我們去發現。我想，當我們獲得永生時，起碼要花上一兩年的時間來研究以下這一領域——也許需要更久。

今天早上，當我讀到一篇有關靜電的新理論時，就發覺關於這一點人類還有許多要研究的地方。你也許會不解，靜電有什麼奇怪之處呢？我們也許已經明白它的原理。將氣球在頭髮上摩擦，或是在地毯上蹭一蹭鞋子，在此過程中，電荷便累積了，氣球可能會黏在天花板上或衣服上，你的頭髮也會豎起來，這時候你可以選擇一位毫無防備的同學來電一下他的耳垂，一定會逗得大家哄堂大笑。幾十年來我們所教導的，是絕緣體相互摩擦的狀況下，會產生離子或電子從一個物體轉移到另一個物體上的現象，從而使電荷累積。

巴托茲・澤博爾斯基（Bartosz Grzybowski）使用功能強大的開爾文力探針顯微鏡（KPFM），來研究經過摩擦以產生電荷的高分子聚合物的表面。他發現，從奈米層面來講，的確發生物質從一個物體表面到另一物體表面的轉移。不過，並非僅僅是電子和一些負離子發生轉移，從而造成正電荷的積累，而是一塊塊的正電荷與負電荷在兩個物體間發生轉移。事實上，他發現物體間電荷的轉移是整體式的，反之亦然，幾乎不留任何帶電材料碎片，這裡最重要的就是所有碎片的淨電荷。

人與人之間的互動是否也有異曲同工之妙呢？我認識一些人特別善於吸收我的能量，與他們打交道總覺得頗為費力，而另一些人會給我打氣，讓我覺得精神煥發。人與人的互動絕不僅僅是寒暄，不是嗎？

主，我當如何與他人交往？對於他們，我的作用是建造，還是拆毀？求你幫助我認識到，我與別人的每一次相遇都是神聖的會面，而我代表的是你——大有權柄與光明的主。

那些事必不再有

上帝要擦去他們一切的眼淚；不再有死亡，也不再有悲哀、哭號、疼痛，因為以前的事都過去了。啟示錄21：4

對於沒經歷過的事，我們就無法完全理解。因此，雖說天國是那般幸福美麗，對於我們卻是徒勞無益，因為憑自己的頭腦根本無法想像這樣的美景（哥林多前書2：9）。也許這就是為什麼《聖經》在描述天堂時，使用的都是我們所能理解的語言。在天國，耶穌會與我們同在，那裡不再有眼淚、痛苦、割傷、擦傷或是跌破的膝蓋，也不再有死亡的痛苦、分別、孤獨、破碎的關係或爭吵；更不會再有戰爭、分歧、離婚、墮胎、遺棄、或有人虐待配偶、孩童或員工；不再有奴隸，不再有任何形式的壓迫。這就意味著那裡沒有恐懼、悲傷、疾病、癌症，也沒有斷掉的骨頭和破碎的心，打破的窗戶和四分五裂的家庭；不再有飢餓和饑荒，或乾渴、氣喘或窒息；沒有掠食者，也沒有寄生蟲；再也不會有人因為酒精、煙草或毒品而消耗自己的生命，也不會有人從橋上或高樓上跳下或是給自己一顆子彈來結束生命。不再有槍，不再有炸彈，也不再有恐怖襲擊；再也沒有任何會造成傷害或毀滅的東西。任何與痛苦、悲傷或淚水相關的事物都被摒棄於天國之外。

你是否注意到，在我們這個被罪惡傷害的世界裡，上面這些事情是何等尋常，甚至已經很難引起我們的注意。我們認為這就是現實生活，這是何等悲傷的事情！但在天國，那裡不再有罪惡和自私，不再有詭詐，不再有欺騙，不再有謊言，不再有貪婪，不再從錯誤中尋找愛情，不再有淫亂，不再有交鬼或法術，不再有殺戮，也不再有戰爭。天國中不會再有暗箭傷人，機關算盡地爭奪高位，也再有流言蜚語，不再有奸詐、狡猾及污穢誹謗的靈，不再有無益的娛樂或是賭博。人們不再供奉假神，不再干犯安息日，他們遵守誡命，孝敬父母，不殺人也不姦淫，不偷竊也不對鄰舍說謊。到那時，人不會再有任何願望，因為最終我們所有的喜樂都會滿足。既是這樣，主耶穌，願你快來！

我的主我的上帝，我的阿拉法，我的俄梅戛，天上地下一切頌讚與榮耀都歸於你，直到永永遠遠。一想到此，我心中的快樂真是筆墨難以形容。

國家圖書館出版品預行編目資料

奇妙造物主 ; / 大衛・斯坦恩 (David Steen) 著 ; -- 初
版.-- 臺北市：時兆, 2017.10
　　　面 ;　　　公分
譯自：God of wonders：a daily devotional
ISBN 978-986-6314-75-9(精裝)

1. 基督徒　2. 靈修

244.93　　　　　　　　　　　　　106015549

奇妙造物主 GOD OF WONDERS
A DAILY DEVOTIONAL

作　　　者	大衛‧斯坦恩（David Steen）
編 譯 者	張琛

董 事 長	李在龍
發 行 人	周英弼
出 版 者	時兆出版社
客服專線	0800-777-798
電　　　話	886-2-27726420
傳　　　真	886-2-27401448
地　　　址	台灣台北市105松山區八德路2段410巷5弄1號2樓
網　　　址	http://www.stpa.org
電　　　郵	stpa@ms22.hinet.net

主　　　編	周麗娟
文字校對	林思慧
封面設計	時兆設計中心、林俊良
美術編輯	時兆設計中心、林俊良
法律顧問	宏鑑法律事務所　電話：886-2-27150270

商業書店	總經銷 聯合發行股份有限公司 TEL：886-2-29178022
基督教書房	0800-777-798
網路商店	http://www.pcstore.com.tw/stpa
電子書店	http://www.pubu.com.tw/store/12072

I S B N	978-986-6314-75-9
定　　　價	新台幣450元　美金17元　港幣120元
出版日期	2017年10月　初版1刷